基金投资

说明书

用基金赚一辈子的财富

马 硕 ◎ 著

中国铁道出版社有限公司

CHINA RAILWAY PUBLISHING HOUSE CO., LTD.

U0650229

内 容 简 介

本书是一本介绍基金价值投资方法的书，旨在为基金投资新手和稍有经验的投资者提供一套从底层原理到实践方法的系统知识。

本书的独特之处是对"投资"进行了严格定义，使其具有实用性，而不仅仅是空洞的定义，它能让一般投资者从根本上理解不同行为背后的风险和收益特点，并有针对性地对不同资产进行分析、研究和交易。书中把价值投资理念应用于指数基金投资，着重介绍了一种确定性高的投资方法，利用简单的估值手段，制定卓有成效的投资策略。

图书在版编目（CIP）数据

基金投资说明书:用基金赚一辈子的财富/马硕著.—北京：中国铁道
出版社有限公司，2020.1（2021.11重印）
ISBN 978-7-113-26370-6

Ⅰ.①基… Ⅱ.①马… Ⅲ.①基金-投资-基本知识 Ⅳ.①F830.59

中国版本图书馆CIP数据核字（2019）第244063号

书　　名：基金投资说明书：用基金赚一辈子的财富
作　　者：马 硕

责任编辑：张亚慧　　编辑部电话：(010)51873035　　邮箱：lampard@vip.163.com
封面设计：宿 萌
责任印制：赵星辰

出版发行：中国铁道出版社有限公司（100054，北京市西城区右安门西街8号）
印　　刷：三河市兴达印务有限公司
版　　次：2020年1月第1版　　2021年11月第5次印刷
开　　本：700 mm×1 000 mm 1/16　印张：24　字数：368千
书　　号：ISBN 978-7-113-26370-6
定　　价：69.00元

版权所有　侵权必究

凡购买铁道版图书，如有印制质量问题，请与本社读者服务部联系调换。电话：(010)51873174
打击盗版举报电话：(010)63549461

PREFACE
序 言

我不认识什么名人，也没给谁写过序，礼尚往来此路不通。老话说得好，"一人做事一人当，小丁做事小叮当"，写序这事儿还是得自己来。

我用百度搜索了一下，序言是指放在正文之前的文章，如果是作者自己写的就叫"自序"，自序中可以是本书内容概要、写作的心路历程、本书的特点等。既然这样，我就按如下几点来写了。

1. 适合人群

本书适合的人群——没有基础的小白，以及有一些投资经历的基金投资者。

不少人觉得学习投资需要特定功底，比如金融学、数学等，所以对一般人来说学习的难度大。

我于"在行"接受线下约见已经 4 年，大部分约我的人会先给我打个预防针："我可什么都不懂，我能听明白吗？"

我说："你不懂就好办了！"

可别误会，我不是要忽悠人，其实小白有一些天然优势——更容易接受一个系统思想，不会顽固地抵御。他的思想就像一张白纸，我往上画什么就是什么。

有人说："学习新东西不难，难的是忘记旧的"。

旧的知识已经霸占了位置，它陪伴了人们很久，甚至还能给人们带来"好处"，即产生所谓的"路径依赖"——"这条路我走得挺好，何必再尝试走其他的路呢？"在投资中这种现象更严重，当人们使用一种方法很长时间后，就很难再接受其他方法。

即使这种方法没有给人们带来盈利，人们也很难放弃。因为这里有大量的沉没成本。我在年轻的时候，曾经投入大量的时间和精力研究技术分析，时间越久，越难以放弃这种方法，就算技术分析并没有给我带来实实在在的好处。

OK，上述是小白的一个优势——没有思想包袱。

2. 扩展人群

本书还适合对基金投资有困惑的基民。

如果你曾经买过很多基金，对现状不满，那我就非常乐意推荐你看看这本书。对现状不满的人可能长期亏钱，或者盈亏打平，还没有"路径依赖"问题，其迫切地想寻找一条路径，这本书就可以成为他的地图。

到 2019 年年中，我买基金已有 13 年历史了，在前面的大部分时间里我处于摸索阶段，也就是在最近 5 年，才真正开始"会投资"。自己摸索确实需要大量时间，而且很难缩短，这是因为牛市和熊市的交替并不频繁，好几年才循环一次，为了验证一种投资方法，平均至少需要 5 年时间。这个时间需求是刚性的。

如果从一开始就可以学习到更有效的投资方法，真的可以节约至少 5 年时间。如果你之前用的方法没能让你满意，那么你现在就需要这本书。

有一定经验的基民也有优势——有机会对本书的内容感同身受，因为很有可能他已经尝试过了不少错误的方法，体会会更深。

新手就容易动摇，学了这个，再看看那个，可能对各种方法都想试一试，万一有的方法更好呢？

以前我曾经劝过很多投资者"不要这样做，不要那样做，否则你会怎么样"，但一部分人还是我行我素，面对赚钱机会，特别是当形势一片大好的时候，他们进行借钱投资、短线操作、追高加码等操作。

对于这种情况要提防。

3. 主要内容及写作逻辑

上述是本书的推荐读者对象，下面我总结一下本书的主要内容和写作逻辑。

基金有好几千只，我们要做的是做减法：

通过介绍投资的定义，排除没有利息，不能成长的资产，只留下生产性资产作为投资目标；

通过介绍股票和基金的投资难度，选择基金，而不考虑难度更大的股票；

通过介绍主动管理和被动管理，排除大部分基金，只留下被动管理的指数基金；

通过介绍指数的编制方法，只精选几个指数作为投资目标。

最终，把几千只基金减少到只有几只。

再利用简单的估值手段，对指数进行估值，进而作出投资买卖决策。

能不能直接翻到相关章节买这几只基金？答案是当然可以这么做，但还是很难赚钱。这是一个普遍的误解：买基金的核心问题是选基金，找高人问到基金代码就能解决问题。和荐股一样，投资者这么做可能会亏损。

为什么会亏损？难道是高人不靠谱吗？高人推荐的基金有问题？

原因不排除有上述可能，我见过一些荐基和荐股的专家，今天让投资者买这个，明天让投资者换那个，追热点，炒题材，既耽误时间，又浪费钱。

但更多的时候，问题不在高人，而在于投资者自己。

基金还是那只基金，但不同的投资者做会有不一样的结果。甚至一群投资者在同一天买同一只基金都会有不同的结果，这是因为他们卖出的时间不同，他们买入的量有差异。这么说吧：他们除了"买入"这个行为一样，之后的一切操作都有可能不一样。

比如我建议一些投资者至少持有基金5年，但有的投资者忍受不了浮亏，提前卖出了；比如我建议在一些时候要持续投入，但有的投资者害怕了，做不到，并不是我的建议有问题，而是具体到每个投资者的执行层面，很容易出现偏差。

所以据我的观察，大部分亏损还赖不到基金身上，投资者还是要多分析自己的问题。

4．内容特色

说说另一个问题，为什么我有信心让小白也能听懂？答案是因为我讲得好。之所以能大言不惭地说自己讲得好，一个重要原因是我讲投资更本质，我直接从投资的根本原理出发，而没有那些道听途说、故弄玄虚的东西，我只有"眼见为实"。

投资的本质很简单，但人们愿意相信它很复杂，也愿意把它讲得很复杂。

你讲得越复杂，越是让人感觉有门槛，人们就越觉得你厉害；你讲得越简单，越容易懂，人们就越觉得你水平低。

这是偏见。当然很多把投资讲得很简单的人是真没水平，但是真正有水平的人才能把投资讲通俗了。因为只有理解得够深，才能用简单的语言讲述出来。但外行无法分辨哪一种简单才是深刻，所以干脆就选择听那些深刻的。

结果是，人们对于深刻的听不懂，也用不了，只是觉得"好厉害"。

另外，这些人还要考虑，投资的咨询顾问服务本身就是一门生意，对于生意，应该考虑的是如何建立用户黏度，让用户听明白了，自己会做了，用户也不黏着他了，他也就赚不到用户的钱了，所以干脆讲得复杂点，既让用户觉得他厉害，也能让用户持续依赖他。

很多股评师让用户持续关注他，但又有几个人靠股评师推荐的股票赚钱了？不过股评师们确实赚钱了，他们大多赚的是讲课费。

我认识一个同行，人家就非常直白，过来问我："马老师，如何让更多的人上我的课？为什么约我的人总是很少？"我说："你教人真东西，讲得好就行了，口碑好了，自然就有更多人约你。"他很直接，跟我讲："我不想靠投资赚钱，我想靠讲课赚钱。"

我知道他其实没有"靠投资赚钱的能力"，因为"肚子里没有真东西"，也就更不可能给人讲明白。这就是上述所说的"听不懂，也用不了，但不妨碍外行觉得厉害"。

5. 投资哲学及原则

自己都有哪些问题？为什么基金是同一个，有的投资者可以赚很多钱，而有的投资者却亏钱？除了运气的影响，还有其他影响吗？

传统上人们理解的学习投资，是对投资技术、技巧、方法的学习，比如基金定投，是在每个月固定的一天买固定的一只基金。定投就是一种基金的投资方法，这种方法不难理解、不难操作。

可是做基金定投的，只有少数投资者可以坚持下来，只有少数投资者获得了满意的回报。投资者对基金定投的描述没有区别，那么问题出在哪儿？

影响人们投资结果的，除了投资方法和技巧，还有投资哲学和原则。如果让我谈谈重要性，那么我认为投资哲学和原则占比更高，甚至达到 80 分。

也就是说，把基金投资方法学得再好，最多也只能拿20分，要想及格，至少得在投资哲学和原则这门课中拿40分。

本书与其他有关基金内容的书最大的区别就在于此，其中包含大量有关投资哲学和原则的内容。

那么什么是投资哲学和原则？在投资实战中，它能起到什么作用呢？

投资哲学和原则，直译就是投资背后的哲学原理和理念。投资、投资，什么是投资？投资的原理是什么？收益从何而来？有一些收益合情合理，有一些收益就涉及道德。比如投资者的收益可能是通过掠夺产生的——抢了别人的钱；有的收益是通过创造产生的——产生新的价值。

对投资者来说，上述都是收益，但投资者要选择哪种收益作为其目标？在证券市场中，这两种收益都存在，而且与现实生活不同，投资者通过掠夺获得收益是合法的，所以大部分投资者就以掠夺收益作为主要目标，一切的分析和交易方法都基于此。

还有极少的投资者就不屑于这种收益，潜心研究如何获得增量财富。对他们来说，掠夺存量财富是不道德的。这两种截然不同的投资动机，造成了后续的分析和投资行为大相径庭。

投资哲学中也有对价值的看法，对投资者自己的看法，对人性的看法，以及对金融市场波动的看法，这些看法影响着投资者的投资逻辑和行为方式。

一种哲学认为，市场波动就是风险本身；另一种哲学认为，波动不是风险。

一种哲学认为，研究历史价格的波动规律可以预测未来；另一种哲学认为，研究历史价格的波动规律意义不大，简单线性外推的思维方式是危险的。

一种哲学认为，通过大数据和量化的方法进行投资更加有效；另一种哲学认为，要尽量杜绝简单归纳推理，更多地要追求对原因的研究，使用演绎推理的方法。

不同的投资哲学甚至是相反的，有强烈的冲突，"公说公有理，婆说婆有理"。投资者如何构建自己的投资哲学确实会依赖于个人偏好和性格，有的投资者很快就懂了，有的投资者可能一辈子也无法明白。

一辈子也不明白的人我还真的见过几个，大多是中老年投资者，就算是我拿着长期盈利的账户给他看，同时他年年亏损，他也会经常教育我，给我各种建议，并坚持认为他是正确的，认为我的投资理念是歪理邪说。

6．心路历程

谈谈写作这本书的心路历程。

我没想到写一本书竟然这么难。我是个公号达人，写文章是日常工作，几年以来，公众号的原创文章有 300 多篇，所以我简单地认为写一本书并没有太大难度。

但我错了，写公众号和写书并不是一回事。写书需要注意结构，注意整体逻辑，而且写书的周期通常较长，这就导致一个严重的问题：我会对之前的内容感到不满，就忍不住想修改，而且不是小改动，是大改。

比如，我现在看我的公众号早期的文章会脸红，我为这种内容也敢发出来而感到羞耻，但在当年我觉得很好，敢于将文章发出来。由于公众号是快速的媒体形式，所以每一篇都要在短期内完成，甚至当天交付。

反观写书就很慢，这导致我有很多机会去看之前写的内容，只要书还没出，理论上我就有机会重新编写。我的合伙人一开始对此表示理解，好文不厌改嘛，但后来就抗议了，因为我把十几万字的稿子直接扔了，要求重写。而且两次。这也辛苦了出版社的编辑，他给了我很大的写作空间，在此表示感谢。

说这些只是想让读者知道，我对这本书投入了很大的心血。建议读者认真学习。

如果你读到了这里，想必你已经购买或决定购买这本书，那么祝你阅读愉快。如果你是在朋友家，请大声赞美。如果你正在书店，那么说明我们有缘分，请不要再把书放回去了，祝你结账顺利，财运亨通。

但这里要提醒大家，任何投资都存在风险，入市一定谨慎，把握各种时机。做好"从坏处着想，从好处入手"的各种思想准备。

编者

2019 年 11 月

| 目 录 |
CONTENTS

第一章　从收益开始 / 1

　第一节　区间收益率 / 2

　第二节　年化收益率 / 3

　第三节　股市的周期特征 / 5

　第四节　对收益目标的合理追求 / 11

　第五节　各类基金历史表现 / 13

　第六节　中证全指指数 / 15

　第七节　通过投资效率看全局收益率 / 16

　第八节　风险与无知成正比 / 21

第二章　复利与风险 / 23

　第一节　复利是正反馈系统 / 24

　　　系统的目的 / 24

　　　系统内各部分的目的 / 25

　　　正反馈回路和负反馈回路 / 27

　　　利用复利的标准 / 28

　第二节　看到更大的可能性 / 28

　第三节　反直觉 / 31

　第四节　跨期偏好 / 35

　　　折现和折现率 / 36

　　　及时享受是演化优势 / 36

　　　调整折扣率 / 38

　第五节　收益不足 / 39

　第六节　波动不是风险 / 41

　第七节　永久性损失 / 43

第三章　投资　/　47

第一节　生产性资产　/　49

第二节　非生产性资产　/　51

第三节　资产收益 (创造性收益)　/　54

第四节　市场收益 (掠夺性收益)　/　56

第五节　定义投资　/　57

第六节　长期投资的第一性原理　/　59

第七节　行有余力, 则以投资　/　61

第四章　主动管理与被动管理　/　65

第一节　主动管理　/　66

换手率　/　67

基金季报的 3 个特征　/　68

短期业绩评比机制是劣币驱逐良币　/　69

第二节　平衡回路的强大作用　/　71

第三节　指数　/　76

第四节　被动管理　/　80

第五节　委托管理与工具的区别　/　81

第六节　基金经理的影响　/　84

第七节　制度风险　/　86

第八节　运作费用的差异　/　88

第九节　现金拖累　/　90

第十节　建立价值与价格之间的关系　/　92

第五章　交易与收费　/　93

第一节　场内交易规则　/　95

价格的稳定与破坏　/　97

如何确保迅速成交　/　98

时间优先与价格优先　/　99

第二节　场外交易规则 / 99

第三节　交易性费用 / 103

　　认购费、申购费 / 104

　　赎回费 / 107

　　转换费 / 109

　　场内买卖 / 111

第四节　管理性费用 / 113

第六章　为赢利能力出价　/　115

第一节　市盈率的计算方法 / 117

　　静态市盈率 / 118

　　滚动市盈率 / 119

　　动态市盈率 / 121

第二节　盈利收益率 / 121

第三节　资金会持续寻找回报更高的资产 / 124

第四节　买指数约等于买国运 / 130

第五节　投资指数的底层逻辑 / 134

第七章　选择指数的逻辑　/　139

第一节　指数选股逻辑是出发点 / 141

第二节　成分股数量要求和指数调整频率 / 151

第三节　上证红利指数 / 152

第四节　红利 ETF 的分红 / 156

第五节　中证红利指数 / 163

第六节　深证红利指数 / 166

第七节　标普红利机会 / 171

第八节　红利低波动 / 173

第九节　我看待对比历史 / 177

第十节　其他几个指数 / 178

第十一节　指数估值投资的思考路径 / 181

第八章　资产的盈利与市场的波动 / 183

第一节　分红是股东最原始的收益方式 / 184

第二节　分红与否真是一个问题 / 188

第三节　资产收益和市场收益 / 193

第四节　好资产，同时要求好价格 / 196

第五节　估值的目的 / 197

第六节　指数市盈率＋分位点 / 199

第七节　无风险收益率和股市热度 / 209

买国债还是做生意 / 210

整体市场的热度 / 214

会发生和什么时候发生 / 216

第九章　上证红利指数的回测与思考 / 219

第一节　PE=10 / 220

第二节　PE=9 / 224

第三节　PE=8 / 226

第四节　PE=7 / 229

第五节　什么是牛市，什么是熊市 / 230

第六节　好资产，坏价格 / 233

第七节　买重要，还是卖重要 / 235

第十章　安全边际 / 239

第一节　追求好资产 / 240

第二节　定投是一种提高安全边际的投资方法 / 242

第三节　定投的形式 / 244

自动化定投 / 244

手动定投 / 245

第四节　关于定投的几个问题 / 246

第五节　增加安全边际的方法 / 254

等待更低估值 / 254

降低收益预期 / 255

对资产进行保守估计 / 255

延长投资时间 / 256

疑罪从有 / 256

持续处于能力圈内投资 / 257

不举债投资 / 257

小额, 分散 / 258

赚什么钱, 比赚更多钱重要 / 258

第六节　聪明和善良, 哪个重要? 这背后是安全边际的考量 / 259

第十一章　红利指数的估值投资 / 263

第一节　上证红利指数和中证红利指数 / 265

第二节　深证红利和标普红利机会 / 269

第三节　博格公式思考 / 271

第四节　关于指数估值投资的问答 / 273

第十二章　辅读知识 / 275

公募和公募基金 / 276

基金管理人 / 277

基金托管人 / 278

托管费 / 279

基金季报 / 279

指数基金的跟踪误差 / 281

基金总量小可能会清盘 / 282

基金规模 / 283

招募说明书 / 284

主板市场和二板市场(创业板) / 285

中小板 / 285

创业板 / 285

主板和二板市场 / 286

蓝筹、白马和题材股 / 286

管理费 / 287

汇率波动的影响 / 289

开放式基金的非一次性费用 / 290

一次性费用 / 290

销售服务费 / 291

申购和申购费率 / 292

认购和认购费，与申购费的区别和联系 / 293

货币市场 / 293

万份基金收益 / 294

7 日年化收益率 / 295

货币基金的净值为什么恒为 1 / 296

货币基金的流动性 / 297

货币基金收益可以作为无风险收益的另一种参照 / 298

影响货币基金收益的主要因素 / 299

无缝收益：在货币基金与银行理财间抉择 / 300

货币基金历史上的亏损 / 301

货币基金节假日也有收益 / 303

货币基金的红利再投资和未付收益 / 304

理财型基金 / 304

货币基金的费用特征 / 305

不正常的万份基金收益 / 306

货币基金的选择 / 308

货币基金的后缀字母 / 308

平衡型基金 / 309

黄金基金 / 310

原油基金 / 312

主动管理 / 313

被动管理 / 316

流动性 / 317

QDII 基金 / 319

商业票据 / 321

承兑汇票 / 321

贴现和贴现率 / 322

大额存单 / 323

银行存款 / 323

单利 / 324

复利 / 325

牛市、熊市与金融市场波动的 3 种形式 / 326

债券回购，正回购和逆回购 / 326

资本市场 / 327

债券和剩余期限 / 328

中央银行票据 / 329

基金净值 / 329

股票 / 330

开户 / 331

庄家 / 333

牛市和熊市 / 334

追涨杀跌 / 335

赚钱效应 / 335

零和游戏 / 336

内在价值 / 337

公募基金和私募基金的差别 / 337

基金分红 / 339

做多和做空；看多和看空 / 339

做多和看多 / 339

做空和看空 / 340

凯恩斯选美理论 / 340

多级影响 / 341

偏股型基金和偏债型基金 / 342

混合型基金 / 343

股票型基金 / 343

基金经理 / 344

运气 / 345

简述技术分析 / 347

主图指标 / 347

附图指标 / 349

图形分析 / 351

指标的组合使用 / 352

技术分析系统 / 353

基金拆分 / 353

定增基金 / 354

定期开放式基金 / 355

对冲套利基金 / 356

多头和空头的比例 / 356

争取绝对收益 / 357

国家的管控 / 358

股指期货 / 358

重大意义 / 359

保证金与金融杠杆 / 359

套期保值与回避风险 / 361

主题基金 / 361

富国产业升级混合 / 361

华安新丝路主题股票 / 362

行业基金 / 362

　　汇添富医疗保健混合 / 362

　　易方达消费行业股票 / 363

　　易方达国防军工混合 / 363

量化策略基金 / 363

指数增强型 / 365

第一章

从收益开始

开门见山。

投资者关心收益乃天经地义。第一章，我们就从收益谈起。

收益的一般表达式：

收益＝本金 × 收益率

别看这个公式很基础，很简单，但这里其实大有学问。通过收益公式，投资者就可以明白自己在提高收益方面可以做哪些努力，看到自己的短板，有针对性地加强。

通过公式可知，收益取决于"本金"和"收益率"这两个因素。比如我用 10000 元投资，收益率是 60%，那么收益就是 10000 元和 60% 的乘积，即 6000 元。

提高收益有两条路：一是提高本金，二是提高收益率。

第一节　区间收益率

"收益率"经常被投资者挂在嘴边，但要弄清它的定义和用法还需要下一番功夫。

收益率的第一种用法叫"区间收益率"，这里的"区间"是指某一个时间段：有起始时间，有结束时间（总收益率就是一种区间收益率，投资者自己知道这个"总"是指哪段时间就行了，但告诉别人时就要给个说明）。

在某段时间内取得的收益率就是这段时间的区间收益率，很多证券软件会自动帮投资者计算区间收益率：比如自动计算最近1年、最近1个月的收益率，然后把投资者这个收益率与和投资者一样使用这个软件的人做对比，再进行排名。提醒投资者看到这种收益率的时候，第一反应是找"时间"，知道计算的时间段才知道这个收益率代表了什么。

Q：证券公司搞这种排名有意义吗？

A：没有。一个月的时间什么也说明不了。排名的目的通常是刺激大家积极交易。

计算一个区间的收益率，一年前账户中有10000元，一年后的今天账户中一共有12000元，那么最近一年的区间收益率就是（12000－10000）/10000＝20％。

公式为：区间收益率＝（期末－期初）/期初，意义是"现在与一开始比赚了百分之多少"，这是一个比例，分子是收益，分母是期初，是收益和期初比。千万不要在分母的位置代入期末值。

> e.g. 写成这样就错了：收益率＝（期末－期初）/期末

极限考虑：每天的收益率也是一种区间收益率，只不过这个区间是一天。总收益率也是一种特殊的区间收益率，是指从投资者开始投资到现在的情况，但投资者要知道自己是从什么时候开始投资的。一个比较常用的区间收益率是"今年到现在的收益率"。不管投资者是自己计算的，还是软件自动计算的，明确开始时间和结束时间是必需的。

如果有人跟你说到他的收益率，那么你最好问清楚是不是区间收益率。比如我说，"我的收益率是100%"，你一定要问我，"你说的是多久的事？"一个月100%，一年100%和十年100%完全不一样。

对于区间收益率要明确时间才**可能**有意义。所以这就会很麻烦，提起收益率还得明确时间，投资者投资的时间不一样，很容易你说你的，我说我的，而且投资者描述的时间段往往很不精确，经常是一个模糊的区间。

Q：为什么明确了时间的区间收益率是"可能"有意义？

A：那是因为很多时候，即便明确了时间，区间收益率也没有意义。后面会讲到。

为了统一，现在更多的用法叫"年化收益率"或"年复合收益率""年复利收益率"，这是收益率的第二种用法，**是主流用法**。年化收益率就解决了区间收益率的麻烦，投资者时间各有不同，没关系，辛苦各位先把各自的区间收益率化作（用复利计算）一年的水平，这样一来就不需要说明时间，都默认统一说"一年的水平"。

在日常对话中，"年化收益率"往往会被简化，比如"年收益率"或者"一年多少收益"。张三问李四："你投资一年能赚多少？"李四说："（每）一年能有10%吧。"其实李四说的是："我投资的年复利收益率是10%。"因为口语中内容常被简化。

第二节　年化收益率

如何计算年化收益率？答案是要用到复利公式，想法是将某段时间的收益率换算成每一年的水平。所以在计算时同样包含了期初和期末两个数值。

期初$(1+x)^n$=期末，n是年数，在上角标位置，读作"期初乘以1加x的n次方等于期末"，x是年复利收益率。这个公式用一句话表示：**期初以每年x的速度增长n年的结果是期末。**

在这个公式中有 4 个要素，期初、期末、年数和 x。可能读者现在有一点害怕数学，害怕看到公式，特别是复利公式比较复杂，我建议读者不用去背这个公式，要用逻辑去理解它，比如去理解上面的那句。

假设投资者期初有一笔钱，这笔钱以每年增加 x 的速度增长了 n 年，结果是投资者期末会有那么多钱。举例来讲，比如期初你有 10000 元，用了 5 年的时间，达到了 20000 元，那么，年复利收益率是多少？

把上述已知的条件代入：$10000(1+x)^5=20000$。这个计算需要开 5 次方，解决开方可以在手机里下载一个计算器，一般会有这个功能，或者使用网页上的在线开方工具，或者用 Excel 表格也可以解决。

步骤：

（1）先把 10000 移到等式右边，计算后变成 $(1+x)^5=2$。

（2）把 2 开 5 次方，变成 $(1+x)=1.1487$。

（3）把两边同时减 1，得到 $x=0.1487=14.87\%$。

$$\sqrt[5]{20000 \div 10000} - 1$$
$$= \sqrt[5]{2} - 1$$
$$= 0.148698355 \cdots$$

计算出的结果是 x 约等于 15%。也就是说，10000 元以每年 15% 的速度增长，5 年后是 20000 元。这个数字（读者可以记住）是一个比较常用的收益率——**每年 15%，5 年翻番**。为了防止计算错误，建议读者养成一个验算的习惯：$10000(1+15\%)^5=20113.57$ 元。也可以拆开分别做乘法：$10000(1+15\%)(1+15\%)(1+15\%)(1+15\%)(1+15\%)=20113.57$ 元。

这是赚钱的情况，如果没赚钱打平呢？$10000(1+x)^5=10000$，计算结果 $x=0\%$，就是没赚钱，开始是 10000 元，5 年后还是 10000 元，读者可能说还是亏了，因为有通胀啊。对，如果考虑通胀是亏了，实际的购买力下降了。

如果是亏钱了呢？$10000(1+x)^5=5000$，亏了一半，计算结果 $x=-12.94\%$，也就是说 10000 元，以每年 12.94% 的速度减少，5 年后是 5000 元。

$$\sqrt[5]{5000 \div 10000} - 1$$
$$= \sqrt[5]{\frac{1}{2}} - 1$$
$$= -0.1294494367 +$$

如果时间不足一年呢？比如半年时间，$n=0.5$，$10000(1+x)^{0.5}=$ 12000，计算结果 $x=44\%$，上角标 0.5 是代表半年。

$$\sqrt[0.5]{12000 \div 10000} - 1$$
$$= 0.44 +$$

有一个重要的问题：如果张三去年的区间收益率是 15%，又用张三过去 5 年的区间收益率计算出年化收益率是 15%，这两个 15% 有区别吗？答案是不一样！这两个收益率的含义有天壤之别。

区间收益率是真实情况，它只代表过去某一段时间的盈利，仅仅展示了那段时间而已，并没有其他含义，而年化收益率虽然也是用多年时间计算出来的，但是它还有另一层含义：**年化收益率代表一个人的投资水平**。

没错，一个用科学方法计算出来的年化收益率可以代表一个人的投资能力，比如巴菲特的年化收益率为 20% 左右，这个数字代表了他的投资能力。可以据此判断他未来可能的投资收益。

区间收益率就没有这个功能。怎样才能算**科学计算**年化收益率呢？或什么样的年化收益率不科学，就不值得参考？要解释这个问题，就要理解股市的周期特征。

第三节　股市的周期特征

先从货币基金余额宝说起。货币基金的收益不通过基金净值的改变来展示，场外交易的货币基金，基金净值永远是 1，所以投资者可能看不到，它也不用显示，反正也不会变。

很多人买过余额宝，但并不知道它是"货币市场基金"，"不是啊，我记得叫余额宝"。"余额宝"三个字已经深入人心，这得感谢马云。甚至有的人并不承认自己买过基金，但承认自己买了余额宝。第一，余额宝是一只公募基金；第二，余额宝是公募基金分类中的货币市场基金。

最早的时候，余额宝的全称是天弘增利宝货币基金。2015 年 5 月 15 日，天弘基金官方干脆直接把这只基金更名为天弘余额宝货币基金。

余额宝是在 2013 年 5-6 月成立并在支付宝上线的，已经有 6 年多历史了。大部分人认识货币基金就是从余额宝开始的。我国第一只货币基金是在 2003 年 12 月底成立的，比余额宝大约早十年，这只基金叫华安现金富利货币基金。

2014 年 2 月，CCTV 证券资讯频道首席新闻评论员钮文新在其博客上发文呼吁"取缔余额宝"，称其扰乱了金融秩序，冲击了整个中国的经济安全。他的呼吁没有得到重视，因为确实不值得重视。他建议取缔余额宝，但并没有谈货币基金，这本身就很奇怪，因为余额宝就是货币基金，且早在余额宝出生十年前就有货币基金了，这并不是金融创新，而且公募基金是我国合法合规的金融市场参与者。取缔毫无道理，但控制余额宝的总量有意义，因为单一基金总量过于庞大会有风险，万一余额宝发生问题，容易造成大面积恐慌，导致不必要的损失。这几年余额宝也多次修改买入规则，目的就是控制基金总量不要增长过快。

从功能上讲，货币基金是优秀的现金替代品，不仅余额宝，还有一些货币基金也可以直接用于消费，不用现金、不用卡，出门用手机扫一下二维码即可。另外，货币基金也是重要的投资跳板，当投资者暂时不知道投资什么，或时机未到时，考虑到高流动性安排，货币基金就是最好的临时现金管理工具。

货币市场基金就是主要投资于货币市场的基金。理解这种基金，就需要知道货币市场是什么，与其相对应的资本市场是什么。一般来说，投资者理解了一只基金的投资方向，就大概能知道一只基金的风险和收益特性。

货币基金允许投资的金融工具，具体如下：

（1）现金。

（2）一年以内（含一年）的银行定期存款、大额存单。

（3）剩余期限在 397 天以内（含 397 天的）债券。

（4）期限在一年以内（含一年）的债券回购。

（5）期限在一年以内（含一年）的中央银行票据。

（6）中国证监会、中国人民银行认可的其他具有良好流动性的货币市场工具。

在中国货币基金的历史上，这种基金曾经出现过单日亏损，但这种情况极少发生，且之后的 1-2 天的收益就可以弥补这个亏损。可以近似认为这种类型的基金无风险，每天都会有少量收益。它的收益并不是通过基金净值变动来体现的，而是通过万份基金收益和 7 日年化收益率。2019 年 3 月，这种基金的年化收益率为 2.5%-3%，结合它极高的流动性，相比银行存款有极大的优势。

货币基金是所有基金分类中总量最庞大的一种，据 2017 年 12 月 31 日的数据显示，其资产规模占比超过 55%。我国最大的一只货币基金是天弘余额宝货币市场基金，它不仅是货币基金中最大的一只，也是中国公募基金中最大的一只。

货币基金显示收益用的是 7 日年化收益率和万份基金收益，对于后者有的地方也叫万元基金收益，即一万份该货币基金当天能够产生多少元的收益，前者"7 日年化收益率"就是用最近 7 天的万份基金收益计算出的年化水平。

它就是一种年化收益率，只不过历史数据的选取还不到一年——仅仅7 天。用 7 天的数据来计算一年的，这靠谱吗？货币基金还算靠谱，这是因为货币基金的投资方向是货币市场——AAA 级的短债和银行存款——收益很低、稳定，这样用最近 7 天的收益来计算一年的是可以的，这个结果值得参考。

银行的理财产品，即那些有期限的固定 / 浮动收益理财产品，有的是28 天的，还有的是 60 天的，或者是半年、一年的，它们标注的都是年化收益率，这样方便投资者做横向对比。这些产品的特征都是从小往大化。

所谓**从小往大化**是指用一年以内的数据做年化。能这么做的产品有如下特征：安全、收益低、稳定，基本是极低风险，甚至近似无风险类型的理财产品，比如货币基金、余额宝、大部分银行理财产品等。

有从小往大化，就有相反的：从大往小化，比如第二节中的例子，用

5 年的收益去做年化收益率，还有巴菲特年化收益率为 20% 左右，这是用他几十年的业绩计算得来的。需要**从大往小化**的产品特征是：高波动、高风险，往往与股市关系很大，专业说法叫权益类投资。

张三投资股票，用几个月的业绩做年化收益率，这个数据就没法看，参考意义为零。如果是用其 5 年以上的业绩计算得来的年化收益率，这个数字就开始具备参考性，在很大程度上就能代表他的投资能力。为什么需要 5 年？

这是因为股市是有周期的。如果数据时间很短，就很难覆盖一整个周期；如果赶上单边牛市，就会出现年化收益率非常高的现象。股市有牛熊交替，牛市和熊市的持续时间可以短则几个月，长则 1-2 年，甚至更久。

价格走势从波动类型上分为两类：单边行情和震荡行情，单边行情又分为单边上涨和单边下跌。有人会问："到底怎样才算是单边上涨，有什么标准吗？"答案是没有。投资者知道是一段持续的上涨就可以了。

历史上几次大的单边行情（上证指数）统计如下：

2005 年 7 月—2007 年 10 月，持续 2 年多的上涨；

2008 年 11 月—2009 年 7 月，持续近 9 个月的上涨；

2014 年 8 月—2015 年 6 月，持续近 10 个月的上涨；

2016 年 2 月—2018 年 2 月，持续 2 年的上涨。

2007 年 11 月—2008 年 10 月，持续近 1 年的下跌；

2009 年 8 月—2013 年 7 月，持续近 4 年的下跌；

2015 年 6 月—2016 年 1 月，持续近 8 个月的下跌；

2018 年 2 月—2019 年 1 月，持续近 1 年的下跌。

如果采用的业绩恰好落在上述时间段内，那么计算得出的年化收益率会非常高或非常低。在单边行情里，只需要一个月，股市整体就可以上涨或下跌 10%，假设一个月收益 10%，那么，年化收益率是多少？

假设月初是 1 元，月末是 1.1 元，年数是 1/12，代入公式：$1(1+x)^{1/12}=1.1$，计算结果 $x=214\%$。

也可以用复利公式计算，每个月的收益是（1+10%）元，期初有 1 元，一年后的期末就是：1（1+10%）（1+10%）（1+10%）（1+10%）（1+10%）（1+10%）（1+10%）（1+10%）（1+10%）（1+10%）（1+10%）=

（1+10%）^{12}=1.1^{12}=3.14 元，年收益率就是（3.14−1）/1=214%。

也就是说，按照每个月都赚 10% 的速度，年化收益率是 214%。但这个年化收益率并不是真实收益率，是从小往大化来的，还有 11 个月没过呢，这个收益率也绝对不能用来衡量一个人的投资水平。即便每个人只是在原来本金的基础上赚 10%，不是复利收益，计算单利一年也有 120%，这同样是一个很恐怖的收益率。

单利计算：一个月赚 10%，12 个月是 12×10%=120%。

所以，如果投资者想让自己的年化收益率很高，应该知道怎么做——只挑选牛市波段计算给别人看即可。不过这一招要慎用，否则有经验的老手，面对这样计算而来的年复利收益率，脸上笑嘻嘻，心中一定会认为这个人的水平很低，居然犯这种常识错误。

说句题外话，投资者先要规定投资的**短、中、长期是什么界限**。考虑到上述历史中大的单边行情所持续的时间，长期一定要覆盖至少一轮牛市和熊市，所以我建议长期的界限至少需要 5 年，中期是 2-5 年，短期是 1-2 年。

千万不能将银行理财产品的短期理财的期限直接搬过来用，因为投资方向差异巨大，短、中、长期的定义也会差异巨大。按照银行理财的定义，3 个月的理财产品都可能算是中期，1 年（含）以上已经算得上是长期理财。但是对于以股票为主的基金投资，就算 1 年也只是短期投资。

回到主题。如果要科学衡量一个人的投资水平，就先要在大的时间尺度上做到公平，既经历了股市好的时候，也经历了股市不好的时候，最起码覆盖一个牛熊交替来观察一个人在面对不同市场环境时的投资绩效，时间最短也要 5 年，越长越好，越长越值得参考，越长越能够衡量个人的投资能力。

所以要评价一个人的投资能力或一个投资策略的优劣，看收益率是有很多讲究的。首先要看年化收益率，而且要确保这个年化收益率是用了最近 5 年以上的区间收益计算得来的。所用时间越短，越不能体现真实的投资水平。

不仅如此，最好再看看该投资者在选取数据的时间区间时是否故意选择了那些对其有利的周期。这是什么意思呢？先看下面的一组数据：

2005 年 7 月—2015 年 6 月，上证指数经历了近 10 年，年复利收益率为 17.5%；

2005 年 7 月—2016 年 7 月，上证指数经历了 11 年，年复利收益率为 10.5%。

在时间选取上，开始时间都一样，而结束时间相差一年，但是年化收益率足足差了 7%，这是一个非常大的差别，为什么会这样呢？原因是 2015 年 6 月是牛市的顶峰，股市位置很高，而 2016 年 7 月是熊市的低点，股市位置很低。

考虑到这个因素，第二种情况的 10.5% 年化收益率的参考价值就更高，这是因为开始时间 2005 年 7 月和结束时间 2016 年 7 月都是熊市的低点，这样才算得上是整数个周期。

但是对于第一种情况，起点是熊市的低点，终点是牛市的顶峰，整体来看就少了一个熊市，年化收益率自然就高了，这种数据就不公平，有明显的倾向性。所以尽管两种方法都用了超过 5 年的收益数据，也可能其中一种方法就有坑，而且这种坑还不小，更有欺骗性。

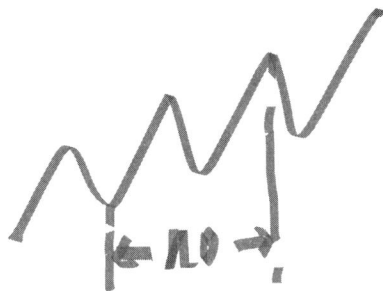

这一节的数字比较多，总结一下：股市有好的时候，也有不好的时候，要衡量一个人的投资水平，既要考虑其在股市好的时候的表现，也要看看其在股市不好的时候的表现。我建议要用其 5 年以上的业绩，并且如果再细心一些，还可以看看其计算年化收益率所用的时间段是否有倾向性。

如果读者想向别人展示自己的投资水平，我建议也要用这个标准要求自己，这样一来，别人一看就知道你专业、人实在。

这一节的内容就是围绕年复利收益率在讲，这有什么用呢？答案是除了观察别人以及观察自己的投资效率，还有一个功能是它能帮助投资者确定自己的收益目标——作为一个基金投资者，应该追求一个怎样的年化收益率合适。

第四节 对收益目标的合理追求

人的大脑是一个多元政体，面对同一件事，会有很多个声音。比如当一个人面对一块蛋糕时，其大脑中会有一个声音说："看起来好好吃啊，我想马上尝尝！"另一个声音会说："这个热量一定很高吧，我最近在减肥，还是别吃了。"还有一个声音会说："辛苦工作一天了，吃几口犒劳一下自己总可以吧。"

现在有这样一个问题：如果你要投资基金，那么每年获得多少收益率你会满意？

你可能嘴上会说"高于 10% 我就非常满意了"，但脑子里还会有一个声音说"越多越好"，一个新手往往有这样的疑问："我也不知道多少合适，马老师，多少算合理我也不知道。"

在以前的咨询教学过程中，我总会先问这个问题，先确定投资者期望获得的收益率是否合理，一般会出现如下 3 种情况：

第一，当期望获得的收益率高到一定程度时，购买债券型基金和货币基金是无法达到的，投资者必须面对更大的波动去选择偏股型基金才行，这种情况还算正常。比如投资者希望获得 10% 以上的年化收益率，但是不想购买投资股票的基金，这样几乎无法达到目标，需要调整。

第二，当期望获得的收益率很低，有人说："仅比银行存款高一点我就满足了。"如果是这个目标，那么其实选择一些大平台的低风险理财产品就可以，比如支付宝里很多定期的品种都可以满足，并不需要选择净值有波动的公募基金。但这样投资会导致收益不足，这个问题会在第二章深度解读复利的时候说明。

第三，当要求的收益率非常高，我听过一年翻番的，也有的投资者希望每年最少能赚 50% 以上，当然这种希望是好的，我也希望如此，但是诚实地说达不到，严谨地说：几乎不可能长期稳定达到，在极个别的年份中有这种收益当然属于正常的现象。这个时候，如果投资者不肯降低收益目标，那么我就只能实话实说了："我的能力帮不了你。"

历史上很多基金都有一年赚 50%，甚至翻番的时候，特别是在 2006-2007 年的牛市高收益率的基金有很多，就像在上一节讲到的，赶上了单边牛市，但是那些基金在第二年（2008 年）跌去了一半多，很多基金打回原形。那种情况只发生在极少数年份里，绝大部分时间股票市场不会像那样疯涨，基金很难普遍有那种收益率的表现，这里谈的是长期稳定的水平，不能仅仅看 1-2 年的短期表现。

有的人认为，尽可能去赚就可以了，能赚多少就是多少，为什么要确定目标呢？确定目标会不会反而局限自己，本来能赚很多，结果却少了？据我十几年的投资经验来看，确定合理目标是能长期稳定盈利的前提，而不是阻碍，也不会因为目标定得低，就赚得少。如果投资者的期望值定得很合理，就容易获得更高的收益。

确定合理收益预期的目的并不是就要获得那个收益率，而是能帮助投资者客观地看待市场，在一开始建立合理的期望，管理好自己的预期。

就拿工作来说，当你去找工作的时候，对薪酬待遇心里有一个大体数字，公司对你所应聘的岗位待遇也有打算，一般会参考同行，也会结合考虑自己公司的特殊性。如果你期望过高而不愿意降低期望，就只能找其他工作机会了。投资者过高的期望会带来一个后果：拿不到合理的工资收益，还会遇到骗子公司，对方许诺很高的工资，但实际的工作内容很可能是违法的。

再举一个例子，运动员要合理确定自己的训练目标，对他们来说上限可以参考目前国际的顶尖水平，甚至是人类能够达到的理论极限。但如果运动员目标定得太高，就难免会走上邪路，比如有个别运动员会采取服用禁药的手段提高自己的成绩，结果很可能造成身体的永久损伤或被禁赛。

合理的投资期望需要考虑经济、商业、投资的常识和规律，本书多处会有关于这方面的阐述。盲目追求高收益有弊无利，一个人在赌博时就会产生很多不切实际的想法，一本万利和一夜暴富都是幸存者偏差，那些追求暴利的人绝大部分都失败了，他们损失惨重。但这些人不会主动向他人诉说自己的悲惨经历。那些靠赌博成功获得巨大财富的人，由于心理账户和均值回归的影响，往往守不住财富。

下一节中，将会讲解在历史上各种类型的基金都有怎样的表现。

第五节　各类基金历史表现

中证指数编制公司有一个指数系列叫中证基金指数系列。投资者如果想看各种类型的基金整体的表现情况，看中证的这些基金指数就可以了。下面列出 4 种基金指数。

1. 中证货币型基金指数

中证货币型基金指数选取了所有货币基金和理财债券型基金（不含货币ETF），指数基点是 1000，基日是 2005 年 12 月 30 日。到 2019 年 2 月 14 日，指数点位是 1515.84。

年数约为 13，期初是 1000，期末是 1515.84，计算年复利收益率：

$1000（1+x）^{13}=1515.84$，解得 $x=3.25\%$。

从货币型基金的年复利收益率看，这种基金类型没能抵御通胀对货币的侵蚀（我国最近十年的通胀率每年为 4%~5%）。货币基金的主要功能是短期现金的管理工具，它的特点是风险极低，可以近似理解为无风险，它的流动性极高，有赎回实时到账的特点，余额宝还可以直接用于消费。

货币型基金与银行存款的共同点比较多，有可比性。在相同风险等级和流动性水平下，货币基金的收益是银行活期存款的十几倍，如果是短期的现金管理，那么货币基金已经是非常好的选择了，它的收益率甚至比银行 1~3 年的定期存款的利率还高，比银行的一些短期理财产品的年化收益率还高。

2. 中证债券型基金指数

中证债券型基金指数选取了所有定开债基、分级债 A、纯债债基、非纯债基、普通债基和转债债基作为成分基金，指数基点是 1000，基日是 2002 年 12 月 31 日。到 2019 年 2 月 14 日，指数点位是 2692.59。

年数约为 16，期初是 1000，期末是 2692.59，计算年复利收益率：

$1000（1+x）^{16}=2692.59$，解得 $x=6.39\%$。

债券型基金的收益率不高，但长期可以战胜银行理财，并且它长期能够战胜通胀。债券型基金主要投资于债券，风险整体较低，但最近几年有一些公司开始还不起债了，局部有高风险，并且债券市场也有波动，短期投资也有亏损风险。

3. 中证混合型基金指数

中证混合型基金指数选取了所有普通混合型基金，灵活混合型基金和保本混合型基金作为成分基金，指数基点是 1000，基日是 2002 年 12 月 31 日。到 2019 年 2 月 14 日，指数点位是 6930.38。

年数约为 16，期初是 1000，期末是 6930.38，计算年复利收益率：

$1000（1+x）^{16}=6930.38$，解得 $x=12.86\%$。

这种类型的基金可以结合下面的股票型基金一起讲解。

4. 中证股票型基金指数

中证股票型基金指数选取了所有主动股基和被动股基作为成分基金，指数基点是 1000，基日是 2002 年 12 月 31 日。到 2019 年 2 月 14 日，指数点位是 6456.37。

年数约为 16，期初是 1000，期末是 6456.37，计算年复利收益率：

$1000（1+x）^{16}=6456.37$，解得 $x=12.36\%$。

从最近 16 年的历史看，混合型基金和股票型基金的年化收益率都在 12%~13% 之间，这个水平在世界范围内都是很不错的，要知道这是上述类型基金的**整体表现**，而非精选了一些收益率高的基金计算出来的年化收益率。看完了历史情况，提醒投资者不可以直接用它来预计未来，之前这些年基金的整体水平是在特殊的历史环境下产生的，经济增长速度、内外环境都不尽相同。

就在上述时间，基民的表现如何？Wind 数据显示，同期约 70% 的偏股型基金（股票型 + 混合型）投资者亏损，即年化收益率为负，这与长期看偏股型基金的整体年化收益率 12%–13% 形成鲜明的对比。基金盈利，投资者大部分亏损，看起来很反常。如果基金长期盈利，那么基民也应该长期盈利才对，怎么会亏呢？这是由于大部分基民虽然投资了基金，但依旧按照自己对市场的看法频繁申购和赎回，希望做波段获取更多的收益，结果不仅没让收益更高，反而亏了。

偏股型基金的年化收益率 12%–13% 还可以与什么对比？在下一节，将讲解股票市场整体的长期平均年化收益率是多少。

第六节　中证全指指数

中证全指指数也是中证指数公司编制的，该指数是由全部的 A 股股票剔除了 ST、*ST 股票，以及上市时间不足 3 个月的股票等后的剩余股票构成样本股，具有很高的整体市场代表性。

任何一个指数都是人为规定了某一个特征，符合这个特征的股票都会成为这个指数的样本股，比如医疗行业指数，该指数的成分股都和医疗有关，比如低碳环保主题的指数，该指数的成分股都和低碳环保这个主题相关。

中证全指指数的成分股特征是什么？答案就是：A 股全部。它的名字是"全指"。它只是排除了少量刚刚上市以及亏损的公司，剩下的公司都是成分股，目前中证全指指数的成分股数量是 3435。下面看看这个指数长期的表现。

中证全指指数的基点是 1000 点，基日是 2004 年 12 月 31 日，2019 年 2 月 15 日指数点位是 3752.47。

年数约为 14，期初是 1000，期末是 3752.47，计算年复利收益率：

1000（1+x）^{14}=3752.47，解得 x=9.91%。

还需要考虑一个因素：由于上市公司会分红，而公司分红会导致股票价格下降，进而导致指数下降，所以需要考虑公司分红对指数的影响，应该把分红也加上。长期看整体上市公司长期平均股息率为 1%-1.5%（这个数字不精确，但差距不会太大）。

9.91%+1%=10.91%

9.91%+1.5%=11.41%

所以我国长期股票市场的整体年化收益率约为 11%，这个数字比同期通胀率（4%-5%）要高一倍多。再强调一下：计算这个指数时并非选取表现优异的股票，也并不是选取各个行业的龙头公司，中证全指的成分股是全部股票（剔除不正常公司），但即使这样的选股规则在长期也有不错的收益。

可是我们知道，股民长期的盈亏比例是 7 亏 2 平 1 赚，如果再考虑通货膨胀对资产的侵蚀，至少有九成的人在亏钱，这又与长期整体股票的平均年化收益率 11% 形成了鲜明的对比。这是为什么呢？相比基民，股民亏钱的原因要多一种，即股民可能买到很差的公司，但基民所买到的基金很难发生这种情况。

基金是由专业团队管理资产，据第五节的内容可知，股票型和混合型基金过去的平均水平是 12%-13%，本节中又讲到整体股市的平均年化收益率是 11%。上述就成为投资者追求收益水平的基调。

除此之外，投资者可以参考世界顶尖大师的年化收益率——巴菲特的是在 20% 上下，这是他几十年长期的水平，参考价值很高，普通投资者把预期暂时定为年化收益率 10%-15% 是比较合适的。在下一章讲复利的时候还会提到这个收益率。

第七节　通过投资效率看全局收益率

确定了合理的预期年化收益率后，增加收益的另一个途径就是增加本金。

根据公式：收益 = 本金 × 收益率

由于及时反馈心理的影响，人们更愿意把精力集中在提高收益率上，而对提高本金不那么重视。因为提高收益率在当期就可以获得更高的回报，而提高本金需要先花时间赚更多的钱，然后才能增加投入。考虑到大部分人收入模式是固定时间频率的工资＋奖金模式，很难在短期内提高收入。

如果想现在增加本金怎么办？很多人选择借钱投资，也就是"加杠杆"，这是很危险的。加杠杆投资所带来的危害是逐步形成的，投资者一旦沾染将很难去除，会上瘾，而且大部分人的杠杆还会越加越大，以致最终崩溃。

在人的一生中，对于主动收入和被动收入都需要重视，但一定会有一个总体的规律：人们在年老的时候主动收入就没有了。在一开始投资的时候，被动收入还很少，但是越往后被动收入占总收入的比重就应该越高，这样即使退休也不会降低生活水平。拥有被动收入，个人和家庭的安全感也会比较高，多种收入模式是财务健康的重要特征，而且被动收入不依赖于投资者持续地付出劳力，它不像主动收入：干就有，不干就没有。

解释：退休金算是一种被动收入，上述被动收入主要是指由于投资理财所获得的分红和利息。

至于怎么增加主动收入，我无法给出更好的建议，因为每个人的情况不一样。本节主要讲投资时的本金，这是一个容易被忽略的因素，但又极为重要。下面讲解在既定的可投资本金的基础上，如何提高整体投资的效率。

如果你的可投资资产就是10万元，把这个数字增加到20万元，就需要你增加主动收入。但就这10万元而言，提高整体投资效率的办法是尽可能拿出更大比例的钱去投资，拿出8万元就要比拿出2万元更有效率，问题看似简单，但对大部分人来说面临一个问题：不敢。

先看一个例子：

有A和B两个人，他们都投资指数基金。A一年赚了2万元，B一年赚了10万元，那么B就比A更会投资吗？未必，其实A投入10万元获得了收益2万元，而B投入100万元才获得了10万元。A的年收益率是20%（2/10），而B的年收益率是10%（10/100）。A的收益率明显高于B，A只不过是这笔投资的本金少而已。

所以仅看收益的高低，不看收益率肯定是不科学的。

再透露一个信息：A 的家庭可投资资产是 100 万元，而 B 的家庭可投资资产是 120 万元，剧情就发生反转了。A 用了 10 万元获得了一年 20% 的收益率，但剩余的 90 万元在哪儿？这才是投资者最应该关注的，如果剩余的 90 万元都仅仅存了余额宝，那么 A 的投资效率其实很低，而 B 的投资效率更高。

至此，要铺垫两个概念：局部收益率和全局收益率。

A 的 10 万元收益率是 20%，这是局部收益率，如果剩余的 90 万元一年的收益率仅为 3%（余额宝），那么全局收益率就会下降到 4.7%。这是怎么算的呢？赚的钱是两部分，用 10 万元投资指数基金赚了 2 万元，用 90 万元买余额宝赚了 2.7 万元，加起来一共盈利 4.7 万元，除以可投资资产 100 万元，全局收益率就是 4.7%。

B 的全局收益率明显就要高很多，假设 B 剩余的 20 万元也存入了余额宝，那么全局收益率就是 9%。用 100 万元投资指数基金赚了 10 万元，用 20 万元买余额宝赚了 0.6 万元，总共盈利为 10.6 万元，除以可投资资产 120 万元，全局收益率就是 8.83%。

B 的全局收益率明显大于 A。

所以只**看收益和收益率还不够，还需要看可投资资产才能知道真正的全局收益率**。投资者全部的可以用来投资的钱，整体所产生的收益率才是有意义的，这个全局水平才有可能解决投资者资产增值的问题，而只拿出全部可投资资产的一小部分取得辉煌的战果作用不大，往往这种做法还会带来风险，并且会耽误大量时间和注意力。

我们如果细心观察，会发现周围很多人都是这样，在下一章中会继续分析这个现象。对一个小小的投资项目津津乐道，可能这个局部收益率确实很高，但其对整体的影响很小。如果再多问一层，如此高的收益率，为什么他仅拿出这么少的钱？答案往往很扎心：一开始他并不知道自己将要获得这么高的收益率，所以不敢拿出很多钱来投资。简单讲就是蒙的。

只要一个人投资的方向很广泛，什么都买一些，那么他一定会遇到某一种资产的局部收益率很高的情况，遇不到都很难，这是一个概率问题。投资者投资的方向非常分散，其总会在不同的时间，赶上某一种投资表现很好，也总会赶上某一种投资很不好。

判断一个人的投资能力要看多年计算的年化收益率，除此之外，还有重要的一条就是其获得这种年化收益率动用的家庭可投资资产的比例。如果一个人的年化收益率很高，但其动用的资金比例很小，那么至少会说明一个问题：他可能确实具有很高的投资能力，但由于一些原因还是不够信任所投资的对象。

问题是如何让全局收益率提高，也就是让投资者的真实投资效率提高呢？

答案是**敢于拿出更高比例的钱进行有效的投资**。注意三个词："敢于""更高比例"和"有效的投资"。所谓"有效的投资"是投资者有真实能力达到的确定性较高的投资结果。蒙的、猜的，靠运气得来的都不能算。

不要做"低效投资"和"无效投资"，它们是投资者不太了解，心里拿不准，甚至对其完全没有认知的投资方式。增加"有效投资"的配置，减少或彻底拒绝低效或无效投资的比例，才能在整体上提高投资者的投资效率，并且还能节约投资者的大把时间，减少负面情绪发生的源头。

现在都说投资要分散，不能集中在一个地方，所谓"鸡蛋要放在不同的篮子里"。将资产分散在很多地方通常叫资产配置。资产配置是一种有效投资吗？答案是这样做对很多人来说确实是最佳选择，当投资者能力有限时，选择将资产分散到不同地方有利于减少犯错的可能。但是资产配置能达到较高的收益水平吗？这是一个很重要的问题，答案是几乎不能。资产配置的关键就是将钱分散于不同类型的资产中，而且这些资产最好相关性不大，即不能一起跌，当然也无法一起涨。所以往往是局部很好看，全局就惨淡。

有些做法看似将钱分散到不同资产中，但其实并不是严格意义上的资产配置。比如把钱分散到几十只股票型基金里，从数量上看确实分散，但这些股票型基金投资的市场都是中国的 A 股，这样其实并不是所谓的资产配置，这几十只股票型基金的整体可以看作一类资产。

但是如果投资者将钱比较集中于个别类型的资产，如何降低风险？答案就是加深对资产的理解程度。深度理解一项资产的价值后，投资者才能得出一个结论：它是否值得投资。就好像你打算结婚，要建立在对彼此的深度理解的基础之上才有勇气去领证。如果你的对象很多，那么你对每一个对象都很难有深度的理解。

深度理解是获得勇气的唯一途径。

这就是巴菲特的**能力圈原则**，在能力圈内持续投资那些自己看得明白的简单生意。好的投资并不是投资者要看懂复杂的事物，而应该是看懂那些简单的，然后下狠手去做。这是那些投资大师全局收益率很高的一个重要原因：适度的分散，相对集中。将鸡蛋放在为数不多的几个篮子里，并且盯好它们。

我的一位同学买过腾讯的股票，他认为腾讯是一家优秀的企业，但谈不上对其有深度理解，所以就买了一手观察观察，结果过了几个月收益率有50%还多（局部收益率高）。但是他买的量很少，自己实在高兴不起来（全局收益率低），甚至有一些后悔的情绪。这是因为他对腾讯并不是真的理解，所以他不敢投入太多，既然谈不上理解后的投资，那么这个收益只能看作运气所得。我所认识的人中，买腾讯、京东、小米等知名公司股票的人不少，有的亏有的赚，但还没有一个人敢于用大笔的钱去投资。

投资者对于一种投资资产的理解程度再深都不为过，因为每深一分，投资者的投资准确程度就会多一分，投资者的信心就会多一分，投资者投入的资金就会多一分，最终全局收益率就可能多一分。

这也是买别人推荐的股票和基金很难赚大钱的原因：如果不是疯了，只是根据从别人口中获得的免费的投资建议，投资者是不可能投入太多的，因为投资者并没有具备真的信心，同时投资者也无法确保能够坚持得住。就是因为投资者不理解这些投资标的，一旦出现风吹草动就会感到不安。亏了，能坚持不卖，难；赚了，还能坚持不卖，更难！

对于高手推荐的股票或者基金，投资者应该保持警惕，不是警惕他人，而是警惕自己。同一只股票，如果有100个人去买，那么出现100个结果很正常。很多时候并非别人的建议有问题，而是投资者自己有问题，当认知不在同一个水平上，投资者是跟不起的。同时我也建议投资者不要轻易给别人投资建议。

投资的过程可以拆解为：开始，过程和结束。荐股或者是直接"抄作业"，可以确保的是开始阶段——买什么，什么时候买。但是之后的过程和结束这两个阶段如何保证？向你荐股的人，或者你抄作业的对象，很难实时地告诉你，他是怎么做的。所以未必是股票或基金的错，很有可能只是大家后续操作不一样罢了。

第八节　风险与无知成正比

盈利只有两种有效的途径：一种是投资者把钱交给德才兼备的人去管理，然后信任他，放手不管了；另一种是投资者就是懂投资的人，对于别人的建议和意见不是完全不予参考，而是一定要经过自己投资系统的审视才行。

> "投资者需要一个稳妥的知识体系作为决策的基础，并且有能力控制自己的情绪，使其不会对这种体系造成侵蚀。"
> ——本杰明·格雷厄姆

买基金就是把钱交给专业人士管理吗？不是，而且大部分不是。因为绝大部分基金的申购和赎回随时可以，所以看似基金在管钱，但实际上还是投资者自己在管，相当于一个军队有两个司令，他们的指挥决策经常不一样。偏股型基金是很多股票的集合，如果投资者把偏股型基金看作一只股票就理解了，这样无非是把"股票"换成了"基金"，其内在逻辑和炒股没有差别。

投资股票亏钱的原因主要有如下两种：买错了和买贵了。买错了就是买到了没有实际业绩支撑的公司，这些公司盈利能力很差，这种情况也叫"非系统性风险"。

买基金亏钱的原因主要就一种：买贵了。因为基金由专业团队管理，买到垃圾公司的概率很低，退一步讲，如果不幸踩雷，买到的公司股价大幅下跌，也不会对整体有太大影响，这是由于基金分散投资于几十只股票。之所以买贵了，就是买的时候，整体股市的价格相比于它的价值已经过高，这时系统性风险很大，股市容易整体下跌。

可以把偏股型基金当作一家经营得还算不错的公司，这公司的股票价格长期就是上涨的，而且平时波动要小于其他股票。很多股民买股票的时候喜欢预测短期，喜欢炒短线，他们是股市里亏钱的主要人群，这些人换成买基金也是一样——虽然不是自己选股，但一样会预测股市涨跌，喜欢做波段，频繁申购赎回基金。结果并不会因为买基金而有明显改善。

这就是偏股型基金这么多年的年化收益率能达到 12%-13%，但是这期间 70% 的偏股型基金投资者还在亏钱的原因。基金赚钱和投资者赚钱本就是两码事。买哪一只是投资者自愿选择的，在什么时候买和卖也是投资者自愿的，投资基金亏钱大部分是投资者自己的问题。

这里引出投资的最大风险：内部风险。即投资者由于自身对金融市场，对投资产品的认知水平较低带来的风险。有一句话说得很正确，投资是认知的变现，如果认知水平较低，那么变现出来的就是负收益。

根据邓宁－克鲁格效应，一个人能力低，对自己能力的评估能力，也很低。投资活动中，这个效应极为常见，一个人的投资能力低，这个人对自己投资能力的评估能力也低。通俗地讲，就是不知道自己不知道。这个状态相当可怕，会让人买卖自己并不熟悉的投资产品，发生亏损之后还会归因错误，不承认自己有错。所以巴菲特反复的强调"能力圈"，也是时刻提醒自己不要陷入邓宁－克鲁格效应之中。

风险并不是与收益成正比，风险是与无知成正比。

很多人对此有抵触，不想承认自己有问题，发生亏损了还是在找外部风险：政策的问题，公司的问题，监管的问题，推荐其买股票的人的问题，或者干脆是自己运气不好，自己不适合投资。

如果投资者的目的是想通过投资赚钱，究竟谁对谁错并不重要，重要的是投资者认为谁错了能有助于其投资能力的提高。投资者也可以干脆把它当作一种投资哲学观：出现亏损，就是自己的问题，去找问题吧，想象如何改善，避免下一次犯错。

相反，外部原因找得再多，投资者也无法改变它，投资者改变不了国家政策，也改变不了上市公司。找自己的原因，适应环境，改变自己才是唯一出路。最后投资者会发现，当自己的认知提高了，才发现之前以为的外部风险是可以部分化解掉或者回避掉的，而盯着外部风险抱怨，最终还是会亏钱，并不能解决问题。

第一章的内容就到这里了。下一章，将用很大的篇幅解读复利。

第二章

复利与风险

———————————●————————————————●———————————

　　复利与第一章的收益话题有密切的关系，本章着重学习复利思维。

　　计算复利是投资的基本功，在后面学习指数估值的时候还会有所涉及，所以这一章将会以大篇幅进行更具体地讲解。

　　复利，人尽皆知，但大部分人对复利的认识只停留在"听说过"这个层面，真正利用复利思维做事的人极少，而且我发现很多人抵触谈复利，他们认为懂复利对投资没有帮助，不过就是一种算法。对于一个如此重要的概念，好像很难找到深刻体会它的办法。

　　我认为，学好复利有两大角度：第一个角度是复利的计算；第二个角度是复利的思维。有一句话叫"做时间的朋友"，每个人都在一分一秒地度过时间，但如何才能和时间成为朋友？答案：懂得利用复利思维的人，才能和时间成为朋友，否则和时间的关系只是路人。

第一节　复利是正反馈系统

对复利的定义通常是本金会产生收益，然后在下一期，不仅本金会产生收益，之前的收益也会产生收益。这就是通常人们听说过的复利，这种定义方法没有触及本质。那么复利的本质是什么呢？

复利的本质是一个正反馈系统（又叫自增强系统）。

什么是系统？什么是正反馈系统？

所谓系统，就是一个由很多部分组成的整体，各个部分有自己的目的，它们之间有各种关系，这个整体应该有一个大的目的。比如人的身体，耳朵的目的是听，眼睛的目的是看，鼻子的目的是呼吸，整个身体的目的是存活。

系统有如下三个特征：

第一，系统里有各种部分；

第二，系统各个部分之间有各种关系；

第三，系统整体有一个目的。

就投资获利而言，复利就具备最基本的系统构成，它由本金和收益两个部分组成，这两个部分之间有联系，没有本金，哪里来的收益？复利作为一整个系统，目的是让本金的增长速度更快。

系统的目的

我身边有这种人，家里上百万元闲钱是有的，但是拿出来买基金的钱只有万把块，但对于投资每天投入的精力却非常大，一到开盘的时间就会紧张，上班工作的时候总是忍不住打开来看，盯着盘中预估净值能看很久。投资对于这种人看起来更像一种消遣，是一种昂贵的"手游"。每个人身边总有几个这样的同事或朋友。

为什么会有人乐此不疲在买基金这件事上投入大量精力，但又不肯拿出更多的本金？答案可能是系统目的出了问题。有的人投资的目的看似是为了赚钱，但其实并非如此。他们投资的目的是寻求刺激，或者是有事做，甚至是一种消遣，以及获得控制感。

在第一章提到过，观察一个人的投资水平，仅仅看年复利收益率不够，还需要看他拿出多少钱——要知道他投资的目的是什么。因为资金量占比小和赚钱这两点，从目的来看是冲突的。如果真的是为了赚钱，不可能拿出占比如此低的本金来投资基金。所以目的往往是其他：

比如，目的是融入一个群体话题，别人都在做他也想做，如果不做就会觉得脱离群体。前几年我的几位朋友做比特币就是基于这个目的，他们发现周围的人都在聊比特币，自己插不上话。

比如，目的是试试水，不敢拿出太多钱出来是因为没有经验和技术，需要先用小钱感受一下。出于这种目的的人占大多数，当赚钱后很容易产生自己"已经会了"这种幻觉，不能区分能力和运气。

比如，目的是给自己找点事做，常见于部分退休人士，每天在家重要的一项"工作"就是早上9点半到下午3点守在计算机前看股市。

其他目的还有追求刺激、控制感等。这些目的和赚钱可能有重叠，不冲突，但并不相同。

这提醒投资者，投资之前要明确目的，想清楚自己的目的是什么，再想为了达到那个目的，需要有什么条件支持，自己应该怎么做。所以有一些退休人士就很清楚，他们说："我就是用这些钱玩玩，能赚点更好，赚不了就当扔了。"这些人的目的就很明确，不会亏太多钱，也不会失望。

系统内各部分的目的

大部分人买基金常常感到很苦恼："怎么我买那些排名靠前的基金就老亏？"按道理，那些代销机构、平台推荐给投资者基金，应该是希望投资者赚钱，如果投资者总是亏钱，那么他们也会受影响吧。问题出在哪儿呢？

一个系统整体有一个目的，系统内的各个部分可能会有自己的目的，当这些目的相冲突的时候，问题就出现了。

比如公募基金是一个系统，这个系统中有很多部分，主要有如下4个：

基金公司、基金经理、代销机构和投资者。他们的目的可能不太一样，有一些甚至会产生冲突。

基金公司的目的是收取更多的管理费。为了让管理费收入变多，基金就要运作良好，自然而然就会有越来越多的人买这家基金公司的基金，买的人越多，管理的资产总量越大，基金所收取的管理费就会越多。但短期看，做好业绩不现实，其必然是需要时间的，所以基金公司同时也会把注意力放在渠道和营销上，如果能做出爆款就更好了。

基金经理的目的是个人职业能有更好的发展。体现在很多方面，比如工资收入更高，职位更高，或者跳槽去私募，等等。要达到这个目的，基金经理就要努力做好基金业绩，基金运作得越好排名就越靠前，就会有更大的知名度，最好再拿一些奖项。

问题出在评奖和排名的规则上，每年一次的排名、评奖让基金经理不得不关注短期热点，当年就要赚到钱，这个压力不仅来自基金公司，也来自基金业绩评价体系，同时会来自基金投资者，即便是希望做长期投资的基金经理也有很多人逐渐转向做短期波段，频繁买卖，这通常会牺牲长期利益。这导致基金经理的目的变成了追求每年都有好业绩，但要达到这个目的就必须追逐每一年不同的热点题材。所以投资者可能会发现，很多基金只是单独一年收益很好，第二年就会滑落垫底，因为基金当然可能在某一年追到热点，但是基金很难在第二年连续追到热点。

代销渠道的目的是获得更多的代销报酬。所以代销渠道要做的就是促进投资者购买，大部分情况下，只要投资者发生申购行为，产生了申购费，代销渠道就能获得该申购费的部分甚至全部，而并不需要在意投资者是否因为申购了基金而获利——只要买就行。所以代销渠道喜欢做排名，喜欢推荐短期业绩好的基金，他们的目的仅仅是吸引、刺激投资者购买。

投资者的目的是通过基金投资赚钱，但具体到个人，有的人希望长期赚钱，大部分人喜欢马上赚钱，所以对基金公司、基金经理的评价主要是看短期业绩，这也会倒逼基金经理改变投资方式，因此公募基金在投资股票时换手率并不低。而看重长期利益的投资者往往会对基金经理或基金的投资方式有更多要求。

一个系统有很多部分，不同部分的目的很可能不一样，所以整体系统的目的在实现过程中就会遇到很多阻碍，出现很多问题。在投资的时候，投资者最好清楚各个组成部分的目的，知道代销渠道的目的，就知道应该怎样看待推荐和基金排名，知道基金经理的目的就要观察基金的换手率。如果投资者希望基金经理和自己一样是一个长期投资者，那么更应该判断他具有怎样的投资风格。

正反馈回路和负反馈回路

说完了系统目的，再说系统库存。每个系统会有"库存"，所谓库存就是这个系统内某个元素的存量。比如投资赚钱，库存就是投资者的钱。系统还会有输入、输出，输入就是增加投资，让钱变多，输出就是减少投资，输入、输出和库存的关系构成了不同的反馈回路。

第一种模式是正反馈回路，也叫自增强回路。需要注意的是，"反馈"是一个词，"正反馈"是一种"反馈"，是"正的反馈回路"。

这个回路的特点是库存会增加输入，输入会增加库存，之后库存又会进一步增加输入。这个系统自我增强。投资赚钱就是这么回事，投资者用本金赚到钱，再将赚到的钱加入本金，本金变大了，之后赚的钱更多了，然后赚的钱又到了库存里。资金越滚越大，这就是复利。

从系统论的角度看，让赚钱更有效率就要增加输入。输入可以是投资者额外追加的，也可以是库存产生的，并且同时减少输出甚至不输出，否则会降低系统赚钱效率。

第二种模式是负反馈回路，也叫平衡回路。这个回路的特点是库存增加，就会有一个机制让库存减少，使整体稳定。很多国家的税收就是这种回路，对收入更多的人征收很高的税率，对贫困人群征收低税率甚至不征税，还有各种直接和间接的补助，目的是减小贫富差距，让整体系统平衡稳定。

在本书的第四章，讲到主动管理的基金时，还会涉及负反馈回路。我会从系统论的角度告诉投资者为什么几乎不可能出现业绩长青的基金。由于这个话题和本部分内容关系不大，所以先按下不说。

利用复利的标准

讲到复利的时候，投资者会有以下普遍的问题：怎样做才算有复利收益呢？买基金是复利的吗？买股票是复利的吗？需要进行什么特别操作才是复利？

通常理解复利是通过复利的计算方法。比如今天的本金，是昨天的本金＋收益。比如投资者买了一只基金，本金是 10000 元，过了一天涨了 1%，变成 10100 元。第二天又涨了 1%，第二天的 1% 是在第一天的本金＋收益的基础上的，所以复利是 10100×（1+1%）=10201 元。

对刚接触投资的人来说，这样理解复利还是会糊涂。有的产品不是每天波动的，有的是几个月算一次收益，有的是一年算一次收益。那么这算不算复利呢？买银行理财不是复利吗？所以这种对复利的定义就不容易理解。

不管投资者是用什么投资工具，投资者保证本金和产生的收益不出来，那么投资者就是在利用复利。如果投资者的银行理财每次到期后，投资者可以把收益和上次的本金都买到下一期的理财产品中，那么投资者也是在利用复利。复利不主要取决于产品本身的属性，而是取决于真实情况中投资者如何决定库存和输入、输出的关系。

复利不仅仅是一种算法，它更大的作用是提供了一种思维方法。下一节将通过一些例子来理解它的功效。

第二节　看到更大的可能性

先学习一下复利公式：

期初（$1+x$）^{n}= 期末，n 是周期数。

期初、x、n 和期末这 4 个条件，一般是知 3 求 1。比如知道一笔钱通过多少年变成多少钱，求年复利收益率 x；或者一笔钱通过多少年，以怎样的年复利收益率成长，去求最后变成多少钱。

投资者在理解复利公式的时候，也可以记住这样一句话：一笔钱保持以每年 x 的速度增长 n 年的结果就是期末。如果这句话还是不好记，我建议投资者直接记住如下例子：

1 元通过 5 年变成 2 元，年复利收益率 x＝15%。

1 元以 15% 的速度增长 5 年，最后是 2 元。

我曾经教过一位学生，他学习了复利后问我："复利是一种计算收益的方法，如果用单利计算也可以，用哪一种方法计算并不会影响我的收益吧？那么为什么必须用复利呢？"

为了观察和对比收益，当然可以用单利，但复利是更好的计量方法，其符合现实情况，同时也是约定俗成。重点是复利会让投资者有更大的"想象力"，投资者会发现很多事其实可以办到，并没有那么难。

初始有 1 万元，20 年后，变成 10 万元。知 3 求 x。

先计算年单利收益率：

每年收益 ＝ 总收益 / 年数 ＝（10 万元 −1 万元）/20＝4500 元

年单利收益率 ＝ 每年收益 / 本金 ＝4500/10000＝45%

单利情况下，每年需要获利 45% 才能让 1 万元在 20 年后变成 10 万元。这太难了！一年盈利 45%，还要在 20 年的时间尺度上做到这件事，不可能。

单利的逻辑是每年产生的收益提取出来，以前的收益并不会"输入""库存"中，更像一个负反馈系统，盈利并未使得本金增加。

所以，对于基金分红或者股票现金分红，若分红的时候投资条件依然具备，则要尽可能把分红投入回去。如果盈利以分红的形式出来了，那么长期看会使投资效率变低。

然后看看复利计算是怎样的。

根据复利公式：期初 $(1+x)^n$＝ 期末，期初是 1 万元，n＝20，期末是 10 万元，知 3 求年复利收益率 x，把已知条件带入公式：

10000 $(1+x)^{20}$＝100000，解得 x＝12.2%。

用复利计算，每年平均达到年复利收益率 12.2%，就可以让 1 万元在 20 年后变成 10 万元。这个难度一下就小了很多。可以实现。

再举一个例子，如果投资者现在手头有 20 万元想用来投资，目前投资者 30 岁，希望到 60 岁(30 年后)可以有 1000 万元，这是一个不切实际的幻想吗？用复利计算一下。

期初是 20 万元，期末是 1000 万元，周期 30 年，带入公式：

$20(1+x)^{30}=1000$

1000/20 的结果开 30 次方后减 1，解得 $x=13.93\%$。不敢相信，年复利收益率并不是特别高，而且这还是在中途不额外增加"输入"的情况下计算出的。要知道在那 30 年中，投资者完全可以继续拿出更多的额外的钱进行投资，提前达到 1000 万元的目标。

如果投资者在 40 岁的时候又另外拿出 20 万元，50 岁的时候又另外拿出 20 万元，这些钱都以年复利收益率 13.93% 的速度增长，到 60 岁一共会有多少钱？由于距离 60 岁的时间不同，所以需要分开计算，再加总。

30 岁的 20 万元：20 万元 ×（1+13.93%）^{30}=1000.4 万元

40 岁的 20 万元：20 万元 ×（1+13.93%）^{20}=271.5 万元

50 岁的 20 万元：20 万元 ×（1+13.93%）^{10}=73.7 万元

加起来一共是 1345.6 万元。

中途追加两次投入的情况下，以 13.93% 的年复利收益率增长，投资者到 60 岁就可以有 1300 多万元的财富。换句话说，如果投资者中间可以增加投入，不需要 13.93% 的年复利收益率也可以让其在 60 岁有 1000 万元的财富。

将年复利收益率降低到 13% 试试。

30 岁的 20 万元：20 万元 ×（1+13%）^{30}=782.3 万元

40 岁的 20 万元：20 万元 ×（1+13%）^{20}=230.5 万元

50 岁的 20 万元：20 万元 ×（1+13%）^{10}=67.9 万元

加起来一共是 1080.7 万元。也就是说把年复利收益率降低到 13% 也可以达到这个目标。

我遇到的大部分投资者不会计算复利，即便是很多投资老手也不会，所以这样做的结果就很容易是反直觉的。在讲投资的过程中，谈到这种复利计算会遭人反感，看起来很像鸡汤，但其实我希望投资者关注的是"可能性"，至于如何达到则是能力问题，年复利收益率 13% 并不是一个无法企及的目标。

为什么复利往往是反直觉的呢？下一节我们聊聊这个话题。

第三节　反直觉

提问："我怎样才能保证每年都赚那么多钱？"

回答："没有人能给你保证，但你要先看到可能性——先相信自己有可能做到。"

体会提问者的语气，我发现上述提问其实是一个陈述句。

"问题就是不能保证每年都赚那么多，要是能我早就发达了。"

"算复利很容易，数随便写，但是对赚钱毫无帮助。"

"我问你如何赚钱，你跟我讲复利，这根本不是我想听的东西。"

这都是因为投资者太着急才会有这种言外之意，但投资还得慢慢来。

复利是一种大局观的思维视角，而不是微观操作层面的操作技巧。人们习惯了线性思维，在算数的时候对线性增长的数字容易估计，1 斤 10 元，10 斤 100 元，很容易就算出来，但人们很难想象指数级的增长，并且对很大的数字没有概念。

大多数人知道 1 米大概有多长，人的身高大多在 1.4-2 米之间，对于每天都看得到的人的身体，人们估计 1 米大概是多少就很容易。当人们在飞机场看到飞机，被问到这架飞机有多长的时候，不会说得很离谱。现在的客机一般长 20-40 米，大部分人被问到这个问题时其答案会集中在 10-100 米这个范围。

如果人们被问到太阳和地球的距离是多少，那么这时的答案就会有非常大的差距，十倍、百倍、千倍的差距都很正常，很容易少几个零，答案是大约 15 后面 11 个零，单位米。我得使劲盯着屏幕才能数出数字末尾有几个零，就不用说脱口而出了。

在纪录片《成为巴菲特》中，有一个古老的传说。很久之前，象棋刚被发明不久，阿拉伯的一个国王迷上了这种游戏，他想重赏发明这个游戏的人，就把发明者请来，让这个人提出要求。发明者说，棋盘上第一个格放 1 粒麦子，第二格放 2 粒，第三格放 4 粒，第四格放 8 粒，这样类推下去，一直到最后一个格子被放满，把这些谷粒赏赐给他就行了。

国王欣然同意了，还觉得这个发明者很实在，没有漫天要价，结果他在准备麦粒的时候才发现，原来全国谷仓里的麦子都不够用。

象棋是公元 3 世纪初出现在印度，之后经过 300 年传到了阿拉伯，大约在公元 900 年，从阿拉伯经过丝绸之路传到了意大利。这期间象棋有过很多次大大小小的规则修改，但 8×8 个方格的棋盘一直没有变过。那个阿拉伯的国王，想不到仅仅第 64 格需要装的麦粒就能够把地球陆地表面铺满。这就是人们在数量级上容易犯的典型的错误。

上述这个传说已经众所周知，为了丰富投资者的案例库，下面讲个新鲜的。折磨猫的那位薛定谔，写过一本科普书《生命是什么》，在这本书中我发现了一个反直觉的复利案例。

"一个有机体的生长是由连续的细胞分裂引起的，这样的细胞分裂称为有丝分裂。我们的身体是由细胞组成的，但是有丝分裂不是人们所认为的那样是一件频繁发生的事情。在有丝分裂的开始阶段，细胞的生长是很迅速的。卵细胞分成 2 个子细胞，继而发育成 4 个细胞，然后是 8、16、32、64……在身体的不同部位，细胞的有丝分裂的频率是不同的，因此各个部位的细胞数目是不平衡的。通过计算，我们可以知道卵细胞只要分裂 50 次或者 60 次就可以生成一个成人的细胞数，甚至是这个数目的 10 倍，后面的数目包含了一生中更替的所有细胞。由此可以知道，我的一个体细胞仅仅只是原始卵细胞的第 50 代或 60 代的'后代'。"

在该页的左下角标注："成人的细胞数有 10 的 14 次方或 10 的 15 次方个。"这个数字是百万亿到千万亿的数量级。但是，一个卵细胞经过仅仅50-60 代分裂就能形成这种数量级。

人对大的数量级缺乏感知能力，科普作家卓克也谈到过，他曾经解释过一个有趣的问题：珠穆朗玛峰约 8844.43 米，马里亚纳海沟约 10898 米，地球上最高和最低的两个地点，落差约 20 公里，所以人们容易觉得地球表面是凹凸不平的。但这种凹凸不平的程度如何？

他是这样计算的：地球直径是 12800 公里，珠穆朗玛峰这个最高点比海平面高 8.8 公里。如果把地球比作一个篮球，那么珠穆朗玛峰相当于篮球上的什么呢？比赛时用的斯伯丁室内篮球，表面有很细密的小颗粒，每个高度大约 0.2 毫米，是为了增大手和球的摩擦力，这 0.2 毫米大约就是珠穆朗玛峰对比地球的高度。只不过如果把地球想象成篮球，那么这个篮球上只有几个颗粒高度为 0.2 毫米，其他的高度都要小于 0.2 毫米。

所以地球上山脉海沟造成的凹凸不平，远比不了一个比赛用室内篮球上的那些胶粒，估计不少人都没想到原来地球表面是这么光滑。那么人为什么会犯数量级上的错误呢？卓克认为，这是因为人平时大多只会留意那些能够直接感受到的东西，或者是观察得太浅显了。

复利一样属于人们平时感受不到的事物，而且就算人们感受不到也不会耽误生活，该吃吃该玩玩，所以人们没有动力和压力去理解它。不刻意地去学习复利，很难真正深刻地理解世界"第九大"奇迹。但是投资者现在想要投资赚钱，就会有动力。

两种增长模式如下：

单利是一种线性增强，假如期初有 1 万元，每年赚 10%，100 年后是多少钱？一般人们会这样算：一年赚 1000 元，10 年就是 1 万元，100 年是 10 万元，加上本金是 11 万元。

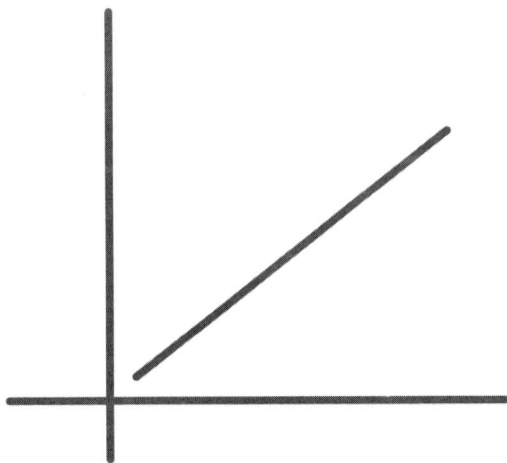

（线性增长曲线）

如果是复利，100 年后会变成多少钱呢？20 万元？200 万元？2000 万元？绝大部分人无法在短时间内算出来，就算能算到近似的数量级都很难。

算一算：1 万 × （1+10%）^{100}，这个计算的结果让大部分人吃惊，约是 13780 万——1.3 亿还多。对复利认识比较少的人回答速度可能很快，但也很容易出错——少 1 个或者 2 个零，这得少算了多少钱？

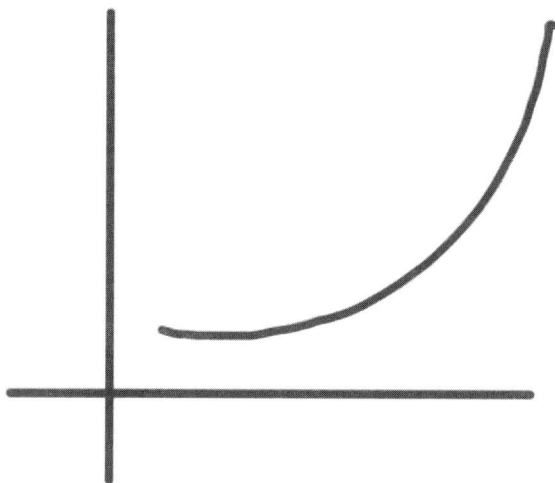

（指数级增长曲线）

指数级增长的模式难以被人感知有一个重要原因：在增长的时候，它一开始速度并不快，人们甚至很难观察到它和之前的区别，所以在一开始的很长时间里曲线都是比较平缓地增长，斜率很小，但是时间一长，曲线就会陡然而上，出乎人的意料。

下面对比十年的 10% 单利和 10% 复利，能看到区别并不大。

如果仅看十年，复利结果是：1 × （1+10%）^{10}=2.6（万元），

再看单利结果：（1×10%）×10+1=2（万元）。

这两个结果相差不大，仍然是一个数量级的，但是十年也不算短，试问有几人能想象出几十年后的天壤之别呢？

这种增长模式并不符合人们对世界的认知，即使这样也不会出现什么问题，并不耽误人们日常生活，毕竟平时用不到，也不会给生活带来很大的困扰。但对于投资就不一样了，因为钱的增长就可以是复利模式。如果想象不到这种可能性呢？没有这个想象力结果会很糟糕。

因为人们想不到，所以才会想别的捷径。

所以会有人选择相信"人不来横财不富，马不吃夜草不肥"，认为踏踏实实投资赚钱不可能让人富有，只能通过投机和赌博的手段实现暴富。持这种观点的人并不在少数，他们忽略了绝大部分追求横财的人破产了，忽略了很多富有的人并不是靠发横财致富的。由于缺乏这种想象力，一部分人就"理性"地选择了冒险。因为他认为没有其他路可选。

投资难道不冒险吗？

任何投资都有风险，但并不意味着要去冒大的风险。我认为投资应该是承担低风险获取高收益的行为，"高风险高收益"在大部分情况下并不是事实。

复利思维会给投资者一个大局观：变得有钱并不需要去做风险很高的事，但需要投资者有长期投资的习惯，而且要有长期获得相对稳定的合理收益的能力。这种能力是可以习得的。

不过，即便懂得上述道理了，很多人依旧不想利用复利的长期威力赚钱。在下一节将讲述原因。

第四节　跨期偏好

人对于时间的复杂心态，由此引发的选择偏好就是跨期偏好。说得通俗一些：对于未来的好处，人的大脑会自动打个折，让自己现在看那个遥远的好处没有那么好。这么做是有道理的，因为等待的过程中有很多不确定性和风险。

有一个著名的心理实验。一群人被告知中奖，但奖金有两种领取模式：

第一种是马上领取 450 元；

第二种是一周后领取 500 元。

上述两种领取方式都不需要支付任何费用，是没有风险的，现在就把自己代入那个情境中，你会怎么选？

会有很多人选择第二种领取模式，一周之后再拿钱，但在实验中选择第一种的人并不少——还是直接拿走 450 元吧。一周后就可以免费多获得 50 元，这是非常划算的。但选择第一种领取模式的人是不理性的吗？他们都是正常人，能够选择拿走450元也是经过思考的，这个决策在他们看来是理性的，这就是跨期偏好在影响。

每个人大脑中会有一个计算器，姑且叫时间折扣计算器。这个计算器会把未来才能获得的东西的价值打个折扣，就算是没有风险，因为要等一段时间，所以要给个折扣。听起来很像折现。所以下面要进行前置知识的学习：折现和折现率。

折现和折现率

折现是未来的收入折合到现在的等值数量。为什么未来的钱要折现到今天看呢？这是因为时间，金钱 + 时间，就会产生价值的变化。

假设投资者现在有一笔钱，存到银行吃利息，一年后就会增加一点。如果这笔钱不存到银行，一年后购买力就会下降，虽然钱的数量没变，但是能买的东西减少了，这叫购买力下降。假设购买力不变，未来的一笔钱以现在的眼光看，钱的数量就少一点。少多少呢？就需要有一个折现率。

折现率的取值方法有很多种。如果用来观察通胀给钱带来的影响，那么折现率就可以取值通胀率，假设通胀率是 5%，那么一年后的 100 元，折现到现在是 95.24 元。

计算：100/（1+5%）=95.24 元。

也就是说，现在的 95.24 元和一年后的 100 元购买力是一样的。

如果投资者不是为了衡量通胀，是为了衡量投资呢？如果投资者认为投资的年化收益率有 10%，就可以取 10% 作为折现率。一年后的 100 元，折现到现在是 90.91 元。

计算：100/（1+10%）=90.91 元。

也就是说，现在的 90.91 元和一年后的 100 元是一样的。

及时享受是演化优势

我家孩子很喜欢吃糖，她小时候管我要糖，我就会说："咱们马上吃饭了，吃完饭我可以给你两块，但是你现在要吃我只能给你一块。"她果断拒绝了，闹着马上要吃糖。对小孩来说，是很难接受延迟享受的，也就是折扣率非常高，在我看来这就是缺乏理性的，明明等一下就可以有两块糖，为什么就不能等？但孩子长大之后，就慢慢理解并接受延迟享受了（建议有孩子的各位家长在平时要有意地锻炼孩子的延迟享受意识）。

每个人的大脑中都会有这样一台时间折现计算器，但每个人的时间折扣率不一样，有的大，有的小。而这个折扣率很小和很大都会显得不理性。有打折不是病，折扣偏离太大就是病。

实验中，一周后可以多获得的 50 元，通过大脑的折扣计算后，如果折算到今天是零或负值，那么当然会选择现在拿走 450 元，因为在他看来，等一周拿到的 500 元的价值小于等于今天拿走的 450 元。

人天生是喜欢及时得到满足的，这是"预装程序"。在长期的恶劣环境下它是一种优势，等太久才获得是很不划算的，毕竟在环境非常恶劣的情况下，做各种事风险都很大。我们都是需要及时得到满足的祖先的后代。在人类演化过程中的几十万年时间里，延迟满足并没有明显的优势，有的时候反而是劣势。

今天有的吃就吃，使劲吃，在恶劣环境下活下来的可能性才高，有后代的可能性才大。毕竟在那么久的时间里，生存一直是一个难题。当生存困难的时候，这个折扣率就会非常大，当一个人不清楚明年是不是能继续生存时，那么今年一定要及时得到满足，牺牲当下购买力去拿钱投资就显得不理性了。

在经济学中也有类似的原理：未来不确定时，利率就会提高，人们放弃当下的购买力需要给予更多的补偿。比如在古代，借款的利率非常高，这是因为当时的社会比较乱，远没有现在如此发达的社会功能，死亡率也很高，追讨难度很大，人们把未来看得很不确定，所以借款就要定下很高的利息。

人还有一个演化保留的特点，即倾向于觉得事情很糟糕，有一个很重要的原因是基因决定了人们更倾向于相信负面消息，而非正面消息。坏消息比好消息重要，坏新闻比好新闻给人们的印象更深刻，焦虑总是会引发人们的普遍关注。

因为负面消息往往决定着生死。不仅如此，几乎所有动物为了获得更大的生存概率，都会提高警觉，更快地做出反应。比如草丛中的风吹草动大部分情况下并不是猛兽来了，但是动物都倾向于逃跑，很显然这有利于生存。

调整折扣率

回到本节要讨论的问题，为什么很多人即使知道复利的长期威力，也不愿意去投资呢？

很容易相信负面消息，对未来表现出过分担忧，甚至想象出更糟糕的情况，人的这种特征让人脑中的折扣率增大。未来能赚到的钱要等待很久才能收获，这期间要面临大量的不确定性和风险，所以在他们今天看是大打折扣的。

很多学员跟我说："我都不知道自己能不能再活30年，我等不起啊。"或者是："20年后有那么多钱也没有用啊。"换句话说，他们现在就想变得富有，而对未来并不乐观。也有很多人以此为理由选择在年轻的时候过度消费，我就听过有人说："钱不花贬值很快，明智的做法就是赶紧花掉。"

亚马逊CEO贝索斯有一次问巴菲特："你的投资体系这么简单，为什么你是全世界第二富有的人，别人不做和你一样的事情？"巴菲特回答说："因为没有人愿意慢慢变富。"不愿意是一回事，根本想象不到会变富则是另一回事，有多少人说自己知道复利，但又会经常被复利颠覆？

不夸张地说，就是因为人类天然具有的跨期偏好，并且容易受到坏消息的影响，让很多人没能通过投资成为有钱人。那些看不起未来获得收益的人，也几乎没能在短时间内变得有钱，等时间一天一天过去，未来已来，到时候就没有机会通过投资变得富有了。

每个人大脑中时间折扣计算器的折扣率不一样，折扣率很大，就喜欢及时行乐；折扣率很小，就会选择延迟享受。折扣率处于一个正常的范围是正常现象。好在折扣率可以通过有意识地学习慢慢修正，投资者现在已经知道了阻碍大部分人投资获利的障碍，已经为改善这种情况创造了更多可能性。

行为经济学家理查德·塞勒对这种现象也有精彩的论述。他认为："人类的大脑不是一个决策整体，而是两种同时存在的自我的联合体。这两个自我，其中一个是短视的冲动者；另一个是长远的计划者，长远的计划者的任务，就是管理短视的冲动者，虽然常常不成功。"

塞勒的观点已经被医学技术证明了：大脑边缘系统让人们对即时快感反

应非常强烈,对未来选择的感受却很微弱。前额皮质虽然能预见到当下快感可能导致未来的痛苦,但缺乏把未来痛苦变成当下刺激的能力。因此,大部分人就会屈从于短视和冲动。这种短视和冲动没有错,但是现代社会带来了新的挑战。

投资和时间分不开,跨期偏好普遍影响着每一个人,它就是基因带来的。所以投资给人的挑战就在这里:如何处理好大脑中的折扣系统,如何让大脑中的短视冲动者处于劣势地位,怎样让长远计划者持续处于上风。把上述问题解决了,什么"别人贪婪我恐惧,别人恐惧我贪婪"都会迎刃而解。

下一节开始谈复利的敌人——投资者在投资的过程中应该尽量避免发生的情况。

第五节　收益不足

要利用好复利,就要避免发生两种情况,或者说复利有两个大敌。一个敌人是"收益不足";另一个敌人是"本金永久性损失"。本节先讨论收益不足带来的危害。

先看看 1 元复利表:

年复利收益率 / 年数	5 年	10 年	15 年	20 年	25 年	30 年
2%	1.104	1.22	1.35	1.49	1.64	1.81
3%	1.16	1.34	1.56	1.81	2.09	2.43
5%	1.28	1.63	2.08	2.65	3.39	4.32
7%	1.4	1.97	2.76	3.87	5.43	7.61
10%	1.61	2.60	4.18	6.73	10.83	17.45
12%	1.76	3.11	5.47	9.65	17	29.96
15%	2.01	4.05	8.14	16.37	32.92	66.21
20%	2.49	6.19	15.41	37.34	94.4	237.38
26%	3.18	10.09	32.03	101.72	323.05	1025.93

(注:表中数字单位:元)

上表是 9 种不同年复利收益率分别经过 5、10、15、20、25、30 年后的本息合计。

年复利收益率 15%——5 年翻番的条件，建议投资者记住它。年复利收益率 15% 对普通投资者来说是一个比较高的收益追求，难度较大，但我认为投资者通过持续学习还是很有可能达到的。

绿色框是翻番，年复利收益率为 26% 的情况下只需要 3 年；20% 的情况下需要 4 年；15% 的情况下需要 5 年。

重要提醒：用短期业绩计算得出的年复利收益率是没有意义的。时间越长，这个数据的参考意义就越大，我认为低于 5 年的参考意义为零，高于 10 年以上的可信度较高。巴菲特的 20% 左右的年复利收益率是用几十年的时间计算得出的，所以他才能成为世界范围内公认的投资大师。虽然很多大师的年复利收益率高于 20%，但对其计算所用的历史业绩远不如巴菲特那么久，所以名气会有很大差距。

2%-5% 属于收益不足，即便经过 30 年也很难看到复利发挥威力，因为这个成长速度太慢了。对个人投资者而言，我建议 7% 是及格，10%-12% 是小目标，而 15% 是大目标。

对于 20% 以上就暂时不要想了，运气来了可能短期会达到，但时间越长就越需要超乎常人的硬功夫。

7% 和 15% 看起来每年相差 1 倍多，但在 20 年后收益就会相差 5 倍，30 年后会相差 10 倍之多，差距会越来越大。所以如果收益不足，年复利收益率连 7% 都不到，那么复利确实很难发挥威力。

收益不足是复利的第一个敌人，但是为了增加收益而去做冒险的事万万不可。如果目前投资者的投资能力较低，比如主要以银行理财等产品为主，希望提高收益，那么应该先学习，扩大能力圈之后再改变。千万不能为了提高收益而参与自己不懂的领域。风险与无知是成正比的。

复利的第二个敌人是本金永久性损失。为了理解永久性损失，在下一节将先进行前置知识学习：波动和风险的关系。投资者可以先思考，对于"高风险高收益"这句话你认可吗？

第六节　波动不是风险

民间有句俗语："不入虎穴，焉得虎子。""舍不得孩子，套不着狼。"这与高风险、高收益是同一个道理。

高风险、高收益至少暗含了两层意义：承担了高风险，就会有高收益；想获得高收益，就必须主动去承担高风险。看上去是一种合情合理的等价交换。

这句话是怎么来的呢？

大众对理财产品的风险分类中股票和股票型基金都是高风险。他们的高风险体现在哪儿？ 7亏2平1赚的证据确实证明了高风险，也证明了只有少数人获得收益，其中获得高收益的人更少了。那么对于"高风险、高收益"中的"高收益"应该如何理解？我认为以下3种解释比较合理：

第一，从超长期看股市整体。如中证全指指数的年复利收益率大约是11%（考虑了分红），相比其他大众理财产品，甚至相比信托，这算是高收益。

第二，极少数人获得了高收益。

第三，对波动的普遍错误认知：把波动直接等同于风险（我认为这是主因）。

很长一段时间以来，投资者可以参与的理财诸如银行存款、银行理财、其他理财产品、股票、基金等，有一个明显的规律：那些无波动的投资项目，收益很低。比如银行理财（这些产品没有净值），就是到期给投资者一个收益，比直接存银行高一些。有波动的投资项目，就有更高的收益上限和下限。波动越大，可能获得的收益或损失的幅度就越大。比如股票和股票型基金波动就很大。如果看振幅，那么其可能的收益会更高。波动越小，可能获得的收益就越低，比如债券型基金。

又因为喜欢高抛低吸做波段的是大多数人（机构也是如此），所以波动对他们来说就是风险和收益的最直接来源，高波动就意味着高收益，而且看上去确实如此。很自然地把波动直接等同于风险，这样风险和收益就摆在一句话里，后来就成为"高风险、高收益"。

自古以来人们就有这样一个习惯：把深刻道理浓缩成一句顺口的话，或称为"谚语"，这样确实方便记忆和传播，不同语系和方言都有这种现象。这些顺口的谚语在特定的环境和情况下确实有道理，可以指导人们做事，节约决策时间，提高效率，但问题是很多情况下其并不适用。

"高风险、高收益"是指在流动性充分以及交易成本很低的前提下，价格有高波动特征的那些资产，存在获得高收益的可能性。可是波动和风险明明是两个词，它们是不一样的两个概念。波动是客观的，风险是主观的。这个客观真实是不是风险，是由投资者如何看待它来决定的。对投资者来说，更重要的是如何看待波动这个事实。也就是说，投资者对波动的反应更重要。

对于同样的半杯水，有人看是"哎呀只剩下半杯水了"，有人看就是"还有半杯水呐"。这是两种看待事物的角度。看待波动也是一样，有人看到高波动可能会想到收益将会很高；也有人看到高波动可能会想到将会面临巨大的损失，所以有很多人"谈股色变"。

为什么资产价格会有波动呢？

波动的来源是市场的情绪，供求关系的频繁变化是每天数不清的投资者用钱投票的结果，它是当下情绪和信心的综合反映，而这个波动与股票背后的那家公司的价值往往没有太大关系，在大部分时间，这种波动并不代表资产本身也有同等幅度的质地变化。想想为什么人们喜欢在"双11"购物？答案就是因为同样质地的东西价格更低了。

资产的赢利能力改变需要时间，不管是增长还是衰退。在2017年和2018年，整体股市在下跌，但整体上市公司都是赢利的，并且赢利能力还在增长，这也是事实。价格一定会与价值在长期吻合，那是"称重"的结果；在短期则是"投票"的结果。正如格雷厄姆所言，市场先生很明显是一个躁郁症患者。

价值很难改变，而价格频繁改变，所以这个价格波动应该由投资者去利用，而不是被直接当作风险。

影响价格波动有两个因素：一个是资产赢利能力变化；另一个就是投资者情绪和信心的变化。

上述两个因素导致价格的变化幅度明显不同，价格变化快，价值变化慢。其中有一个因素就容易反应过度，能分辨偏离的程度是关键。

投资者应该利用市场情绪赚钱，而不应该被那种情绪带跑。波动本身不是风险（波动与风险是两个词），反而认为"波动是风险"本身就是一种风险。真正的风险永远是"无知"，而且风险大小是与无知程度成正比的。

有了本节的前置知识，下一节来理解巴菲特说过的：本金永久性损失。

第七节　永久性损失

复利的敌人一个是收益不足，另一个是本节要讲的"本金永久性损失"。关于这个说法我第一次是在巴菲特那里得知的，他在损失前面加上"永久"这个时间维度，目的就是告诉人们波动并不是风险，也就是短期账面的浮亏并不是亏损。他的思维很跳跃，需要仔细分析和拆解才能明白。

巴菲特投资过的很多公司都曾给他带来短则几个月，长则几年的账面浮亏，在他看来，如果公司本身没有问题就没有风险。当然，也不能无限制地浮亏下去。"永久"二字让很多人产生了误解，如果浮亏了很久，5年、10年甚至50年才回本，难道还不算损失吗？我想这种情况算是真正的损失，因为通胀会让这些钱失去大部分的价值。

当买入价格过高，即便公司没有经营问题，浮亏了5年、10年还没有回本，那么这项交易多半也是失败的。比如2007年年底，很多买入行为都造成了永久性损失。即便是招商银行这种难得的好公司，以2007年年底的价格买入，到11年后才回本，这种损失也很大。

发生永久性损失的情况主要有如下3种：

（1）持有的资产质量发生恶化，甚至上市公司退市了，由此导致的亏损。这种情况发生的主要原因是"买错了"。

（2）持有的资产质量没有问题，但由于无法承受下跌导致的账面浮亏而割肉，这种损失也是永久性损失。比如投资者原来持有股票A，遇到市场下跌，投资者害怕了，割肉卖出换成现金。这种情况属于永久性损失，因为投资者认为波动是风险，没有坚持持有。

如果投资者卖出A的原因是换到了更好的股票B，那么这就不算永久性损失。在这种情况下，投资者承认波动不是风险，继续持有股票 A 没有问题，只不过这时有明显更好的投资标的股票 B，因此发生的结算损失不属于永久性损失。

（3）持有的资产质量没有问题，但是由于买入价格太高，导致很多年后才回本。这也算是一种永久性损失。

投资者可能听说过投资无非两种原因亏损：买贵了，买错了。其实很多投资者买对了且买得不贵也会亏，问题主要就是其对于波动的看法。大部分技术分析直接把波动看作风险，并对价格的波动做出反应，比如浮亏 ××% 就要止损。

接下来分析，为什么说永久性损失是复利的敌人？因为发生永久性损失主要有如下两种模式：

（1）当持有的资产质量发生恶化时亏损幅度通常会非常大，亏损达到7-9成都很正常，很多股票持续下跌幅度达到90% 以上。我的一位朋友买了很多 P2P 产品，使用了 5-7 家平台，2017 年有两家爆雷了，导致投入那两家的资产血本无归。这就属于买错了，发生了永久性损失。

虽然这只是局部问题，但这种局部问题对整体的影响极大。即便另外几家平台是好的，但爆雷的两家本金全无。据这位朋友说他两年多的收益都没了，直接打回原形。

我把情况简化，列出表格：

项目	1	2	3	4	5
收益率	12%	13%	14%	15%	−80%
期末	1.12	1.13	1.14	1.15	0.2

这是一种简化情况，资金平均分配在 5 个项目里，前 4 个是正常赢利的，第五个大幅亏损。假设初始本金共 5 元，最后本息和是 4.74 元，收益率为 −5.2%。2017-2018 年，很多 P2P 投资者都遇到了这种局面。

（2）如果投资者认为波动是风险，账户就会频繁发生"小盈利 + 小亏损"，常见于短线交易者。稍有盈利就退出，稍有亏损就逃离。牛市里小盈利较多，熊市里小亏损较多，一般最后会发生深度套牢。先不考虑深度套牢的情况，如果有很多小盈利和小亏损，那么画出的表格是这样的。

项目	1	2	3	4	5	6	7
收益率	11%	−10%	11%	−10%	11%	−10%	11%
项目	8	9	10	11	12	13	14
收益率	−10%	11%	−10%	11%	−10%	11%	−10%

上述也是简化情况，资金平均分配在 14 个项目里，盈亏各 7 次，但每次赢利的幅度略大于亏损，最后只赢利了 0.5%。

计算过程：1.11×7+0.9×7=14.07 元，收益率 =0.5%。

如果这不是平均分配，而是一笔资金顺序投资了 14 次，那么结果就会更差。

计算过程：1.11 的 7 次方乘以 0.9 的 7 次方，结果为 99.3%，收益率 =99.3%−1=−0.7%。从现实投资行为上看，人们普遍会使用一种混合的策略：既会把资金分配到几个项目里，同时又滚动资金投资。显然，当有本金永久性损失时，会拖累年复利收益率的表现。无论是上述哪一种，都会对整体收益有不利的影响。

短线交易者要做到如下两件事：预测将要上涨，买；预测将要下跌，卖。一个成功的交易是：先买了，果然上涨，然后卖了，获利，卖了之后果然下跌。但除了这种情况，还有如下另外几种情况：

买了之后确实上涨，也预测到下跌，提前卖出了，盈利；

买了之后确实上涨，但没有预测到下跌，结果是打平；

买了之后下跌了，但忍住没割肉又涨回来，结果是打平；

买了之后下跌了，但没忍住割肉，结果是亏损。

> "买了之后确实上涨，但没有预测到下跌"之后的结果可能出现 3 种：如果下跌就赶紧卖出，还有一些盈利；如果下跌到成本价卖出，算是打平；如果下跌低于成本价才卖出，算是割肉或止损。这 3 种情况综合考虑，算作打平。

其实情况还可以更复杂，但看到这里已经够了。如果行情波动特征是均匀的，那么出现盈利的可能性只有 25%，打平是 50%，亏损是 25%。或者可以这么理解：一个成功的交易本质是低吸高抛，预测对要涨，之后确实涨了，预测对要跌，之后确实跌了。这涉及两次预测，如果每次预测的成功率是 50%，那么两次都准确的概率是 25%。

> 还有一种更简化的情况，做一次买卖交易的结果无非就3种：赚钱、亏钱、打平。直接假设它们的概率都一样——都是33%，再考虑交易需要手续费，所以赚钱的概率比33%还低。

至此读者可能会有疑问，预测对上涨，没预测对下跌，那么下跌一般不会跌到上涨的起始位置，还是应该稍微能赚钱的。这里需要解释一下，首先，之前不可能买在上涨的起始位置，也就是几乎不可能买在最低价上。其次，短线交易经常跌到上一次上涨的起始位置，甚至跌得更低，这很常见。在熊市的下跌过程中，反弹后继续下跌就是这种情况，会有多次新低。最后，做简单假设的情况是为了说明炒短线的难度。

在真实的交易中，不会有50%的人只亏手续费，如果把人性也算进去，7亏2平也是常态。

通常喜欢做短线的投资者会有这么一种想法："我的判断肯定不会次次都准确，这我知道，但起码有6成把握。"他忘了股市是有下跌行情的，所以不能以单次预测正确率作为评价标准，没预测准下跌，但是又在里面，这不就亏了吗？就像上述列出的表格说明的问题，做波段，起码要考虑涨＋跌这样一个轮回才行。看似是一个预测，其实里面包含了两个预测（买和卖是两次预测），所谓6成把握其实是一种幻觉。

对股市进行短期预测并且交易，并不像考试时蒙选择题——选对了得分，选错了不得分也不会倒扣分。在真实的投资中，预测错了是有可能倒扣分（亏钱）的。

就算一个人预测的正确概率是60%，那么连续两次即一个涨跌轮回都正确，获得盈利的概率也只有36%，考虑交易费用剩下64%都是亏钱的。所以做短线要保证单次预测正确率大于70%才行。

做短线能不能赚钱？能！

赚钱了是不是因为运气好？大部分是！

认为波动是风险，这背后的意思是，**同时认为波动是收益**。所以才会有那么多投资者做短线交易，因为盈亏同源。

第三章

投资

本章是整本书提纲挈领的一章，后面的投资哲学和方法都可以由此引出，读透这一章是理解后面内容的基础。

投资者是否认真想过，到底什么才叫投资？

对于这个看似简单的问题，我问过很多人。答案五花八门，但没有两个人的答案是一样的。

"投资就是赚钱。"

"投资就是买股票，买基金，买银行理财。"

"能让本金升值就是投资。"

投资大师巴菲特最近一次对投资的定义是："放弃当下购买力，以期在未来获得更多购买力的行为是投资。"这个定义很厉害，他考虑了通胀，并说清了目的。他的恩师格雷厄姆说："投资是一种通过认真分析研究，有指望保本并能获得满意收益的行为。不满足这些条件的行为就被称为投机。"

对于"投资是什么"这个问题的回答属于个人观点，既然是观点就没有对错，只要是逻辑自洽的，都可以是合理定义。但问题是还有一个词叫"投机"，而投机在很久之前还是一个罪名，叫投机倒把罪。我认为"投机"并非贬义词，但显而易见它有很强的贬义色彩，要不然人们怎么都说自己是投资，而没有几个人主动承认自己是投机呢？

"投机"不好听，给人的感觉也不正当，不被支持，是有负面情绪的。与投资一样，投机的定义也很模糊。对于投机，有的定义是：利用时机谋取私利。谋取私利是没有问题的，利用时机也是没有问题的，同样的定义也适用于投资。

我想重新定义投资，不是因为别的定义是错的，而是那些定义不能指导行为，不能区分行为。很多问题的存在，不是因为没有定义，而是定义不明确。定义不明确就会带来如下两个大问题：

1. 定义不明确就不能引起重视

过去人们（现在很多人也是）认为老年痴呆就是人老了就容易"痴呆"，记忆力减退，计算能力缺失，容易急躁，认不得人是正常的，所以长久以来这种现象没有引起足够的重视。后来，越来越多的人认识到"老年痴呆"是一种神经系统的退行性疾病，很多时候还会伴发焦虑、抑郁等精神病理症状，而通过药物治疗以及家人的理解和关怀，完全可以延缓疾病的发展，有效改善老人的生活状况。这些都源于对这种现象的明确定义：阿尔茨海默病。

当人们意识到一个问题的严重性时首先应该从定义入手。如果定义不明确，人们就会依据自己的感觉去理解，就会导致滥用，进而失去这个词本身的意义。

2. 定义不明确会带来认知压力，并导致缺乏效率

定义的一个重要目的是形成普遍认同，在沟通时可以节约时间，提高沟通效率和准确程度。定义准确时，人和人之间的沟通就变得高效，自己也不会混乱。有一天我乘地铁，听到一个小孩和他的爸爸有这样的对话：

"爸爸，什么是便衣？"

"便衣就是和咱们一样穿平常的衣服的人，但他们是警察。"

这是一个日常生活中定义的过程，孩子会问各种问题，首先是有理解的需要，其次是方便他未来调用。在上面这段对话中，小孩明显已经知道"平常""衣服"和"警察"的意思了，如果他连这些词汇都不清楚，就需要更多的解释。

即使成年人之间进行沟通也往往会有这种问题。你可能有这种感觉："我说了半天他怎么还是没理解？"或者是"我说了半天怎么他还能理解成那样？可我觉得我已经解释得很清楚了。"我想问题多半出在对某一些词汇的定义有分歧上，导致"你说你的，我说我的，你说的和我理解得很容易不一样"，每个人都是用自己的经历去对照、映射和理解。

一些文章的开头会这样说："首先我们先定义什么是×××。"这是有必要的，对一些专业话题，先下一个定义再讲，确实可以提高人们理解和反馈的效率和质量。在我们上学的时候，也是先学习定义和概念，之后才学习更深的知识，这是有道理的。

所以，磨刀不误砍柴工。

第一节　生产性资产

资产是一个很广的概念，任何东西都可以是资产，土地、房屋、股票、技术、资金，甚至生物、人、一个想法也都可以看作资产。对资产做一个限定，前面加上3个字"生产性"，就成为一个重要的概念：生产性资产。

生产性资产，也就是资产有生产能力，生产出什么？答案是：资产。资产可以生产出资产，这就是生产性资产。引申一下，资产通常可以换成钱，所以也可以说生产性资产有"出产"钱的能力。

比如，母鸡。母鸡可以下蛋，母鸡是资产，蛋也是资产，鸡蛋很显然是可以拿去卖的，母鸡是生产性资产。比如，奶牛可以产奶，奶牛是资产，奶也是，很多人喝奶。

房产是生产性资产，因为房子可以用来出租，有租金，获得的直接就是钱。对于股票上市公司具有所有权，上市公司会经营，产生净利润，这也是一种"造钱"的能力。债券是生产性资产，因为债券有利息。

投资者买的基金是生产性资产吗？当然是。基金投资于股票和债券，而股票和债券几乎都是生产性资产，所以基金也是生产性资产。

生产性资产有如下两个重要的特征：

（1）生产性资产可以不依赖于卖出获利。家里有母鸡，不管母鸡的价格如何，如果母鸡可以持续下蛋，就可以卖鸡蛋换钱，而不用卖掉母鸡。投资者持有股票，好的公司会持续分红，不需要卖掉股票换钱。

比如，新闻：格力电器2月18日晚发布2018年半年度分红公告，将向全体股东每10股派发现金6元（含税），共计派发现金36.09亿元。根据格力电器三季报，董明珠持有格力电器4448.84万股股份，以此计算，董明珠将分得2600多万元。

很多公司高管、股东不需要卖掉股份换钱，公司分红就可以让他们获得很多回报。我认为财务初步自由的标准就是"被动收入覆盖日常支出"，而被动收入就是不卖掉资产也可以有的收入，股票的现金分红就属于被动收入。

现实商业活动中，绝大部分公司没有上市，公司股东的股份不能公开进行买卖，也就很难定价。这些公司的所有者很少会考虑卖出自己的股份，而是通过经营公司获得净利润赚钱。也就是说，即便这种生产性资产没有流动性，交易困难，也不妨碍持有这种资产的人获利。

（2）对生产性资产可以估值。这里先不谈如何估值，只讲一个逻辑，一个资产为什么值钱？是因为这个资产可以"生产钱"，投资者买的是一个可以"造钱"的资产，投资者为此而付费。这个资产值多少钱？这就要看该资产的造钱能力的强弱、稳定性以及持续性。

如果家里的母鸡品种好，产蛋量多、稳定，抗病好，饲料需求一般，产蛋周期长，那么这种品种的母鸡就更为值钱。如果一家公司盈利能力强，又很稳定，未来盈利增长的可能性还更大，那么这家公司的股份就更值钱。

值钱与否，对生产性资产来说，看的是其"造钱"能力。通过分析和判断造钱能力，给予资产合理定价。本书后面会讲指数估值投资，也会用到此思考逻辑。造钱能力就像一个"抓手"，让投资者有据可依。

有优势就有劣势。对生产性资产来说，价格总体上会围绕其价值——生产能力而变化，如果生产能力下降、消失，那么价格就会一落千丈。比如无法盈利的上市公司，那些暴雷的股票、债券，其价格会经历长期下跌，甚至最终退市。

所以选择生产性资产时首先要解决一个最根本的问题——资产的生产能力要有持续的保障。为了解决这个问题可采取如下两种方式：

第一种方式是分散化投资。比如投资者接触到的公募基金投资就是分散化投资，像股票型基金所投资的股票数量最少也有几十只，指数化投资数量会更多。这样单独一家公司出问题不会给整体带来重大影响。投资基金相比于投资个股风险低，主要是指这方面。而基金的波动比股票要小并不算是风险低，实际上这两种资产的波动区别并不明显，没有本质差异。

第二种方式是对资产的深度理解。比如巴菲特、查理·芒格等价值投资大师，他们的投资风格是相对集中、适度分散，有一些股票占总资产的比重很大，但是由于他们对所投资公司的理解很深，并且持续地关注公司经营，所以出错的可能性很小。

这就涉及能力圈原则，如果投资者对具体资产理解透彻，那么过度的分散是不明智的，相对集中更加理性。如果投资者对资产了解不多，那么分散是更加科学的方式。对大部分人来说，投资指数基金就是非常好的选择。

对于生产性资产先讲这么多。

第二节　非生产性资产

非生产性资产没有生产能力，它自己不会"造钱"。

比如黄金。黄金算得上世界通用货币，全世界都认。中国人对黄金也是情有独钟，很多地方订婚、结婚都有送"金三样"的习俗，包括金项链、金手镯和金戒指。如果有亲戚、朋友生孩子，那么有条件的人也会送一些金饰，比如金锁、金镯子等。黄金也是很重要的一种资产，不少有钱人会买投资金条放在家里，或者存放于银行的保险柜中。

尽管黄金非常受欢迎，但它是没有生产能力的。买 1kg 黄金放在家里，十年后拿出来再看看，还是那 1kg 黄金，并不会产生出"小黄金"，那 1kg 的黄金也不会自己长大，不会变成 2kg。黄金是非生产性资产。

那么，还有什么是非生产性资产呢？这几年比较热的比特币以及各种虚拟货币，都属于非生产性资产。黄金虽然是非生产性资产，但是它还能应用于医学、航天和电子元器件，也有一定的观赏、佩戴功能，而虚拟货币一旦不能流通，就彻底失去价值。所以非生产性资产也有优劣之分。

古董字画、文玩是非生产性资产。其他金融工具，比如期货、期权也是非生产性资产。

非生产性资产有如下两个重要的特征：

（1）非生产性资产只能通过卖出兑现。由于非生产性资产没有生产能力，不能分红，没有利息，这导致如果投资者希望拿回钱，就必须要卖出才行。如果这种资产缺乏流动性，没有交易对手，没人买，那么投资者也无法将该资产卖出去。

如果一种非生产性资产卖不出去，那么它的价格再高也意义不大。初步的财务自由不能靠持有非生产性资产实现，就是因为这种资产无法产生分红和利息，谈不上覆盖投资者的生活支出，如果投资者依靠卖出这种资产过活，那么资产的数量就会持续减少，长远来看财务是不安全的。

（2）非生产性资产的定价依赖于人们的信心和舆论，所以人们喜欢讲故事。故事让人气汇集起来，形成广泛认可的"IP（品牌）"，比如黄金是世界公认货币，各国争相储备，这个品牌历史悠久；核桃手串文玩的故事就更多了。好的故事可以增加交易量和流动性，让价格频繁变动，如果参与买卖的人很少，赚钱效应就会弱，缺少佣金收入的交易将难以为继。

产生这种现象的原因是非生产性资产没有一种特征让人们来锚定，没有公认的"价值"让价格围绕。回忆一下生产性资产，生产性资产有生产资产的能力，也就是可以造钱，有这个能力在，人们就锚定在赚钱能力上，对某一种赚钱能力定价，这就是价值。但非生产性资产没有这种能力，它的定价方式有点"空中楼阁"的意思。

这时，人们为这种资产付款就要基于想象和共同记忆。比如，全人类对黄金都有根深蒂固的信念，这是上百年的洗礼形成的共同文化记忆。有的人说黄金抗通胀，但是几十年来黄金价格波动显示，它并没有这个功能。黄金其实是人们为未来准备的灾难预案，当对法定货币失去信心的时候，人们就会想起黄金。所以黄金的"避险功能"中的险，被大部分人低估了，这个"险"不是简单的风险，而是一种比较严重的法币崩溃风险。

比如，明朝人如果拿着明朝印发的银票到了清朝就不能用了，但如果是黄金到了清朝一样可以使用。在这种情况下，风险就是明朝法币的崩溃，存黄金可以避这种险。但具体到是否清朝黄金的价格高于明朝，价格会不会下跌，这就不是黄金避险中的那种风险了。

2016 年 11 月 8 日，印度政府宣布面额为 500 卢比和 1000 卢比的纸币自当天午夜起退出流通，以打击腐败、黑钱和假币，然后会发行新版钞票。而每人每天只能兑换总值 4000 卢比的新币。这就直接导致旧的印度货币突然不值钱了。消息一公布，印度很多人就去买黄金，因此印度本地的黄金价格突然暴涨。

由于缺乏锚定的价值，非生产性资产的科学估价是几乎不可能的，有一种做法是用生产成本或挖掘成本作为价格参考，我认为其有一定的道理，但仍然显得不够牢靠。这是因为如果资产的价格下跌到生产成本就会得到支撑并且反弹，就不会有那么多公司倒闭了。根本还是在于需求，对于没有需求的资产，价格再低都合理。根本是供求关系决定价格，而不是生产成本决定价格。

买非生产性资产获利是要猜人心，也就是凯恩斯的选美理论。投资者是在期待别人花更高的价格从自己手中把它买走，这是一个击鼓传花的游戏。下面具体介绍选美理论。这个理论很重要，有助于投资者理解价格波动。

约翰·梅纳德·凯恩斯是英国经济学家，现代经济学最有影响的经济学家之一。著有《就业、利息和货币通论》和《概率论》等，创立了宏观经济学，被称为宏观经济学之父。

选美理论是凯恩斯研究不确定性时提出的，以形象的比喻描述了一个投资理论，即金融投资如同选美。在有众多美女参加的选美比赛中，如果猜中了谁能够得冠军，你就可以得到大奖。你应该怎么猜？凯恩斯先生告诉你，别猜你认为最漂亮的美女能够拿冠军，而应该猜大家会选哪个美女得冠军。即便那个女孩长得丑，只要大家都投她的票，你就应该选她而不能选那个长得像你梦中情人的美女。这个诀窍就是要猜准大家的选美倾向和投票行为。

美国普林斯顿经济学教授，《漫步华尔街》的作者马尔基尔把凯恩斯的这一看法归纳为最大笨蛋理论：你之所以完全不管某个东西的真实价值，即使它一文不值，你也愿意花高价买下，是因为你预期有一个更大的笨蛋，会花更高的价格，从你那儿把它买走。投机行为的关键是判断有无比自己更大的笨蛋，只要自己不是最大的笨蛋就是赢多赢少的问题。如果再也找不到愿意出更高价格的更大笨蛋把它从你那儿买走，那么你就是最大的笨蛋。

选美理论可以解释很多金融资产价格的波动，一些缺乏价值，甚至毫无价值的资产可以在短时间内暴涨好几倍。人们蜂拥而至的原因并非他们真实地理解这种资产的优点和好处，而是基于一个根本信念：还会有更多的人来买，越早下手价格越低，获利越多。这与马尔基尔所说的最大笨蛋理论一致。但是人们又很难承认自己不懂价值，会采取编造和欺骗自己的方法以让自己的想法和行为一致。

为了定义投资，还需要学习两个前置概念：资产收益和市场收益。

第三节　资产收益（创造性收益）

资产收益是资产本身带来的收益。生产性资产有生产能力，这种生产能力所带来的增量就是资产收益，或者把生产看作一种创造，这样强调的目的是突出"正和博弈"的特点。非生产性资产不能产生资产，所以它没有资产收益。

资产收益会体现在哪里呢？其主要有两种体现形式：价值增长和分红（利息）。

一只母鸡马上要下蛋的时候，其价值是有增长的，这是因为它看似是一只母鸡，其实它肚子里还有一颗蛋。如果母鸡的价值是100元，蛋的价值是1元，那么这只将要下蛋的母鸡价值是 101 元。如果此时卖掉母鸡，就应该卖 101 元。这种情况下母鸡的价值增长了 1 元。

母鸡下蛋之后，蛋和鸡就分离了，母鸡的价值是 100 元，蛋的价值是 1 元。这个蛋就是分红，母鸡价值从 101 元回到了 100 元。这种情况体现的是分红。

上市公司也一样。公司取得了净利润，一部分净利润可能以现金的形式分红给股东，一部分净利润还留在公司里，增厚了净资产。比如公司一年前有净资产 1000 万元，一年后公司创造了 200 万元的净利润，公司决定把其中 50 万元净利润以现金的形式分红给股东，剩下 150 万元留在公司里。

不考虑其他因素，公司的净资产从 1000 万元增长到 1200 万元，这是分红前的状态。分红后，公司净资产是 1150 万元，50 万元分红出去了。股东获得了 50 万元的分红款，那么对于另外 150 万元应如何获得？一家正常经营的公司，从长期看，净资产的增长还会导致公司股价的上涨。

下面举一个工作的例子。一个应届毕业生找到一份心仪的工作，一开始公司给他 3000 元的工资，5 年后他的工资已经涨到了 12000 元。对公司和他来说，工资一直都很合理：一开始的 3000 元合理，5 年后的 12000 元也合理。之所以涨工资，是因为这个人为公司创造的价值在增长，这也属于资产收益。

资产收益的最大特征是：这种收益需要长时间逐渐获得。这有如下两层含义。

第一层：生产性资产创造资产收益本身需要时间。比如母鸡下蛋，需要时间，不能随时下蛋；公司经营产生利润，这也需要时间，利润不是凭空而来，需要提供产品和服务，提供价值交换而来。

第二层：投资者获得生产性资产的资产收益需要时间。上述例子就说明了这种情况，因为比较重要，所以这里再说一遍。公司获得净利润之后，净利润的一部分以现金的形式让股东直接获得了，而另一部分还在公司里。按道理，公司的净资产增厚了，变多了，股价也应该上涨，但其实未必，这是因为股票市场在很多时候是不跟随公司基本面变化而变化的，也就是股价不反映价值。

为了获得另一部分资产收益，投资者需要更有耐心，等待股票价格反映其价值，这需要时间。这是要进行长期投资的重要原因之一，投资时间短，一方面资产收益还没有形成；另一方面，价格还没有反映出资产收益。这个道理非常重要，将会在第六节展开说明。

至此已经开始涉及投资的本质，后面还会有更多阐述。下一节讲市场收益。

第四节　市场收益（掠夺性收益）

市场收益比资产收益要简单，它的体现方式几乎只有一种：价格上涨。市场收益是单纯的市场定价改变带来的收益。

如果是生产性资产，价格上涨并不一定都是市场带来的，也有可能是资产带来的。所以同样是做低吸高抛，低买高卖，获得的收益通常都是一种混合状态：有资产收益，也有市场收益。它们是混在一起的。

这时候就有些复杂了，举例如下：

有一头小牛重 100 斤，市场价格是 10 元 / 斤，你花了 1000 元把它买回家养。一年之后，这头牛体重增长到 200 斤，你想把它卖掉。

（1）如果此时整牛的市场价格还是 10 元 / 斤，那么卖出价格是 200×10=2000 元，你获得了 2000-1000=1000 元的收益，这个收益完全是由资产提供的，都是资产收益。

（2）如果此时整牛的市场价格是 12 元 / 斤，那么卖出价格是 200×12=2400 元，你获得了 2400-1000=1400 元的收益，这个收益一部分是资产收益，一部分是市场收益。其中资产收益是 1000 元，市场收益是 400 元。

（3）如果此时整牛的市场价格是 8 元 / 斤，那么卖出价格是 200×8=1600 元，你获得了 1600-1000=600 元的收益，这个收益完全是资产收益，但是，资产收益应该是 1000 元，说明市场给你带来了 400 元的亏损。即便如此，你依然是盈利的，这是因为资产收益足够丰厚，抵御了市场对整牛价格定价的下降。

当然，资产收益也可能是负的。对牛来说，可能是生病了，体重反而减轻；对公司来说，赢利能力变差，资产质地下滑。

市场收益的最大特点就是快、频繁。价格的波动是每天都在发生，对于股票来说，工作日9点半到下午3点，股市开盘，价格一直在剧烈地波动。我国A股市场，正常交易的股票每天的涨跌幅度是10%，一只股票每天涨跌2%–5%是很正常的幅度。

一天啊！相比资产收益的获得，市场显得太快了。通常来说，一家公司利用股东的钱赚钱，一年能赚10%–20%就不错了，但是股价的波动一天就可以有10%。从反馈的速度看，资产收益简直太弱太慢，这是大部分人追求市场收益的重要原因之一。

相比资产收益，市场收益看起来机会更多，幅度更大。然而市场收益是零和博弈，算上交易手续费，应该算是负和博弈——整体而言是亏钱的。绝大部分亏钱的股民和基民，他们的目标都是要获得市场收益，无论是有意识的还是无意识的。他们的最大特征是：投资时间很短，几周、几个月就卖出或者赎回了。在这么短的时间内，谈不上有多少资产收益，如果有盈利则几乎是市场收益，如果亏损了则几乎都是市场损失。

上述4节对生产性资产、非生产性资产、资产收益和市场收益做了定义和划分。下一节开始讲解定义投资。

第五节　定义投资

我对投资的定义是：以获得资产收益为主要目的的行为是投资。除此之外都是投机。

以下几点辅助理解：

（1）目标必须是生产性资产，因为只有生产性资产才可能存在资产收益。非生产性资产只有市场收益。

（2）投资目的是以获得资产收益为主，但不抵触获得市场收益，只是市场收益绝对不能作为主要目标，否则就会滑向投机。市场收益像撞树的那只兔子，来了，有机会就收下，没来很正常。应该将市场收益当作运气所得，来了就感谢好运，没来很正常。

（3）既然是以获得资产收益为主要目的，就要求投资者以研究生产性资产的"造钱能力"为主要任务。意思是指，在决策之前，分析方法应该是基于资产赢利能力的，而不是基于其他。比如基于资产过往价格变动的规律研究（大部分技术分析），与赢利能力没有关系，也就不存在以资产收益为目标。

（4）从长期看，盯住资产收益往往可以获得市场收益。这是因为对资产赢利能力的分析有助于投资者确定资产的合理定价，有助于投资者建立价值和价格之间的对比关系。这样就很难在价格很高的时候买入，也很难在价格很低的时候卖出，从而更容易获得市场收益。

（5）获得资产收益，利用的是因果性。资产价格之所以上涨，资产之所以会有分红或利息，根本原因是资产有赢利能力。有造钱的能力，有盈利才可能有钱分红，有盈利才可能有更好的发展，这是价格会涨的根本原因。由这种目的带来的分析方法更容易是基于因果关系的思考。

以获得市场收益为主要目的的行为更多研究的是相关性，在相关性中找规律，很容易找到假规律。这个道理在其他章节还会讲到。

（6）本书对投资的定义是我个人反复思考锤炼而来的，不同的人的定义会不一样，我建议选择那种能够指导投资者投资决策的定义方式。

投资和投机是个人选择，没有高低之分，但我建议投资者选择投资。从历史经验看，投机亏钱的可能性很大，无论是过往案例还是历史数据都是史不绝书，从投机所面对的零和博弈局面看，在这里获利难度明显更大。

为了赢利，投资者应该选择赢面更大的方式，让大概率站在自己这一边，甚至运气都偏向自己。根据我自己的实践体会，盯紧资产收益确实可以让运气好起来，根本原因还是在于决策过程更加理性了。

我对投资的定义已经非常精炼：以获得资产收益为主要目的的行为是投资。投资者可以直接把它作为标准衡量自己以及他人的行为，锻炼自己分辨投资和投机的能力。问自己如下两个问题即可：

是否以获得资产收益为主要目标？分析方法是否围绕着资产的赢利能力？如果答案是否定的，就不算是投资。

第六节　长期投资的第一性原理

投资者根据从多种渠道获得的信息知道要长期投资，长期持有，但他们是否知道其中的原因呢？对于这个问题我问过很多投资者，他们的答案大部分类似这样："因为长期投资一定会遇到牛市，越是长期，遇到牛市的次数就可能越多，这样在牛市就可以赚钱了。如果时间短，遇到牛市的可能性就小，风险就高。"

这么说看似有道理，但并不是基于第一性原理的解释。说长期投资很简单，但是说服别人却很难，这是因为大部分投资者并不知道因和果。那么到底为什么要长期投资呢？长期投资的优势体现在哪儿？

资产和市场有如下第一性原理：

1. 资产获得资产收益，资产提升获得资产收益的能力，需要较长的时间

这一条是有关商业的。上市公司的经营发展离不开时间，大体上看，需要对产品或服务进行研发和生产，需要进行产品定位和营销，最终到达终端客户手中，收回款项，回笼资金，产生利润，再投入生产，对产品和服务进行迭代或改进。这些都离不开时间。上市公司赚钱需要时间，上市公司提升它的赚钱能力也需要时间。就像小孩子需要时间才能慢慢长大，种地需要春播秋收一样，是最基本的事物发展规律。

2. 长期看，市场对资产的定价取决于资产获得资产收益的能力

这一条是有关市场的。格雷厄姆所说的"股市短期是投票机，长期是称重机"就是这个意思：要让电子秤上显示出资产的真实"重量"，长期才可以。从短期看，市场对资产的定价相当混乱，很多时候都严重偏离价值，而且很容易发生改变，但是在短期内公司的经营并没有本质的变化。这种价格频繁波动反映出来的是人们的信心和情绪的波动，与公司经营状况无关。

比如，宇宙银行——工行银行非常庞大，盈利稳定，这种公司很难在一年之内发生大的改变，但是它的股价可以在一年之内至少有 30% 以上的振幅，多的时候甚至达到 50%，短期看市场是狂躁的，有时候又非常抑郁，这两种情绪像是钟摆一样从一个极端运动到另一个极端。

在讲市场收益时，列举了一个养牛的例子。一头牛体重从 100 斤增加到 200 斤，进而增加到 300 斤需要时间，这是事物发展的客观规律。但是市场上整牛的价格同时也在频繁变化。一开始是 10 元 / 斤，后来可能跌到 8 元 / 斤，再后来可能会涨到 12 元 / 斤。

长期看，你的牛值多少钱，放到秤上称一称重就知道了，一目了然。

长期投资的根本意义是为了获得资产收益，而并非取得市场收益，或者市场收益并非主要目标。如果仅仅是等牛市，就还是盯着市场收益。

投资者或许会问，如果刚刚投资就遇到一个牛市，这不是很好吗？当然很好，但是收益并不会太高。这有如下两个原因。

第一个原因是，对于短期投资，还没有投入大量本金，即使有收益也不会太多。这是次要原因。第二个原因是主要原因，短期投资还没有形成资产收益，就没有乘数效应，难以形成高回报，而且此时潜在风险很高。

什么是投资中的乘数效应？换一个说法，也可以叫戴维斯双击。还是用养牛来说明。

你刚买了一头牛，这头牛重 100 斤，价格是 10 元 / 斤，你花了 1000 元。然后遇到牛市，价格从 10 元 / 斤很快涨到了 15 元 / 斤，假设这个价格变化得很快，牛的体重并未增长，还是 100 斤，那么此时把牛出售，获得 100×15=1500 元，获利 500 元。在这种情况下，100 没有变化，只是 10 变成 15，两个乘数只有一个升高。

如果牛市来得很慢，你养了 3 年，这头牛体重从 100 斤增加到 300 斤，此时遇到牛市，价格从 10 元 / 斤涨到 15 元 / 斤，把牛出售，就获得 300×15=4500 元，获利 3500 元。这种情况下，两个乘数都在升高，收益会明显提升。

有的人会说："还要考虑时间，牛市来得快，在短期内就赚到了 500 元岂不是更有效率？毕竟没有花多少时间。虽然用 3 年的时间赚得更多，但是毕竟时间太长了。"

这样看问题是没有考虑获得收益的可能性和安全性。

从可能性上看，短期市场价格波动无法预测，当然可能会遇到牛市，也可能会遇到熊市，不能仅仅考虑可能会赚 500 元的情况，也要考虑可能会亏

500 元的情况，如果非要短期卖出不可，那么只能被动接受。但长期就不同，时间越长，投资者的选择空间就越大，牛市和熊市都有可能出现，但是投资者完全可以选择在牛市卖出。

持有时间越长，你就越有选择权。

从安全性上看，养了 3 年牛之后，很难亏钱，即便没有遇到牛市，甚至即便遇到了熊市也可以赢利。因为 3 年后牛的体重增加到 300 斤，如果市场价格还是 10 元 / 斤，那么卖出获利 3000-1000=2000 元；如果市场价格没涨反而下跌了，甚至下跌到 5 元 / 斤，那么卖出依旧获利 300×5-1000=500 元。

牛的价格 = 牛的体重 × 价格

一头健康的品种优良的牛，体重的增长是确定性的，需要时间，而牛肉的市场价格并不稳定。长期持有是追求确定性收益，同时享有卖出时的选择权。不要觉得等待是浪费时间，因为等待会获得投资中的乘数效应，那时的收益一样会让投资者很满意。

最后总结一下，**长期投资的根本原理是为了等待资产收益积累，同时卖出时有更多选择权；短期投机不明智是因为资产收益很少，或干脆没有，同时卖出时没有选择权，只能被动接受涨跌。**

第七节　行有余力，则以投资

《论语》中有一段话，给我的启发很大。子曰："弟子入则孝，出则悌，谨而信，泛爱众，而亲仁。行有余力，则以学文。"

对于这段话的意思，华杉老师的解释非常好，在这里直接引用："后生小子，在家孝敬父母，出门尊敬兄长，做事踏实可靠，说话恪守承诺。对那寻常的众人，都一体爱之，不会瞧不起谁，不会憎恶嫌弃谁。而对那有仁德的人，则更加亲厚。把这些都做到了，还有余力，就可以读书学习文献了。"

张居正对这段话赞赏有加，说那是"万世之明训"。德行实践是本，读书学习是末。如根本不固，学也枉然。

我的体会是一个人要先能做到喜欢创造，厌恶掠夺，在这个基础上，行有余力，则以投资。如果一个人还有余力，想学投资，想通过投资获得被动收入，那么再去学，再去做，否则进去很容易亏钱，是枉然。

从本书对投资的定义看，以获得资产收益为主要目的的行为是投资，这是很多人所不能理解的，是很多人理解但不能接受的，是很多人能接受但做不到的。自古以来，掠夺获取资源是动物乃至人类最有效率的方式，而主动地通过创造获取资源的历史还很短暂，如果说具体时间，就要从大约10000年前的农业革命开始算起，但即使人们开始有计划、有意识地种植农作物，这期间的战争和掠夺也从未停止过。可以说，人类的历史就是一部掠夺史。

如果你知道人的演化历程，就明白人具有喜欢投机的基因，喜欢及时反馈，享受当下，在第二章中也提到过，这种特征是强大的演化优势被保留下来的，而人对投资、对延迟享受就天然地难以接受。所以说投资是反人性的。

在文明社会，有道德和法律的约束，每个人都清楚偷和抢别人的财产是犯法的行为，也是不道德的，会遭到惩罚。但就有这么一个市场，掠夺他人收益是不犯法的，而且受法律保护，这就是金融市场。

虽然在这里可以赚"别人的钱"，但并不是那么容易。毕竟长期能赚钱的不足1成，打平的也就2成。要想摆脱这个局面，投资者要做的不是"武装到牙齿"，成为一个更强的猎人，而是要换一个竞争维度，到正和博弈中，分享创造出来的增量。

股市是一面镜子，可以照出每一个参与者的心境，不仅如此，不同的参与者看到镜中的股市还不一样。当投资者认为股市是赌场的时候，它就是赌场；当投资者认为在股市可以投资的时候，它就可以投资。有的人不以为然，坚定地认为股市就是大赌场，我想这些人连资产收益是什么都不知道，在他们眼中只有市场收益，自然他们就只会在零和博弈市场里厮杀了。

这一章里没有投资技巧和方法，其内容属于投资哲学和原则。这本书中会穿插很多投资哲学和原则的内容，我认为它非常重要。投资者要想做好投资就要学习术和道。术是方法、技巧；道是哲学、原则。我知道很多人都喜欢看到方法和技巧，因为那些可以直接使用，但是投资者应该静下来想一想，自己学的技巧和方法还少吗？我相信这本书不是其看的第一本有关投资的书。

投资的哲学和原则是地基，地基打得稳固，地基打得正，往上盖楼就不会歪，不会倒，行有余力，则以投资。它又像手机的操作系统，用户可以在手机上轻易地下载各种软件 App，但如果手机的操作系统不支持，或者没有升级，就带不起来用户下载的那些工具，就可能发生死机、闪退或者卡顿。这时用户明显需要一个更强大的内核。

只关注、学习"术"，将很难在投资中有好的结果，这是我投资十几年的心得体会，并且我一开始也是只学习"术"，知道"道"很重要是在后几年的投资实践中。投资者可能有这样的体会：那些投资大师所著的书中几乎都不讲具体怎样投资，比如巴菲特、查理·芒格等，他们的书中大部分是关于投资之道的通俗描述。投资者如果抱着找投资方法，找那些可以直接用于选股的技巧的想法，那么一定会非常失望。这是很多投资者连书都看不下去的原因，也是很多投资者看完书后觉得没用的原因。

看这些大师所写的书，动机如果错了，那么将很难有收获，甚至还会认为耽误时间。

第四章

主动管理与被动管理

———◦————————————————————◦———

　　本书讲的基金，全称是"公募证券投资基金"，这几个字有两处重点：公募是指公开募集，有相对监管，产品必须规范等特征；证券投资是指投资方向，"证券"是有价证券的简称，对我国的公募基金来讲，主要投向是股票和债券等有价证券。简单说，基金就是投资者把钱交给专业机构管理，然后这些钱主要投资于股票和债券，也可以这样理解：通过基金，投资者可以间接地投资于股票市场和债券市场。

　　基金公司在运作基金时，会有两种管理模式：一种是主动管理，另一种是被动管理。目前主动管理的基金占大部分。本章内容围绕主动管理和被动管理，讲解两种管理模式的基金各自的特点，然后给出选择建议。

第一节　主动管理

　　主动管理是指基金公司管理基金时发挥管理人的主观能动性，在基金的运作规则下人为控制投资方式。这是最原始的管理办法，既然管理人是专业团队、专业人士，那么投资方向就由他们来决定，发挥人的聪明才智。这种基金在成立之初只写明大体投资思路和想法，最多是大尺度模糊的圈定投资方向。

　　什么是大尺度模糊圈定？比如行业基金或者主题基金，这就是大尺度的模糊圈定。例如，有一只基金叫富国低碳环保，那么低碳环保就是一种主题；有一只基金叫易方达消费行业，说明投资于竞争力强的消费行业上市公司，这也属于一个大尺度的规定。还有一些基金规定了股票的特征，比如易方达中小盘，所谓中小盘就是选择的股票相对来说是中小型上市公司。

　　基金的投资方向越来越细化，这方便不同的投资者进行选择。但是具体基金将要选择何种股票，未来会选择何种股票，这都是不会写出来的，在实际操作中也会有很大的弹性，比如标明主要投资小盘股的基金却持有很多大盘股，标明主要投资某一行业或主题的基金却持有很多与之不相关的股票。这是比较普遍的现象。

　　由此引出我的定义：主动管理是指基金的管理方式无法预测。

　　投资者不清楚基金经理未来将如何配置其资金，投资者也不知道基金经理现在具体投资了什么，就连过去投资的具体情况投资者都只能知道一小部分。投资者所能知道的只是大概的配置方向，比如股票所占比重的范围，债券所占比重的范围，以及每个季度最后一天的部分持仓情况。

　　基金经理会积极、主动地进行投资，他们可能会考虑国家政策、宏观经济、市场行业以及具体的公司状况，也可能会实地调研，详尽分析公司财务数据并关注公司管理层的动向。不仅投资者不知道他们明天可能会进行哪些证券的买卖，就连他们自己可能也并不确定，这是因为市场瞬息万变，突然事件随时发生，一些新的消息可能会让基金管理人改变原有的投资计划。

那么，公募基金会经常更换手中的股票吗？

换手率

公募基金确实经常换股。知道这一点很关键，为此需要先学习前置知识：换手率，又叫周转率。换手率有好几种解释，下面只谈一只基金在买卖股票时的换手率。

换手率是指一段时间内，股票交易额占可供交易的股票总额的比率。比如我有一个股票账户，年初有 100 万元，都是股票。到了年末，我统计了一下这一年的成交情况：期间卖出的成交额是 100 万元，期间买入的成交额是 100 万元，总的成交额是 200 万元。

这一年的换手率 =200 万元 /100 万元 ×100%=200%。

换手率 200% 的意义是，从成交额的角度看，我把一开始 100 万元的股票整体换了一遍。如果还不好理解，读者可以简单地想，一开始的 100 万元都是股票 A，然后被我都卖了（成交额是 100 万元），又都买了股票 B（成交额是 100 万元），这样总成交额是 200 万元除以一开始的账户股票金额，结果就是 200%，其实就是我把 A 换成了 B，我在这一年中，完整地换过一次股票。

但是基金持股的股票数量很多，即使一年有 200% 的换手率，也并不意味着所有的股票都被换掉了，有可能一部分股票没动，但是其他股票被换了，从 A 换到 B，还可能从 B 换到 C。一部分完全没换过，另一部分换了好几次，整体成交额和一开始账户股票金额的比值是 200%。

换手率越高，就意味着交易越频繁，越倾向于做波段，做短线。换手率高还带来一个问题：交易佣金高，也就是所谓的摩擦成本高。

公募基金的换手率这几年如何？

《中国基金报》统计了 2015 年、2016 年和 2017 年不同类型基金的持股换手率。

基金类型	2017 年年报（%）	2016 年年报（%）	2015 年年报（%）
开放式股票型	296	313	555
开放式混合型	328	362	562
开放式基金	323	355	562

上述是大的基金类型的整体情况，换手率还是很高的，在 2015 年整体平均达到了 500%-600%，也就是手中的股票从成交额角度来看换了 2-3 次，仅仅在一年中。最近几年换手率降低了，但高于 200% 是常态，也就是一年中整体换过一次。

这就是主动管理，一个重要的特征是整体的平均换手率不会很低，但局部肯定有很少的基金换手率低——不到 100%，也有极少的基金换手率极高——达到 1000% 以上。

需要说明的是，主动、积极的管理并不意味着管理资产时有进攻性的激进投资思路，不意味着风险一定很高，而是意味着主观能动性强，想变化就变化，不想变化就不变化，想激进地投资就激进，想保守地投资就保守。这是主动、积极的管理本质。

好了，读者现在理解了换手率，可能会问，如果换手率高，那么基金的收益会更好吗？这个答案是否定的。换手率高并不会使基金的业绩更好，对大部分基金来说，高的换手率反而会带来平庸甚至差的管理业绩。这个道理很简单：没有人能每次正确预测波段，没有人能次次正确预测热门题材，没有人能预测短期股市，而且高换手率还会带来较多的摩擦成本，这部分费用由基金投资者共同承担。

那么面对主动管理的基金，如何知道基金什么时候换股票？换了什么股票？对于这个问题只能在基金的季报中得到少量信息。

基金季报的 3 个特征

基金的信息披露制度是周期性、不完全性和非及时性的，所以投资者不可能完全知道一只主动管理基金过去做过什么，现在在做什么以及未来会做什么，这并非是制度不完善，而是为了保护投资者的利益。下面会具体说明。

（1）"**周期性**"是指公募基金的定期报告每个季度只有一次，而且仅仅显示每个季度最后一个工作日收盘时的情况。可以想象有一台照相机，在每个季度最后一个工作日结束后（比如3月31日股市收盘后）对着这只基金"咔嚓"一声，照了一张照片。这张照片就是季报的重要组成部分，一年共有4次。

由于是"照相机"，而不是"录像机"，所以仅仅显示一个季度最后一个工作日收盘时的情况，也就是一年250多个工作日，只显示其中4天，对于其他绝大部分工作日的收盘并不披露。

（2）**"不完全性"**是指季报中的内容不完全。比如不可能知道有关投资标的的全部信息，投资者最多只能看到资金占比较大的前十只股票——又叫十大重仓股。一般情况下，这十大重仓股占总资产的比重很少超过50%，也就是平均来讲有一半多的投资标的是投资者看不到的。

（3）**"非及时性"**是指季报的公布时间是在一个季度过后二十多天。比如每年一季度的季报是在4月20日之后公布。也就是说，"照相机"所照下的3月31日收盘情况要到20天后才能看到。所以在这20天的时间里基金发生了什么变化是投资者无法知晓的。

所以，主动管理的基金什么时候换股票，换什么股票，投资者几乎是不可能知道的。这就是我所定义的主动管理：基金的管理方式无法预测。

所以在选择主动管理的基金时，投资者也只能考虑部分"历史因素"（经理过去任职期间的业绩以及基金的历史业绩），而非"未来因素"（基金未来将如何运作、投资理念、投资方向，以及具体的投资标的是什么），毕竟历史情况客观存在，而主动管理基金未来如何是无法预测的，只能借助于历史线性外推。

短期业绩评比机制是劣币驱逐良币

正因为上述所说的"不可预测"的特征，所以投资者选择主动管理的基金时，都希望借由考察基金历史业绩得出这样的结论："某个基金历史业绩好，我就认为它以后也很好，我愿意把钱交给他们管理。"除了考虑历史业绩这一条路之外确实没有其他办法。

在前面讲到的作为基金这个系统中的一部分，基金公司的目的是赚更多的管理费。那么如何提高管理费收入？答案是要提高管理资产的量——管理更多资金，基数大，管理费自然就多了。

从这个角度考虑，基金公司有如下两个方法：

（1）把现有基金管理好，用业绩说话。这样更多的投资者才有可能购买，但把基金业绩做好需要时间，也需要极好的运气，做得很好还不够，难免会有其他基金公司做得更好。

（2）在宣传、推广和营销上付出大量成本，通过这个方式使短期效果更加明显。

这里不谈营销和广告，只谈业绩。

基金公司会给基金经理业绩压力，还有第三方评级压力，当然少不了来自不成熟的投资者的压力。有压力无可厚非，无论干什么工作没有压力都无法取得成功，但是这种压力和投资本身在时间上错配了，具体来说就是投资需要用长期业绩衡量，但解决压力就要去争取短期利益。基金经理为了这种短期评比（月、季度和年评比）就会去追逐、猜测市场热点。如果基金经理长远考虑，按照一套长期持有，和企业一起成长的理念做投资，那么其短期排名就上不去。

每年，第三方的评级搞得如火如荼，而且一年比一年关注度高。举个最厉害的例子：中国基金业金牛奖可以说是中国公募基金的最高荣誉奖项，由《中国证券报》主办，银河证券、天相投顾、招商证券、海通证券、上海证券等5家机构协办，这是国内最权威的基金评价团队。该奖项得到了基金行业和基金监管层的广泛认可，成为中国资本市场最具公信力的权威奖项之一，享有中国基金业"奥斯卡"奖的美誉。

当然还有很多其他奖项。基金公司、基金经理希望获得这些荣誉。从个人来说，获得荣誉就会有更好的职业发展；从公司来说，旗下基金获得荣誉，就能增加曝光度，吸引更多人来投资。

但是评级周期太短——仅一年。如果我是基金经理，那么我很难不做追热点的事，因为我面临的压力很大。如果我追热点失败了，那么至少看起来我努力过了；如果我没有追热点，持股不动，换手率很低，也没有拿到名次，就感觉很难交代——你都没努力过。

这是明显的囚徒博弈，大家都知道这样是不对的，但又不得不这样做，

"我不这么做，别人也会这么做"。对基金管理人来说，追求基金的短期业绩是压倒性策略（证据就是整体的较高换手率），即使做错了也基本没有关系。讲到这里，我希望读者不要误解，我认为好的投资不是追逐热点，而且我认为投资最重要的功课就是"什么也不做"、敬畏市场，因为频繁预测就会频繁犯错。

高换手率追求热点的管理模式更多依赖运气，赶上了热点就会获得超额收益，没赶上热点，其获得的收益可能就会低于市场平均值。由于幸存者偏差，评级机构的曝光，以及代销机构的推荐，投资者看到的当然都是短期业绩好的基金，而不会看到那些大部分表现差的。

如果投资者之前买过基金，就会发现那些短期业绩表现好的，在下一段时间里相对名次下滑的可能性极高。这是管理能力变差了吗？其实不是，这是因为，之前一年追到热点是因为运气好，而之后一年没有追到热点是因为运气正常。投资者以为是管理水平变了，其实只不过是"随机漫步"，与管理水平关系不大。一大堆投资者都追热点，每年总会有运气好的，把这几个运气好的人拿出来示范，投资者可千万别轻易认为他们有能力。

Wind 数据显示：2012 年至 2016 年，排名前 20 名的基金，在第二年全部跌出 20 名，其中 18 只进入排名的后 50%。想想也是，如果单凭历史业绩排名就能选到未来的好基金，那么岂不是很可笑吗？

第二节　平衡回路的强大作用

在第二章中讲到过系统思维。系统内部的库存和输入、输出的关系，构成了两种基本回路：正反馈回路，也称自增强回路；负反馈回路，也称平衡回路。

比如一个人很长时间不吃饭，胰岛素水平就会变低，让人感觉饥饿难忍；当他（她）吃了很多东西后，胰岛素水平就会上升，同时会感觉很饱，再吃就难受。

比如人的免疫系统。当人被细菌感染，细菌会在人体的某些部位大量繁殖，当繁殖的细菌越来越多时，人体的免疫系统——白细胞等防御部队就会出动，让细菌库存减少，使得身体恢复正常，达到一个平衡，从而让身体这个系统保持稳定。

一个系统中可以有若干正反馈回路和负反馈回路，对人们想解决的问题而言，可能就有一个回路正在起主导作用。用减肥也可以说明此关系：库存是体重，输入是人体吸收了多少热量，输出是运动和锻炼身体。吃得越多就越贪吃，这就是正反馈回路。人体重增加了想要节食和锻炼，这是负反馈回路。健身可能会带来愉悦感，越经常健身的人越喜欢健身，这是负反馈回路内部的一个正反馈回路。

这个平衡回路对于基金也起作用吗？

答案是肯定的，而且不止一个机制让"库存"减少。这就让以前表现很好的基金，之后看起来像是水平下降了。是什么导致基金短期排名严重下滑？这是因为该系统中有 4 个负反馈回路。

1. 第一种是运气回归均值

由于业绩、排名的压力，以及基金经理的目的是职业的更好发展，导致其更加倾向于做出短期排名。这就使得基金经理更想做短线交易、波段交易，猜测当年题材和热点。这方面有换手率的数据，股票型基金平均换手率在 300% 左右，主动管理的股票型基金极少会选择长期持有策略。但猜测市场热点和主题主要依赖于运气，而运气会回归均值。一年踏准节奏不难，难的是年年踏准节奏。

2. 第二种是基金经理的离职

当短期排名靠前时，代销机构的主动宣传力度就会增大，这有利于代销机构获得更多代销报酬。基金评级机构也会给这只基金更好的评级，基金经理甚至因此获奖。当这种情况发生后，基金经理就会很容易收到职业邀约，其受到的诱惑更大，这符合科斯定律。目前很多知名的私募基金大佬就是公募基金出来的，他们或者成为有业绩分成的基金经理，或者担任私募基金要职，甚至是合伙人、创始人。比如王亚伟、邓晓峰、陈光明等人。基金经理成为明星，会导致基金经理跳槽、离职。这是一种负反馈回路。

3. 第三种是一拖多

即便基金经理不离职，基金公司也会倾向于让该基金经理一拖多，即一个人当很多只基金的基金经理，2-3 只算少的，4-6 只常有。作为基金公司来说，其主要目的是增大管理规模，增加管理费。这样有助于基金宣传和售卖，但势必会让基金经理压力变大，精力分散。基金经理管理水平高，会导致基金经理管理更多基金，精力分散，进而导致其管理水平降低。这是一种负反馈回路，也符合科斯定律。

4. 第四种是基金规模的剧烈波动

当基金有了很好的业绩，排名靠前时，在代销机构的主动宣传下，更多的投资者会选择申购这只基金，使得基金总量增大。原基金投资者会利用巨大的收益的一部分赎回基金，落袋为安，加之新基金投资者的买入，让基金的规模产生大规模的变动，这都会使得基金管理难度增大。过大的基金总量会增加基金的冲击成本，也会让基金失去灵活性。过多的资金可能会让基金去投资一些平庸的标的。

基金业绩表现好，使得申购量增大，导致管理难度增加，进而基金表现下滑。这是一种负反馈回路。

如果投资者看透了基金现在存在的这些负反馈回路，就能解决一直让其感到困扰的很多问题。对于主动管理的基金来说，确实很容易形成这样一种局面：基金——好基金——负反馈发挥作用——平庸的基金。所以我在下面会讲到这个观点：很难选择到未来表现好的主动管理的偏股型基金。

让这个局面缓解也不是不可能，但还是不能解决根本问题。要想让平衡回路失去作用，投资者应该从限制和消除机制入手。

首先，好的基金可以封闭申购，只让出不让进，这样可以关闭一个机制。确实很多基金公司这样做了，这只基金就成为了旗舰基金，但是封闭了申购就意味着投资者不可能再买到了，只能看着。那么为什么基金公司会选择这样做？答案是，这是基金公司证明自己整体实力的方法，投资者虽然买不了这只基金，但可以买其他的。

其次，基金公司设立更好的薪酬模式和奖励机制让人才选择留下来，不过这确实很难办到，当然不排除很多政策上的限制，这里就不细说了。

最后，更多使用不依赖于运气的投资方式，比如长期持股、选择和优秀的公司一起成长，去考虑更长远的收益，而不是仅仅盯着短期。这看起来容易做到，但其实也是一个复杂的系统问题：评级机构很难改变一年一次的评比机制，大部分投资者也确实很喜欢关注短期基金表现，基金公司的激励机制、限制等都在影响着基金经理的投资决策。

讲到这里，我必须声明一下，我不排除基金频繁更换基金经理也能取得好业绩的情况，也不排除有很厉害的基金经理可以持续猜对每一年的题材和热点的情况，或者干脆就是因为他的运气爆好，也不排除有的基金经理无论如何也不想辞职的情况。这一节讨论的是整体情况，由于个案太少，不在讨论之列。

Q：什么是科斯定律？

A：对于科斯定律没有明确的表述，现有的定义也是他人总结而成：只要财产权是明确的，并且交易成本为零或者很小，那么无论在开始时将财产权赋予谁，市场均衡的最终结果都是有效率的，会实现资源配置的帕累托最优。

在这个定义中，又是均衡，又是帕累托的，理解起来有点难。经济学者薛兆丰说科斯定律的一个重要含义是，谁用得好就应该归谁。

据说亚里士多德曾提过这样一个问题：有一把世上最好的琴，和一群琴师，这把琴应该给谁？

A. 给最差的琴师，促使他精进琴艺。

B. 给最好的琴师，让他物尽其美。

C. 抓阄。

在科斯的世界里，这个问题是有正确答案的，那就是选B，给最好的琴师。在投资者理解经济学含义的时候，千万不要从很窄的视角去看。很多人会说，不对啊，现在不是这样啊，很多资源都没有实现最优配置，我就见过什么什么。

没错，这个世界上有各种力量，它们在发挥着不同的作用，使得一件事可能向着各种方向发展，但无论如何科斯定律都永远存在，这个力量是稳定而持续的，如果你愿意等，看得足够远，就会明白：一种资源，谁用得好就会归谁。

比如，顶级的食材会让最出色的厨师烹饪，不管你承认与否，顶级食材好像有思想一样，有腿一样，都辗转地"跑到"顶级的厨师手中，厨师会让这些食材发挥最大的效用，产生最大的价值。有句话叫"好马配好鞍，好马配英雄"，虽然过程很曲折，但赤兔马最终还是成为关羽的坐骑。

科斯定律是一个非常朴实的道理，但在很长的时间里被人们忽略了。经济学家薛兆丰说过一个特别好的例子，他在看美剧《绝命毒师》时，里面有一段情节给他非常深的印象。《绝命毒师》的男主角老白是一个得了癌症的化学老师，他为了给家里留下一点钱，不惜利用自己的化学知识制毒、贩毒，最终成为一个大毒枭。

其中有一集的剧情是，老白偷了另一批毒贩的制毒原料，不幸被别的毒贩抓起来了，那些毒贩就想杀了他，于是老白就跟他们讲道理。他说："你们用这些原材料做出来的毒品太次了，纯度只有70%，简直是浪费，而我做出来的可以达到99%以上的纯度，而且能够非常稳定地达到这个水平，不是蒙的。纯度越高，售价就越高，那些吸毒的就越依赖，越愿意掏钱。"

他说，如果让他处理，他愿意把利润的35%分给他们。哪怕只拿35%，也比他们自己做这事赚得多。结果毒贩就被说服了。心想，赚得多，而且还不用冒太大的风险，不用亲自制毒，这事儿多棒啊。所以原材料归老白所有，让他来处理，让他来使用，各得其所，皆大欢喜。

双方谁也不傻，一方是在生死边缘的老白，另一方是希望通过制毒、贩毒赚钱的亡命之徒，他们都希望自己的利益最大化。最后，原材料谁用得好归谁。这是一个非常精彩的例子。

再看查理·芒格经常念叨的一句话："得到某样东西的最好方法，就是让自己配得上他。"这绝对不是一句鸡汤，这说的就是科斯定律。

优秀的基金经理通过业绩证明了自己的能力之后，跳槽去私募。这就是科斯定律。所以如果投资者追着基金经理买基金，那么最后很可能追到私募那里去。

第三节 指数

在讲被动管理的指数基金之前，先进行重要的前置知识学习：指数。

广义的指数可以是很多事物。当你想对一个复杂事物进行简化，然后说明一些问题的时候，就可能会用到指数。指数的第一个功能就是方便，它被创造出来可以节约所有人的时间，提高所有人的效率。

举例来讲，体脂率是体内脂肪重量占全部体重的百分比。比如一个人体重 100 千克，脂肪重 20 千克，此人的体脂率就是 20%，影响体脂率的因素有全部体重和脂肪体重。由于肥胖会增加人们罹患各种疾病的风险，比如高血压、糖尿病、高血脂等，所以体脂率被创造出来，有利于人们对肥胖的划分和定义。仅仅从视觉上判断一个人是不是胖并不科学，这个指标虽然可能无法代表所有情况，但对大部分人来说已经足够了。

本书讨论的指数是证券价格指数，主要是股票价格指数，之后不再特别说明。股票价格指数被创造出来也有一个朴素的原因：方便，节约时间，提高效率。股市里的股票有几千只，投资者只是想知道当天股市的整体表现，无法一只一只去看，只需要看个指数即可。

这个指数是一大堆股票的抽象与浓缩。指数的数值没有真实意义，不管是 1000、2000，还是 5000，都是历史中的一个基数增长出来的结果。比如上证指数 3000 点，3000 是从最初的 100 增长上来的，而指数 100 点是以 1990 年 12 月的某一天作为开始日期的起始点。

一个指数的变化是由其影响因素决定的，比如影响体脂率的因素是全部体重和脂肪重量。上证指数的影响因素是所有在上海证券交易所上市的公司，也就是说只要这家公司是在上交所挂牌上市的，它的价格变动就会影响上证指数。

在上交所挂牌上市的所有公司叫指数成分股。大部分指数成分股对指数的变化影响能力不相同，这要看指数编制的规则、指数计算的方法。有一些是市值越高的公司对指数的影响越大，可以理解为大公司的涨跌对指数影响大，小公司的涨跌对指数影响小，这就叫权重大小不同。不一样的指数可能权重因素不同，有考虑股息率的，也有考虑成交活跃程度的。

总之投资者要知道，指数的变化由指数成分股决定，指数成分股对指数的影响又有一套规定的计算方法。CPI 指数——居民消费价格指数，人们在观察通胀率的时候往往会参考它。它的计算就考虑到人们的衣食住行方方面面，每一个因素对 CPI 的影响权重不一样，往往是对居民实际生活影响大的因素权重就高，比如"吃"的权重就很高。

讲股票价格指数，就不得不提到一家著名的公司：中证指数有限公司。

1. 中证指数有限公司

我国有一家公司叫**中证指数有限公司**，它由上海证券交易所和深圳证券交易所共同出资成立，是一家从事指数编制，运营和服务的专业性公司。比如，人们熟知的沪深 300 指数，中证 500 指数就是中证指数有限公司编制并维护的。在后面讲指数投资的时候还会多次提到它。

能编制和维护指数的主要是证券交易所和专业指数编制公司。上海证券交易所和深圳证券交易所都有自己编制的指数，其出资成立的中证指数有限公司就属于专业指数编制公司。美国比较出名的指数编制公司如美国明晟公司，英文简称 MSCI。"A 股入摩"就是指我国的 A 股被美国的这家指数公司加入了它的一个系列指数中。英国著名的指数编制公司有英国富时集团。

指数最大的作用是帮助投资者观察和记录整体股市的运行情况。人们所说的"大盘"就是"股市整体"的另一种说法，如果有人问"今天大盘怎么样？"他的意思是在问"今天股市整体表现如何？"这时回答者一般会选择告诉他上证指数和深证成指的涨跌幅度，这两者可以在很大程度上代表中国整体股市。

股票价格指数就是人为规定的具备某种特征的一定数量的股票的集合。

拿医疗行业举例，该行业的上市公司很多，我想知道它们的整体情况，那么我就可以将"医疗行业"作为筛选股票的特征之一，然后还可以增加其他要求，比如规定只选择100家公司，但是和医疗有关的上市公司不止100家，怎么办呢？

可以用市值排名，只选择市值较大的 100 家与医疗产业相关的上市公司，这 100 家公司就是这个"医疗指数"的成分股。然后设定一个指数的起始点，比如 1000 点，每天股市波动后，这 100 家公司的涨跌会通过特定的计算方法，共同反映到医疗指数中，然后这个指数就会像价格一样波动。

一个月后，原来基点是 1000 点的医疗指数变成了 1100 点，就可以说：这一个月医疗行业上市公司的整体平均涨幅是 10%。

2. 沪深 300 指数

下面举例来看看，知名的沪深 300 指数是如何编制的。

该指数是由中证指数公司开发并维护，成分股数量是 300 个，那么这 300 只股票符合怎样的规则呢？

在哪儿挑选这 300 只股票？有哪些挑选要求？在中证指数公司的官网上，有如下描述：沪深 300 指数样本空间由同时满足以下条件的沪深 A 股组成。

（1）如果是非创业板股票，则需要上市时间超过一个季度，除非该股票自上市以来 A 股日均总市值在全部沪深 A 股（非创业板股票）中排在前 30 位。

（2）如果是创业板股票，则需要上市时间超过 3 年。

（3）不能是 ST、*ST 股票，非暂停上市股票。

上述范围叫作样本空间，但符合要求的股票太多了，所以还需要进一步进行筛选。

沪深 300 指数样本是按照如下方法来选择的：经营状况良好，无违法违规事件，财务报告无重大问题，股票价格无明显异常波动或市场操纵的公司，按照如下步骤筛选。

（1）计算样本空间内股票最近一年（新股为上市第四个交易日以来）的 A 股日均成交金额与 A 股日均总市值。

（2）对样本空间股票在最近一年的 A 股日均成交金额由高到低排名，剔除排名后 50% 的股票。

（3）对剩余股票按照最近一年 A 股日均总市值由高到低排名，选取前 300 名股票作为指数样本。

中证指数公司会每半年审核一次沪深 300 指数样本股，并根据审核结果调整指数样本股。定期调整指数样本股时，每次调整数量一般不超过 10%，也就是 30 只。

对于沪深 300 指数可以通俗理解为：沪深 300 指数由上海和深圳证券市场中市值大、流动性好的 300 家上市公司组成，综合反映了中国 A 股中那些大公司的整体情况。

股票指数有很多，专业的指数编制公司就是提供这种服务的，它们会规定各种特征，筛选出不同风格的集合体，一般的指数成分股有几十只股票到几百只股票。股票价格指数也有很多分类，中证指数公司的指数就有股票指数、债券指数、基金指数、期货指数等几大类。在股票指数中也有分类，比如综合指数、行业指数、风格指数、主题指数、策略指数等。

3. 指数最重要的特征：永续

指数有一个非常重要的特征，就是定期重新编制，一般一年 1~2 次，会根据编制要求重新筛选出符合要求的成分股，把不符合条件的，或者那些排名相对靠后的股票剔除，这样就可以使一个指数保持健康活力。

最早，道琼斯指数仅由十几家公司构成，如果我们回到 1896 年的历史现场，就会发现在当时的环境下，道琼斯指数里的公司如日中天。当时是 19 世纪 80 年代后期，很多企业具有垄断特征，在钢铁、煤炭、玻璃、糖酒等行业成为超大型公司。

当时，道琼斯指数由美国棉花油制造公司、美国糖类公司、美国烟草公司、芝加哥燃气公司，以及田纳西煤、铁与铁路公司、美国皮草公司、美国橡胶公司、通用电气等 12 家公司构成。这些公司都有时代的特征，在当时它们拥有人们进行生产消费的必需品。

2018 年 6 月 19 日，道琼斯指数发表声明，"美国经济已经发生巨变，消费、金融、医疗和科技公司占据经济主导，而曾经重要的工业公司地位相对下滑，今天的道琼斯指数变更，将更能代表经济现状和股票市场。"就在这一天，最后一只道指元老——通用电气，被剔除出成分股，结束了它 122 年来作为道琼斯指数成分股的历史。

顶替通用电气的是一家叫 Walgreens 的消费品公司，主要出售谷类、牙膏和剃须刀等家用商品。道琼斯工业指数中还有另外 3 家消费品公司，读者肯定都知道，即沃尔玛、宝洁和可口可乐。

铁打的指数，流水的成分股。时代变了，站在人前的公司也变了，道琼斯工业指数已经不是最早的那些公司，然而这个指数却是越涨越高。

关于指数先讲这么多，下一节讲利用指数所做的指数基金。

第四节　被动管理

在本章的第一节中，对主动管理下过这样的定义：主动管理是指基金的管理方式无法预测。难道还有基金的投资方法是可以预测的？有。这就是被动管理的基金——指数基金。

指数和指数基金是两个完全不同的概念，指数是虚拟计算的结果，它不是真实存在的什么东西，是纯学术的，而指数基金则是把这个虚拟变成现实，用真金白银打造这样一个指数，以获得指数增长的收益。

指数不是由基金公司编制的，这一点在第三章讲过。基金公司只是严格按照指数成分股投资股票：成分股有什么，基金就买什么；成分股占比重多大，基金也按照据此买入；指数重新编制了，成分股有所调整，基金也跟着调整。基金经理不需要动脑子，跟着指数走就行了，这就是被动管理。

指数基金的目标是跟踪指数表现，而不是获得尽可能高的业绩排名。基金经理的压力来自跟踪误差的控制，而不是要把基金收益率做好，因为指数基金的收益率高低依赖于指数涨跌。对指数基金的基金经理评价的标准中如果有"投资业绩"就表明并不公允，而应该用"跟踪误差"作为衡量其管理能力的标准。

指数的编制方法决定了指数当前的成分股都是公开信息。投资者可以知道它过去和现在投资了什么，对于它未来将如何投资也是可以预测的。回到定义，主动管理和被动管理的区别在于：基金的管理方法是否"可预测"。如果不可预测，就是主动管理；如果可预测，就是被动管理。

读者是否还记得在第二章中讲到的主动管理基金的业绩是一个平衡回路？现在来看看，指数基金会不会受到那三个机制的影响。

首先，主动管理基金由于业绩表现好被投资者关注，申购量增加导致运作困难增加。指数基金会这样吗？答案是不会。指数基金受规模的影响很小，新增资金直接按照规则配置成分股即可，不需要考虑其他因素，不会增加管理难度，所以指数基金几乎不会关闭申购。考虑到指数基金是分散化投资于股票的，所以这种基金很难排名靠前，相比主动管理的基金，指数基金也很难被关注。

其次，主动管理基金的基金经理容易离职，新上任的基金经理水平是未知数。指数基金由于是被动管理，所以不会因变更基金经理而受影响，它选股不需要人动脑，只需盯着指数成分股即可。所以投资者从一开始就不需要在意基金经理的水平如何，他离职与否不会影响投资者的选择。

最后，主动管理基金的基金经理会受运气回归均值的影响，但是指数基金不存在这个问题，因为指数成分股是既定的，按照指数成分股投资，谈不上预测和追逐热点，指数策略就是一套选股方式贯彻到底。也是由于这个原因，指数基金的换手率很低，每年成分股变更是小范围的改变，以年计，指数基金的换手率几乎不会超过 100%。

理解主动管理和被动管理的区别，还是要全方位对比来看。

第五节　委托管理与工具的区别

主动管理和被动管理这两种管理模式的基金在运作上有如下差异：

（1）对于主动管理，由于投资者无法得知它过去和现在的具体投资标的，而且无法预测未来的情况，导致了投资者必须完全给予基金信任，这就是把基金当作委托管理服务。

（2）对于被动管理，指数编制的信息是公开的，指数基金的任务只是跟踪指数涨跌，尽可能减小误差，因此使得指数基金要尽可能复制、模拟指数成分股。对投资者来说，这种基金是透明的，投资者选择指数基金其实是选择了一个工具。投资于指数基金并不需要有多信任基金，理解和分析标的指数才是投资者需要做的功课，指数基金只不过是投资者投资于指数的工具，只要是同一个指数，不同基金公司运作理论上就不会有太大差别。

投资者按照指数成分股和权重大小买那些股票，配置一个指数化投资也是可以的，但很难办到也没有必要。这不仅仅是钱的问题，主要问题在于需要买上百个成分股的操作难度极大，还要考虑成分股权重以及动态的调整，太麻烦了，不如直接投资指数基金就好。

委托管理模式也有道理。主动管理模式的基金怎样投资股票或债券是基金管理人定的，投资者不知道他们会怎么做，这好像并不是问题，投资者选择基金的一个主要原因就是自己不懂，所以就要把专业的事给专业的人来做。我问过很多投资者，他们几乎都有这种想法，看似合情合理，但为什么在实际投资过程中他们表现出来的反应和状态会与这些初衷相冲突呢？

有数据统计，最近十年整体股票型基金的年复合收益率在 10% 以上，但是基民却有 7 成亏钱。从较长时间来看，偏股型基金整体确实在赚钱，但同期买这些基金的人大部分亏钱。这是一个很奇怪的反差。如果按照投资者最初的想法，"我不懂，我选择让专业的人帮我管理"，并且真的这样做了，那么为什么基金赚钱，投资者亏钱？

看似是简单的问题："我不懂股票，但是想赚股市的钱，怎么办？"

答：交给专业的团队委托管理。

实际情况却很糟糕，说明这个问题不是简单系统，而是一个复杂系统，看似合理、直接的解决方案就不会起作用。

从偏股型基金的历史业绩看，整体的专业程度是及格的，再加上我国在过去经济增速较快，所以收益很不错。投资者承认自己不懂，却很难做到完全信任，或者说很难撒手不管。由于大部分投资者缺乏对资本市场的基础认知，在缺乏相关知识和常识的情况下很容易改变，导致其决策大多是跟着情绪走。

基金管理人在买卖股票，而投资者在买卖基金。虽然基金的业绩与管理人有关，但决定是买基金还是卖基金的依旧是投资者自己。偏股型基金把大部分钱投资于股票，如果投资者把基金干脆看成一只股票，那么投资者买卖基金和买卖股票没有本质区别。这就是基民好像选择了风险更低的投资工具——基金，但情况并不比股民好多少的原因。

我认为投资最大的风险是无知。"无知"没有讽刺的意味，当一个人对股市不了解，没有经过学习也没有经验时，这种状态风险很大。任何人都是从无知到有知，有一个学习的过程。在这里我向读者展示的是，当投资者认为自己不懂，想把钱交给专业团队管理时未必能够赚钱，事情没有那么简单。

可是投资者如果去学了投资，那么又为何选择基金？直接买股票不就好了吗？也没有那么简单。股票投资所需要的专业知识太多了，仅财务分析这个人门能力就可以阻拦 95% 以上的人。例如，观看球赛，观众就没有能力上场踢球，但是作为一个球迷，就完全可以"懂球"，所谓"懂球"是理解球场上的规则，明白球场上什么是重要的，有哪些禁忌会导致犯规。因此，投资者把自己的钱交给其看好的专业团队管理，才有可能取得不错的收益。

"不懂球"就会发生这种情况：投资者选择主动管理基金时，是基于历史过往的优异业绩或漂亮的宣传，买入时确实是信任基金管理人的，因为投资者是在用真金白银投票。当市场发生不利波动，短期业绩不如人意时投资者就会感到自己上当受骗了，割肉赎回，或者任其长期套牢。可是投资者要知道短期市场波动而导致基金业绩短期下滑，并不代表基金管理能力下滑。由于市场环境不佳基金下跌是难以避免的，然后太多的投资者把这种情况归咎于基金管理人的不称职。

选择主动管理的基金还是选择被动管理的指数基金，这是投资者面临的一个重大选择。到底是要委托管理服务，还是要一个工具。

我认为投资最终是追求确定性，主动管理的基金的确定性相比指数基金确实要差很多，基金经理的不确定性是最大的隐患，这是主动管理的基金业绩平衡回路中影响很大的一个因素。

读者可以回忆一下在前面的章节我所定义的投资：以获得资产收益为主要目的的行为是投资。在解释这句话的时候，讲到要获得资产收益，起码在分析投资标的时要以资产的赢利能力作为出发点。但是主动管理的基金投资方式不能预知，其变动可能会很大，投资者对于过去所投资的方向都不能完全了解，是缺乏足够的信息进行分析的。

被动管理的指数基金是投资于指数、指数成分股，指数筛选股票的规则是已经确定了的，就具备了充足的分析条件。在后面的其他章节，主要讲指数基金的投资方法，这里先做如下说明：

从历史业绩看，确实有很多主动管理的基金表现优于大部分指数基金，但那是从"后视镜"看历史，总是感觉很清晰。一旦往前看就会发现要面对各种不确定。以后的基金排名也一定是主动管理基金在前面，其他指数基金在中游的位置，这是它们的投资特点所决定的。这里还是要再提示投资者，看以前很容易找到"好基金"，但要找到未来的"好基金"就太难了。所以建议投资者干脆不要找"好基金"，而是找"好指数"，从而获得确定性高的收益。

如果投资者对主动管理的基金情有独钟，希望知道如何选择主动管理的基金，那么我没有太好的建议，因为那些基金随时可能有重大变化。很多基金投顾服务就是直接给投资者建议，指示投资者更换基金。

投资者要知道自己喜欢什么样的投资风格。如果投资者希望基金可以帮自己做波段，交易频繁一些无所谓，那么就会很容易进行选择，因为很多基金都是这样；如果投资者希望基金买股票的换手率低，是长期持有的价值派，就要把注意力放在这方面，找这种风格的管理团队。

第六节　基金经理的影响

之前陆陆续续讲过一些基金经理对基金的影响，这一节展开说。

主动管理基金的业绩表现受人为因素影响较大。现在我国公募股票型基金的经理有两个现状：一个是一个人掌管多只基金，另一个是离职率高。管理多只基金会让基金经理精力分散，有的基金经理一个人负责参与管理的基金数量达到5-8只，甚至更多。这势必让基金经理更疲劳，压力更大。

若是基金经理离职了，换了一个新的基金经理来，那么投资者应该怎么办？换基金吗？毕竟当初买入的一个重要理由已经变了。我国偏股型基金的基金经理管理一只基金的平均任职时间不足3年，观察很多基金，看它们历史任职经理可以拉出长长的列表。当换一个基金经理管理时，就会导致原来基金的投资风格或多或少发生改变，另外，由此发生的调仓换股将增加交易成本，这部分成本由所有基金投资者承担。更为重要的是，由于变更了基金经理，导致基金内在的要素发生重大改变，过往历史业绩的参考意义就更小了（本来也不大）。

好比一所房子换了不同的住户，如果这个住户个性很强，甚至会对房屋进行重新装修，改变为自己的风格，这所房子还是原来的地址，但里面已经别有洞天。基金评级机构，比如晨星，它承认自己的评级系统不考虑变更基金经理的情况，其在评级使用说明中有如下原话：

"如果基金经理有变动，那么晨星星级评价不会随之改变。因此，评级结果可能只反映了前任基金经理管理该基金的业绩。"不幸的是，基金的经理就是经常变，只反映了前任的业绩是什么意思，我想投资者心里已经有数了。

能力越出众的基金经理越容易跳槽。毕竟公募基金的待遇很难有私募基金那样好，况且知名的基金经理去做私募，很可能成为合伙人。如果你是有出色能力的基金经理，你会不会选择成立自己的私募基金呢？

华夏大盘的王亚伟，公募基金的一哥，2012 年 5 月从华夏基金公司离职，同年 9 月，他成立深圳千合资本管理有限公司。

博时主题行业的邓晓峰，2014 年年底离开，之后他加入了私募，现在是高毅资产首席投资官。同样在高毅的，还有原南方基金公司投资总监邱国鹭，原中银基金权益投资总监孙庆瑞，建信基金投资部副总监卓利伟。这些人各个都是名头响亮。

陈光明，曾经是东方证券资产管理有限公司的总经理，于 2018 年 2 月离职，现在是睿远基金管理有限公司的合伙人，总经理。对于东方证券资产管理读者或许有所耳闻，这是前两年的明星基金公司，整体业绩都很好，由于持有大量绩优白马股而获得极高的回报，2017 年下半年这家公司陆续发行了几种新基金，只要开售就被疯抢，半天上百亿之类说的就是这家基金公司。

陈光明有一个合伙人叫傅鹏博，他以前是东方证券首席策略师，兴业全球基金公司的基金经理，研究部总监，总经理助理，也算是出身于公募基金。

主动管理的基金其经理的改变很可能就改变了基金的投资风格和整体的投资能力，这是由于主动管理依赖于人而造成的，而对于被动管理的指数基金，即使换基金经理也依旧是那个指数基金，不会因为经理的改变而改变。

如果基金经理不换，那么基金的运作还会受影响吗？即便这样，一个过去业绩表现好的主动管理基金在未来也不一定会表现好。原因可能有如下几点：

（1）基金总量对基金的影响很大。如果一只基金过去成绩优异，赚钱效应和羊群效应就会导致买的人变多，净申购就会持续增加，基金总量会因新的资金而迅速膨胀，基金总量太大的主动管理基金的管理难度会增加，价格冲击成本也会增大，灵活度会降低。这是在前面提到过的一个平衡回路。

（2）环境改变对策略的影响很大。基金经理的投资思路会受到环境的影响，当新的环境来临时，旧的策略有可能不适应。比如，几年前小盘股题材的投资策略很好用，收益极高，很多排名靠前的主动管理基金就是依靠配置小盘股而取得优异的业绩，但是最近两年，小盘股一蹶不振，而白马股和蓝筹股持续上涨。

（3）基金经理的判断不会永远正确。就像抛硬币一样，可能会连续出现几个正面，难免也会出现一个反面。有些基金经理在过去取得好的成绩是运气成分很大，连续赌对了几次，但只要是投机的思路就会迟早被市场惩罚，比如重仓乐视的很多基金都是这样。

假设所有基金每年都采取随机选股的方式投资股票，那么也一定能排个第一、二、三名出来。所以排名并不一定代表能力，其中必然包含运气成分，而投资者很难分辨哪一部分是运气。追逐热点的基金总会有概率碰上热点，取得好的业绩，但是如果想在第二年连续追上热点就需要继续有好运气。

（4）明星基金经理开始管理更多基金，压力增大，力不从心。很多基金经理取得好业绩之后，基金公司顺水推舟让他管理更多基金，因为这样基金会更好卖，大量投资者就是盯着基金经理去选择基金的。一旦基金经理管理的基金太多，就会难免顾此失彼。基金经理的工作并不轻松，基金经理如果同时担任过多的责任肯定会更累、更疲惫，压力也更大。导致基金后来的业绩趋于平庸。

上述4条，都可以和我之前讲过的主动管理基金业绩有几个平衡回路一样在起主导作用。

无论基金经理是否变更，选择主动管理的基金都将面临很大的不确定性；被动管理的基金就不存在这个不确定性，基金经理的因素可以不考虑。

第七节　制度风险

公募基金有托管人监管基金公司的投资行为，但也确实很难完全避免基金管理人利用职务之便侵害投资者利益。抬轿子和老鼠仓都属于利益输送。现在这种情况已经少多了，证监会对公募基金的监管越来越严，而且使用的手段越来越高级。

抬轿子算是比较常见的，其属于一种利益输送。一般发生在同一家基金公司旗下的不同基金之间，这些基金都可以投资股票。某一只基金先买入，其他基金再买，这样先买入股票的那只基金就会获得更多的收益，这就是抬轿子。抬轿子是牺牲个别基金来成就其他基金的一种做法，侵害了部分投资者的利益。这么做对基金经理是很有好处的。一家基金公司做出明星基金来，就会吸引很多人来购买，如果所有基金业绩都很平庸则是没用的。

投资者避免选择到这种基金就需要对业绩好的基金提高警惕，如果一只基金业绩好是由于抬轿子产生的，那么投资者再买入这只基金就晚了，明星基金已经打造出来，基金公司吸引人的目的已经完成，以后是否还会用其他基金给明星基金抬轿子，这就不一定了。这种情况在小盘风格的基金里较为常见。

抬轿子还有一个反向操作，就是"高位接盘"。这是什么意思呢？在股票市场投资者如果想卖出股份，就需要有对手盘。股市里是撮合交易，投资者要卖必须有人买才行，而且双方的价格要能谈得拢。投资者想在10元的价格抛售股票，但是其他买家都想在9元以下买，这样僵持不下是无法成交的，既要有人买，也要有人卖，而且双方都认可价格才可以。

当投资者持股量很大，而且股票价格很高的时候，投资者的账面是大幅盈利，但是投资者卖不出去！因为价格很高，投资者的股票数量又多，如果没有人接投资者的股票，那么投资者的这些盈利就是纸面富贵，强行大量卖出，会导致股票价格下跌，因为相比投资者卖出的量，买入的那些太少了。成交价格很容易下来。比如投资者想以10元价格卖出，成交很少，投资者发觉如果想要继续把股票换成钱，就要降价出售才行，比如降低到9.9元。如此下去，投资者想要卖出大量股票的代价就是股票价格大幅度下滑。投资者的利润就大幅减少。

这时如果有另一股力量在高位接投资者的股票就完美了。一只基金持有的股票价格很高，可以让另一些基金成为买方，大量地接手股票，而主动管理基金才有这种机会，因为这些基金投资于什么股票是基金经理和基金管理团队决定的。但被动管理的指数型基金就很难做到，这些基金必须买指数成分股，每一个成分股的占比又很低（指数基金高度分散），而且为了跟踪指数涨跌，指数基金的股票持仓很高，一些还要预留 5% 现金应付赎回，所以根本没有多余资金干其他事，这就保证了指数基金很难存在这种制度风险。

老鼠仓一般需要基金经理和自己亲朋好友的配合，这也是一种抬轿子，但规模很小。比如亲朋好友得到消息先买入一只股票，然后基金再买，这样把股价拉抬起来，亲朋好友再卖出，短时间获得高收益。操作老鼠仓的人在美国会受到巨额罚款，还要坐牢，最高刑罚可以达到 20 年。而我国对操作老鼠仓的人处罚力度就很轻，而且认为其是个人行为不端正，与基金公司关系不大，所以基金公司没有特别强烈的需求去进行内部监控。回避这种情况没有很好的办法，建议投资者回避那些过去经常犯事儿的基金公司就好。

总结一下，主动管理基金中基金经理的操作余地大，当想侵害投资者利益时就能找到时机，创造条件，但被动管理的基金投资方向是既定的，而且为了跟踪指数涨跌，要保持很高的股票配置比例，这就让基金经理的操作空间变得非常小。指数基金的制度风险要明显低得多。

第八节　运作费用的差异

主动管理的偏股型基金和被动管理的股票指数型基金在费用上有明显差异。这些差异对长期投资的结果影响可能会很大。投资者在投资之前要清楚各种费用的收取方式和影响。

指数的成分股是指数编制公司或机构通过规则筛选而出的，指数基金配置指数成分股就可以，不需要再动脑考虑应该投资于什么和投资多少的问题，这就极大地减少了基金管理团队的脑力负担。所以，指数基金的管理费率相比主动管理类型的基金就低很多，托管费率也低一些。有的指数基金，特别是 ETF 基金会多一个标的指数许可使用费，但这个费率很低。

基金名称	管理费率	托管费率	标的指数许可使用费率
易方达消费行业	1.5%	0.25%	
易方达平稳增长	1.5%	0.25%	
易方达价值精选	1.5%	0.25%	
易方达中小盘	1.5%	0.25%	
易方达新经济	1.5%	0.25%	
易方达上证50A	1.2%	0.2%	
易方达创业板 ETF	0.5%	0.1%	0.03%
易方达深证 100ETF	0.5%	0.1%	
易方达沪深 300ETF	0.2%	0.1%	0.03%
易方达中证 500ETF	0.5%	0.1%	0.03%

这里仅随意挑选了易方达基金公司的一些基金，上面 5 个是主动管理的基金，下面 5 个是被动管理的股票指数 ETF 基金。

如果用 10 万元买一只股票型基金，不考虑市场波动，那么每年收取的管理费为 1500 元左右，而同样是投资于股票的 ETF 基金，每年收取的管理费大概是 500 元，有的甚至更低。管理费、托管费和标的指数许可使用费都是相同的收取模式——每天提取，所以每年总共收取的费用多少受基金涨跌影响。这种持续收取的非一次性费用对长期投资结果影响最大。

交易成本不同：

这个交易成本特指基金在投资股票时的交易成本。主动管理的基金平均换手率要远高于被动管理的指数基金，所以这种交易产生的摩擦成本更高，这些成本由基金投资者承担。

指数基金配置好指数成分股后就几乎不用动，大部分指数的成分股在定期调整时不会有太大变化（个别指数成分股变动较大），个别股票更换产生的摩擦成本（交易佣金）很低。所以，指数基金的换手率通常都很低，大部分成分股几年也不会变。

第九节　现金拖累

所谓"现金拖累"，是指偏股型基金中持有的那部分现金，属于拖累。因为当股市上涨时，现金是不贡献收益的。

要理解这个问题，就要知道基金为什么要保留现金。开放式基金要求必须保留最少 5% 的现金以应付日常赎回，而大部分主动管理的基金保留现金占比往往大于 5%，甚至达到 10%。被动管理的指数基金为了跟踪指数，就必须尽可能降低现金的占比。过多的现金必然会导致跟踪误差，因为指数的计算是纯数学计算。

举例来讲，指数如果涨了 100%，对于一只持有 5% 现金的指数基金来说，假设跟踪误差为 0，不计各项费用，那么理论上只能涨 95%，这是由于持有一部分现金造成的。现金本身就是指数基金跟踪误差的一个来源。

如果选择的不是场外交易的指数基金，而是场内交易的 ETF 基金，那么保留的现金就会非常小，甚至不足 1%。

Q：什么是 ETF 基金？

A：ETF 基金的英文全称是 Exchange Traded Funds，翻译过来就是交易所交易基金，是一种在交易所上市交易的开放式基金。投资者所购买的绝大部分开放式基金只能在场外交易，不能在交易所上市；在交易所上市的基金最早的一种类型是封闭式基金，所以 ETF 基金结合了开放式基金和封闭式基金的特征。

我国的 ETF 基金一般是指数型基金，比如不同基金公司发行的上证50ETF、创业板 ETF、沪深 300ETF 基金等。因此买入 ETF 基金就是买入一个指数，属于被动管理形式。我国第一只 ETF 基金是华夏基金公司推出的50ETF，在上交所上市交易，代码为 510050。

大部分投资者，甚至机构投资者会直接选择在场内交易的 ETF 基金，它既然是开放式基金，就可以在场外交易，只不过非常麻烦，需要用一篮子股票换取基金份额或者赎回一篮子股票，需要资金量较大才能做，但这种模式有利于 ETF 管理人运作。之后就出现另一种类型的基金，叫做 ETF 联接基金，它是一只可以在场外申购赎回的一般开放式基金，这种基金只投资于场内的对标 ETF 基金。

　　所谓一篮子股票就是很多股票的组合，比如一只 ETF 基金是上证 50 指数基金，那么这个 ETF 所投资的股票就是这 50 只股票，这一篮子股票就是50 只股票的组合。所谓套利机会，是指场内的 ETF 市场价格与场外基金单位净值之间存在明显差价时可以从价格低的地方买入，再到价格高的地方卖出，以达到短时间安全获利的行为，但是这种机会很难出现，且很难把握。

　　列出区别如下：

　　偏股型基金是指投资方向以股票为主，又可以分为主动管理的股票型基金、混合型基金和被动管理的股票指数型基金。

　　因为场外基金有申购赎回的压力，所以：

　　主动管理的股票型基金留有现金比例一般为 5%–15%；

　　主动管理的混合型基金留有现金比例就更宽了，因为它可以买债券，看现金占比也没有意义；

　　指数基金的现金占比一般为 5% 或者多一点。

　　大部分指数基金是场外交易的，但少部分指数基金是场内的 ETF 基金。这种指数基金没有申赎压力，现金占比就极低，一般为 1%，是现金拖累最小的基金类型。

　　这样看，场内交易的 ETF 基金就会有更好的跟踪优势。长期股市上涨，跟踪越好的基金，持有更少现金的基金，具备的优势就更大。持有现金在股市上涨时存在机会成本，虽然在股市下跌时，持有现金理论上会降低下跌幅度，但长期股市的方向就是上涨的（投资者也不会买一个长期下跌的资产），所以总体而言，现金是拖累。如果投资者认为估值过高，就应该彻底卖出指数基金回避风险，那点现金储备对抵抗下跌也是杯水车薪。

　　假设长期指数的年复利增长率是 10%，一只 100% 持有股票和 95% 持有股票的基金，理论上因现金拖累会至少造成每年 0.5% 的收益差距。一只主动管理的基金如果要超越指数水平，仅考虑现金拖累的情况下，每年就至少要超越指数收益 0.5%–1% 才可以打平。

第十节　建立价值与价格之间的关系

　　我把这个重要的区别放在最后讲，也就是指数基金可以对资产本身进行分析，而主动管理的基金不行。

　　选择指数基金可以很少考虑历史业绩（考虑的目标主要是跟踪误差），不看基金经理，把注意力放在选择指数上，通过投资指数基金获得指数收益。指数基金就是实现指数配置的一种方便好用的工具。投资者清楚知道指数编制规则和指数成分股，就可以对指数进行估值。具体如何估值，原理是什么，这将是以后的一个重要内容。

　　下一章，我会详细描述基金的那些费用。降低费用，就是确定性地提高收益，长期投资者应该重视各种费用的减免。

第五章

交易与收费

对于收取费用，有的是明收，有的是暗收。与未来可能获得的仍然还不确定的收益不一样，减少费用就是确定增加收益。把费用分成两类：一类是在投资者交易基金的过程中形成的交易性费用，另一类是在基金运作管理过程中形成的管理性费用。降低这两类费用能够有效地提升未来的确定性收益。

降低费用不仅少花了一些钱，而且由于少花的那部分钱成为了投资者的资产，在长期复利作用下还可以增长。

举例说明如下一种情况：

现在有一只境外的基金，张三很想买，于是他就乘飞机去了国外，到国外的银行买了这只基金。李四也买了，但是他没有出国，而是在当地找了一家中介机构。这家机构代销这只基金，虽然方便，但每年都要收取 1% 的"境外资产服务费"。李四一想，出国很麻烦，1% 也不多，干脆就在这里买了。

同一只基金，现在有两种收益。假设张三每年获得 12% 的年复利回报，李四就是 11%，因为他每年都多付 1% 的费用。以 10000 元为本金，持有 5 年、10 年、20 年、30 年和 50 年后的结果如下表：

投资时长	张三	李四	李四 / 张三
5 年	17623	16851	96%
10 年	31058	28394	91%
20 年	96463	80623	84%
30 年	299599	228923	76%
50 年	2890022	1845648	64%

（数字精确到个位，单位元，四舍五入）

时间越长，收益差距拉得越大，到 50 年后，李四的基金市值仅有张三的 64%，就是因为每年差了 1% 的服务费。

用同一只基金举例是说明在一开始收益一样的情况下，看似多缴了不起眼的费用，长期收益差距会是天文数字。以我国的偏股型基金为例，主动管理要比被动管理平均高出 1% 的管理费。

Q：如果确定知道两只基金投资能力一模一样，那么肯定会选择管理费用低的，谁还会选择管理费用高的？

A：如果投资者可以确定未来谁的收益更高，那么多交一些费用当然可以。可如果不确定，那么在一开始降低费用就显得有必要了，这个思路是追求确定性的，当然很多人是追求不确定性，这是个人选择。

Q: 管理性费用更高的基金是否业绩更好？为了获得更高的收益，多交管理费也是值得的吧？

A: 两者并不存在明确的相关性。如果有这种关系，那么基金公司为了证明自己水平高，收取更高的管理费就可以了，比如你家是 1.5%，那么我就收 3%，你要改成 5%，我就改成 10%，这就荒唐了。

一般主动管理型基金的管理性费用算是高的，因为这种基金依赖于人的管理，消耗公司资源多，上上下下从研究员、基金经理到投资总监都需要为此服务，最重要的是基金投资者愿意为这些服务付更高的价格。但这并不意味着其投资业绩就会超过指数收益，中外历史证明了那些收取了更高管理费的主动型基金，大部分还不如被动管理的指数基金表现好。

基金有两种交易模式：一种是场外交易；另一种是场内交易。这一章讲两种交易的特点，以及其中会涉及的费用。

第一节　场内交易规则

场内交易是撮合交易，所谓的撮合就是投资者想买，必须有人想卖，这还不够，对于价格必须双方都认可才行。比如投资者想在 10 元买进某股票，但是别人都想在 11 元卖出股票，这是无法成交的。投资者嫌别人报价太高，别人嫌投资者报价太低。

别把撮合交易想复杂了，其实就是上街买菜，讨价还价。老板说白菜 2 元钱一斤，你想 1.5 元一斤拿下，老板是不会卖给你的。除非你和老板谈判，能不能便宜点？最后你们两个人一合计，1.8 元一斤成交。卖方降低了卖价，买方提高了买价，这样有了重合，就可以成交了。

在二级市场的撮合交易中，投资者会发现有买 1、2、3、4、5 和卖 1、2、3、4、5 这样两个 5 档 10 个价格。这 10 个价格就是给投资者展示目前挂单的人的买卖意愿。下面举例来说明。

卖5 2.839	■	463
卖4 2.838	■	349
卖3 2.837	∣	100
卖2 2.836	■■	1025
卖1 2.835	■	356
买1 2.834		2
买2 2.832	■■	782
买3 2.831	■■	1083
买4 2.830	■■■■	2711
买5 2.829	■■■	2501

上图是 2019 年 3 月 15 日收盘时，510880 红利 ETF 的买、卖 5 档情况。

借这张图，我尽量说明场内交易的规则，投资者不要把场内交易想得太高端、太复杂，这其实就是菜市场的讨价还价，只不过成交过程电子化了。为了方便投资者的理解，这里把问题简化。

有 4 个人买卖苹果，假设苹果的质地都是一样的，这 4 个人分别叫"想卖""很想卖""想买""很想买"。

有一天，"想卖"推着一辆车，车上摆了 10 个苹果，他把他想卖的价格写在一个纸板上："卖 10 个苹果，1 元 / 个"。"想卖"告诉买家两个信息：想卖的价格为 1 元 / 个，想卖的数量为 10 个。

"想买"拎着一个筐，他想买苹果，他把自己想买的价格写在了一个纸板上，挂在胸前："买 10 个苹果，0.9 元 / 个"。"想买"告诉卖家两个信息：想买的价格为 0.9 元 / 个，想买的数量为 10 个。

卖1	想卖	1 元	10 个
买1	想买	0.9 元	10 个

如果市场上只有这两个人，那么一看就无法成交。想卖的人要卖 1 元，想买的人想用 9 毛来买。价格谈不拢。所以场内有买有卖还不行，要想成交，买卖价格必须让双方都自愿同意。上述例子中那个局面就是买卖双方都不满意，所以不会有成交量，价格也不会变动。你想想，现在苹果多少钱一个？

在证券市场中，投资者看一个资产价格是多少的时候是在看最低的卖价，也就是说目前苹果的价格就是 1 元 / 个。再来看上面那张图，目前它的价格就是最低的卖价，也就是卖 1 价格：2.835 元。

价格的稳定与破坏

现在又进来一个人，就是"很想卖"。这个人手里有 7 个苹果，他着急回家，想赶紧把苹果卖掉，但是他并没有把自己的苹果摆出来，没人知道他有多少苹果，他也没有把自己想卖的价格写出来。他就在市场里走走看看，找了半天，发现有一个叫"想买"的人把自己想买的数量和价格都写出来了。这个人一想，"太好了，我就把苹果卖给他。""很想卖"就去找"想买"，说："我有 7 个苹果，我愿意以 0.9 元 / 个的价格卖给你。"

这个市场有一个规矩：你把你想买或卖的数量和价格写出来，并且摆了出来，当别人愿意接受你的价格时，你就必须答应，不能反悔，马上成交！对方数量不足的时候，也要成交。所以"很想卖"就和"想买"撮合成交了，"想买"以 0.9 元 / 个的价格买到了 7 个苹果，但他还需要买 3 个，所以这时他把自己胸前的牌子修改了一下："买 3 个苹果，0.9 元 / 个"，而"很想卖"把 7 个苹果卖掉了，高高兴兴回家了。

就形成了如下的局面：

卖 1	想卖	1 元	10 个
买 1	想买	0.9 元	3 个

过了一会儿，又来了一个很想卖的人，叫"很想卖 2 号"。这个人手里有 5 个苹果，他和"很想卖"一样，找那个标价 0.9 元 / 个的人去谈，结果把其中 3 个苹果卖给了他。"想买"最终买到了 10 个苹果，都是以 0.9 元 / 个的价格成交的，他也高兴地回家了。

"很想卖 2 号"找不到其他标价的买家了，他为了让自己的苹果尽快地成交，就在另一个牌子上写："卖 2 个苹果，0.9 元 / 个"。重点来了，首先，他很想卖，为什么标价 0.9 元 / 个？那是因为他要确保自己是现在这个市场中标价要卖最低的人，这样如果有人很想买，就会去找他，而不是找那个标价 1 元 / 个的人。其次，现在标价最低的是 0.9 元 / 个，他就变成了卖 1。所以目前可以说，苹果的价格是 0.9 元 / 个，而不是 1 元 / 个，1 元 / 个变成了卖 2。

就形成了这样的局面：

卖 2	想卖	1 元	10 个
卖 1	很想卖 2 号	0.9 元	2 个
无			

分析一下这个过程：价格的下降，是因为买 1 的位置被很想卖的人完全"吃掉了"，且很想卖的人挂到了更低的价格上，使得产品价格下降。在这个过程中，那两个很想卖的人是"主动进攻"，而那个想买的人是"被动防守"。

这就涉及交易的两种大形势：一种是挂单；另一种是即时成交。挂单就是一开始的"想卖"和"想买"，分别对应"卖 1"和"买 1"，当有人主动和他们撮合的时候，接受他们的价格会马上成交。而即时成交是"很想卖 1 号"和"很想卖 2 号"，这两个人一开始都没有使用挂单，因为很想卖，就去找买家了。

可以这么认为：挂单的人是价格的稳定者，即时成交的人是价格的破坏者。在以前，1 元 / 个就是苹果的卖价，很稳定，但是由于即时成交的人存在，使得卖价遭到的破坏，最终达到了 0.9 元 / 个。

现在来看上面 510880 的 5 档买卖情况就会很清楚了。想买和想卖的人都标出了自己能够接受的价格和数量，当然一个位置里面可以有很多人，但这些人只具备很小的力量，巨大的力量来自那些平时不标出价格的很想卖和很想买的人，他们藏在暗处，会直接选择接受对方的价格，马上成交。他们的做法可能就会导致价格被破坏，导致买 1 和卖 1 价格的变化。

如果投资者想买场内基金，可以选择如下两种方式：可以挂单，也可以即时成交。我建议选择即时成交，这样比较省事。但是你想，如果投资者是"很想买"，就要去找那个卖方价格中最低的人，就是卖 1。当投资者下单时，填写卖 1 价格，就可以马上顺利地成交了。这个过程和上述买卖苹果的例子本质是一样的。

如何确保迅速成交

投资者确保自己迅速成交的办法是即时成交，填写对方的价格，直接接受对方的价格即可，但这样做有时候并不保险。这是因为除了投资者，还有大量的人很想买，或者很想卖，他们也在填写对方可以接受的价格，如果投资者赶上价格变化，那么其填写的就无法成交。

为了确保自己马上成交，如果投资者是很想买，我建议投资者填写价格的时候可以写得更高，比如写卖 3 甚至卖 5 的价格。此时投资者会有疑问："这样我不是吃亏了吗？有卖 1 的价格可以成交，我去接受更高的价格很吃亏吧？"

并不会吃亏。这个市场中有一个规则就是价格优先，有人已经写出了自己的卖 1 价格，即使投资者接受卖 5 的更高的价格，也一定是先从卖 1 开始成交的。也就是说，别看投资者写的价格更高，但实际上，投资者成交是从卖价中最低的那个——卖 1 开始的。如果卖 1 的量不足以满足投资者想买的量，就会马上去到之前卖 2 的价格。

这样做就会确保马上成交，并不会在价格上吃亏。

相反的，如果投资者想卖，也可以填写买 3 或者买 5 的价格，其实成交的时候，也是从买 1 开始成交的。投资者会很快地完成交易，并不会在价格上吃亏。

时间优先与价格优先

上述所说的是价格优先，报价更优惠的价格是会优先成交的，也就是卖 1 和买 1，但这个卖 1 和买 1 在频繁地变化，铁打的"卖 1"，流水的价格。

如果投资者和其他人一样想卖，都挂单在"卖 1"，那么看起来他们是混在一起的，在后面的总量上是一个合计的数值。如果这时有很想买的人过来找投资者卖 1 价，接受投资者的价格，那么应该怎么成交呢？

答案是时间优先。投资者如果先挂的卖 1 价，别人虽然也是挂卖 1，但他们在投资者之后挂的，那么投资者是时间最优先的，投资者先成交。

上述就是场内交易的部分规则，投资者要成交，知道上述规则就够用了。

第二节　场外交易规则

场外交易规则主要有两个：T 日认定规则和先进先出规则。

投资者先要知道一些基本情况。对于场外交易的基金，投资者看到的净值在一个工作日中只有一个。而对于场内交易的基金并非如此，场内价格波动，投资者在不同的时间买卖，价格很容易就不一样。在场内交易，一天可以有非常多的成交价格，投资者看到的价格波动，就已经证明了在很多价格都发生了成交。

Q：有没有基金周末也有净值变动的？

A：不是没有，但也不算是有。比如场外交易的货币基金，拿余额宝来说，投资者连净值都看不到，不是没有，而是不会变了，永远是1，所以也不用摆出来给投资者看。货币基金这种基金类型与其他基金不同，它是周末也有收益的，也会公布收益。这确实是一种例外。严格地说，货币基金在周末、节假日也会有收益公布给投资者看。

对于场外交易的基金，一天只有唯一的一个净值。所有人都使用一个。这就带来了问题，投资者不是在同一个时间买的，有人在上午，有人在下午，有人在晚上，还有人是在周末买的，那么投资者是用哪一天的净值成交？这就涉及交易T日的认定。

投资者的每一次交易都会有一个交易T日，这个T日就是成交日，用的就是T日净值成交。对T日的确认可用如下标准：

（1）开盘日当天15点之前的交易，T日是该工作日。

（2）开盘日当天15点之后的交易，T日是下一个工作日。

（3）休盘日任何时间的交易，T日是下一个工作日。

上述有两个时间点：一个是开盘日，另一个是休盘日。在开盘日内又分成了15点前和15点后。开盘日15点是股市收盘的时间，这是一个很重要的时间。

什么是开盘日？不是人们上班的日子就是开盘日，判断是不是开盘日有一个简单的方法：看当天的股市是否开盘。有时长假前后会有调休，周六、日人们也上班，但此时股市并不开盘，就说明这几天不是开盘日。

下面举个例子，有这么一个日历。

周一	周二	周三	周四	周五	周六	周日
			1	2	3	4
5	6	7	8	9	10	11
12	13	14	15	16	17	18

上述日历是几月不重要，里面没有长假，周一至周五都是开盘日，周六、日都是休盘日。无论是申购、赎回，还是基金转换，都是一样。下面就用申购来说明。

如果投资者是在 7 日 14 点申购了基金，符合开盘日 15 点之前，那么这笔申购的交易 T 日就是 7 日，基金净值按照 7 日的净值成交。但是对于 7 日的净值投资者什么时候才能知道？一定是在 7 日晚上，收盘后才计算出来，一般要等到 18-22 点会陆续地公布。但是 7 日 14 点，投资者也一样会看到一个净值，这个净值是 6 日的。这里要特别注意，在投资者做场外基金交易时，投资者是一定不知道基金净值的，看到的是上一个开盘日的净值。

这个场外交易的特点叫作未知价交易——投资者在申购赎回等交易的当时是不知道成交净值的。未知价交易的根本原因是为了保护所有投资者的利益。投资者一定是按照开盘日收盘后的净值成交，这很公平，无论当天股市好坏，投资者都是以收盘后净值成交，当天的波动对投资者的市值是没有影响的。

比如 6 日的净值是 1.2 元，投资者在 7 日 14 点申请买入，投资者申请的时候股市还有 1 小时就收盘了，投资者看到当天股市大涨，虽然没有收盘，但是发生反转也不太可能。在这种情况下，如果投资者可以用 6 日的净值成交，岂不是一种套利吗？投资者是没有风险地获得了 7 日当天的股市上涨。之所以说没有风险，是因为投资者是看到了上涨才去申购的，还是以之前较低的净值申购的。这样做损害了那些已经持有这只基金的其他投资者，投资者摊薄了他们的收益，由于投资者的加入，导致赚到的钱分摊到每一份基金上减少了。

如果当天股市下跌呢？如果投资者以 6 日的基金净值成交，那么投资者当天马上就会亏了，相当于原基金持有者占了投资者的便宜，由于投资者的加入，摊薄了他们的损失，导致当天亏的钱分摊到每一份基金上减少了。所以规定，在开盘日申请交易，是按照当天收盘后公布的净值来成交的，之前 6 日的价格跟投资者没有关系，这样就保护了大家的利益。

Q：所有的基金都是未知价交易吗？有没有例外？

A：还真有。场外交易的货币基金和理财型基金就不是未知价交易，这是因为这些基金的基金净值压根就不会波动，它们会持续是 1 元 / 份。这是一个例外的情况。

所以，如果投资者想计算自己的申购，获得了多少份基金，就要等到当天股市收盘，公布新的净值后再计算，或者等到第二天，基金公司会确认投资者之前的交易，给投资者一个结果。

周一	周二	周三	周四	周五	周六	周日
			1	2	3	4
5	6	7	8	9	10	11
12	13	14	15	16	17	18

再举一个例子。投资者在 9 日 21 点赎回了一笔基金，应该按哪天的净值成交？

答案是 12 日。9 日虽然是开盘日，但已经过了 15 点，所以 T 日已经不是 9 日了，而是下一个开盘日：12 日。如果投资者是在周五晚上买的基金，好几天也不给投资者确认信息，投资者也不用着急，这是由交易规则决定的，投资者的交易 T 日还没有到，当然无法计算份额。

如果不是 9 日晚上，而是 10 日，或者 11 日赎回基金呢？ T 日一样也是 12 日。对 9 日 15 点之后，10 日和 11 日全天来说，下一个开盘日都是 12 日。

投资者可以先计算自己交易的 T 日是哪一天，然后成交净值就按照 T 日净值处理。投资者如果忘记计算方法，可以看看上述例子对照着算一下。

Q：如果看到当天下跌很厉害，在 15 点收盘之前申购基金，是不是可以以更低的基金净值成交？这样成本更低，会不会更好？

A：确实如此。投资者会以一个比之前净值更低的净值成交，这么做相比于上一个开盘日，投资者的成本确实降低了。但我认为并不值得高兴，因为净值仅仅比上一个开盘日更低的意义不大。虽然投资者买了一个更低的净值，但如果之后继续"跌跌不休"呢？

很多人买股票就是这样。自己看中的股票涨得很高，迟迟不肯下手，突然有一天跌了很多，赶紧买入，但那只不过是长期下跌的开始。

还有一个规则叫先进先出，这个规则是在赎回基金的时候用到的。很多基金赎回有赎回费，赎回费是可以降低的。一般随着持有时间的增加，赎回费的费率就会降低。大部分偏股型基金的赎回费 2 年以上就到 0 了，但是如果持有时间还不足 7 天，那么赎回费率会非常高。

投资者在买基金时，很容易不是在同一天买，会分成好几天，特别是对于基金定投，投资者每周或者每个月都会在买基金。那么这时赎回费率应该如何计算？还有，有的人选择后端申购费，这种申购费是在赎回的时候收取，与持有时间也有很大关系，如果是分成很多次申购的基金，那么后端申购费应该如何计算？

投资者每一次申购基金得到的份额都有自己的"出生日期"，哪些份额的出生日期是哪天，都给投资者记得非常清楚，不同 T 日申购的基金，其持有时间是不一样的。所以在赎回时，对赎回费会分别计算。哪部分超过 1 年，哪部分超过 2 年，清清楚楚。

如果是赎回一部分，而不是全部，自己的基金又是分成好几次买的，那么赎回哪一部分？答案是最早买的那部分，也就是先进来的，先出去。这就是先进先出规则。在后面讲赎回费时，会举一个例子来讲解。

第三节　交易性费用

交易性费用是基金交易发生即扣除的那种费用，投资者能直接看到，机构会明确地标出来。它们也可以叫"一次性费用"，顾名思义，这种费用只收取一次，比如买基金时有申购费，对于一次申购只收投资者一次申购费。

那么，都可能有哪些交易呢？场外有申购、赎回、转换；场内有买卖。下面分别解释这些费用如何收取，并教投资者通过什么方式来减免它们。

认购费、申购费

申购是场外基金交易时"申请购买"的简称，还有一个词与它类似，叫作认购。申购和认购都是申请购买，区别是买新基金叫认购，买老基金叫申购。投资者理解了申购就等同理解了认购，它们本质上是一样的。

申购时涉及收取的费用是申购费。申购费是支付基金开发、宣传和销售等的费用，基金公司收取的申购费几乎都给了各销售渠道。

申购费分为前端和后端两种。当说到"申购费"时，默认指前端申购费；后端申购费比较少，所以说的时候要特别加上"后端"两个字。前端和后端是指申购费收取的时间，"前"是指在申购时就收取，"后"是指在赎回时收取，所以它们的计算有所不同。

前端申购费是从申购额（本金）中扣除，对扣除后的剩余部分再计算申购所得份额；后端申购费是从赎回金额中扣除，扣除后的剩余部分是真实赎回到账的金额。

那么如何降低申购费呢？

净申购额 = 申购额 /（1+ 前端申购费率）

前端申购费 = 申购额 − 净申购额

Q：为什么申购费不是用申购额 × 申购费率直接计算得出，而是要这样先算净申购额呢？

A：这是一个好问题，涉及申购费的演变历史。在很久之前申购费确实是用内扣法，也就是上述所说的计算方法：用申购额 × 申购费率来计算申购费，但是后来，具体来说是 2007 年 6 月以后，基金公司陆续发布公告，以后都用外扣法。外扣法公式就是上述列出来的，先计算净申购额，如果投资者要看申购费是多少，就用申购额减去净申购额。

有一个人曾很神秘地告诉我，他发现了一个技巧，可以节约申购费。他在蚂蚁财富定投基金，每天定投 10 元，申购费率是 0.15%。他自己计算申购费应该是交 0.02 元：10×0.15%=0.015 元，四舍五入应该是 0.02 元，但实际情况是每次只扣了他 0.01 元的申购费，这样算下来，申购费比实际要低了很多。

是他占了便宜吗？不是。他用的是很久之前的内扣法，现在都用外扣法。

先计算净申购额 =10/（1+0.15%）=9.99 元，申购费 =10-9.99=0.01 元，实际本来就应该收取 0.01 元。

相比内扣法，外扣法明显对投资者有利。为什么要做这个修改？因为如果使用内扣法，就重复收费了，是不公平的。其实只应该对投资者真实买基金的那部分收取申购费，对申购费不能再收取申购费。

因为，申购额 = 申购费 + 净申购额（公式 1），这是肯定的，投资者的钱就那么多，一部分用于交申购费，一部分用于买基金，收取申购费应该是对净申购额收，不能对申购费收。

公式推导如下：

因为，申购费 = 净申购额 × 申购费率，意思是对净申购额收取申购费。

代入公式 1：申购额 = 净申购额 × 申购费率 + 净申购额

得到：申购额 = 净申购额（1+ 申购费率），这里面只有净申购额是未知的。

所以：净申购额 = 申购额 /（1+ 申购费率），有了净申购额，要计算申购费，就代入公式 1，申购费 = 申购额 – 净申购额。

前端申购费的减少是通过选择优惠力度大的销售渠道来实现。申购费有一个原始费率，各渠道可以在原始费率的基础上进行打折。比如一般股票型基金的前端申购费率是 1.5%，大部分渠道可打 1 折，也就是 0.15%，这就极大地降低了前端申购费（前端申购费率打 1 折是目前的标配）。如果哪个渠道还没有降低到 1 折，除非投资者有足够的理由选择该渠道，否则还是比较亏的（银行的优惠幅度通常较小，甚至一些银行不打折）。

Q：我查了一下，自己买基金的地方申购费很高，我要不要换到申购费低的渠道？

A：既然已经买了，申购费都交过了，就不要换了，再换岂不是还要交一笔？注意以后在买其他基金时选择费率更低的渠道就好。

前端申购费在部分基金公司的直销渠道甚至可以降低到 0。基金公司会有如下政策：先把钱存入指定的货币基金中，然后通过基金转换，从货币基金转换到其他基金，这时候申购费免除。因为货币基金本来就没有申购费和赎回费，而基金转换时，对转换转入的基金免除了申购费，这样申购费就是

0 了，但并非所有的基金公司都有这种优惠。

后端申购费的减少主要通过时间来实现。在赎回时，会计算赎回份额的持有时间，持有时间越长，对应的后端申购的费率就越低，这和赎回费的模式是一样的，奖励长期持有。一般持有 5 年以上，后端申购费的费率会降到 0，但如果持有时间较短，比如 1～3 年，这种收费模式的费率就会非常高。所以投资者如果没有信心持有那么久，就要慎重选择后端申购费。后端申购费的收费标准不一定相同，要具体查询。

后端申购费 = 赎回份额 × 成交净值 × 后端申购费率

持有时间（T）	费率
$T < 1$ 年	1.8%
1 年 $\leqslant T < 2$ 年	1.5%
2 年 $\leqslant T < 3$ 年	1.2%
3 年 $\leqslant T < 4$ 年	0.9%
4 年 $\leqslant T < 5$ 年	0.5%
$T \geqslant 5$ 年	0%

e.g. 小李子有某只股票型基金 32300 份，持有时间大于 3 年，不到 4 年，用了后端申购费，目前这只基金的净值是 1.3100 元。女朋友过生日，小李子想送给她一个价值 13000 元的包，请问他赎回基金 10000 份够吗？
下面来算一下，一般的基金 2 年以上就没有赎回费了，所以这里赎回费是 0。但他用的是后端申购费，所以要计算后端申购费有多少。
后端申购费 =10000x1.31x0.9%=117.9 元。
赎回到账金额 =10000x1.31-117.9=12982.1 元，所以结论是不够。
还需要考虑一种情况，就是赎回日当天净值波动，所以此基金净值 1.31 元只能临时做大概的计算，具体成交净值要等交易 T 日净值更新才能精确代入计算。保险起见，我建议小李子多赎回几百份，买花和吃饭也够了。
我建议各位要用钱的时候也多赎回一些。

对于后端申购费在部分基金公司的直销渠道也可以打折，但这种情况非常少见，富国基金公司和嘉实基金公司的官网都有这种优惠（部分优惠有时限，仍需确认）。如果后端申购费打 1 折，那么即使持有时间不太长就赎回了，费率也会很低。

降低申购费需要注意：

（1）尽量选择前端申购费的模式。

（2）对于前端申购费，选择优惠力度更大的销售渠道，能降到 0 就更好了。

（3）对于后端申购费，可以长期持有，或者选择打折优惠的销售渠道（极少数）。

赎回费

赎回是场外卖出基金的说法，即投资者向基金公司提交申请，将部分或全部基金份额卖出，收回现金的行为。赎回费的部分或全部会回到基金总资产，目的是补偿其他基金持有者因投资者赎回基金而遭受的损失。

Q：我赎回基金，其他人为什么会有损失？

A：投资者的赎回会导致基金变卖资产，这个过程会产生摩擦费用，这由全体基金持有者共同承担，所以投资者要给予他们补偿。

e.g. 一天上涨 113.7% 的基金。

这件事发生在 2017 年 4 月 19 日。有一只基金叫中融新经济混合 A，该基金在 2017 年 4 月 19 日的净值增长率为 113.7%。先说原因：赎回费。

该基金的招募说明书中有如下内容：

投资者可将其持有的全部或部分基金份额赎回。赎回费用由赎回基金份额的基金份额持有人承担，在基金份额持有人赎回基金份额时收取。

对于持有期少于 30 日的赎回费全额归入基金财产；对于持有期长于 30 日但少于 3 个月的赎回费 75% 归入基金财产；对于持有期长于 3 个月但小于 6 个月的赎回费 50% 归入基金财产；对于持有期长于 6 个月的赎回费 25% 归入基金财产。

这种净值上涨是由于短期内有巨量的赎回发生，回到基金资产的赎回费使得基金净值大幅上涨。这种情况最近 2 年偶尔发生，一般单日上涨 10% 左右，但可以上涨 100% 以上还真让人大开眼界。

投资者不要想着去获得这种收益。发生这种情况的基金必须是很小的基金，在短期发生巨量的赎回，这种短期集中巨量的赎回多半是因为机构所为，机构占比很大。

为什么对于一只基金机构占比很大？

一般情况下，这叫"友情帮助资金"，一只基金要成立，必须要满足要求，主要有资金要求和人数要求。200 人好凑，每个人都有七大姑八大姨以及亲朋好友等。我就参与过凑人数，对方跟我说："帮帮忙，买一点就行，等开放了你就可以赎回。"资金不好凑，所以只能找"朋友"帮忙，这种机构投资者占比极高的，一般属于这种情况，但是毕竟不可能就放在里面了，帮忙帮过了，该走的还是要走。

赎回费 = 赎回份额 * 成交净值 * 赎回费率

持有时间（T）	费率
0 日 ≤ T < 7 日	1.5%
7 日 ≤ T < 365 日	0.5%
1 年 ≤ T < 2 年	0.3%
T ≥ 2 年	0%

e.g. 刘总目前持有某指数基金 54000 份，分好几笔购买，其中 14000 份持有时间达到 2 年以上，20000 份持有时间超过 1 年但不足 2 年，还有 20000 份持有时间超过 7 天但不足 1 年，目前基金净值为 2.6700 元，赎回费率如上图所示。刘总的朋友张总，向刘总借钱，刘总说："我的钱都在基金里，赎回要收费的。"张总说："没关系，赎回费我出。"刘总抹不开面子，只得答应。计算刘总赎回其中 50000 份基金要多交多少赎回费。

下面来分析，赎回基金不是全部，而是部分，对于部分赎回基金在计算赎回时有一个原则：先进先出。也就是最早买的部分，最先出来。所以赎回 50000 份，首先出来的是超过 2 年的 14000 份，这部分是没有赎回费的，所以是 0。然后赎回的是超过 1 年但不足 2 年的基金，对应赎回费率是 0.3%，赎回费 =20000×2.67×0.3%=160.2 元。

申请赎回的是 50000 份，还不够，还差 16000 份，只能赎回超过 7 天但不足 1 年的份额了，对应的赎回费率是 0.5%，赎回费 =16000×2.67×0.5%=213.6 元。

所以赎回 50000 份，总共的赎回费是 0+160.2+213.6=373.8 元。

上述计算有一个问题，此 2.67 元的净值并不是赎回 T 日净值，而是上一个工作日的净值。所以在真实的计算过程中用的净值还需要等待交易 T 日净值公布之后才能精确计算。但可以说，这笔赎回费大概不到 400 元。

从中可以学到一个道理：如果投资者想拒绝别人借钱的请求，千万别说无关紧要的事，比如赎回费，应该拿出勇气勇敢地拒绝。

赎回费是赎回份额、成交净值和赎回费率的乘积，降低赎回费主要通过长期持有来实现，持有时间越长，对应的赎回费率越低。不同类型的基金赎回费率有较大的区别，比如股票型基金的赎回费一般持有 2 年以上就会降到 0，债券型基金的赎回费可能持有几个月就会降到 0（部分基金的赎回费持有 7 天以上就降到 0），货币基金的赎回费本来就是 0。

有的基金赎回费很高，甚至极个别基金的赎回费率不随时间增加而减少，所以投资者在选择基金时一定要先了解它的赎回费情况。

计算赎回费时很容易在"持有时间"上出现疑问。申购基金可能并非一笔两笔，特别是在定投的时候，每个月甚至每周都会有一笔申购，所以基金份额的持有时间不一样，在赎回时分别对不同份额进行时间长短的计算，而并不是以第一次申购基金的时间为准。另外，红利再投资所得份额的持有时间也需要重新计算，以红利再投资的日期为准，并不是以之前申购基金的时间为准。

Q：红利再投资需要交申购费吗？

A：红利再投资不用交申购费，现金分红不用交赎回费。

降低赎回费需要注意：

（1）投资前需确认费用情况，是否存在赎回费恒定值的特例。

（2）对基金长期持有，时间越长，对应的费率越低。

（3）计算费用时，要注意所持基金份额持有时间的差别，分开计算。

转换费

转换是指场外基金交易时直接将 A 基金换成 B 基金的过程。一般情况下，如果投资者持有 A 基金，希望换成 B 基金，就需要先赎回 A，等钱到账之后，再申购 B。如果有基金转换功能，这种操作就可以一次性完成，极大地节约了时间，当天就可以直接从 A 基金换成 B 基金。这就是基金转换。在基金转换中，A 基金叫转出基金，B 基金叫转入基金。注意：并非所有渠道都支持基金转换，即使支持，也并非所有基金之间都支持。

转换费 = 转出基金赎回费 + 转入基金申购费（其中，对于转入基金申购费的确定要看交易渠道如何规定）。

转换费就是基金转换过程中需要交付的费用。万变不离其宗，虽然投资者采用的不是赎回＋申购的方法，而是直接通过转换实现 A 基金到 B 基金的转移，但转换费用的构成就是 A 的赎回费加 B 的申购费。其在具体收取中，数额往往会小于这两个数字之和，这是一种奖励政策。如果投资者的赎回是为了换一只基金（同一家基金公司的不同基金），而不是拿回钱不再投资了，钱还是没有出去。所以基金转换一般会有优惠，这个优惠一般在转入基金申购费上做文章。

由于不同渠道的转换费优惠政策不一样，所以建议投资者在选择基金之前咨询清楚。降低转换费需要注意如下两个方面：

（1）增加持有时间，降低转出基金的赎回费率。

（2）寻找可以减免转入基金申购费的渠道。

小结：

场外交易的交易性费用的减少比较简单，一般选择一个好的基金购买渠道，再注意长期持有就可以实现。如果短期申购再赎回基金，做预测市场炒短线的事情，那么交易性费用叠加起来会很恐怖。但如果可以申购后长期持有，即使申购时费率较高，相比选择打折力度较大的渠道，最终也不会产生太大差异，其根本原因是这类费用是一次性收取的，不像管理性费用会持续每年收取。

对于同样一只基金，如果在两个不同渠道进行申购，甲渠道的申购费率打折后是 0.15%，乙渠道的申购费率不打折为 1.5%，假设这只基金的年复利增长率是 12%，初始净值为 1.0000 元 / 份，本金为 10000 元，持有 5 年、10 年、20 年、30 年和 50 年后的结果如下表：

投资时长	甲渠道	乙渠道	乙 / 甲
5 年	17597	17363	98.67%
10 年	31012	30599	98.67%
20 年	96318	95037	98.67%
30 年	299150	295172	98.67%
50 年	2885693	2847313	98.67%

（数字精确到个位，单位元，四舍五入）

通过模拟计算可以看出，不管是多少年两者百分比的差距都是一样的，但绝对值的差距越来越大。这是因为一开始少交的那点钱并没有还给投资者，而是变成了一部分基金份额，投资者的权益数量增加了，这点儿份额也会跟着复利升值。

交易性费用对投资者最终的投资结果影响不算大，但是管理性费用就不同。可是投资者往往不注意管理性费用，这是因为交易性费用是交易时收取，显而易见，而且渠道会标出来，投资者可以直接观察到，而管理性费用并不是从投资者的交易金额中扣除，如果投资者不仔细去查看，那么买基金的时候很难发觉。它是从基金总资产中每天提取，投资者看到的基金净值或收益都是已经扣除管理性费用之后的数额，所以比较隐蔽，使投资者很难察觉。很多人买了多年基金甚至不知道有这种费用存在。

对于管理性费用将在第四节介绍。

上述讲的都是基金场外交易所涉及的交易性费用，除了可以在场外交易，部分基金类型也可以在场内交易，那么如果在场内买基金又会有哪些费用呢？

场内买卖

"买和卖"是基金场内交易的叫法，同样的行为发生在场外时叫作"申购和赎回"。虽然看起来都是买入和卖出，但内在原理有很大的差别。

场外交易是投资者向基金公司提出申请，基金公司并不是投资者的交易对手，投资者申购到的基金份额之前并不属于基金公司或其他投资者，投资者可以将其看作份额被产生出来了，赎回基金拿回钱后，也并不是基金公司持有投资者原来的基金份额，投资者可以将其看作那部分份额被销毁了。基金份额可以产生也可以被销毁，也就是说基金总份额数量可以增加也可以减小，这正是开放式基金的定义。

场内交易是撮合成交，在双方对价格都认可的情况下买卖两方所有权的转移，比如股票交易、场内 ETF 基金、LOF 基金等，都是这种模式。撮合交易下总份额没有变化，只是份额到了不同人的手里。与场外申购赎回的区别是，撮合交易的买方需要有卖方配合才行，同样，卖方也需要有买方才可以，撮合成交的价格是买卖双方共同决定的。

买卖背后是撮合，申购、赎回背后却不是。这个差别很重要，建议投资者要理解区别。下面再来讲涉及的费用——佣金。

对场内交易的基金买卖只收取佣金，与股票不同（股票还有印花税和过户费）。佣金多少主要看券商（证券公司）怎么定，有的券商佣金比例较高。由于现在证券公司竞争激励，投资者打电话过去抱怨一下，佣金比例很可能就会降低，如果对方不降就换一家。

目前大部分券商新开户的佣金比例在万分之二点五～万分之三，部分券商做活动仅有万分之一点六，甚至万分之一点五。如果投资者是很久之前开户的，那么应重新确认自己的佣金比例，以前都是很高的。

买入佣金 = 成交金额 × 佣金比例，同时受每笔最低佣金限制。

卖出佣金 = 成交金额 × 佣金比例，同时受每笔最低佣金限制。

前面讲到场外基金交易时申购有申购费，赎回有赎回费。那么对场内交易的买和卖都要收费吗？没错，都收。佣金是双向收取，根据成交金额的一定比例，场内交易最后卖出时的佣金与持有时间无关。

Q：到底是场外交易的费用低，还是场内交易的费用低呢？

A：通常对场内买卖收取的费用更低。场外交易绝大部分的偏股型基金申购费率是 0.15%（打折后），换算一下这个数字是万分之十五，假设持有时间大于 2 年，赎回费是 0，那么申购和赎回的费用相加就是本金的万分之十五。

对于场内交易，买入时会根据买入金额收取万分之二点五，卖出时会根据卖出金额再收取万分之二点五，总体来看是低于场外交易的万分之十五的。如果可以找到优惠的券商，把佣金比例降低到万分之一点六就会更划算。

Q：我现在用的券商费率较高，我要不要换？

A：先打电话问能不能降，不能降可以到另一家开户，现在可以一人多户。但是对于之前已经持有的基金不建议马上卖出，等合适的时机再说。至于什么时候算合适的时机，后面讲指数估值投资的时候会讲到。

这里要特别注意：券商佣金有可能存在最低 5 元这样一个限制。也就是说，经过计算，交易的佣金不足 5 元时，也要按照 5 元收取。当金额较低时，这样就无形中提高了佣金比例。所以建议投资者选择券商时要问清楚有没有这个规则，如果有就要选择其他券商。

降低场内基金交易的费用要注意如下两点：

（1）选择佣金比例更低的券商，在万分之二点五以下的更好。

（2）选择没有最低 5 元佣金限制的券商。

在讲解场外基金交易时讲过，部分基金公司直销渠道可以通过基金转换功能将申购费降低到 0，或者干脆使用后端申购费模式，最终也可以到 0。如果长期持有，赎回费也可以降低到 0。那么是否这样就比场内基金买卖的交易性费用更低？是的。这是一种例外情况。

投资者更应该注意的是影响更大的管理性费用，因为这种费用会每天收取，年年收取。

第四节　管理性费用

　　管理性费用是基金在运作过程中所涉及的管理成本的费用统称。这些费用又可以叫非一次性费用，主要包括如下几类：

　　（1）管理费。这是基金公司要赚的钱。我国的公募基金不与投资者分享投资收益，但会持续收取管理费，也就是说，赚钱了会收，亏钱了也会收。这种规则被很多人诟病，不少人认为基金在亏损时不应该再对其收取管理费。现在陆陆续续已经有个别基金会对管理费进行动态调整，不赚钱就不收管理费。

　　（2）托管费，即托管人的报酬。每一只公募基金都必须有托管人，托管费是必不可少的。

　　（3）销售服务费。这是一种变相的申购费，或者可以看作申购费的另一种收取形式，区别是申购费是一次性缴纳，而销售服务费是把申购费拆开了每天收。每天收取的费用看起来很少，但是如果持有时间很久这个数字就会很庞大。销售服务费会出现在那些"天生"就没有申购费的基金身上，比如货币基金、理财型基金，还有一些基金的 B 类或 C 类收费。如果基金有申购费，通过打折或者优惠让申购费变成 0（非天生），那么这种基金也没有销售服务费。

　　（4）标的指数许可使用费，是指数基金才可能有的。按道理每一只指数基金都应该有，但是目前基金公司在披露这种费用时并不规范，只有一部分基金公司披露了标的指数许可使用费，也有可能是很多指数基金的这部分费用融在了管理费中。这是个人猜想，并未证实。

　　上述 4 种费用都是每日从基金资产中计提，然后以一定频率（月、季）支付。对基金每天计算净值时，基金总净资产要减去上述费用，再计算得出基金净值，所以投资者看到的所有净值，还有货币基金的万份基金收益，都是已经扣除上述费用后的数字。这些费用的表达都是每年百分之 ××，比如 1.5%/ 年。

　　对于主动管理的偏股型基金，其管理费一般是 1.5%，托管费一般是 0.25%，所以每年的管理性费用一共是 1.75% 左右（不同的基金或许存在差别，但主动管理的基金基本就是这个年费率水平）。而指数基金的管理费一般是 0.5%，托管费一般是 0.1%，还会有 0.03% 的标的指数许可使用费，加起来每年一共是 0.6% 左右。相比较，就出现了每年 1.12% 的差异。

再看看本章一开始讲到的例子。两只基金的投资收益一模一样，但由于管理性费用的不同导致指数基金的年复利增长率为 12%，而主动管理的基金年复利增长率为 10.88%。假设初始同样是投入 10000 元，那么持有 5 年、10 年、20 年、30 年和 50 年后的结果如下表。

投资时长	某指数基金 A	某主动管理基金 B	B/A
5 年	17623	16760	95.10%
10 年	31058	28089	90.44%
20 年	96463	78898	81.79%
30 年	299599	221614	73.97%
50 年	2890021	1748481	60.50%

（数字精确到个位，单位元，四舍五入）

虽然每年仅有 1.12% 的差距，但在长期投资下会有天壤之别。节约费用，就是确定性增加收益。

指数基金由于是被动管理的，所以消耗的资源更少，其更低的管理费和托管费在长期投资中有很大的优势，而且时间越长其优势越明显。同时由于场外交易指数基金的申购费比场内交易指数基金的佣金要高，且 ETF 现金拖累更少，管理性费用还可以更低一点，所以我建议选择场内交易的指数基金——ETF 基金。

Q：我现在买的指数基金都是场外的，要不要换到场内？

A：如果已经买了就暂时不要换，如果要换就要等待比较好的时机，比如股市狂热、估值较高的时候退出。如果以后再买那么选择场内交易。为什么估值较高？这是后面章节将要讲的内容。

第六章
为赢利能力出价

一个产品可能有 3 种特性，人们会为了这 3 种特性掏钱：功能、体验和个性化。

功能就是一个产品的作用，用来解决一些基本问题，比如买杯子是用来盛水，买空调是满足身体的温度需求，买冰箱是用来储存食物，买计算机是用来办公和娱乐，花钱咨询专家为了解决人们自己不懂的专业问题。这都说明了功能。

首先人会为产品的功能付费，其次人会为体验付费。

所谓"体验"是指一个产品带给人的基本功能需求之外的其他满足，奢侈品就是最典型的例子。很多人会买名牌包包，包的功能性就是装东西，但名牌包会让人们更有面子，这就是一种体验。由于有这种体验，所以产品的毛利率就会更高。很多男士不理解，不就是一个包吗？这么贵，随便买一个不也能装东西吗？贵的原因是名牌包不仅提供了"装东西"这个功能，还提供了更好的体验。

Q：让自己有面子也是名牌包的一种功能吗？

A：确实如此，这样看也没错。上述所说的是基本功能，就是一个包本身解决了什么基本问题。"有面子"是衍生出来的。毕竟有很多其他包只有单纯的功能性，如超市的环保袋、没有牌子的普通背包等，就是仅提供了基本的功能性而已。

一个产品具有功能，也提供了体验，它的定价就会更高。如果还可以"个性化"呢？个性化就是专门为一个人，或者专门为一个小的群体定制的，具备更强的稀缺性。例如个性化定制的旅游项目，可根据用户的喜好、用户的目标，甚至用户的健康条件，为用户专门定制适合的旅游路线。如果有专业的导游陪着用户，那么这个定价就会更高。

上述所说的都是消费、购物，以及买产品、买服务。如果是买资产呢？买产品或付款之后，消费者享受这个产品或服务即可，拿到货或享受完服务基本上就意味着这笔交易的完成。但是买资产就不一样，大部分的买，是为了卖。消费者可以放弃当下的购买力，选择延迟享受，是为了在以后获得更多的购买力、享受到更多。

在第三章中我对投资的定义：以获得资产收益为主要目的的行为是投资。

根据这个定义，我认为投资是为"资产收益"付费。

准确地说是为生产性资产产生资产收益的能力付费。

这包含了如下两个要素：

（1）生产性资产的赢利能力——价值。

（2）生产性资产的价格。

投资者花钱是买一种赢利能力，通过它所产生的资产收益来让自己获利，这是主要目的。而投机是投资者不清楚自己买了何种赢利能力的资产，也不管值不值得，不清楚价格和价值之间的对比关系，只是期盼有人出更高的价格把资产买走。

有赢利，有价格，这就是一个基础的指标：市盈率，英文缩写是 PE，P、E 分别是指 Price 和 Earning，价格与赢利。

市赢率的一般公式为：市盈率 = 市值 / 赢利，单位是"倍"，或者省略也可以。

市值就是资产当下的价格，赢利一般是指过去一年或上一个年度的公司赢利（净利润）。

市盈率是资产当前售价与资产赢利能力的比值。从现在开始,投资者要学会用这种相对的眼光观察资产是便宜还是贵。

下面直接用股票投资进行举例说明,但这本书并不是教投资者如何投资股票,而是最终会落到股票指数基金的讲解上。之所以要用股票进行说明,是因为股票指数基金最终投资于股票,投资者不需要有投资单一股票的能力,但至少要明白基本原理,有助于理解股票指数。由于股票指数是一大堆股票的集合,所以投资者也可以干脆把股票指数看作一家非常庞大的集团公司。只不过其业务部分非常多,横跨众多行业,整体更加稳定。

第一节　市盈率的计算方法

人们一般比较容易理解消费中价格和价值之间的关系,比如花 5 元钱买的环保袋要比花几毛钱买的塑料袋好用,一方面可以装更多的东西,另一方面不会勒手,可以多次使用,还可以清洗。虽然环保袋价格高,但是考虑它能使用很多次,所以并不贵。比如为了应对雾霾,人们都会买口罩,一部分人会买那种可以更换滤网的专业口罩,明显价格更高,但如果总有雾霾,使用次数就会很多,总体看来还是划算的。还有,我家里装修时会在床和床垫上多花钱,这是因为一天 24 小时中,大约有 8 小时在床上度过,虽然好的床垫特别贵,但是考虑到使用时间,算下来还是非常便宜的。

对于一般的商品和服务,很多人都能想明白便宜和贵,不会单单去看价格这一个维度。

对于资产人们并非如此。对于股票,不少人就表示,茅台 700 多元一股,甚至 800 多元一股(2019 年 5 月的贵州茅台价格),太贵了,根本不考虑;对于基金,不少人也表示更能够接受 1 元左右的基金,而不会考虑 3 元以上的基金。

Q:我知道一股是 700 元看不出便宜还是贵,需要对比茅台的赢利能力,但是股价高的下跌起来会跌很多,如果跌 1%,就是 7 块钱,但是 7 块钱一股的跌 10% 才会跌 7 毛钱。

A:确实股价更高,同样的跌幅会跌掉更多的绝对值。但我们投资的资产等于股票数量乘以每股价格，正是由于股价高，同样的钱只能买更少的股份，虽然下跌更多，但乘起来的结果并不会多，其实是一样的。

比如，投资者有 100 股茅台，每一股是 700 元买的，市值是 70000 元，同时有 10000 股其他股票，每一股是 7 元买的，市值是 70000 元。

如果茅台下跌 10%，每一股就要跌 70 元，变成 630 元，有 100 股的市值变成了 63000 元。

另一只股票同样下跌 10%，每一股下跌了 0.7 元，变成 6.3 元，有 10000 股的市值变成了 63000 元。是一样的。

本质上，投资者的市值下跌了 10%，都是 70000×（1-10%）=63000 元。只要投资者的本金相同，那么波动的百分比更加重要，与每一股的价格无关。

关键是要建立资产价格和价值之间的联系，买资产和买菜区别不应该太大。

下面讲市盈率的特点。

市盈率 = 市值 / 盈利，需要提醒投资者的是，市盈率是以"年"为观察视角的。分子是市值，一般是当下价格，或者特殊说明是哪一天的价格，市值是针对"某一个时间"而言的。

分母不是某"一个"时间的盈利，而是某"一段"时间的盈利，而且这段时间是一年。为什么？因为资产收益的获得需要时间，人们上班赚钱需要时间，领的是月工资；企业盈利通常以"年"计。时间太短，资产收益也不会很多，算起来是没有太大意义的。"年"也符合生物对时间的认知习惯，春、夏、秋、冬是一个大的循环，在食物的获取、温度等方面有明显的区别。

所以市盈率的定义是，为资产过去一年的赢利能力付费。由于对盈利取值的不同，就有如下三种主要的市盈率。

静态市盈率

静态市盈率对盈利的取值是上一个年度的。比如，我写下这段文字的时间是 2019 年 3 月初，那么上一个年度就应该是 2018 年度的公司盈利，但其实并不是，而是 2017 年度。这是因为虽然到了 2019 年 3 月，但是上市公司 2018 年的年度报告并没有出来。

根据中国证监会《上市公司信息披露管理办法》第十九条和第二十条有如下规定：

第十九条　上市公司应当披露的定期报告包括年度报告、中期报告和季度报告。凡是对投资者作出投资决策有重大影响的信息，均应当披露。

第二十条　年度报告应当在每个会计年度结束之日起 4 个月内，中期报告应当在每个会计年度的上半年结束之日起 2 个月内，季度报告应当在每个会计年度第 3 个月、第 9 个月结束后的 1 个月内编制完成并披露。

参考第二十条，这里需要的是年度报告，而 2018 年的年度报告是在 2018 年度结束之日起 4 个月内，一般等年报披露要在 2019 年 4 月中下旬。当然有的公司会早一些，比如招商银行公告称，2018 年年报预计于 2019 年 3 月 23 日披露，但是格力电器就要到 4 月 29 日。当没有 2018 年年报数据时，就只能用 2017 年年度数据。

静态市盈率 = 市值 / 上一年度公司盈利，即使到了 2019 年 3 月，也看不到 2018 年年度数据，只能用 2017 年的。静态市盈率的特点是反应慢，对于 2019 年 3 月来说，中间甚至隔了 2018 年一整年。使用静态市盈率的人相对较少，不过对于有的行业和公司业务类型，还是适合用静态市盈率的，这与个人喜欢和习惯也有关系，这里不再赘述。

> e.g.2019 年 3 月 20 日，招商银行收盘市值为 8073 亿元，未披露 2018 年年报，2017 年年报净利润为 706 亿元，计算静态 PE。
> PE=8073/706=11.43

滚动市盈率

滚动市盈率对盈利取值是最近 4 个季度的。

滚动市盈率 = 市值 / 最近 4 个季度盈利

比如 2019 年 3 月初，2019 年第一季度还没有过去，最近的 4 个季度应该是：

2018	2018	2018	2018
4	3	2	1

但其实并非这 4 个季度，而是：

2018	2018	2018	2017
3	2	1	4

这是因为 2018 年第四季度其实就是年报，而年报要到 2019 年 4 月底才陆续公布出来。所以虽然从事实看，2018 年第四季度确实过去了，但是从披露角度看，2018 年第四季度的报告还没有公布，所以滚动之前的 4 个季度是 2018 年的 3 个和 2017 年的最后一个。

Q：年报是用于披露整个一年的盈利吗？那么第三季度季报是单独第三季度的数据吗？还是前三季度的数据？

A：上市公司财报披露的规定是，年报用来披露整个一年的状况，第三季度季报披露第一、二、三季度之和，半年报披露的是第一、二季度之和，第一季度季报披露的就是 1 季度的状况。所以，滚动市盈率在取值盈利时，要比静态市盈率麻烦一些，静态市盈率用的就是年报，即 4 个季度的数据之和。

滚动市盈率需要拆开具体计算，比如上述情况，滚动市盈率是用 2018 年第一、二、三季度和 2017 年第四季度，这 4 个季度是最近的 4 个有报告的季度。可以拆开分别计算，2018 年第一、二、三季度的数据就是 2018 年第三季度财报，而 2017 年第四季度数据，就需要用 2017 年年报的数据减去 2017 年第三季度财报的数据。

这是因为 2017 年年报包含了第一、二、三、四季度，2017 年第三季度季报包含了第一、二、三季度，这样一减，就得到 2017 年单独的第四季度数据。

所谓的"滚动"就是滚过去 4 个季度，而且要以"已披露信息为准"，不要以投资者自己的日历为准。

滚动市盈率的好处是既考虑了真实的已披露的情况，又尽可能地使用了新数据，在利用市盈率对指数估值时，我建议还是用滚动市盈率，它的英文缩写是 PE-TTM，TTM 是 Trailing Twelve Months，从英文看，是滚动了 12 个月，但财报披露是以季度为准，所以理解成滚动最近 4 个季度即可。

e.g.2019 年 3 月 20 日，招商银行收盘市值为 8073 亿元，未披露 2018 年年报，2018 年第三季度净利润为 676 亿元，2017 年年报净利润为 706 亿，2017 年第三季度净利润为 592 亿，计算滚动市盈率 PE-TTM。
先计算滚动 4 个季度的净利润，676+（706-592）=790 亿元，其中括号内计算得出的是 2017 年第四季度单季数据。
再计算 PE-TTM=8073/790=10.22。

动态市盈率

静态市盈率和滚动市盈率虽然取值方法不同，但它们都用了已有的、已披露的真实信息。动态市盈率就不一样，它用到的数据包含未披露信息，它考虑了未来。

动态市盈率 = 市值 / 预测的年盈利

动态市盈率有两种算法：

一种是年化算法。这种算法是把不足一年的数据年化到一年的水平。比如投资者现在有中报数据，即第一季度 + 第二季度的数据，投资者要估计整体一年的，就直接乘以 2，默认第三季度和第四季度与前两个季度一样。或者，将第一季度数据直接乘以 4。这种算法肯定不精确，因为对很多行业、公司来说，不同季度的收入情况差距很大。

另一种是预期算法。就是根据行业特点和公司商业特征预测当年整体净利润，不是简单地乘以 4 或者乘以 2，而是需要对投资标的有更深的理解。

无论如何，使用动态市盈率都需要投资者预测未来一段时间。建议投资者在用市盈率对指数进行估值时暂时不用动态市盈率。

---

e.g.2019 年 3 月 20 日，招商银行收盘市值为 8073 亿元，未披露 2018 年年报，2018 年第三季度净利润为 676 亿元，计算动态市盈率 PE。
先年化 2018 年度的净利润，（676/3）×4=901 亿元，其中括号内是利用 3 个季度的数据来计算平均一个季度的数据，然后乘以 4 得到全年数据。
再计算动态 PE=8073/901=8.96
如果一个企业的净利润是平稳增长的，那么一般来说静态市盈率 > 滚动市盈率 > 动态市盈率，这是因为动态市盈率预测了未公布数据，而平稳增长的情况下，未公布数据会比之前要高，导致市盈率计算中分母（盈利）增大，在市值一定的情况下，计算结果就会更小。

第二节 盈利收益率

市盈率的定义：为资产过去一年的赢利能力付费。

投资是关于未来的事，投资者希望在未来同样获得那样的盈利，甚至更多的盈利。假设赢利能力不变，那么以当下成本购买资产，获得的收益率是多少？

这就是盈利收益率。对市盈率进行倒数运算，盈利收益率 =1/ 市盈率 = 盈利 / 市值。

盈利收益率是从商业视角来看待投资收益，而不是从证券交易角度来看投资收益，这是两个不一样的视角。

比如，在第一节中计算的招商银行的滚动市盈率是 10.22，计算得出盈利收益率是 1/10.22=9.78%，对于这个 9.78% 应该如何理解？是如果现在买入招商银行，就可以获得年化收益率 9.78% 吗？不是。这是证券投资中所说的收益率。

查看盈利收益率使用的是商业视角，可从如下两个假设来理解：

（1）你以当前市值买下整个招商银行。

（2）未来每年招商银行的盈利不变。

那么你作为大老板——唯一的股东，每年所获得的招商银行净利润是你投入成本的 9.78%。

表面上看没有什么区别，但实际上区别还是非常大的。比如大部分没有上市的公司，其股份没有公开市场进行交易，股东无法从股份的价格变动上观察收益，但是公司产生净利润，股东拥有这些利润，盈利收益率就是计算公司实际获得的净利润占公司市值的比。

e.g. 你作为投资者全资经营了一家饭馆，你是 100% 的股东，饭馆经营得不错，可以稳定盈利，在 2018 年实现了全年净利润 50 万元。然后你的同学找到你，希望接手这家饭馆，你正好也不想干了，打算把饭馆全都卖给他。经过协商，你们以 200 万元成交。

这位同学的成本就是 200 万元，也就是饭馆当时的市值，对他来说，盈利收益率就是 50/200=25%。他可以预见到，通过经营这家饭馆，他每年可以获得的回报率是 25%。由于他是饭馆的老板，100% 股份是他一个人的，所以这些净利润由他支配，无论是他放在公司账上，还是拿出来自己花掉，对他来说都是一年 25% 的收益率。

但在证券市场中就不是这样了，会变得非常复杂。如果上市公司把所有的净利润都分红给你，那么盈利收益率看起来是奏效的，但是这不可能，就算是能现金分红的上市公司，分红率在 30%-50% 就算很高了——把净利润的一半拿出来还给股东。没有分红的利润留存在公司里，这时就有可能体现在公司股价上，毕竟由于留存了净利润，公司净资产应该会增长。

但股票市场并不会完全体现公司基本面情况，比如在很多年份里，股价一直下跌，但公司是赢利的，而且还能分红。作为股票投资者，这时看到账户是浮亏的，他如果卖出了就是把浮亏做实。如果公司没有上市，不存在股票价格波动，公司赢利，老板就赢利。

很多人从证券投资的角度来理解盈利收益率就犯了很大的错误，盈利收益率不是投资者投资于这个股票的真实的投资收益率。投资者要从基本的商业行为入手，理解盈利收益率是企业净利润和市值的比值。

我们做的就是证券投资，有人会问："既然盈利收益率不能用证券投资的眼光去看，那么看它还有什么意义？"其实这个意义非常大。

首先，证券投资的实质就是投资于具体的商业。股票分为股和票两部分，股归商业，票归凭证交易，投资股票或基金时忽略了商业而仅仅考虑凭证交易就是投机的。正是因为这样，很多人在炒股，是单纯地在炒凭证而已，其对于股票背后的公司有什么样的产品都不很清楚，对公司赢利能力也不看，甚至连名字都叫不上来。

价格的波动是频繁的，但归根结底，股票背后就是一个一个的具体商业。从商业角度来看公司，这是投资的最初模样。我对投资的定义是，以获得资产收益为主要目的的行为是投资，而对资产收益的研究，根本就是对商业的研究。

其次，对于某些投资标的，盈利收益率可以作为一把标尺来评估资产是便宜还是贵。比如一种非常安全的投资手段：购买长期国债，这可以作为一种无风险收益率。当投资于一家公司的盈利收益率远高于无风险收益率时，至少证明值得考虑。

假设目前长期国债的到期收益率是4%，招商银行的盈利收益率是9.78%，这个数字高于长期国债到期收益率的2倍。从商业的角度看，同样一笔钱，做招行的股东，要好于买长期国债，但是从证券投资的角度来看，投资者还需要考虑股票价格的频繁波动，以及招商银行未来的赢利可能性。

投资者知道长期国债是非常安全的，但是投资者可能对招商银行所知甚少，同时也要有面对股票市场的频繁大幅波动的能力，所以对于投资具体公司来讲，盈利收益率只能作为一种辅助的手段帮助投资者评估，千万不能把它直接当作自己未来的年化收益率。

最后，盈利收益率的使用范围比较窄。大部分公司的赢利波动会很大，这是正常的，今年和去年可以差很远，对这种公司用盈利收益率就不合适。盈利收益率是盈利/市值，本来市值就是每天大幅波动，如果盈利也是大幅波动，那么计算出来的结果的参考意义就很小。所以，赢利稳定的公司适合参考盈利收益率。

再次提示，不管是市盈率还是盈利收益率，都不能直接用来作为股票投资的唯一依据，否则会很危险。这本书也并非教投资者进行股票投资，切勿直接使用。

第三节　资金会持续寻找回报更高的资产

马克思说："资本家害怕没有利润或利润太少，就像自然界害怕真空一样。一旦有适当的利润，资本就大胆起来。如果有百分之十的利润，它就保证到处被使用；有百分之二十的利润，它就活跃起来；有百分之五十的利润，它就铤而走险；为了百分之一百的利润，它就敢践踏一切人间法律；有百分之三百的利润，它就敢犯任何罪行，甚至冒绞死的危险。"

资金是理性、逐利的。

它们会持续寻找能够获得更高回报的资产，这是底层逻辑。当然在寻找更高回报资产的过程中，大量的资金损失了，不过这并不妨碍其他资金前赴后继地进行同样的事业，这导致了不同资产的收益率之间的趋同演化方向。

理解这一点对理解投资的估值逻辑，对理解价格和价值之间的长期关系有至关重要的作用。

先看一个简单的例子。一年定期存款利率现在约为 2%，余额宝的年化收益率约为 2.5%，在这两者之间选择，很显然人们倾向于选择余额宝。那些对货币基金一点都不了解的人不在讨论之列。这是一种很简单的收益率对比，当其他条件基本一样时，当然会选择收益率更高的资产。这里做一个假设，如果所有人都放弃了银行存款，而选择了货币基金，那么货币基金的收益率就会下降，趋近于银行一年定期存款的水平。

钱多了，资产的价格就会上升，到期收益率就会下降。

举例来讲。假设现在某家公司同时发行了两种债券，面值都是 100 元，都是一年期的，债券 A 的票面利率是 3%，债券 B 的票面利率是 7%，其他债券条款都一模一样，让你在这两张债券中进行选择，你会选择认购哪一款债券？我想理性的投资者应该选择票面利率为 7% 的债券 B。

Q：债券的面值是什么意思？

A：债券发行时会规定一个价格，一般面值都是 100 元，也就是认购这张债券时，每一张的价格是 100 元。如果票面利率写着 3%，一年期，那么投资者就知道以 100 元的价格认购的债券，一年之后发债主体会连本带利地给投资者 103 元。

债券 A 面值 100 元	票面利率 3%
债券 B 面值 100 元	票面利率 7%

之后这两张债券都上市交易了，那么这两张债券的价格会有什么变化呢？先说答案：到期收益率会快速趋同。

一张债券一开始面值是 100 元，一年期，如果票面利率是 3%，那么一年之后，这家公司会连本带利将 103 元给投资者，这张债券合约也就结束了。同样，面值是 100 元，一年期，如果票面利率是 7%，那么一年之后，这家公司会拿出 107 元给投资者。

所有人都知道会是这个结果，这导致上市后，那些认购了债券 A 的人会抛售债券 A，去买债券 B，为的是追求更高的收益率。同一家公司发行的债券，各种条款都一样，投资者当然选择那个收益更高的。

抛售债券 A 的行为会导致什么呢？答案是债券 A 的价格下跌。

买入债券 B 的行为会导致什么呢？答案是债券 B 的价格上涨。

先看债券 A 的价格，上市后，假设从 100 元快速下跌到 99 元，那么这时到期收益率是多少？

一年后公司兑付债券会拿出 103 元，现在债券价格为 99 元，假设投资者以 99 元的价格买了这张债券。

收益 =103-99=4 元，到期收益率 =4/99=4.04%，4 元是投资者的收益，99 元是投资者的成本。

这就叫：价格下降，收益率上升。

Q：什么叫到期收益率？与票面利率有什么不同？

A：这里的到期收益率是指，投资者以当前价格买入债券，到期之后获得的收益率。收益率的计算方法都是一样的，用收益除以本金。投资者可以假设自己以当前价格买入债券来感受到期收益。

票面利率可用来计算债券规定还本付息时给投资者的利息大小，这是发行主体要执行的利率，它以 100 元发行，获得的是投资者一开始认购时给的 100 元，它要做的是一年到期后还给投资者 100 元加上承诺的票面利率。比如承诺 3%，那么一年到期后就应该还给投资者 100 元本金和 3 元的利息。至于原本 100 元的债券上市之后价格如何波动，就与这家公司没有关系了。

公司发行债券是一种融资手段，融到资金之后就去经营和发展，债券上市交易的价格波动是债券持有者所要面对的事。

再看债券 B 的价格，上市后，假设从 100 元快速上涨到 101 元，这时到期收益率是多少？

一年后公司兑付债券会拿出 107 元，现在债券价格为 101 元，假设投资者以 101 元的价格买了这张债券。

收益 =107-101=6 元，到期收益率 =6/101=5.94%，6 元是投资者的收益，101 元是投资者的成本。

这就叫：价格上升，收益率下降。

债券 A	价格 99 元	到期收益率 4.04%
债券 B	价格 101 元	到期收益率 5.94%

上述过程发生得很快，可以在刚刚上市交易的几秒内完成，但依旧没完，价格还会快速变化，因为同样质地的两张债券的到期收益率还是有差距。所以就会出现债券 A 的持有者抛售债券 A 去买债券 B 的情况。让债券 A 的价格继续下降，债券 B 的价格继续上升。

Q：真实世界不会存在其他条件一模一样，只有票面利率不一样的情况吧？

A：还是有可能的。在说明这个问题时，我当然是做了严格的假设。在实际的证券市场中，投资者面对的更多是不同发行主体发行的证券，但这些发行主体或许就是很相似的，那么就有很强的收益率趋同的演化趋势。比如建设银行和农业银行，它们如果同一时间发行条件一样的债券，那么上市后的到期收益率会非常接近，这是因为这两家银行的信用水平很相似，公司业务也很相似。

假设最后债券 A 的价格稳定在 98 元，那么债券 B 的价格是多少？

对债券 A 来说，一年后公司会拿出 103 元兑付债券，假设以 98 元买入债券，那么收益是 103-98=5 元。

到期收益率 =5/98=5.10%，5 元是收益，98 元是成本。

如果价格达到一个稳态，那么债券 B 的到期收益率也应该是 5.10%，公式应该如下。

到期收益率 =5.10%=（107−x）/x，其中 x 是债券 B 的价格，解这个方程，x=101.81 元。

可以验证一下，如果债券 B 的价格是 101.81 元，那么到期收益 =107−101.81=5.19 元，到期收益率 =5.19/101.81=5.10%，是对的。

债券 A	价格 98 元	到期收益率 5.10%
债券 B	价格 101.81 元	到期收益率 5.10%

同样质地的两个债券，其最终到期收益率会达到平衡状态。当然，如果是在真实的交易中，那么到期收益率可能会稳定在其他数值上，并且随着时间的推移，价格一定会发生变化。不变的是两张债券的价格会快速地调整，达到一种动态的"买谁都一样"的状态，收益率趋同是必然的演化结果。这个平衡过程会非常快，在这两张债券上市后的几分钟内就可以完成。之后当到期收益率有差异时，市场中的交易者就会争先恐后地获取那个差额。

有一个问题，为什么我会让两张债券上市后的到期收益率快速地稳定到5.10%？这个数字有什么特殊之处吗？没有什么特殊之处，但这个问题依然很有意义。假设发行债券的这家公司的信用非常好——与国债差不多，那么此债券的到期收益率应该比相同条件的国债收益率高一点。

Q：债券的信用风险水平和到期收益率有什么关系？

A：作为债权债务关系，如果信用风险高，其他条件一样，那么到期收益率相对就会更高一些，这算是一种风险补偿。

信用风险近似的两种债券，在其他条件一样的情况下收益率应该是相似的。国债作为主权债券，信用风险通常最低，毕竟国家有很多方法可以还债，企业即使再强大，再能赚钱，通常风险也是要大于国家的，所以企业债的到期收益率通常会略高于同等条件下的国债收益率。

这个道理就是，信用越好的人，越容易借到钱，别人为了获得比银行存款高一点的收益，争相把钱借给他，在这种供求关系下，其融资成本就会更低一些——不用付出太多利息。而一个信用不好的人，为了能借到钱，就不得不承诺更高的利息。

中证指数公司编制了很多债券指数，明显可以看出这个区别：信用等级越高的债券品种，往往到期收益率越低。另外，同一种信用级别的债券，久期越长，往往到期收益率越高，这是因为到期的时间越远，不确定性越大，也可以将其看作一种补偿。比如2019年3月20日，中证的短期国债到期收益率是2.82%，中期国债到期收益率是3.11%，长期国债到期收益率是3.2%。不过在一些时期内，短期反而比长期的到期收益率还高，这叫"倒挂"。读者如果有兴趣，可以找找相关资料做补充学习。

钱很理性，它具有逐利的根本特征。当然有很多逐利都失败了，甚至血本无归，但并不妨碍上述过程或快或慢地发生。

这里用债券举例是因为债券这种资产非常特殊，市场形成比较相似的共识会更快、更容易。这是因为债券有标明的利率，在信用风险可控的情况下，是可以利用公开信息大致计算得出到期收益率的，用以指导投资决策。但是股票就很难形成共识，波动大，经营变动大，而且投资者接触到的普通股也没有严格的分红规定。

这就导致了人们的分歧很大。短期看，股票价格就是市场参与者根据自己当下的看法用钱"投票"的结果，价格主要是多方分歧的结果；长期看，股票价格就是公司能够创造的价值，是公司赢利能力决定的。把目光放远，分歧互相抵消，价格是企业"称重"的结果。

Q：公司现金分红时的股息率算不算一种利率？

A：公司分红，投资者所看到的股息率和债券的利率区别还是很大的。公司赚钱，有留存的盈余才允许分红，对处于成长期的公司而言，其更愿意从市场中融更多的钱，有利润也往往不会选择把钱分红出去，毕竟高速发展期正是需要用钱的时候。大部分上市公司分红并不稳定，并且有利润也是可以不分红的，而对于债券所标明的利息就必须要执行。债券是债权债务关系，股票是所有权关系，区别还是很大的。

不过巴菲特说过："对股权投资者来说，股票不过是一张债券，只不过它的期限是永远。"这个话题暂时超纲，这里不再赘述。

下面继续把问题复杂化。

现在有一家上市公司，市值是3000亿元，经过你对公司产品、治理和商业模式等方面进行分析和理解，作出了未来公司的合理估值。你认为这家公司在5年后会值6000亿元。如果真的可以实现，那么现在买入这家公司的股票，5年后市值将翻番。

5年翻番，年复合收益率就是15%。这时你对比了各种债券的到期收益，对比了银行理财产品，你发现还是成为这家公司的股东更加划算，现在投资于这家公司是追求更高回报的理性行为，这是你权衡了不同投资标的之后的选择。

你的问题很多，最主要的一个是：凭什么认为公司5年后的市值会翻番？如果你要投资股票，那么这正是你所需要考虑的问题。投资是投资于未来，当下看到的是过去的情况，投资于上市公司本质就是要努力让你自己具备看清一家公司3年、5年甚至10年以后的能力，然后基于其赢利能力，给予其合理的估值，再与现在真实的市场价格对比，得出投资决策。

投资股票难度大就在于此。为了尽可能看清公司未来的样子，作为投资者需要学习的东西太多，像巴菲特、芒格等大师都有用多种角度看问题的能力，他们懂得很多专业的基本理论和前沿情况，对心理学、哲学以及人类的发展历程有很深的认识。

先不说某家上市公司几年后的大致赢利情况，就说一个基本的问题：几年后这家上市公司还在不在？拍脑袋给答案很简单，但是如何得出这个结论，经过怎样的思考，基于什么逻辑和证据至关重要。

这就是投资于股票的非系统性风险。非系统性风险可以理解为单一投资标的的风险，对股票投资来说，就是这家公司的经营风险、存续风险。即使股市情绪高涨，如果公司经营失败，股价也一样会一落千丈，甚至最后不值一文，而且这种事情史不绝书。

举例说明这神奇的市场：

在过去十年，有12%的公司股票价格下跌幅度超过了50%，这些股票价格大幅下跌的公司里，有10%的公司股票价格跌幅超过了99%——基本跌没了，而且在这十年间，有20%的上市公司退市了。读者知道我说的是哪里的股市吗？

是美国股市。在这十年间，道琼斯指数翻了两番，纳斯达克指数翻了7番。这个十年是美国股市的大牛市。投资者一定非常羡慕，好公司太多了。但是投资者必须知道大部分公司是什么样的：纳斯达克市场中将近80%的股票是僵尸股，指数上涨那么多其实是由极少部分的公司成长所带来的，比如谷歌、亚马逊、苹果等。

Q：什么是僵尸股？

A： 僵尸股没有明确定义，通常来说就是那些赢利能力很差、负债率很高的公司，赚的钱基本还了负债的利息，有很多甚至连利息都还不起，或许能勉强维持生计，但很难有所发展，在竞争中处于严重劣势，产品过时，公司缺乏活力。有的僵尸企业为了生存，靠卖楼、卖房等方式维持。

把时间拉得再远一些，过去 30 年中，纳斯达克市场近 15000 家公司退市，这期间上市的公司有 13000 家，即退市的比上市的还多。这导致了纳斯达克的股票总数从之前的 5000 家降到了如今的不到 3000 家。退市比上现存，是 5 倍之多。

指数翻几番，但同时很多公司的股价都无休止地下跌，甚至还有大量退市的。这是正常的商业竞争带来的，是复杂商业环境的演化结果。好的产品留下来，好的公司留下来，好的模式留下来，适应当下环境的生存，不适应的则被残酷的商业竞争淘汰。

整体经济在发展，社会在进步，人的欲望越来越多，且越来越复杂。上市公司提供产品和服务，满足甚至创造了人的需求。在这个过程中，有的公司诞生，有的公司衰落，有的公司越来越大，集中度越来越高。那些如日中天的企业，也可能说倒下就倒下了，诺基亚、柯达的例子历历在目：前者错过了智能手机，后者错过了数码相机，然后在很短的时间内大厦崩塌。

这是巴菲特在公开场合仅推荐过大众投资指数基金的重要原因之一：指数是永续的，但个股不是，而且指数会持续筛选出最好的公司，以及最能代表当下经济模式的公司，投资者几乎不会受到非系统性风险的影响。

第四节　买指数约等于买国运

一个国家资本市场越发达，上市公司越多，这些公司和当下经济构成越紧密，股市就越能代表国家经济。一个国家的环境越好，整体实力越强，条件越充沛，资源越丰厚，这个国家内部的各经济部门增长速度就有可能越快。

现在很多家庭喜欢多肉植物，有的多肉植物需要长时间光照，所以专业一些的人会买灯具，每天按时按点给予充足的照射，明显那些多肉植物长得更好。商业环境也是如此，合理的制度建立，法制、监管的逐步健全，庞大的内部需求，包括国民特性与文化传统，都对商业发展有影响。

如果，把一家上市公司看成"点"，把这家上市公司所在行业看成"线"，把这家上市公司所在国家看成"面"，把国际局势看成"体"，那么，你就能更容易理解当下的那些"庞然大物"。

一年前我在讲"指数的永续"时，我会用道琼斯指数作为例子：铁打的道琼斯，流水的成分股，成分股换了一批又一批，但道琼斯指数却越来越高了，最早的一批成分股几乎都不在了，只剩下一家人们耳熟能详的公司：通用电气。但就在 2018 年 6 月 19 日，通用电气被剔除出成分股，结束了它 122 年作为道琼斯指数成分股的历史。道琼斯指数发表声明说："美国经济已经发生巨变，消费、金融、医疗和科技公司占据经济主导，而曾经重要的工业公司地位相对下滑，今天的道琼斯指数变更，将更能代表经济现状和股票市场。"

顶替通用电气的是一家叫 Walgreens 的消费品公司，主要出售谷类、牙膏和剃须刀等家用商品。道琼斯工业指数中还有另外三家消费品公司，即沃尔玛、宝洁和可口可乐。

这就是"体"的作用。农业时代—工业时代—信息时代的演变，直接导致主流大型公司的业务类型明显不同。下面来看看道琼斯指数的成分股，并做简单的介绍：

苹果公司，高科技，计算机、手机、平板等，创始人乔布斯；

旅行者集团，是一家金融集团；

微软，跨国电脑科技公司，创始人比尔·盖茨；

家得宝，家具建材用品零售商；

陶氏杜邦公司，由陶氏化学和杜邦公司组成，主要涉足农业、材料和相关专业产品；

耐克，体育运动品公司；

英特尔，CPU 等计算机零件制造商；

VISA，跨国金融服务，全球支付技术；

IBM，全球最大的信息技术和业务解决方案公司；

沃尔格林（Walgreens）联合，主要涉足医疗保健，就是它顶替了通用电气；

思科，全球领先的网络解决方案服务商；

联合技术，为全球航空航天和建筑业提供高科技产品和服务；

威瑞森电信，美国最大的本地电话公司，最大的无限通信公司；

默克集团，致力于研究、开发和销售创新医药产品的跨国企业；

美国运通，世界最大旅游服务和综合性财务、金融、信用卡公司；

雪佛龙，世界十大石油公司之一；

卡特彼勒，致力于全球基础设施建设；

宝洁公司，日用品消费；

麦当劳，汉堡、薯条和汽水；

3M 公司，著名美国科技公司，产品涉足众多领域；

联合健康集团，一家多元化的健康和福利机构，致力于提高健保体系的质量和效率；

强生公司，多元化医疗卫生保健品、护理产品和服务；

埃克森美孚公司，石油天然气生产商；

沃尔玛，连锁超市；

辉瑞制药，研发、生产、销售药物的巨型跨国公司；

高盛集团，投资银行、证券服务、全球金融；

可口可乐，快乐水；

波音，飞机制造商；

迪士尼，全球最大的娱乐与媒体公司，经典形象和电影作品数不胜数；

摩根大通，投资银行、金融服务、证券服务和资产管理等。

上述公司都有很强的赢利能力，它们适应当下商业环境，脱颖而出，同时也反映了现代发达经济的构成模式。棉籽油制造、制糖、烟草、燃气、煤炭、铁路、皮草和橡胶的生产和制造，已经不可能站在第一梯队了，无法代表当今最重要的经济部门，而这些是道琼斯指数最早的一批公司所处行业，那时还不到 1900 年。

把视线转向我国，也出现了很多优秀的世界驰名的大公司，如腾讯、阿里巴巴、百度、小米、京东、新浪、网易等，这些公司几乎也都代表了当下经济新兴的重要组成部分，其无一例外都是得益于"线、面、体"的共同加持。

这就像个人的工作发展，如果一个人在一家上升期的公司任职，哪怕干得普普通通，业务能力一般，也会有不错的发展，就像开汽车前进；如果这家公司所处的行业是高速发展的，那么该职员就像乘高铁前进；如果这个国家也处于高速发展期，那么将会更厉害，该职员就像坐上了飞机，速度更快。

人们能够听说的大公司，凡是有一定知名度的几乎都来自某个强大的国家——这就是"面"。指数投资首先要选定一个经济体，即"面"的选择。如果这个"面"选错了，那么获得满意的回报的难度就会更大。

Q: 美国是世界上最发达的经济体，是不是买美国的指数更好？

A: 美国有非常多优秀的上市公司，不仅如此，全球各地很多优秀的公司也在选择赴美上市，这也是科斯定律的作用。做好投资可以简化成 6 个字：好资产，好价格。毋庸置疑，美国有很多"好资产"，但投资者如果想稳定获利，则还需要结合"好价格"。

很多人眼光不差，买得很对，但往往买得很贵。这也会导致亏损或收益很低。

主流指数包含了一个经济体内的少量上市公司，但是这少量上市公司对整体经济有很强的代表作用（比如沪深 300 指数，虽然 300 家公司，但市值却占了整体 A 股很大比重），而且这些指数会定期重新编制，所以可以这么说：买指数约等于买国运。

Q: 科斯定律是什么？

A: 美国经济学家罗纳德·科斯于 1960 年发表了一篇名为《社会成本问题》的文章，在之后的 30 年中这篇文章被大量引用，他因此获得了 1991 年诺贝尔经济学奖。科斯定律描述的其实是一个很简单的道理，但一直被当时的很多经济学家忽略了，这个道理就是对于一种资源来说，谁用得好最终就归谁（在交易成本很低的情况下）。

第五节　投资指数的底层逻辑

投资者投资于指数，不能因为这些指数以前是上涨的，就认为未来还会上涨。相关性好找，但有用的是因果性，投资者应该去想为什么会增长，未来是否依旧会增长。如果投资者认可投资于指数约等于投资于国运，就不得不说一个国家的经济发展。

近些年我国的 GDP 增速在逐渐下滑，即便如此，相比发达国家还是要快很多，即使与其他发展中国家比，这个速度也并不慢。GDP 的增速是一个统计结果，它不是原因，既然是投资于未来，所以重点应该在于研究为什么会有这样的经济增速，以及那些因素是否在未来依旧奏效。

研究这些内容，才是投资于指数基金最根本的逻辑和出发点。下面分析之前那些年中国经济高速发展的几个重要原因。

第一，地大物博，有资源，有人口优势，我国就有巨大的市场，很多产品仅满足本国人民的需求就可以快速成长。对于人口少的国家来说，这就几乎很难做到。生产厂房设备的折旧和维护成本是固定的，如果可以生产更多的产品卖出去，每一件产品所摊到的成本就会降低，会更快地形成规模优势，有一个庞大的市场有助于本国制造业的良性发展。

第二，法律、监管的持续进步，对资产的确权，以及对私有产权逐步的保护。可以对资产进行确权，就能够激发人们的积极性。人能从自己的劳动中得到好处，就会倾向于更卖力地创造。

第三，从计划经济转向市场经济，引入竞争，形成良性生态。这就让价格指导人们进行商业活动，从认人的社会转向了认钱的社会。薛兆丰曾说过一段话让我很认同，内容如下：

"不同的竞争规则就有不同的赢家、不同的输家，谁赢谁输甚至是可以预测的。所以要论公平，说不清楚哪种规则更公平。论资排辈，先到先得，按文凭高低来决定，按年纪高低来决定，按出生地来决定，按职位高低来决定，按出钱多少来决定，都做不到绝对的公平。"

以出钱的高低来做决定有一个特点：因这种竞争规则而引发的无谓的损失，竞争的成本会降到最低，所以它是最有效的。

你可以说一个社会认钱不公平，但是如果你不认钱，你就必须认其他的，认男女、认出身、认官职、认智力、认体力，所以比较之下，认钱更有效率。不仅更有效率，而且更公平，一个人要改变自己的性别、出生地、种族、肤色、智力、教育背景和职业是很不容易的事情，相反要攒一点钱确实是相对容易得多的事情。它激发了社会巨大的生产潜能。

第四，鼓励民营发展。其带来的优势毋庸置疑。

第五，我国于 2001 年年底加入世贸组织，加入国际分工体系。这给中国带来了前所未有的巨大机遇，并且我们把握住了这个机遇。众所周知，西方发达国家在进入创新经济时代后，其制造业的部分生产流程要大规模地外包。因为不外包就无法创新。这是因为现有的生产线一定是按照过去的产品需求设计出来的，创新导致产品发生巨大改变，这时生产线就要同时发生改变来适应这个变化。如果没能适应，甚至因此放弃创新，就很容易导致企业的覆灭。

比如，诺基亚就是一个例子，它有整套的手机生产线，当智能手机来临时，它无法放弃自己过去的优势，不能轻松前进，有很强的路径依赖，调整手机生产线的成本太高了，一旦技术创新积累到一定程度，不能改变自己的就会没落下去。

所以，苹果公司就把绝大部分生产流程外包了，它只管创新就行。但这时自然而然就出现一个问题，外包出去，也得给合适的人才行。此时就有两个重要的条件：一个是要有很高的效率，另一个是要有弹性，可以迅速转型，满足产品设计。

然而这两个条件是冲突的，做得太专业了，就很难有弹性；要弹性就不能要专业化，但如果不专业那么别人凭什么外包给你做呢？而中国可以成为世界工厂，能够承接大规模的外包，就是因为我们解决了这个问题，实现了弹性和效率的统一。

实现弹性和效率的统一的方法就是高度专业化分工的供应链体系。下面

直接引用施展 [1] 教授的精彩解读：

中国在这一时期形成了一个庞大的供应链网络，把弹性与效率这两个要求放到了两个不同的层次上处理。

具体来说，在中国东南沿海地区，有大量中小民营企业，单个企业的专业化程度达到了令人匪夷所思的程度。比如，我见过一些生产拉杆天线的厂家，一个厂只生产其中的一节，这就是专业化到极致。

无数家极度专业化的中小企业形成一个庞大的供应链网络，彼此之间互相配套，而且这种配套关系会不断地重组。

上游的第一个发包任务来了，供应链网络会自动地运动起来，小企业互为配套把任务完成。如果上游创意变了，第二个发包任务来了，那么网络会再次运动起来，自动形成新的配套关系，再把它完成。

高度专业化的单个小企业确保了生产效率，而这些小企业组成的在不断动态重组的网络又确保了弹性。弹性与效率两个条件就同时满足了。

因此，供应链网络是承接大规模外包的一个重要前提。

这种供应链网络要发展起来，一开始一定要有足够多的、分工足够细的小企业，在同一时间成长起来，形成一个联动的网络。

如果一个高度专业化分工的企业自己先建起来了，等 20 年，其他配套企业才逐渐成长起来，那么第一家企业根本就活不下去。以这样的建设节奏，是无法组合成一个供应链网络的。

如果这么多企业必须要在同一时期建起来，那么前提就是，必须要有很多建设得非常好的、规模很大的工业开发区已经建设起来，但是里面又没有相应的工业能力进驻。

换句话说，即有大量近乎空白的开发区等着企业进驻。否则，供应链网络会因为基础设施不配套，物流成本过高，根本成长不起来。

开发区的建设也算作广义的城市化。这就意味着，供应链发展起来的前提是，城市化必须要先于工业化。

然而看一下经济史会发现，通常的历史节奏都是工业化拉动城市化，而不能反过来。

---

[1] 施展，北京大学史学博士，外交学院教授，外交学院世界政治研究中心主任，著有《枢纽 -3000 年的中国》，参与翻译《西方文明简史》，《经略译丛》主编。

因为，城市对于公共服务的要求远高于乡村，所以城市对于财政的需求远高于乡村，如果没有足够的工业能力发展起来，城市就支撑不了相应的财政能力，提供不了所需的公共服务。所以，通常都是工业化拉动城市化。

但是，中国偏偏就把这种历史节奏给反过来了。由于1994年进行的财政制度改革引发了土地财政，使中国的城市化在工业化之前先发展起来了。

在很长的一段时间内，我国是单纯的世界工厂，所拿到的利润确实很小，但是随着技术、设备、人才、资金的积累，慢慢有了自己的产品，资金也越来越多地投入技术的研发中去。这些年，中国的很多产品已经可以远销国外，而且具备很强的竞争力。

同时，发达国家对中国的依赖程度也越来越深，因为确实已经很难再找到一个如此庞大、极度专业化分工的供应链体系了。它不仅要求人口多，还要有地方，有技术，有人，有钱。印度虽然有人有地，但是从整体来看，还是相对落后很多的。我国经历了十几年的积累，这个优势已经很难撼动。

对于指数投资者，应该把注意力放在关注中国经济的底层增长逻辑上，关注指数选股的策略，从指数永续性方面考虑。公司在一个国家的"土壤"之上发展起来，如果基础不好，机制不好，缺乏人才、资金和技术，那么其经济是没有持续推动力的。投资以A股为投资对象的指数基金，本质上就是在投资中国经济，所以对于中国经济过去为什么会好，将来有没有持续性，此类的思考就显得尤为重要。

关于中国经济和发展的历史，乃至人类发展的历史，读者有兴趣可以找一些书籍或资料来看，了解过去，尝试用更大、更远的视角理解未来。读者可以思考导致中国过去高速发展的因素，今天是否都还在，导致人类在最近几千年里高速发展的因素，今天是否都还在。

最后，我认为投资需要乐观，而且有理由乐观。世界上的绝大部分事物在变化，但是，指导着人类发展的底层原因一直没有变：生存下去，并且过更好的日子。所以人们通过努力工作、创造，换取其想要的生活。

第七章
选择指数的逻辑

指数是指数，指数基金是指数基金，这是两码事。投资者要做的是对指数进行估值，然后投资于以那个指数为标的的指数基金。

对于某一个指数，或许能找到很多这个指数的指数基金，不同的基金公司可以用这个指数做指数基金，理论上不会有区别，只是成立时间不同，费率可能不同，跟踪误差不一样。

大的原则是，选定指数后，再去选择指数基金，尽可能挑选那些费用低、规模不太小的。至于选择场内交易还是场外交易，还要看个人喜好，但投资者不要直接转到自己不喜欢的交易方式中，这样很容易出现意想不到的问题。

Q：我之前都是在场外交易的，主要是在支付宝等渠道中买基金，因为场内交易费用更低，而且 ETF 基金更有优势，现在想换到场内，这种交易方式的转变可能会遇到什么问题？

A：主要会遇到两方面的问题。

第一是不熟悉场内交易规则。之前在场外交易，申购的时候，选定基金，填写金额就行了，形成的份额数量最后能精确到小数点后第二位，而且不需要操心是否成交的事情，申购的基金几乎都会成交。但是场内交易并不是按照金额申报，而是按照"手"，一手是 100 份基金份额，这就需要自己大概计算一下。另外，一部分人在交易时没能成交，主要因为价格变动太剧烈，交易不熟练，动作慢，导致价格无法撮合，结果自己连没成交都不知道。

第二是不习惯场内交易的价格波动。之前在场外交易，看不到交易当时的价格波动，投资者不需要面对盘中的价格变化，但是场内交易就不一样，不同时间的成交价格很有可能不一样，当投资者面对变化很快的市场时，往往会犹豫，要不然就是后悔，总体上总是希望等待更低的价格，会耽误更多时间。

Q：对指数基金而言，多大的规模算太小？

A：一般的基金管理规模低于 5000 万元就会面临清盘，清盘并不会给投资者带来直接损失，但是或许会带来间接的伤害。所以投资者在一开始选择基金时，要尽量选择那些管理规模高于 5 亿元的基金，大的原则就是尽量离5000 万元远一些即可，所以 3 亿 -5 亿元就可以。

另外，规模太小的基金可能会有流动性的问题，在场内交易选择的指数基金流动性不能太差。在投资者交易之前，先看这只基金每天的成交量，如果连几百万元都没有就考虑买场外基金，或者观察 5 挡买卖挂单的情况，对比自己要买的量看是否能够轻松成交。总体来说，尽量选择主流的指数基金就不会有这个问题。

对于流动性是不是差，没有统一的标准，因为每个人的资金量不同。如果资金量小，投资者可能就不会有感觉，很容易成交，但如果资金量很大，可能就会导致无法马上成交，或成交会导致价格大幅波动。我有一次买某场内基金，约 2 万元买入就导致价格上涨了 5%，这就是流动性太差的缘故。

第一节　指数选股逻辑是出发点

决定指数长期优劣的就是指数的编制方法，一个指数是如何选择成分股的，这是最重要的，没有之一。投资者应先选择逻辑好的指数，再考虑什么时候买。对于一个逻辑不好的指数，我不建议投资者考虑。本章会讲解几个指数，但肯定是有限的几个，重要的是判断指数优劣的方法，把思路学会了，遇到其他指数就能自己处理了。

一个指数的编制方法的好坏，可以从如下 3 个维度来考虑：

（1）指数的选股逻辑。

（2）指数的成分股数量要求。

（3）指数调整频率。

这一节讲解选股逻辑。

指数的选股逻辑决定指数成分股的优劣，一个指数内部不同成分股的质地，集合起来就是这个指数的质地。成分股的优劣有一定的客观标准，但同时也有大量的主观喜好。因为没有一个指数是故意筛选差公司的，所以只要是能做出指数基金的指数，就一定有其道理，同时也会有很多投资者去选择。

指数在选择成分股时有几种加权方式，即价格加权、市值加权、策略加权和基本面加权。所谓"加权"就是什么重要。如果投资者认为公司大小更重要，就是市值加权，这就是大部分指数的选股方法，沪深 300、中证 500 等都是如此。如果投资者认为公司能不能赢利，分不分红最重要，就是策略加权，比如很多红利类指数。

有一个比较奇怪的指数基金：上证指数基金。没错，上证指数也有指数基金，上证指数不奇怪，是上证指数基金很奇怪。上证指数可以说是中国证券市场最古老、最知名的指数品牌，从一开始成立的 100 点，到目前的 3000点（2019 年 3 月），从 1991 年年初算起到 2019 年年初，经历了 28 个年头，年复利增长率将近 13%。

Q：怎么算？

A：$100(1+x)^{28}=3000$，解得 $x=12.92\%$。

有这样一个古老的 IP，有这样一个漂亮的增长历史，一定会有很多受众。前面讲过，基金公司作为基金投资系统内的一个组成部分，它有自己的目的，即获得更多的管理资产量，进而获得更多的管理费收入。

所以基金公司在考虑很多产品设计时，是从"指数知名度"或"指数话题度"来考虑的，最好是一个知名指数，最好这个指数能戳中某些投资者的偏好。上证指数就是一个知名指数。但上证指数是一个好指数吗？我个人认为不是。

上证指数的指数代码是 000001，它由上海证券交易所上市的全部股票组成，包括 A 股和 B 股，综合反映上海证券市场上市的所有股票的价格表现。

Q：什么是 A 股，什么是 B 股？

A：A 股是人民币普通股，是由中国境内公司发行，以人民币认购和交易的普通股股票；B 股是人民币特种股票，是以人民币标明面值，以外币（美元或港币）认购和买卖的外资股，这些公司的注册地和上市地都在境内。人们平时很少接触到 B 股投资，有一个重要原因是换汇比较麻烦，而且有限制。

Q：000001 不是平安银行吗？

A：平安银行是上市公司，000001 是上市公司代码。指数有指数的代码，虽然数字一样，但不是同一个事物。基金也有基金的代码。所以在提代码之前，一定要明确是什么。

"所有股票"意味着指数并未对股票进行筛选，好的坏的都在里面。仅这一条，我就不认为上证指数是一个好指数。它只是时间很久，名气很大而已。有很多看法认为上证指数失真，所谓失真是上证指数并不能很好地反映出上海证券市场上市的所有股票的价格表现，关于此看法也有争论，但我并不关心其是否能体现什么，我关心的是指数筛选股票的规则。

规则是本质，如果指数不筛选，什么都纳入，就不是一个好规则。事实证明，历史上很多指数超越了同期上证指数，虽然这用到了归纳法，并不雄辩，但我认为造成这个现象的原因并不是其他指数的编制有多么好，而是上证指数的编制方法非常不好。这就导致长期以来它被很多指数超越几乎是注定的。

Q：什么是归纳法，归纳法有什么缺点？

A：归纳推理是人认识世界最早的，也是最常用的方法。观察，然后利用归纳推理完成由点及面的认识。

比如一个人看到一只天鹅是白色的，认为天鹅是白色的，又看到一只天鹅是白色的，就推理所有天鹅都是白色的。从对一两只天鹅到所有天鹅体毛颜色的推理就是归纳推理。再比如，过去人们通过归纳推理得出结论：太阳从东边升起，从西边落下，也是基于日复一日的观察得来。

启蒙思想家大卫·休谟说："虽然你必须依靠归纳推理，但归纳推理自己却是靠不住的。它的前提是相信未来跟过去相似，但这一点却没有谁能保证。你之所以总是使用归纳推理，那是因为本能，也是因为没有更好的办法。"

没错，我们必须依靠归纳推理，确实没有更好的办法，只不过对于一些事情可以，而对于另一些事情就会很快出现问题。简单地使用归纳推理进行投资，很容易陷入代表性偏误，比如看到哪只基金排名靠前就认为它以后还会排名靠前；看到一个基金经理实力拔群就认为他以后依旧发挥出色；看到哪只股票涨幅惊人就得出一个结论：它还会继续上涨。归纳推理应用在投资中屡屡碰壁，换句话说——历史不代表未来。

批判理性主义创始人波普尔认为休谟难题给全人类的知识带来了根本性的挑战，在他看来，可证伪性是科学不可缺少的特征。

波普尔的办法是使用演绎推理。用一只白天鹅推理所有天鹅都是白色的，但如果发现了一只天鹅是黑色的，那么"所有天鹅都是白色的"就被证伪了。在发现这只黑天鹅之前看到的其他天鹅都是白色的，不管有多少只白天鹅，也只能说"天鹅都是白色的"被佐证而已，只要它没有被反驳，这个推理就可以用下去（说所有天鹅都是白色的）。

这是波普尔对知识的一个崭新的态度。在《科学发现的逻辑》这本书中，波普尔认为人们不知道自己是不是在逼近真相，知识的进展并不是知道得更多，而是对于不知道知道得更多。

所以才有一个说法："所有的模型都是错的，有些曾经有用过。"如果地球流浪计划开始了，那么太阳还会从东边升起吗？这提醒人们对归纳法要多一分警惕，对市场要多一分敬畏。归纳推理往往得出的是相关性，而不是因果性。

太阳从东边升起是归纳推理的结论，但为什么它从东边升起？对此人们应该研究太阳和地球的关系，地球的公转、自转以及自转轴，掌握了这些指数就不是从归纳推理出发得出结论，用演绎推理就可以得出各种确实性的结论。

有一个有意思的故事：

在一个农场中有一头小猪，它要确定饲养员是不是爱它，判断的方法是，如果饲养员来了给它吃的，就往一个瓶子里放一颗白色的石头，代表饲养员是爱它的；如果饲养员来了打它骂它，就往另一个瓶子里放一颗黑色的石头。它刚到农场，不知道饲养员是怎样的，所以它往两个瓶子里都放了石头，代表饲养员爱它和不爱它的可能性各是50%。

到了第700天，一个瓶子里只有一颗黑石头，另一个瓶子装满了白色石头，于是小猪确定饲养员是爱它的。这一天小猪被赶上了车，车开动了，而目的地是屠宰场。这只小猪就是使用归纳推理得出结论，如果它早一天研究饲养员照顾它的真实原因，或许它就能找个机会逃跑了。

本书所要传达的思想是，尽量不要使用归纳推理，历史数据再多也不算多，当环境发生变化，过去的数据就没有意义了。投资者更多地应该锻炼自己基于"因果"的思考，去探求原理，而不是仅仅从历史数据中得出答案。当然，历史数据并非一无是处，只不过一定不能把它看得太重。

Q：什么是代表性偏误？

A：代表性偏误是指人会过度关注代表性的特征，而忽略了其他信息。当某件事的代表性特征出现后，人会立刻做出草率的判断，这是一种普遍存在的认知偏误。

关于代表性偏误有一个经典的测试。

张三的性格特点列出如下，你来猜猜他可能从事的职业。

（1）张三比较害羞，乐于助人。

（2）张三平时很整洁，做事有条理。

（3）张三喜欢一个人独处，喜欢活在自己的世界里。

现在，请你猜猜，张三可能从事哪个职业：农民，还是图书管理员？这个测试的结果是绝大部分人选择了图书管理员。为什么会这样？这是因为张三的这些性格特征太像一个图书管理员了，好像和农民差得有点远。

那么这个推理是理性的吗？不是。描述的性格特征确实很像图书管理员，而且确实很有"代表性"，但是对于真实的世界还需要考虑"无条件概率"。无条件概率不依赖于任何条件，比如你在大街上随便指一个人，这个人就是图书管理员的概率。

这个概率有多大？明显太小了！假设张三是一位农民，那么有多少农民会有上述性格特征呢？我想，100个人里面总有1个吧，虽然这个概率只有1%，但是中国农民人口占总人口的比重大约有50%，这一下概率就变得非常大。

假设张三是一位图书管理员，那么多少图书管理员会有上述性格特征呢？我想，大概100个人里面有70个吧。这个概率高达70%，但中国图书管理员的人数占总人口的比重是多少？太低了！

所以理性的回答是，张三是农民的可能性更大。

例如投资基金时的一些代表性偏误。很多投资者看到基金经理获奖就会去买这个基金经理所执掌的基金，其做出的判断是，获奖的基金经理是个好的基金经理。

这种投资方式从历史来看并不成功。这是因为仅仅看到获奖就认定是基金经理的能力强，这是一种代表性偏误。基金经理获奖有可能是因为运气，也有可能是因为他所管理的基金有着特殊的投资方向，还有可能是基金公司整体实力起了很大作用，等等。很多因素是投资者观察不到的，但是不能因为观察不到就忽略，而把代表性的特征当成唯一判断依据。

再举一个例子，你有一位朋友在外企工作，他是一名高级管理人员，年薪百万。有一天他向你借50万元，你考虑到他工作收入很高，认为还钱的可能性很大，就欣然地借钱给他了。如果仅仅是这样考虑的，那么也犯了代表性偏误。

判断一个人是不是有信用，会不会按时还钱，当然和他的收入能力有关系，但其他信息也非常重要。如果他已经向很多人借到钱了呢？如果他有赌博的不良嗜好呢？收入高确实很有代表性，很多人就依据这个特征，借出了不该借的钱。

无须太复杂，只需要做简单的筛选，就可以得到不一样的结果。

比如沪深300指数，是在沪市和深市选取了300家较大的公司，这300家公司就占了沪、深两市大部分市值。这种看似很简单的选"大公司"的策略，至少保证了指数内部不会出现大量的坏公司。

Q：沪、深是什么意思？

A：沪市和深市是指中国两家股票证券交易所。

上海证券交易所是中国两所证券交易所之一，简称上交所，创立于1990年年底，位于上海浦东新区，被人们称为沪市。沪市交易时间是每周一到周五，国家法定节假日除外，上午从9:15至9:25是集合竞价时间，9:30至11:30为连续竞价时间，一般上午9:30是正式的开盘时间，13:00至15:00为连续竞价时间。

上海证券交易所归属中国证监会直接管理，它的主要任务就是提供证券交易的场所和设施；对会员、上市公司进行监督，指定交易所的业务规则；接受上市申请，安排证券上市，管理和公布市场信息等。

有一个模糊的规律：一般在上海证券交易所上市的公司相对来说是中大型的，而小公司一般会选择在深圳证券交易所上市。

深圳证券交易所简称深交所，或人们称之为深市。成立于1990年年底。它和上交所的任务基本相同，区别在于它全力支持中小企业发展，所以在深交所上市的公司通常是中小型上市公司。2004年的中小板就是在深交所推出的，2009年的创业板也是在深交所推出的。

深交所定位清晰，主要服务于中小型上市公司。深市主板的股票代码以000开头，如000002万科A；深市的B股以200开头。在深市下，中小板股票以002开头，如002029七匹狼；创业板股票以300开头，如300027华谊兄弟。

理解我国境内的两大交易所，有助于理解上市公司的特征，进而理解基金投资方向的特点，理解指数，以及理解指数基金。比如沪深300指数的"沪深"，意义就是该指数的成分股选股范围在沪市和深市；上证180指数的选股仅仅在上海证券交易所上市的那些公司，深证100指数的选股仅仅在深圳证券交易所上市的那些公司。中证指数的选股范围通常也是两市。

如果投资者看到基金季报中十大重仓股较多集中在深交所，比如代码都是 002 和 300 的，那么这只基金的投资风格很大概率偏向于中小盘股，因为 002 是中小板，300 是创业板。如果投资者看到基金季报中十大重仓股较多集中在上交所，一部分是深交所主板，代码以 60 开头和 000 开头较多，那么这只基金的投资风格很大概率偏向于中大盘，因为上交所上市的公司通常是中大型公司较多，而深交所主板 000 开头的中型公司较多，小型公司一般在中小板或创业板上市。这是一个可以进行粗略判断的证据，并不是一个精确的指标，当然在深交所上市的公司也有比较大型的，在上交所上市的公司也有比较小型的，这里只谈大概率的情况。

一家坏公司不会有太好的成长，市值自然不会太高，进不了这个指数。如果指数中的某一个成分股变坏了，那么随着股票价格的下跌，其市值也会下降，经过指数的重新编制，它就会被剔除。

市值是一种筛选逻辑。这个逻辑是：好公司，市值就会大。

这是一个简单的逻辑，然而非常有效。当然市值大的公司未必都好，市值小的公司也未必都坏，但是从概率上讲，这样一个简单的策略就可以极大地提高选股的成功率。

再比如一些行业指数，有的行业有非常好的发展前景，比如医疗行业，还有一些主题指数，与国计民生、人们消费密切相关的，如消费指数等，也是通过一个非常简单的条件进行成分股的筛选。医疗行业中的上市公司未必都是好公司，消费类公司也未必都是好公司，但如此筛选已经是"黑猩猩到智人"的变化了。

我喜欢的筛选特征是"红利"。"红利"是一种指数策略，该策略对股票的要求是现金分红。目前红利类指数主要有 5 个：上证红利、中证红利、深证红利、红利低波和标普红利机会。虽然细节有所不同，但无一例外都要求上市公司要有"现金分红"的能力。

上证红利和中证红利，是在样本空间里，按照过去两年平均税后现金股息率由高到低排名；深证红利会考虑公司前 3 年累计分红金额占深市上市公司分红金额的比重；标普红利机会会考虑年度股息率的排名；红利低波会考虑过去 3 年的平均税后现金股息率。

为什么我会很重视"红利"？因为"红利"是一个非常有效的信号。如果投资者把注意力集中在选择成熟的大公司，选择那些产品已经被广泛地接受，赢利能力较强，市场占有率较高，盈利稳定的公司上，就会发现它们有一个共性的特征：大部分会分红。

Q：上市公司分红后，净资产下降，股价也会产生一个断口，投资者虽然拿到现金了，但是持有的股票市值下降了，加起来还是没有变化，分红有意义吗？

A：如果仅谈上市公司分红除权能否带来收益，那么确实不能，分红后股价有一个断口（价格下降），拿到分红再考虑价格下降，实际并没有变化。分红之所以重要，是因为它背后能体现公司的经营情况。

比如，统计数据表明，经常喝红酒的人身体指标表现比那些不喝红酒的人要好，其实是由于经常喝红酒的人通常生活条件比较好，他们本来就很在意自己的身体，这些人平时注意锻炼，并且有定期体检的习惯，而喝红酒只不过是身体本来就很好的人的一种小爱好。

分红也一样。先不考虑分红对投资者是不是有好处，投资者可以反过来想，什么样的公司会经常分红？"分红"是一种信号，是公司经营正常的重要特征之一。

上市公司分红是结果，而重要的是原因。

能分红首先证明公司有未分配利润——起码能赚钱。有些上市公司到证券市场就是为了融资、圈钱，极少回馈股东，要钱还来不及，怎么肯把钱分还回去？

能够稳定分红的上市公司，首先能够赢利，其次愿意分红，这体现的是一种底气。今天我能赚，明天照样可以，这才有勇气分红。所以规定必须分红，就等同于规定了公司必须赢利。

公司有很多盈利，但是不分红就一定不好吗？肯定不是。只要赢利能投入正确的地方，合理地利用起来，用赚到的钱继续赚更多的钱，那么即使不分红，对股东来说也是有益的。

如果赢利没有去向，放在公司账上太多就是一种浪费，这些留存的收益无法产生更大的价值，还不如将赢利的一部分还给股东，让股东自己去支配。股东拿到分红，可以选择投资回来，也可以选择投资到其他更有价值的资产上。

那么对于收益到底应该是留着，还是应该还给股东呢？管理者应该考虑的是留存的钱是否可以依旧产生很高的价值，能否高效率地运用这些留存收益。巴菲特有一个著名的一美元原则：公司留存一美元的利润，至少应该创造一美元的市场价值。

曾说过："股市是一个巨大的拍卖场，我们的工作就是挑选出那些优秀的企业，它们每保留的一美元最终都会创造出至少一美元的市场价值。"

对于巴菲特的一美元原则，各家有各家的观点和看法，我的朋友宇衡是这样理解的，我也很认同：巴菲特的意思是留存的这部分收益要能以每年15% 的复合增长速度提升价值。虽然没有明说，但是在很多场合，多次股东会和致股东信中他都反复提到 15% 这个最低要求。留存一美元的利润，至少应该创造一美元的市值价值，这句话缺少时间，这个时间是 5 年，也就是说投资者留了一美元，要用这一美元在 5 年内创造出另外的一美元。

$$1 \times (1+15\%)^5 = 2$$

如果创造不出来呢？或者企业手握大笔现金但又无处安放怎么办？还不如进行一定比例的分红。

分红有利于稳定公司的净资产收益率 ROE。这是因为分红会导致净资产下降（ROE= 盈利 / 净资产），净资产的下降会让 ROE 更容易保持住当前的水平，这个指标是衡量公司利用股东的钱赚钱的效率。相反，留太多钱在账上不利用起来，可能就会让整体效率下降。

Q：分红有利于稳定公司 ROE，能举个例子吗？

A：比如你和老张合伙做生意，老张作为财务出资人，不管公司经营。一开始你投入了 10 万元，老张投入 10 万元，然后你们又向银行借了 15 万元。

所以，净资产（股东权益）是 10+10=20 万元。

负债 =15 万元。

总资产 =20+15=35 万元。

生意很简单，就是在一个小区里开一个饭馆，辐射周边十来个住宅楼。

第一年过去了，产生了净利润 10 万元，净资产收益率 = 净利润 / 净资产 = 10/20=50%，净资产收益率代表利用股东的钱赚钱的能力，注意分母是净资产，而不是总资产。对股东来说，净资产收益率是一个非常重要的指标，用以衡量公司的赢利能力。

第二年开始了，你决定把去年的 10 万元净利润放在公司账上，计划用来更换桌子、板凳，改善就餐环境。这样一来，公司净资产 =20+10=30 万元，净利润当然也是股东的。

你们这家小饭馆辐射的范围就是这个小区，装修得再漂亮，收入也很难再大幅增长。第二年过去了，产生了净利润 12 万元，净资产收益率 = 净利润 / 净资产 =12/30=40%，可以看出，股东的钱的赚钱效率在下滑。

有没有方法使赚钱效率不下滑呢？是有的。如果是生意本身条件所限，很难再增加利润，那么应该选择把利润分红出去。假设将第一年的净利润 10 万元拿出 50% 还给股东，那么你和老张都会拿到 2.5 万元分红。而第二年一开始，公司的净资产是 20+5=25 万元。

如果第二年结束时产生的净利润是 12 万元，那么净资产收益率 =12/25=48%，这样一来，ROE 是不是被稳定了？

在巴菲特看来，如果公司不能把净利润很好地利用起来，做一些对企业长期盈利增长有帮助的投资，那么还不如把钱分红给股东，让股东自行支配这些资产。在成熟的资本市场，上市公司非常在意现金分红，能分红的公司被认为是心向股东利益的，很多股东拿到分红，如果没有其他可投资的方向，那么依旧会选择继续购买公司的更多股份。

当然，真实的上市公司情况很复杂，这个例子太简单，但是依旧可以说明问题。

从这一条看，它就比单纯用市值进行筛选的方式要强，因为市值大的公司未必就赢利，只不过市值大的公司往往是赢利的。或者说，不是因为市值大，公司才赢利，而是因为公司能够长期稳定赢利，导致了绝大部分公司市值很大。所以"分红"这个要求要比"市值"更加本质，永续性更强。

后面的章节还会讲到几个红利指数。这里再强调一下我的观点：指数历史的表现不重要，重要的是指数的编制方法，它是根本，也是原因。

第二节　成分股数量要求和指数调整频率

指数根据一些简单的标准筛选成分股，然后大部分会规定成分股的数量。一般会要求几十只，上百只。

数量太少起不到分散风险的作用，还可能会错过不少好公司，这是基本共识。但我认为数量太多也不好，过度地分散会让指数归于平庸。指数投资股票的数量已经很多了，从分散的角度看已经足够，如果把数量推向极致，就相当于没有筛选。

我个人喜欢的指数是成分股数量不超过 100 只。

Q：指数编制方法和成分股数量哪个重要？如果有一个指数编制方法非常好，但是成分股数量大于 100 个，那么它还是好指数吗？

A：指数编制方法最重要。成分股数量太多在我看来是一种瑕疵，但是瑕不掩瑜。如果成分股数量多少合适，但是指数编制方法不好，那么也没有意义。

很多人问过我关于中证 500 的看法，我认为它的问题并不是成分股数量太多，而是筛选方法不太好。中证 500 只对股票市值有要求，但任何上市公司都有市值，如果说市值排名前 300 还算有道理——毕竟是选最大的那些公司，但是剔除最大的 300 家公司，在剩余的样本空间中，再按照市值从高到低排序，然后选择前 500 家公司（中证 500 的编制方法），我看不出这有什么优势，只不过是从市值的角度筛选出中型上市公司而已。

好，就算中证 500 代表中型的上市公司，然后呢？没有然后了。至于中证 500 历史涨幅是多少，比什么指数强多少，我并不是特别在意。我确实很少考虑历史，因为归纳推理某一天或许会成为致命的问题。

另外，指数重新编制的频率也很重要，我认为一年一次就很好，这是一个合适的"度"。但有的指数半年一次，这就过于频繁，过度拟合也不好，编制频繁也会导致换手率升高。标普红利机会就是半年重新编制一次，我认为这是它的一个小缺点。

第三节　上证红利指数

上证红利指数的代码是 000015，由上海证券交易所编制。从指数名称来看，这个指数只在上交所选股，上证红利指数要求成分股的数量是 50 只，指数调整频率是每年一次，时间是在 12 月中旬。

样本空间由满足以下条件的沪市 A 股组成：

（1）过去两年连续现金分红且每年的税后现金股息率大于 0。

（2）过去一年日均总市值排名在沪市 A 股的前 80%。

（3）过去一年日均成交金额排名在沪市 A 股的前 80%。

> （2）和（3）很常见，很多指数的样本空间都有这两条，它最终的效果是排除了市值很小的那些公司和成交额很小的那些公司。重点是（1），进入样本空间的股票最近两年要有分红。

选样方法是对样本空间的股票按照过去两年的平均税后现金股息率由高到低进行排名，选取排名在前 50 名的股票作为指数样本，但市场表现异常并经专家委员会认定不宜作为样本的股票除外。

重点是"按照过去两年的平均税后现金股息率由高到低进行排名，选取排名在前 50 名的股票作为指数样本"，要理解这句话背后的意义，需要进行前置知识的学习：分红率和股息率。

> 上市公司产生净利润，然后公司可以决定把净利润的一部分用于现金分红，也可以不分红，年分红额占净利润的比值就是分红率。分红率是指公司把净利润的百分之多少用于现金分红。分红与否和公司所处的发展阶段有很大关系，特别是在成长期的公司很少分红，而处于成熟期的公司倾向于分红，但也有的公司不愿意分红单纯是因为它是"铁公鸡"。
>
> 比如，一家公司 2018 年的净利润是 1000 万元，决定拿出 300 万元进行现金分红，那么分红率就是 300 万元/1000 万元 =30%，分红率的高低是公司政策，很多公司的分红率是稳定不变的，净利润增加，分红额也水涨船高，但分红率还是固定的。
>
> 2017 年，工商银行全年净利润是 2860 亿元，每股派发红利 0.2408 元，公司股本 3564 亿股，约派发红利金额 858 亿元，分红率为 858/2860=30%；2016 年，工商银行全年净利润是 2782 亿元，每股派发红利 0.2343 元，公司股本 3564 亿股，约派发红利金额 835 亿，分红率为 835/2782=30%。工商银行过去每年会将净利润的 30% 拿出来用于现金分红。越是赢利稳定的公司，越是倾向于规定一个不变的分红率。
>
> 从分红的公式可以看出，分红额和净利润都是关于公司的，所以这个数字很少变化。下面讲到股息率就能看出区别了。

股息率是公司分红额和公司市值的比值，如果上述那家公司的市值是1亿元，那么股息率就是300万元/1亿元=3%，股息率公式中分红额属于公司，但市值属于市场。所以股息率的变动会很频繁。再想想市盈率，市盈率是公司市值和公司过去1年的净利润的比值，也有公司市值，市值属于市场，所以市盈率的变动一样频繁。

说个题外话：通过公式中不同部分的"归属"，投资者大概可以体会这个指标的用法。分红率公式中没有市场的影响，两个因素都归属公司，所以它没有"价格"这个属性，这导致无法建立与价值的联系。比如一家公司分红率是30%，另一家公司分红率是10%，还有一家公司分红率是50%，哪家公司好？这就根本看不出来。

股息率和市盈率可以作为一种辅助的估值手段，原因是它们有一个共同点：公式中既有归属公司的部分，也有归属市场的部分。一个是价值，一个是价格。市盈率 = 市值 / 净利润，股息率 = 分红额 / 市值。所以当指数股息率很高时，往往意味着有不错的投资机会。

Q：为什么指数股息率很高的时候，往往是不错的投资机会？

A：股息率 = 年分红额 / 市值

盈利收益率 = 净利润 / 市值（盈利收益率是市盈率的倒数，盈利收益率 = 1/PE）

分红率 = 分红额 / 净利润

所以：股息率 = 盈利收益率 × 分红率

所以：盈利收益率 = 股息率 / 分红率

当指数分红率稳定时，指数股息率越高，就意味着指数盈利收益率越高，而指数盈利收益率越高，就意味着投资机会越来越好。或者投资者可以从公式看，分红额属于公司行为，将其看作一个不变的因素，分母部分的市值越低，股息率就越大。正常经营的公司，还能分红，但由于在熊市里股票普遍下跌，导致市值下降，股息率也就升高了。

再看一下公式：股息率 = 分红额 / 市值

当一些指数的股息率达到5%以上时，投资的机会就已经非常好了，这时会发现这些指数的市盈率很低。比如2018年上证红利指数的股息率曾经高于5%，市盈率在7倍上下，极低。

股息率高就代表公司一定好吗？不一定。股息率是公司分红与市值的比值，如果公司毫无成长性，甚至净利润在下滑，也是有可能分红的，那么股息率有可能很高。另外，一些周期行业在景气时净利润会大幅度增加，分红可能就会增多，但由于周期性，可能就导致在之后不景气时股息率大幅度下滑，甚至不分红。

我和好友宇衡讨论分红率时，他说："将100亿元投资到一家公司，结果当年公司只赚了 1 元钱，全分红给你，分红率是 100%，可能还会有人觉得这家公司很厉害。"

股息率不能反映公司优劣，所以不能依据股息率得知一家公司是否值得投资，但如果是一个成分股很多的指数，股息率越高，含金量就越高。很多指标都是这样：用于一个指数要比用于一家公司更具备参考性。必须反复提醒，本书是在讲指数估值投资，投资者千万不要把这些指标直接用于股票投资。

Q：利用指数能算出分红率吗？

A：可以。2019 年 3 月 22 日，上证红利指数市盈率是 7.63，指数股息率是 4.54%，通过这两个条件就可以计算出分红率。

因为：分红率 = 分红额 / 盈利，股息率 = 分红额 / 市值

所以：分红率 = 市值 × 股息率 / 盈利 = 市盈率 × 股息率

其他因素不变，市盈率和股息率呈反方向变动。市盈率越高，股息率越低；反之，市盈率越低，股息率越高。这是因为市盈率和股息率都有市值这个影响因素，但一个在分子，一个在分母。这也是市盈率越低可能越划算，股息率越高可能越划算的原因。

上证红利指数分红率 =7.63×4.54%=34.6%。我在 2019 年 1 月 10 日也算过一次，当时上证红利的市盈率是 6.86，股息率是 5.04%，分红率 =34.6%，是一样的。

在假设未来公司赢利和分红率不下降的情况下，股息率如果高于长期国债收益率，就会越来越吸引投资者。

通过上述计算得知，目前上证红利、中证红利的分红率均大约是 34%，把指数看作一家庞大的集团公司，这家集团公司每赚 100 元，有 66 元还留在公司。这 66 元也是资产收益，留在公司最直接的结果是增加了净资产，好公司还会利用好这些钱，以后创造更多的利润，就会导致价格上涨。

根据中证指数公司的数据，2019 年 3 月 22 日，中证长期国债指数的到期收益率是 3.19%，比上证红利的股息率还低，这从某种意义上说明投资于这个指数的回报要高于长期国债。

前置知识比较多，需要读者认真学习。

回到上证红利指数的筛选方法：按照过去两年的平均税后现金股息率由高到低进行排名，选取排名在前 50 名的股票作为指数样本（股息率加权）。也就是说，这个指数会选择那些股息率较高的公司作为成分股，而股息率高在某种意义上意味着相比其他公司可能更加便宜。

指数每年会调整一次，把原来的成分股重新观察一遍，把不满足样本空间的那些股票剔除，然后在最新一期的样本空间中，按照过去两年的平均税后现金股息率由高到低进行排名，选取排名在前 50 名的股票作为指数样本。每次样本调整比例一般不超过 20%，也就是说一般会变动 10 只股票。

也有特殊情况会导致调整比例超过 20%（调整数量超过 10 只）。这个情况就是："不满足过去 1 年的税后现金股息率大于 0.5% 而被首先提出的原样本股数量超过了 20%。"这意思就是说，原来的 50 个成本股，有太多股票的股息率太低了，必须先剔除，这种情况下剔除的数量就可以超过 20%（超过 10 只）。发生这个情况则需要极端的牛市行情。

从上证红利指数的编制和调整规则看，指数内部每年进行一次基于股息率的调整，剔除"很贵"的股票，重新纳入相对"便宜"的股票——将股息率低的剔除，将股息率高的纳入——将涨得太多的剔除，将涨得少的纳入。

上证红利指数是一个很聪明的指数，建议投资者收藏并关注。

跟踪这个指数的基金目前只有一只：510880，华泰柏瑞上证红利 ETF，简称"红利 ETF"，没有场外交易方式，是只能在场内买卖的 ETF 基金。管理费为 0.5%/ 年，托管费为 0.1%/ 年，2018 年 12 月 31 日显示规模是 23.55 亿元。

Q：ETF 基金也是开放式基金，应该可以在场外申购赎回吧？

A：可以。上面所说的"没有场外交易方式"是对绝大部分人来说，场外交易非常不方便，而且完全没有必要。ETF 的场外交易需要一大笔钱，换成对应的成分股，然后获得基金份额，没有大几十万是不可能做到的。对比一般的场外交易，几百元通常就可以申购了。

虽然可以，但很麻烦，也不建议。所以从某种意义上讲，ETF 无法在场外申购，只能在场内撮合成交。

第四节　红利 ETF 的分红

红利 ETF（上证红利指数基金，这里指 510880）的分红规则很特殊。这一节主要讲 510880 的分红情况和分红规则，也会讲它和其他指数基金分红的区别。

长期看指数整体的盈利会增长，分红额也会越来越多。红利 ETF 的分红呈现出明显的增长趋势——越来越多。随着时间推移，分红所占投资者盈利的比例会逐步提高。

分红是重要的被动收入来源，如果投资者希望达到所谓的财务自由，那么一定不是靠变卖基金份额来实现，而是持有基金，用它们分红的钱覆盖日常生活支出。可以来算一笔账，2019 年 1 月，红利 ETF（510880）的每份分红金额是 0.098 元，当时的基金净值大概为 2.6 元。

假设经过投资者的计算，每个月有 2 万元的收入就可以活得挺好，那么可以反向推导一下，投资者需要持有多少红利 ETF？答案是大约 245 万份，等值 637 万元的红利 ETF 基金。

Q：这是如何推算出来的？

A：一个月 2 万元，一年就是 24 万元，如果要获得 24 万元的分红，需要投资者有红利 ETF：24 万元 /0.098 元 =245 万份，2019 年 1 月，每份红利 ETF 大约是 2.6 元，那么持有的红利 ETF 市值为 245 万份 ×2.6=637 万元。也就是说，投资者有 637 万元红利 ETF，以 2019 年 1 月的分红水平计算，投资者会获得 24 万元的现金分红，平均到每个月就是 2 万元。

随着时间的推移，未来红利 ETF 的分红会越来越多，如果每份分红额上涨到 0.15 元，那么一年的分红就达到 245 万份 ×0.15 元 =36.75 万元，相当于每个月 3 万元的收入。这还不算基金净值的上涨带来的回报（这部分升值会更多）。

对分红的钱怎样处理？

对分红出来的钱如何进行选择依旧是那个思路：在长期投资和无特别用途的情况下，应该持续选择那些预期回报最高的生产性资产。这个问题换一个问法是："我现在突然有一笔钱应该投资什么？"答案是：如果你依旧喜欢投资指数基金，也应该考虑你所看中的那些指数中，哪一个预期回报更高一些，哪一个估值相对最低，或者你也可以将钱适当分散在预期回报最高的2~3只指数基金中。

Q：基金分红之前买好，还是之后买好？为什么我根据实际分红计算得出的股息率与查询到的指数股息率不一致？

A：2019年1月，华泰柏瑞上证红利ETF（代码510880）发布了2018年度第一次分红公告，计划每10份基金份额分红0.98元。

首先从分红额度上看，相比去年同期略低（去年每10份分红1.09元），很多人用510880场内收盘价做了一个除法，比值还不到4%，但是查到的上证红利指数股息率约5%，就有一个疑问：为什么会有明显的差异？另外，基金马上要分红了，如果想买，是分红前买好，还是分红后买好？

要回答上述问题，需要做几个前置知识的铺垫。有关基金分红，会涉及3个日子：权益登记日、现金红利发放日和除息日。

（1）权益登记日用于确定谁可以参与这次分红，这只基金本次是在1月15日当天及以前成交的都可以参与本次分红。

（2）现金红利发放日是投资者拿到分红现金的日子（1月21日），这一天投资者拿到分红款。如果当时指数估值还很低，建议投资者还是要直接买入回去。现在距离红利发放日已经不远了，按照目前的估值看，到时候是要再买回去的。

（3）除息日是分红款从基金资产中分离出来的日子。2019年1月分红的除息日是1月16日，由于分红导致净值下降，这一天基金净值就会有一个向下的断口，从当天基金开盘价也可以看出会明显低于前一交易日收盘价，分红导致净值下降，这也是为什么基金分红本身并不会给投资者带来收益：投资者左手拿到现金分红，右手的基金净值下降，一边加，一边减。

值得一提的是，现在基金分红暂时不用交税，根据财政部、国家税务总局财税〔2002〕128号《关于开放式证券投资基金有关税收问题的通知》，对投资者（包括个人和机构投资者）从基金分配中取得的收入，暂不征收个人所得税和企业所得税。

再来解释遇到分红时是之前买还是之后买。先说答案：没有区别。如果必须要买，在满足指数低估的情况下，我建议分红前买。这样建议的原因是：如果买入理由是指数估值低，那么达到了就要买是高执行力的体现。

投资者判断分红前/后买的区别主要是寻找"占便宜的可能"，这是想多了。

公募基金目前已经非常成熟，基金分红的公告日期和权益登记日之间往往相隔很多天，说明制度上就允许投资者临时抱佛脚地参与分红，这是因为基金分红没有让投资者占便宜的可能，因为如果投资者占便宜了，那么一定是侵害了老持有人的利益。假设存在机会，那么自然会有大量的资金参与套利，最终导致套利收益趋近于0。

举例来讲，在长假前货币基金会提前一个交易日关闭申购，这样做的目的就是防止新增资金在长假期间摊薄老基金持有者的利益。公募基金已经是大众投资理财的常用工具，从制度设立上也不会存在如此明显的漏洞。投资者要先从大方向上看：基金分红如此稀松平常的事，投资者想从中捞到特别的好处是不可能的。

如果投资者因分红想占便宜而买基金，那么只有两种可能：一种是投资者产生了错觉；另一种是投资者在冒风险。

ETF基金只能现金分红。假设投资者有ETF基金100份，价格是1.2元，那么市值是120元。现在每10份基金分红2元，分红后基金净值就是1.2-0.2=1元，投资者手中持有的基金市值下降，变成了1×100=100元，投资者所持有的基金少了20元，这20元其实是到了投资者自己手里。因为投资者有100份基金，每一份分红0.2元，100×0.2=20元。所以投资者不会因分红而变得更富有。

我见过很多次基金大比例分红，比如原来的2元分红到1元，然后一些朋友就很着急地问："怎么持有的基金突然就少了很多钱？亏了那么多吗？"他们还以为自己上当受骗了。其实是因为基金分红比例很大，少的那部分钱到了他们的银行卡里。

富国中证红利增强这个指数基金的净值一直很低（在1附近），这是因为这只基金的风格就是喜欢大比例分红，所以基金净值高不了，分红其实就是在分净值。

那么为什么有的人会有错觉，觉得分红前买好，或者分红后买好？这有如下几种原因。

（1）分红让净值下降，但有的人觉得没有下降，这是因为除息日当天股市上涨了，由除息导致的价格向下的断口就会被部分或全部补全，给人的感觉是净值没有下降，这样现金红利就像白给的一样。

如果遇到除息日股市下跌，那么 ETF 基金当天价格也会继续下跌，这时分红给人的感觉就是大幅下跌，人们就会认为分红后买更好。

说到底只是除息日当天股市如何表现决定了买入时机，这就是投资者在瞎蒙短期股市涨跌，是在冒险。投资者如果是先知，当然知道要涨先买合适，知道要跌后买合适，这与分红无关。

（2）"便宜"。很多人等着分红后买，是因为"便宜"，如果看价格确实如此，价格下跌了，买一手（100 份）所掏的成本会更低。要说明这个问题，必须先定义什么叫"便宜"。

便宜是购买的单位商品的价格降低了；便宜不是购买的商品的数量减少了，这是自欺欺人。

一袋苹果打包卖，售价是 10 元，里面有 10 个苹果。一天后这袋苹果的售价是 9 元（苹果质地不变），这种情况可以说是相比之前便宜。但如果老板从口袋里拿走一个苹果，然后退给你 1 元，这一袋子苹果卖 9 元，那么这并不是便宜，而是没变。实际上你还是用 1 块钱买了 1 个苹果。你看到的价格下降，是因为苹果数量下降。前者是苹果便宜了，后者是苹果少了。

看到分红公告，就像你知道一只母鸡要下蛋，这时的母鸡价值 104 元，鸡屁股里的鸡蛋价值 4 元。当母鸡下完蛋，这只母鸡就不是 104 元了，而是 100 元。基金分红是基金部分资产的被"剥离"，是原本在基金资产中的钱出来了。

对于购买指数基金来说，商品是"每一元赢利能力"——市盈率。投资是购买一种赢利能力，这是人们掏钱买资产的根本考量因素。所以当指数下跌，可以看到市盈率在下降，这才是相比于之前更便宜。

（3）基金分红和市盈率降低。有人会有此一问："我知道市盈率下降是便宜了。基金分红就是让市盈率下降了呀，所以分红后买更划算。"这是不对的。

市盈率是指数的市盈率，而不是指数基金的市盈率，要让指数的市盈率短期下降，需要让指数的市值下降（市盈率＝市值/盈利）。如何让指数的市值下降呢？让指数成分股的市值下降。怎么让指数成分股的市值下降呢？在成分股的股票数量不变的情况下，让成分股股价下降（市值＝股价 × 股票数量）。怎么让成分股股价下降？靠股市向下波动，或者公司现金分红。

因为短期股市不可预测，所以不谈股市是否会下跌，只谈论分红的影响。那么指数基金现金分红是指数成分股现金分红吗？明显不是。指数成分股分红分布在一年的各个时间里，毕竟那么多成分股（上证红利成分股有 50 个），它们的分红时间不是集中在一起的，是分散在一年 12 个月之中的。也就是说，成分股分红和基金分红在时间和数量上都不同步。

指数基金分红只是一种制度安排，基金拿到过去一年的成分股分红，选择某一天集中进行基金分红，这是基金的行为，不是指数成分股的行为。在分红后，指数的任务依旧是跟踪指数涨跌，基金资产依旧会尽可能地模拟指数成分股和权重。

所以分红公告中写着"2018 年度第一次分红公告"，如果投资者不理解上面所述，就会感到奇怪："这已经是 2019 年了，为什么还写 2018 年度第一次分红呢？是不是写错了？"原因就是基金分红的钱是成分股在 2018 年度的那些分红。

（4）佣金更低。分红后买更好是因为费用更低？假设在分红前买，分红会让一部分钱出来，这些钱再买回去，这时相当于有一小部分钱交了两次佣金。其实这个影响是微乎其微的，因为现在佣金很低（万分之一上下），而且到明年 1 月这基金还得分红，如果还是要买回去，那么一样是躲不开。

基于上述原因，分红前后并无区别。影响最大的就是除息日股市涨跌，但投资者又不能对其预测。所以我的建议是：如果投资者单纯因为看到基金分红想参与，那么现在知道占不到便宜，就别买。如果投资者因为指数低估想买，赶上分红了在犹豫是之前，还是之后买，那么我建议之前买，这是执行力的体现。

最后回答另一个问题，为什么指数股息率和用基金分红计算而来的比率会有差别。

先解释一下这个问题的由来：2019 年的分红是每一份基金份额分红 0.098 元。然后用 0.098 除以当时基金的收盘价格 2.611 元，得出比值是 3.75%，可以称之为"基息率"。但是查询到指数股息率将近 5%，也就是说看指数股息率更高，实际指数基金分红少了很多，那么这部分去哪儿了？

对于绝大部分指数基金来说没有这个疑问，它们不分红都可以，分多分少也是基金公司定的，不强制，只要符合分红条件即可。基金拿到成分股分红，但基金不分红，投资者也不会吃亏，毕竟那些分红的钱是反映在基金净值中了。

但这里讨论的是 510880，它太特殊，它确实与成分股分红有直接关系。根据《上证红利交易型开放式指数证券投资基金基金合同》的约定，基金收益评价日核定的基金累计报酬率超过同期标的指数累计报酬率达到 1% 以上时，可进行收益分配，本基金收益分配采取现金方式。

指数有大量成分股，这些成分股有一些会分红，对于红利类指数来说，成分股几乎都会分红。分红后，每一只股票都会有价格的下降，反映到指数上，指数也会有一个下降，只不过那些成分股分红并不会集中在一年的同一天，而是分散到一年中的 12 个月，再加上指数成分股很多，单一一只股票权重又很低，所以平时投资者观察指数是看不出来股票分红的，但这个影响真实存在，积累起来就多了。

也就是说，指数的涨幅，是扣除了指数成分股的分红。但是基金投资于指数成分股，基金获得了成分股的分红，分红到基金资产了。所以这就有一个差值，即 ETF 基金的累计报酬率会比同期指数累计报酬率多一些（假设无跟踪误差），多的这部分，就是成分股分红。

假设指数累计报酬率是 A，指数成分股分红报酬率是 B，那么指数基金的累计报酬率就是 A+B。看指数涨幅时，是看不到 B 这部分的，但这部分确实存在，是投资收益的一部分。

所以像 510880 这种 ETF 基金的现金分红，来源于所有收益（指数＋分红）与指数之间的差额，这样一个减法后，可以看到 510880 这只基金的现金分红应该就是成分股分红的额度，与指数涨跌无关。

510880 的基金招募说明书中有这样一句话：基于基金特点，分红无须弥补之前亏损，分红后也可以低于面值1。但并非所有的ETF基金都是这样，比如华夏上证50ETF，它还是要满足一般基金分红的要求：弥补以前亏损，当期不能亏损，分红后净值不能低于面值。

可以说510880的规定非常特殊，导致了510880每年的基金分红就应该等同于成分股的分红，通过历年的分红也可以看出来，随着成分股盈利的提升，分红额也呈现出明显的上升趋势。

那么为什么分红时，投资者得到的会比股息率5%小呢？这是因为基金的运作需要各种成本。在前面讲指数和指数基金时说过，指数和指数基金是两码事，指数是纯数学计算结果，而指数基金是把指数做成了现实，这个过程会涉及各种"耗损"，也就是各种交易成本和手续费。

管理费和托管费是成本；每年指数基金更换成分股，平时动态调整组合权重也会涉及交易成本；基金拿到成分股的分红可能还涉及股票的分红税；可能还有一些我没有想到的其他原因。

指数股息率是5%，这是成分股分红的纯数学计算结果，此计算结果并不包含各种费用损耗，而投资者拿到红利ETF分红是一个基金分红的实际行为，其中产生差异很正常。所以3.75%是扣除了各项费用和误差的结果，据此也可以推算出，红利ETF在2018年的"损耗"大约是5%-3.75%=1.25%，其中包含管理费、托管费、各种摩擦费用，以及跟踪误差。

虽然有这个差异，但不会改变"股息率可以作为一种辅助的估值手段"的事实，指数股息率很重要，但计算出来的基息率不重要。投资者在意的是指数本身有怎样的特质，指数基金是投资者投资于指数的工具，只要指数基金运作正常，跟踪误差小，运作成本低就可以。

大部分指数基金并不强制分红，成分股分红，而基金不分红也没有问题，因为成分股分红的钱到了基金资产中了，而指数基金为了跟踪好指数，会把这些分红配置到股票中，就会体现在基金净值中。投资者重视的是指数选择成分股时要求了"红利"这个特征，至于指数基金分红与否并不重要。

有一部分指数基金强制要求分红，比如510880就是这样的，原因在上面已经说明。强制要求分红的基金会为投资者提供被动收入——不用卖出基金也可以获得现金，这确实可以算是一个有意思的特点，但这个特点并不决定指数基金的好坏。

下图是 510880 历年分红。

年份	权益登记日	除息日	每份分红
2019年	2019-01-15	2019-01-16	每份派现金0.0980元
2018年	2018-01-22	2018-01-23	每份派现金0.1090元
2017年	2017-01-20	2017-01-23	每份派现金0.0910元
2016年	2016-01-19	2016-01-20	每份派现金0.0500元
2015年	2015-01-19	2015-01-20	每份派现金0.0800元
2014年	2014-01-20	2014-01-21	每份派现金0.0590元
2012年	2012-12-17	2012-12-18	每份派现金0.0410元
2011年	2011-10-21	2011-10-24	每份派现金0.0350元
2010年	2010-10-21	2010-10-22	每份派现金0.0210元
2010年	2010-07-14	2010-07-15	每份派现金0.0200元
2009年	2009-10-21	2009-10-22	每份派现金0.0230元
2009年	2009-03-23	2009-03-24	每份派现金0.0240元

○ 分红送配详情

（资料来源：天天基金网）

第五节 中证红利指数

读者如果理解了上证红利指数，就理解了中证红利指数，这两个指数的筛选逻辑是一样的。

中证红利指数，指数代码是000922/399922，由中证指数公司编制。与上证红利的选股空间不同，中证红利是在两市选股的，中证红利指数要求成分股的数量是 100 只，指数调整频率是每年一次，时间是在 12 月中旬。

Q：为什么这个指数有两个代码

A：这个指数跨两市选股，所以两市都有代表它的代码，000922 是沪市代码，399922 是深市代码。

样本空间由满足以下条件的沪深 A 股组成：

（1）过去两年连续现金分红且每年的税后现金股息率大于 0。

（2）过去一年日均总市值排名在全部 A 股的前 80%。

（3）过去一年日均成交金额排名在全部 A 股的前 80%。

选样方法是对样本空间的股票按照过去两年的平均税后现金股息率由高到低进行排名，选取排名在前 100 名的股票作为指数样本（股息率加权），但市场表现异常并经专家委员会认定不宜作为样本的股票除外。选股逻辑与上证是一样的。区别是，上证红利只在上海选股，且成分股数量是 50 只；中证红利是两市选股，成分股数量是 100 只。

指数每年会调整一次，把原来的成分股重新观察一遍，把不满足样本空间的那些股票剔除，然后在最新一期的样本空间中，按照过去两年的平均税后现金股息率由高到低进行排名，选取排名在前 100 名的股票作为指数样本。每次样本调整比例一般不超过 20%，也就是说一般会变动 20 只股票。

特殊情况会导致调整比例超过 20%（调整数量超过 20 只）。这种情况就是："不满足过去一年的税后现金股息率大于 0.5% 而被首先提出的原样本股数量超过了 20%。"这意思就是说，原来的 100 个成本股，有太多股票的股息率太低了，必须先剔除，这种情况下剔除的数量就可以超过 20%（超过20 只）。发生这种情况需要极端的牛市行情。

中证红利指数也是一个很聪明的指数，建议投资者收藏并关注。如果投资者不想配置其他指数，那么中证红利是比较合适的，因为上证红利没有深市的股票，而深市也确实有不少优秀的公司，中证红利两市就都有了。

中证红利的指数基金有如下 3 只。

富国中证红利指数增强（代码 100032），只能场外交易，2018 年 12 月31 日规模为 31.43 亿元，管理费率为 1.2%/ 年，托管费率为 0.2%/ 年；

大成中证红利指数（代码 090010），只能场外交易，2018 年 12 月 31 日规模为 2.82 亿元，管理费率为 0.75%/ 年，托管费率为 0.15%/ 年；

万家中证红利指数（LOF）（代码 161907），可以场内、场外交易，2018 年 12 月 31 日规模为 0.39 亿元，规模太小不建议投资者选择。

目前中证红利指数的指数基金只能在富国中证红利增强和大成中证红利之间二选一。

Q：什么是指数增强型基金，它比一般指数基金更好吗？

A：首先"指数增强"是一种名称上的暗示，给人的感觉就是指数后面加上"增强"就比单单的"指数"好。其实增强是一种期望，或者是努力做到，所以应该叫"努力做到超越这个指数的指数基金"。一般的指数基金任务是尽可能降低误差的跟踪指数表现，但指数增强型不是，它的任务是超越指数表现。

那么如何超越？就是留出一部分钱让人来控制，发挥人的智慧。这一部分一般占 20%，即 80% 的钱还是要按照权重配置的，但 20% 的钱可以由基金管理人发挥，通过多买一些明显更好的公司的股票来实现整体超越指数。

指数的成分股很多，这些成分股中有一些公司是明显好于另一些公司的，能分辨出来就有很大的概率让指数基金的表现超越指数表现。从历史上看，确实我国的指数增强型基金做得还不错，但不排除在某一些年份中增强输给了非增强。

投资者还需要考虑，指数增强型基金的管理费通常更高。富国中证红利增强的综合管理费就比大成中证红利高了 0.5%，也就是说，不考虑跟踪误差，富国中证红利增强先要做到每年超越指数 0.5% 才能与大成中证红利打平，高于 0.5% 以上的部分才算是做到了增强。

我个人并不排斥指数增强型，但是否能够超越还要看基金管理人的表现。我认为管理人如果不胡来，不赌博，稳健地运作，还是可以稍微超越指数的。至于是富国，还是大成，如何选择完全可以根据投资者的喜好。如果投资者个人信任增强型就选择增强；如果投资者认为长期超越指数其实很难，而且综合管理费成本又高，那么选择大成也可以。

投资者可能注意到了大成中证红利的规模还不到 3 亿元，比较小，但是距离清盘线（5000 万元）还比较远，所以投资者暂时不用担心。

Q：LOF 基金是什么？

A：LOF 基金的英文全称是 Listed Open-Ended Fund，翻译过来就是上市型开放式基金。这种基金在上市发行后，既可以在场外进行申购和赎回，也可以在场内买卖该基金。无论是投资者想把场外的份额转到场内卖出，还是想把场内的份额转到场外赎回，都需要办理转托管手续。

我国的 LOF 基金一般是主动管理基金（也有少量是被动管理），这与 ETF 基金一般为被动管理的指数型基金不同。既然 LOF 也可以在场内和场外交易，那么同样也可能存在套利机会。LOF 的场外申购赎回和普通的开放式基金一样低门槛，不像 ETF 基金那样用一篮子股票换来换去，方便很多。

LOF 基金有哪些特点需要注意？

（1）LOF 基金的场内交易费用较低，由于是场内交易，券商佣金目前普遍较低。

（2）LOF 基金的场内交易只有现金分红方式，不能修改为红利再投资；LOF 的场外交易有两种分红方式，可以修改为红利再投资。

（3）在交易时间按照实时价格交易，和股票一样，流动性高。

我国第一只 LOF 基金是于 2004 年成立的南方积极配置，代码为160105，在深交所上市。在其投资范围中有如下描述：本基金大类资产投资的目标比例为股票 85%、债券 10%、现金 5%；可能比例为股票 40%-95%，债券 0%-50%，现金 5%-10%，可见它是主动管理基金。

第六节　深证红利指数

深证红利指数，指数代码是 399324，由深圳证券交易所编制。可以看出中证红利指数也有一个代码是 399 开头的，这是深证指数代码的特点。上证红利和中证红利的选股逻辑是一样的，不一样的就是选股空间和成分股数量，但是深证红利就有一些区别。深证红利的成分股数量很不一样，既不是100 个，也不是 50 个，而是 40 个。

样本空间由满足以下条件的深市 A 股组成：

（1）非 ST、*ST 的 A 股。

（2）考查期内股票价格无异常波动情况。

（3）具有稳定的分红历史：最近 3 年内至少有两年实施了分红，其中分红包含现金股利和股票股利。

（4）分红具备一定的价值：在最近 3 年内，股息率（每股分红 / 最近1 年内经复权调整的股价）至少有两年的市场排名进入前 20%。

（5）流动性保证：近半年内日均成交金额 >500 万元。

重点看选样方法。

将备选股票按前 3 年累计分红金额占深市上市公司分红金额的比重，和最近半年日均成交金额占深市比重按照 1∶1 的比例进行加权排名，并考虑经营状况、现金流、公司治理结构，防止大股东恶意高送股变现等综合因素后，选取排名在前 40 名的股票。

在选股时，到底让谁进来？答案是由两个权重决定。这两个权重一样重要：一个是成交额，另一个是分红额占比。成交额不用展开讲，它是用来控制公司流动性的，往往更容易选出来的是中大型上市公司。这一条和上证红利、中证红利有很大的区别，这两个红利指数是股息率加权——股息率高低决定选谁，而深证红利是最终选股时不用股息率加权，用的是流通市值和分红额占比加权。

那么深证红利就不考虑股息率吗？也考虑了。

在样本空间初筛的步骤中，第四条："在最近三年里，股息率至少有两年的市场排名进入前 20%。"这其实是先对股息率进行了控制，而上证红利和中证红利在初筛时并没有对股息率做过多要求，而是在终筛时对股息率进行加权。对比深证红利，是在初筛时对股息率有要求，先做了排名，之后在终筛时用流通市值和分红累计占比进行加权。

为什么考虑"前三年累计分红金额占深市上市公司分红金额的比重"？这是要达到什么目的？有的公司短期分红很高，但是无法持续，如果考虑前 3 年累计，就很大程度地避免了这类公司被选入。

存在很多公司短期分红高，但忽高忽低的情况吗？确实存在，尤其容易出现在周期性很强的行业中，这些行业在景气周期的利润水平可以是非景气周期的很多倍，如果要分红，分红额的差别就会很大。

上证红利指数（注意不是深证红利指数）在 2007 年年底到 2008 年年初的成分股调整中，纳入了好几只能源股。这是因为在之前两年能源相关行业景气度很高，利润多，分红多，股息率高，使得几只这种个股被纳入进来，之后景气周期过去了，这些公司的净利润较大幅度下滑，股息率也会随之下降，这些公司就会被剔除。如果像深证红利指数那样考虑前 3 年的累计分红额，这种周期性的公司就极有可能不会被选入。

从选股的聪明程度考虑，深证红利要优于上证指数和中证指数。从成分股数量来看，深证红利只有 40 只，比上证红利还少 10 只，我认为是很不错的。深证红利每年6月调整一次成分股，原则上每次调整不超过20%（8只），它的调整比较复杂，还设有缓冲区和临时调整方法，这里不再赘述。

从筛选逻辑来看，深证红利指数筛选出的公司相比于上证红利和中证红利，可能要更好，它甚至还考虑了经营状况、现金流、公司治理结构，防止大股东恶意高送股变现等综合因素（关于具体怎么考虑的我没有找到说明），还防止了一些短期高分红却无法持续分红的公司被纳入。

深证红利也是我建议投资者主要关注的一个红利类指数。

工银深证红利ETF（代码为159905），场内交易，2018年12月31日规模为6.56亿元，管理费率为0.5%/年，托管费率为0.1%/年，和上证红利的费率结构是一样的。

工银深证红利ETF联接（代码为481012），场外交易，2018年12月31日规模为5.24亿元，管理费率为0.5%/年，托管费率为0.1%/年。

Q：什么是ETF联接基金？与ETF有什么区别？

A：ETF联接基金重点在于"联接"两个字，投资者如果理解了联接就理解了这种基金类型。

ETF是不适合散户在场外申购的，非常麻烦，需要的钱也多。但很多散户不想进行场内交易，但是又很想买，怎么办？另外，很多地方没有这个条件，要场内交易就得有稳定的网络，而目前在很多地方，大部分人并不习惯于网络交易，基金很大一部分依旧依托于银行代销，很多人是去银行买基金的。除此之外，基金公司成立ETF联接基金还可以增加ETF基金的规模，改善ETF基金的流动性。

ETF联接就是联接了场内和场外，做一只场外交易的基金，帮投资者去申购或买ETF，投资者直接买场外这一只即可。其就像代购，只不过代购的产品是固定的，就是哪个ETF。有一个ETF联接就会有一个对应的ETF基金，这是一一对应的。

ETF联接基金的主要持仓是基金，而不是股票，因为它是去申购ETF基金的，很多人查看ETF联接基金的季报，感到很费解，怎么持有很多基金啊？股票极少，就是这个原因。所以如果投资者想买某个ETF基金，但是又不想到场内交易，就可以看看这个ETF基金有没有ETF联接。

细心的人会问，ETF 的管理要管理费，ETF 联接也要管理费，但是 ETF 联接直接买了 ETF，那么管理费岂不是要收两次？这是一个好问题，答案是不会这样的。ETF 联接规定，买 ETF 这部分不收管理费，所以还是很公平合理的，不会出现收两次管理费的情况。根据《交易型开放式指数证券投资基金联接基金审核指引》规定，ETF 联接基金的基金管理人和托管人均不得对 ETF 联接基金财产中的 ETF 基金部分计提管理费和托管费，即对大于 90% 的资产不会再收取管理费和托管费，避免了对投资者重复收取费用。

ETF 联接很像 FOF 基金，FOF 基金是投资于基金的基金，但真正的 FOF 基金是要求分散投资于很多基金的，而 ETF 联接基金只投资于一只基金——对标的 ETF。

ETF 联接基金主要投资于对应的 ETF 基金。下面的图是工银深证红利 ETF 和 ETF 联接的 2018 年 12 月 31 日报告。

本报告期自2018年10月01日起至12月31日止

◆报告期末基金资产组合情况

序号	项目	金额（元）	占基金总资产的比例（%）
1	权益投资	644,753,394.88	98.14
	其中：股票	644,753,394.88	98.14
2	基金投资	-	-
3	固定收益投资	-	-
	其中：债券	-	-
	资产支持证券	-	-
4	贵金属投资	-	-
5	金融衍生品投资	-	-
6	买入返售金融资产	-	-
	其中：买断式回购的买入返售金融资产	-	-
7	银行存款和结算备付金合计	11,896,738.24	1.81
8	其他资产	344,174.11	0.05
9	合计	656,994,307.23	100.00

注：1、股票投资项含可退替代款估值增值。

（图片来源：工银瑞信基金公司官网）

基金投资说明书：用基金赚一辈子的财富

上图是工银深证红利 ETF 资产组合情况，股票占比极高，现金不足 2%，前面讲过 ETF 因为没有赎回压力，所以现金拖累可以非常小。

本报告期自2018年10月01日起至12月31日止

<!--[if !supportLists]-->

◆报告期末基金资产组合情况

序号	项目	金额（元）	占基金总资产的比例（%）
1	权益投资	–	–
	其中：股票	–	–
2	基金投资	491,164,771.38	93.06
3	固定收益投资	–	–
	其中：债券	–	–
	资产支持证券	–	–
4	贵金属投资	–	–
5	金融衍生品投资	–	–
6	买入返售金融资产	–	–
	其中：买断式回购的买入返售金融资产	–	–
7	银行存款和结算备付金合计	35,441,705.75	6.72
8	其他资产	1,165,996.96	0.22
9	合计	527,772,474.09	100.00

注：由于四舍五入的原因金额占基金总资产的比例分项之和与合计可能有尾差。

（图片来源：工银瑞信基金公司官网）

上图是工银深证红利 ETF 联接的资产组合情况，绝大部分投资于基金，现金占比超过 5%，场外基金由于有赎回压力，所以现金超过 5% 是很正常的。

◆报告期末按公允价值占基金资产净值比例大小排序的前十名基金投资明细

序号	基金名称	基金类型	运作方式	管理人	公允价值（人民币元）	占基金资产净值比例(%)
1	工银深证红利 ETF	指数型	交易型开放式	工银瑞信基金管理有限公司	491,164,771.38	93.69

（图片来源：工银瑞信基金公司官网）

上图是工银深证红利 ETF 联接持有的基金情况，只有对应的工银深证红利 ETF。

第七节　标普红利机会

标普红利机会是美国标普公司开发并维护的，全称是标普中国 A 股红利机会指数，成分股有 100 个，也是两市 A 股选股，这个指数也是股息率加权算法。它在初筛样本空间时对公司有如下要求：

（1）过去 3 年盈利增长必须为正。

（2）过去 12 个月的净利润必须为正。

（3）每只股票权重不超过 3%，单个行业不超过 33%。

然后对这个样本空间进行终筛，按照过去一年股息率由高到低排名，选择前 100 只股票。

红利机会比较特殊，它是要求盈利增长的，这就排除了很多虽然分红，但是盈利下滑的公司。毕竟长期看，盈利能增长，分红也会越来越多。但盈利增长未必就是盈利，有可能是亏损得越来越少，所以第二条控制了过去 12 个月的净利润必须为正，要求必须盈利，不能亏损。亮点是控制了单一行业占比，这就避免了周期行业的景气周期带来单一行业占比过高的情况。

红利机会被很多人称为最强的红利指数，这个"最强"是指回测最强，但我不太考虑回测数据。红利机会的选股方法确实非常有道理，很少有指数对盈利增长有要求。

按道理"对盈利增长做一些要求"是一个理所应当的想法，但为什么这样要求的指数很少？这个问题很重要，投资者能想到，指数编制公司应该很早就想到了，在指数的编制方面，它们比投资者肯定更加专业。

说实话，我现在并没有很好的答案，我只能试着解释这个现象的原因，很可能是不对的。我给出的原因是：条件过于苛刻，容易引发"过度拟合"，导致成分股变动剧烈。所以通过间接的方式做要求。

单纯要求分红，单纯要求市值更大，都是从某种意义上要求盈利增长。

如果公司赢利持续下滑，本身很难持续分红了，连生存都成问题，未来可能没钱发工资，怎么还会分红？对于绝大部分公司来说，只有盈利增长，市值才可能越来越大。所以尽管没有直接要求盈利增长，但其实大部分指数也都暗含了这个意义，只不过是从更大的维度和视角来解决这个问题，并不做直接要求。

毕竟，投资者不能要求一家公司持续盈利增长，再好的公司也很难持续增长，跑得再快也要休息休息，中间有所停顿和下滑都很正常。过度拟合的问题是，越是要求严格，越是会选出奇怪的公司，投资者要求过去 3 年盈利增长，就可能会选出增长一点点的公司，反正只要是增长就行了，但如果要求增长的量，比如必须增长 5%，或者必须增长 10% 以上，就又继续过度拟合了。谁都知道盈利持续地增长好，但这么直接要求就一定好吗？

标普红利很年轻，不同于其他红利指数，它实际运行的时间很短，早一些的数据都是回测出来的。而回测数据是很有讲究的，投资者可以通过微调要求那些参数，就能获得差异很大的结果。比如不要求单一行业 33%，调整到 30%。再比如，不要求单一公司 3%，提高到 5% 试试，降低到 2% 试试。投资者可能会得到差别非常大的结果。

其实这是数学问题，如果你观察历史，总会发现那么几种非常有效的量化方法，只要计算机足够强大，就可以通过历史数据回测出来，比如要求公司名称必须是 ABCD 开头的，比如要求公司高管必须是女性。你做出一系列的奇怪要求，有可能获得一个非常好的回测数据。但是对于这个量化策略谁敢用呢？

值得投资者注意的是，红利机会指数是一年两次调仓，在每年 1 月和 7 月。这确实频繁，换手率会很高。本来要求就严格，加上一年两次调整，股票的变化应该很大。总体而言，红利机会指数有点过于耍小聪明，我认为其缺乏大智慧。当然，我这里必须说，它以后可能、或许、没准表现非常好，我是从编制方法角度来思考的。

基金是华宝标普中国 A 股红利机会指数 ALOF，代码是 501029，在场内和场外都可以买，场内的简称是红利基金。2018 年 12 月 31 日，其规模是19.98 亿元，管理费率为 0.75%/ 年，托管费率为 0.15%/ 年。总体而言，我对这只指数基金目前持观望态度。如果投资者感兴趣，也可以纳入收藏。

第八节　红利低波动

红利低波动是简称，全称是中证红利低波动指数，由中证指数公司编制，指数代码是 H30269。

中证红利低波动指数的样本空间由满足以下条件的沪深 A 股构成：

（1）过去 3 年连续现金分红且每年的税后现金股息率大于 0。

（2）过去一年内日均总市值排名在全部 A 股的前 80%。

（3）过去一年内日均成交金额排名在全部 A 股的前 80%。

这是初筛，终筛如下：

（1）对样本空间的股票，计算其最近一年的红利支付率和过去 3 年的每股股利增长率，剔除支付率过高或者为负的股票（红利支付率过高：支付率排名在样本空间前 5%），剔除增长率非正的股票。

（2）计算剩余股票过去 3 年的平均税后现金股息率和过去一年的波动率，按照过去 3 年平均税后现金股息率降序排列，挑选排名居前的 75 只股票。

（3）将（2）中的剩余股票按照过去一年波动率升序排列，挑选排名居前的 50 只股票作为指数样本股。

指数调整每年一次在 12 月，每次调整的样本股数量一般不超过 20%（10 只），除非因不满足过去一年的税后现金股息率大于 0.5% 而被首先剔除的原样本股票数量超过 20%。

看起来很复杂，为什么要选择波动较小的公司？这也是一种回测出来的规律，波动较小的公司往往收益较高。波动小，可能意味着不受追捧，而中国股市的氛围是受追捧的公司有如下几个特征：题材股居多，没有真实业绩的居多，特别贵的居多。低波动往往意味着题材感不强，具备一定的真实业绩，长期涨幅高，不过这是相关性，并非因果。如果考虑因果，则应该是谈公司可以连续 3 年进行现金分红，而且按照股息率降序排列。往往股息率较高的公司是相对不被炒作的公司，因为业绩确定性强，一般是缺乏题材的，所以市值相比于分红额才低——股息率才高。

Q：什么是蓝筹股、白马股和概念股？

A：对于蓝筹股、白马股和概念股没有严谨的定义，它们都模糊地代表了某一类特征的上市公司。

"蓝筹"一词源于赌场。在赌场中，有3种颜色的筹码，其中蓝色筹码最为值钱，红色筹码次之，白色筹码最差。蓝筹股是指稳定的现金股利政策，对公司现金流管理有较高的要求。通常将那些经营业绩较好，具有稳定且较高的现金股利支付的公司股票称为蓝筹股。

白马给人一种速度快且稳定的感觉，所以白马股通常代表那些长期绩优、增长率高且有较高投资价值的股票。比如2017年的大部分行情就是白马股行情。

概念股是指一些具备某种特殊内涵的股票，这种内涵与现在的业绩无关。也就是说，目前公司的业绩可以很差，但一定要有想象空间，或者有一个好听的故事，这个故事就是一种概念。往往概念股容易被炒作，大部分概念股是小盘股。有的时候，其实本没有概念，是因为某一些小盘股被大的资金控盘后，为了拉升股票进而出货获利，而人为制造的某些故事或想象空间，被称为概念而已。

投资于蓝筹股、白马股往往风险较低，但获利速度并不一定快，但概念股由于大多是小盘股，所以涨跌剧烈，很多散户喜欢买这种股票，感觉更容易一夜暴富，但这背后的风险是巨大的。很多人不买大盘股的原因直言是"没意思"，但"有意思"和"能赚钱"也不是一个意思。

规则是先用股息率进行筛选，再用波动率进行筛选，其实波动率在这里起到的作用已经被淡化了。根据规则第二条，先用股息率降序选出75只，75只和最终数目50只就已经很接近了，根据第三条再用波动率升序选出50只。

值得注意的是，红利低波要求过去3年的股利增长率，这就要求分红额增长。在某种意义上，分红额逐年增长就意味着净利润是增长的（假设分红率不变），比如公司规定分红率是30%，当赚1000万元时，分红300万元；当净利润上升，赚2000万元时，分红600万元。分红率不变，净利润上升，分红额就上升。所以这是变相地要求利润增长。

这个指数的真实运作时间也不长，过去很多都是回测而来的。但其编制方法和调整频率还是不错的。我不喜欢"低波"这个要素，实际上其占比并不大。低波属于投机的分析方法，根据波动率低并不能推断出是好公司，这是相关性。

对应的指数基金有华泰紫金保暖管理低波指数发起式，2018 年 12 月 31 日规模为 1 亿元，比较小，不建议投资者考虑。创金中证红利低波 A，规模为 0.05 亿元，更不能考虑。华泰柏瑞红利低波动 ETF，代码为 512890，场内交易，2018 年 12 月 31 日规模为 6.84 亿元，管理费率为 0.5%/ 年，托管费率为 0.1%/ 年。

总体来说中证红利低波动还是不错的，"低波"虽然不符合我的喜好，但影响并不大，总体还是以高股息为主。建议投资者收藏。

Q：什么是"发起式"？

A：发起式基金是一种基金类型，也就说在基金成立时基金公司就要拿出钱来认购自己的这只基金，在一开始发起成立基金时就是这只基金的持有人。这样做是为了给其他投资者信心，"你看我也买了，咱们利益相关"。

Q：一些基金名称的后面有字母，比如 A、B、C、E 等，是什么意思？

A：很多人发现一些基金名称几乎都一样，只是最后的字母不同，它们的净值大部分还不同，那么这到底有什么区别？主要有如下几点不同。

参与起点不同：这种情况是对货币基金而言的，一些货币基金会有后缀 A 和 B，大概率是因为参与的起点不同而分为两类。A 类货币基金是普通散户投资者购买的货币基金，而 B 类是大资金所购买的货币基金，投资者如果想购买 B 类，一般情况下就需要 500 万元的资金量。区别在于，B 类货币基金的销售服务费几乎可以忽略不计，与 0 区别不大，而 A 类货币基金有明显的销售服务费，费率为 0.3%-0.33%。对于收益本来很低的货币基金而言，少了这部分费用确实会增加一些收益。

我曾经咨询过一些基金公司，B 类份额不需要特别去申购，如果投资者购买 A 类份额达到 500 万元，就自动视为 B 类份额。但是否所有基金公司都用这个规则就不得而知，如果投资者要购买货币基金的 B 类份额，一定要提前咨询基金公司客服确认信息。

收费方式不同：这是最多的情况。如果一只基金的后缀只有 A 或者 B，或只有 A 或者 C，有两个不同的字母，就是申购费和销售服务费的不同。A 类基金一般有前端申购费，无销售服务费；B 或 C 类基金一般无申购费，有销售服务费。

如果一只基金的后缀是 A、B、C 三个字母，就有 3 种情况。A 类是有前端申购费但无销售服务费，B 类是有后端申购费但无销售服务费，C 类是无申购费但有销售服务费。投资者选择不同的收费模式，主要是看自己的持有时间，但一定要结合渠道申购费优惠幅度再考虑。

交易渠道的不同：一些后缀字母比较奇怪，比如 E，这可能代表这类份额仅在某一渠道发售。遇到这种情况，最好咨询基金公司官方客服寻求解释。

特殊权益类型：分级基金的 A 和 B 就是这样的，分级 A 更像有很高信用级别的债券，而分级 B 更像有杠杆效果的高风险投资产品。它们有明显的区别。

Q：申购费和销售服务费有什么区别？投资者对于这两种费用需要注意什么？

A：A 类模式一般为有申购费，C 类模式一般为无申购费，但会有销售服务费。申购费是一笔收取，以后就没有相关费用了，而 C 类虽然没有申购费，但销售服务费会每天提取，它收取的形式与管理费、托管费是一样的，虽然每天很少，但时间长了也是一个不小的数目。由于损失厌恶，一些人看到 C 类没有申购费就会直接选 C。

同一只基金的后缀 A、B、C 或者其他字母的含义可能有很多，最近几年很多股票型基金出现了不同后缀，主要是收费模式的不同。

假设有一只股票型基金，A 类前端申购费原始费率是 1.5%，但现在打折力度挺大，找到申购费率 1 折的渠道非常容易，所以就是 0.15%。这只基金的 C 类收费模式没有申购费，销售服务费率是 0.5%/ 年，基金管理费率是 1.5%/ 年，基金托管费率是 0.25%/ 年。这只基金的年投资收益率是 12%，计算两种收费模式下十年后的结果。

选择 A 类：

净申购额＝（本金）/（1＋前端申购费率）=99 850.22 元，由于先要扣申购费，所以实际投资金额并不是 10 万元，而是 99 850.22 元。A 类份额的平均年化收益率 =12%-1.5%-0.25%=10.25%。

十年后市值 =99 850.22×（1+10.25%）^10=264 932.40 元。

选择 C 类：

净申购额 = 本金 =10 万元，由于选择了无申购费模式，所以实际投资金额就是本金，但是多了一个费用：销售服务费。C 类份额的平均年化收益率 =12%-1.5%-0.25%-0.5%=9.75%。

十年后市值 =100 000×（1+9.75%）^10=253 539.30 元

可见，虽然 A 类在一开始交了申购费，初始投资金额变少，但是十年后，A 类要比 C 类收益更多。虽然在一开始少了不到 150 元，但是在上述假设收益的情况下，十年后 A 类比 C 类多赢利 10 000 多元。结论是：长期投资下，选择有申购费的模式更加理性，特别是在当下申购费打折力度如此之大的情况下，选择一次性交申购费是划算的。

如果不是长期投资，就是短期投资，那么到底应该选择哪种呢？有没有一个时间的界限呢？

以这只基金为例，打折后的申购费率是 0.15%，而销售服务费率是 0.5%/ 年，不考虑基金升值的影响，只从费率角度观察，这个界限是：4 个月。因为销售服务费率是年费率，一年如果为 0.5%，那么 4 个月大概是 0.17%。所以如果计划持有时间不足 4 个月，那么选择销售服务费还可以，但如果持有时间超过 4 个月，那么选择一笔交 0.15% 的申购费就更为合适。

我的另一个建议是，如果要买偏股型基金，计划持有时间还不足半年就别买了。所以结论是，正常情况下还是直接给一笔申购费要更好，对应的后缀一般是 A。

第九节　我看待对比历史

红利类的指数是本书主要讲解的内容，有"红利"特征是我最认可的一类指数，因为我认为上市公司能赚钱是硬道理，能分红是更硬的道理。所以前面分别用了几节具体讲了上证红利指数、中证红利指数、深证红利指数、标普红利机会和红利低波动这5个目前的红利类指数的选股逻辑和建议。

我估计会有人想对比几个红利指数的历史涨幅，或者用其他指数与几个红利指数做对比，这种对比历史的做法我是不提倡的。首先，有的指数时间很短，没有真实历史，那些历史都是数据回测出来的。其次，一个指数历史的表现有很强的历史感，它是由历史中的各种情况叠加影响而成的，未来是未来，虽然未来是历史的延续，确实有影响，但历史数据是永远不可能完备的，利用历史数据永远不可能考虑到所有情况，利用历史数据也不能想象未来的变化。最后，如果投资者喜欢对比历史，那么这件事其实永远无法结束，这种对比的欲望将无穷无尽。

你对比两个指数，选择那个历史涨幅最高的，不会满足。

你开始对比更多指数，然后选择那个历史涨幅最高的，不会满足。

你开始对比指数和个股，个股有很多涨幅更高的，不会满足。

如何继续增长想象中的收益？还可以加杠杆，借钱投资，做配资。

依旧是无法满足的。

靠对比历史涨幅就能赚钱，这种事永远不会发生。千万别把历史涨幅直接当成你的收益，"我要是当初买了这个那么收益得多高啊！"这种想法很害人，投资者站在每一个当下是不知道未来的，可以做出投资决策依赖于投资者对投资的多种认知，而不是简单分析历史。如果这样，那么小学生的投资水平应该和专业人士没有什么区别。

在某些时候，某种情况下，考虑一些历史是有意义的，但是投资者要具备分辨它的能力。

下一节将简单地介绍一些其他指数，其中有的指数也值得投资者关注。

第十节　其他几个指数

沪深300指数太出名，毕竟股指期货一开始就是用沪深300指数做的，两市最大的300家公司，这个选股方法看似简单，但其实有道理，能成长到最大的那些，肯定得有点儿实力才行。但我认为，同样是在两市选股，从规则上看，中证红利指数更好。

中证 500 指数是剔除了沪深 300 成分股后，把剩余的样本再排名，选择前 500 名组成，所以就是剔除了最大的 300 个之后，选择了剩余里面最大的 500 个，如果把沪深 300 看作大盘股指数，那么中证 500 应该算是中盘股。对于这个指数我不是很能理解，沪深 300 选出最大的 300 个我懂，但是选出 500 个中型的又代表什么呢？

Q：对大盘股、中盘股、小盘股怎么定义？

A：所谓大盘股，其实并没有统一的标准，一般就是指约定俗成的那些股本比较大的股票。中盘和小盘也是一个模糊的概念，也没有确切而统一的定义。公认比较合理的解释为：股票按照流通市值排序，累计流通市值前 30% 的股票为大盘股；累计流通市值中间 40% 的股票为中盘股；累计流通市值后 30% 的股票为小盘股。

大盘股是指那些市值很大的公司，它们相对小盘股通常波动要小得多，难以炒作，更多是国企央企上市公司；小盘股容易被炒作，主要因为流通盘小，所需资金量比较小就可以达到控盘的目的。从整体看，散户更多喜欢跟风炒作小盘股，主要原因就是，一个字，快；两个字，刺激。大盘股涨跌都相对较慢，买这种股票的人较少。

然而这并不意味着大盘股就不好，相反，更多的时候，大盘股具备真正的投资价值，而小盘股以炒作为主。小型企业的经营风险相对较大，未来的不确定性更大，但如果确实是好企业，则其成长性会更强，投资收益会非常高，而大企业综合实力较强，抗风险能力更强，确定性相对而言也更大，通常被认为是成长性差的一些企业。

当然不能一概而论，公司的好坏与公司的大小不存在绝对的关系，这里只是从概率上讨论大、中、小盘股票的整体特征。大公司也存在不少成长性很强的企业，而小公司也不乏成长乏力的企业。

确实很多小公司会成长到中型公司，很多大公司也会衰落成中型公司。我认为中证 500 指数还没有沪深 300 指数好是有道理的。但对于这个指数有很多人买，因为其历史表现还不错，但我不怎么看历史表现，我更在乎选股逻辑本身。

基本面50指数也是一个比较优秀的指数。中证锐联基本面50指数挑选以4个基本面指标（营业收入、现金流、净资产和分红）来衡量的经济规模最大的50家A股上市公司作为样本，且样本个股的权重配置与其经济规模相适应，是中证指数与锐联资产合作开发的首只内地基本面指数。

基本面与一家公司商业行为息息相关，比如收入、利润、分红等，都是基本面。中证锐联基本面50指数考虑的基本面情况特别多，它会先剔除ST等不正常的股票，这里不再赘述，之后的选样很复杂：

（1）对样本空间内的股票按照最近一年（新股为上市以来）的A股日均成交金额由高到低排名，剔除排名后20%的股票。

（2）对样本空间的剩余股票计算其基本面价值（FV）。单个股票的基本面价值计算方法如下。

第一步，以过去5年的年报数据计算如下4个基本面指标。

① 营业收入：公司过去5年营业收入的平均值。

② 现金流：公司过去5年现金流的平均值。

③ 净资产：公司在定期调整时的净资产。

④ 分红：公司过去5年分红总额的平均值。

第二步，若一家公司可用年报数据少于5年，那么按可用年限的数据计算基本面指标。

第三步，计算每只股票单个基本面指标占样本空间所有股票这一指标总和的百分比。

① 营业收入占样本空间所有股票营业收入总和的百分比。

② 现金流占样本空间所有股票现金流总和的百分比。

③ 净资产占样本空间所有股票净资产总和的百分比。

④ 分红占样本空间所有股票分红总和的百分比。

第四步，基本面价值由上述4个百分比数据的简单算术平均值乘以10 000 000得出。

（3）将（2）中剩余股票按照基本面价值由高到低进行排名，选取排名在前50名的股票作为中证锐联基本面50指数的样本股。

从上述选股方法看，这样选出来的几乎都是大盘股，因为是按照 4 种基本面百分比排名由高到低筛选而来，同时又对基本面有要求，所以基本上选择出来的是大盘蓝筹股。基金是嘉实基本面 50 指数 A（LOF），可以在场内交易也可以在场外交易，基金代码是 160716，2018 年 12 月 31 日规模为 19.84 亿元，管理费率为 1.00%，托管费率为 0.18%。对于这个指数基金可以关注，可以替代上证 50 指数。

上证 50 指数也是一个老指数，很出名，它的选股非常简单，对样本空间内的股票按照最近一年总市值、成交金额进行综合排名，选取排名前 50 位的股票组成样本，只是选择 50 个非常大的公司，我认为很多指数都比它要好。比如上证 50AH 优选指数，有了这个指数，就不应该选择上证 50 指数。

上证 50 指数中有一部分公司同时在 H 股上市，也就是在我国香港股市上市。同一家公司在两地上市，价格很可能有差异。A、H 股份中价格相对较低的股份被选作指数成分股。具体来说，如果成分股公司经汇率调整后的 A 股价格除以 H 股价格的价格比率小于 1.05，则 A 股被选为成分股。反之，H 股被选为成分股。

还有一些行业和主题指数值得关注，比如中证医药 100 指数、中证白酒指数以及中证消费指数。这种指数的选择是根据投资者对行业和主题的理解。行业有很多，主题也有很多，但有的行业和主题从长期看确实明显要比其他的好。

第十一节　指数估值投资的思考路径

指数是成分股的集合。有什么成分股，怎么选进来的，是指数筛选标准决定的，成分股的质量决定了投资者长期持有指数基金的收益，成分股是底层资产，所以最重要的是筛选逻辑，筛选逻辑是因。

当投资者选择指数时，应该从指数选股逻辑入手，选择投资者认为聪明的指数。然后进入下一个问题：什么时候买，什么时候卖。

买股票要了解公司业务、商业模式；买指数要了解指数选股逻辑。这是一样的。

以获得资产收益为主要目的的行为是投资。投资者为了获得资产收益，就必须理解资产本身。还有很多主流指数这里没讲，比如创业板指等，投资者有兴趣可以查看一下自己关注的那些指数，它们是如何选股的，以及以那些逻辑是否能够选择出好公司。

无论是买指数还是买股票，投资者都要把自己定位于股东的心态，理性地考虑什么样的选择标准对自己的长期收益更有利。

很多人是矛盾的，他们在对比指数历史时，看的是很长时间以来的收益对比，但是在真实的投资中，等待 1-2 年都很困难。

下一章讲解资产收益和市场收益。

第八章
资产的盈利与市场的波动

指数投资如何赢利？为了方便说明，可以把指数当成一家庞大的集团公司，这家公司旗下有很多分公司，它们的业务范围横跨多个行业。

以一定的市值买入一家公司，如果要赢利有且只有两种可能性。

（1）这家公司现金分红给投资者，现金分红的钱到投资者手里了，不需要投资者做任何的交易。

（2）这家公司市值增长，根据市盈率的公式，市盈率＝市值／盈利，所以市值＝市盈率×盈利。公司市值增长，可能是由两个方面带来的，一个是市盈率的增长，另一个是盈利的增长。

上述内容很重要，也就是说，收益与3个因素有关系。

第一，现金分红；

第二，盈利（公司净利润）增长；

第三，市盈率增长。

我对投资的定义是：以获得资产收益为主要目的的行为是投资。在上述三种收益中，资产收益是第一种和第二种，第三种算作市场收益。也就是说，如果投资者因公司分红或盈利增长而获得收益，则是资产收益，是能力所得；如果投资者因市盈率增长而获得收益，则是市场收益，算运气所得。

在第七章，主要介绍和推荐的都是红利类指数，这类指数有一个最大的特征：要求上市公司有现金分红的能力。为什么我非常看重现金分红？原因是现金分红并不依赖于公司盈利的增长，有盈利就可以分红。

第一节　分红是股东最原始的收益方式

1595 年 4 月至 1602 年间，荷兰陆续成立了 14 家以东印度贸易为重点的公司，为了避免过度的商业竞争，这 14 家公司合并成为一家联合公司，也就是荷兰东印度公司。荷兰当时的国家议会授权荷兰东印度公司在东起好望角，西至南美洲南端麦哲伦海峡具有贸易垄断权。这家公司权力很大，不仅可以组织佣兵，还可以发行货币，被获准与其他国家订立正式条约，并有对该地实行殖民统治的权力。

当时还没有完善的股权交易的制度和场所，世界第一家证券交易所——阿姆斯特丹证券交易所还要到 7 年之后的 1609 年才诞生，所以在此之前，公司股东获得收益的形式就是分红。船队出海贸易，殖民获得收益，等等，按照股份合约进行分配。

其实这与现在绝大部分小公司是一样的。这里不提上市公司，其是占比极小的一部分，也不提那些经常要融资、搞 ABCDE 轮风投的企业，它们也是占比很低的。除此之外的其他大部分公司的股权通常是不流通的，股东有谁都知道，占股比例也是写明的，但是那些股份值多少钱？对此投资者并不清楚，需要专业的机构评估才行。

那么这些公司的股东手中的股份谈不上卖出，怎么赚钱呢？只有如下两种方式：

（1）自己给自己开工资。

（2）公司有利润之后分红。

很多小公司的股东是不参与公司经营的，它们没有工资，只能依靠分红。这不就是指投资者吗？如果买股票，投资者并不参与公司经营，没有职务，没有工资，假设股份又不能卖，那么投资者只能通过公司分红获得收益。巴菲特说"我希望的持股时间是永远"，读者现在能理解这句话是什么意思吗？

"持股时间是永远"意味着投资者对于好公司的股票并不想卖，要获得收益就要靠公司分红，而且时间越长，分红收益在投资者股票投资中所占的比重就越大，因为优秀的公司净利润在增长，如果保持一定的分红率，净利润增长，分红额就在增长。

《股市长线法宝》的作者西格尔教授对标普500进行数据回测，选取的时间是1871年到2012年，时间跨度长达141年。回测后他发现，现金股息分红是上述时期内股东收益的重要来源。1871年到2012年，整体股票的实际年复合收益率为6.48%，其中股息分红收益率是4.4%，占比达到68%，另一部分资本利得收益率为1.99%。

举一个现实的例子，招商银行。时间无须太远，回到2010年年初，假设投资者在2010年的第一个交易日买了招商银行10 000股股份，那么这几年投资者将获得多少分红？

除息日	送股转赠股	派息（每股，元）
未定	0	0.94
2018-7-12	0	0.84
2017-6-14	0	0.74
2016-7-13	0	0.69
2015-7-3	0	0.67
2014-7-11	0	0.62
2013-6-13	0	0.63
2012-6-7	0	0.42
2011-6-10	0	0.29
2010-7-1	0	0.21

（数据来源：新浪股票）

上图是招商银行从2010年到2019年的分红情况，第一行日期未定，是2019年已经公告但还未实施的分红计划。上述年份中没有送股和赠股发生，所以持有的股份数量不会发生改变，按照10 000股计算分红即可。

2010年1月4日，收盘价为17.71元，假设投资者按照这个价格买入10 000股，成本是177 100元，然后计算分红。

除息日	派息（每股，元）	获得分红（元）	分红收益率
未定	0.94	9 400	5.31%
2018-7-12	0.84	8 400	4.74%
2017-6-14	0.74	7 400	4.18%
2016-7-13	0.69	6 900	3.90%
2015-7-3	0.67	6 700	3.78%
2014-7-11	0.62	6 200	3.50%
2013-6-13	0.63	6 300	3.56%
2012-6-7	0.42	4 200	2.37%
2011-6-10	0.29	2 900	1.64%
2010-7-1	0.21	2 100	1.19%
总计		60 500	34.16%

获得分红 =10 000 股 × 每股分红

分红收益率 = 获得分红 /177 100

说明：

（1）随着公司净利润的增长，在分红率稳定的情况下，获得分红金额越来越多，以最初的购买成本计，分红收益率越来越高。从 2010 年到 2019 年，总分红收益率是 34.16%。

（2）上述计算不涉及股价波动带来的资本利得，就看分红，从 2010 年年初买入招商银行，到 2019 年，仅分红就可以获得 5% 以上的收益率。如果照此增长下去，那么过几年达到 10% 并非难事。

（3）2010 年年初并非招商银行价格低估的时候，相反，那一年招商银行估值很高，不应该购买。

上述例子是招商银行的分红情况，再举一个例子。用一只指数基金：510880，华泰柏瑞上证红利 ETF 的多年分红来分析。假设在 2009 年年初买入 10 000 份红利 ETF，红利 ETF 期间没有拆分等增加份额的情况，所以就用 10 000 份直接计算分红。

2009 年 1 月 5 日，收盘价为 1.525 元，买 10 000 份成本是 15 250 元。

除息日	派息（每份，元）	获得分红（元）	分红收益率
2019-1-15	0.098	980	6.42%
2018-1-22	0.109	1 090	7.15%
2017-1-20	0.091	910	5.97%
2016-1-19	0.05	500	3.28%
2015-1-19	0.08	800	5.25%
2014-1-20	0.059	590	3.87%
2012-12-17	0.041	410	2.69%

续表

除息日	派息（每份，元）	获得分红（元）	分红收益率
2011-10-21	0.035	350	2.30%
2010 年度	0.041	410	2.69%
2009 年度	0.047	470	3.08%
总计		6 510	42.69%

（数据来源：新浪股票）

获得分红 =10 000× 每份分红

分红收益率 = 获得分红 /15 250

说明：

（1）随着指数整体盈利的增长，在分红率稳定的情况下，分红金额越来越高，以最初的买入成本计算，分红收益率也越来越高。到 2019 年，分红收益率就已经达到 6% 以上，这么多年总体分红收益率达到 40% 以上，还没有计算红利 ETF 价格增长带来的资本利得，在 2019 年年初，红利 ETF 的价格约 2.6 元。

（2）2010 年和 2009 年分别有两次分红，表格中把两次分红合并。

（3）基金持有股票，股票分红给基金，基金可以选择分红给基金投资者，也可以选择留下分红款，配置成分股，只不过红利 ETF 的分红是其招募说明书中规定的，达到标准就必须分。一定要明白这个区别：基金投资于何种类型的成分股重要，哪些成分股可以分红这件事很重要，而基金是否分红并不重要。上述举了一个指数基金分红的例子，是因为这里要向读者展示稳定分红的资产长期分红增长的效果。建议读者结合上一章相关内容一起看。

Q：还是没懂"成分股可以分红这件事很重要，而基金是否分红并不重要"。

A：基金是投资于股票的，投资者如果不通过基金投资于股票，而是直接以自己的证券账户投资于股票，那么可以把自己的证券账户看作一只基金。如果投资者选择股票的标准是，非常看重公司稳定分红，那么投资者如果可以长期持股，几乎是可以获得很多公司分红的，至于对于这些分红，投资者是拿出来花掉，还是放到账户里，继续买股票，是投资者的自由。

对于基金也一样。基金拿到成分股分红，是进行基金分红给投资者，还是留下来继续配置成分股，这要看基金合同的规定。投资者自己买股票可以决定如何支配这些公司分红。如果投资者买的是基金，基金获得股票分红如何处置，投资者只能被动接受，即便基金不分红，基金获得股票分红也是在基金资产中，基金净值会包含这一部分，投资者并不会吃亏。

第二节　分红与否真是一个问题

公司产生利润，分不分红？这真是一个问题。这里不谈刻意为之的那些"铁公鸡"，只谈公司治理。公司有了利润，到底应不应该分红呢？这很大程度上是由公司发展阶段决定的。如果公司处于成熟期，很稳定，则会倾向于分红；如果公司处于成长期，需要快速扩张，每天都需要钱，那么有了利润去分红的可能性就不高。

所以从某种意义上讲，大盘蓝筹股倾向于分红，而小盘股倾向于不分红，或极少分红，就是意思意思。这是因为大盘蓝筹股很多处于稳定的成熟期，或者公司现金流充裕，虽然也频繁地对外投资、扩展产能，每年也会花很多钱维持和增加自己的竞争力，但钱还是花不完，就可能选择分红。

小公司往往处于成长期，需要扩张，需要钱，而且小公司抗风险能力差，容易被竞争环境影响，到处需要用钱，需要备钱，所以不想分红，这也可以理解。并非分红就意味着公司成熟稳定了，有一些小公司分红是做做样子，意思意思，有的时候政策也规定了，公司只有分红才能以后继续融资。所以当投资者看到公司分红了，最好去分析分红原因。

分红是结果，重要的是原因。

从市盈率的公式可以看出，成长真的很重要，这也是很多人喜欢小公司的原因。

市盈率＝市值／盈利，比如一家公司上一年度的盈利是100万元，市值现在是4 000万元，市盈率=4 000/100=40倍。如此高的市盈率，人们愿意花40元购买这家公司过去一年1元钱的利润，这不是亏本的买卖吗？

其实人们认为自己是理性的。排除那些根本不知道市盈率是什么的人，稍微有点儿底子的投资者会说："我接受40倍，是因为这家公司成长性很强，别看现在市盈率高，利润会翻番地增长，40倍其实不贵！"当然也会有人说："炒股看什么市盈率啊？这题材现在多火！"

一部分接受高市盈率的投资者，其理由是公司的成长性很强。还是那家公司，如果每年利润可以翻番，从100万元变成200万元，但是市值不变，市盈率就降低到4 000/200=20倍。如果再过一年，利润再翻番，从200万元变成 400 万元，市值还是不变，市盈率就降低到 4 000/400=10 倍，这就很低了。

真实情况是市值不会不变，往往盈利能这么快增长的公司，市值也会跟着快速上涨，市盈率还会维持很高的水平。这就是基本逻辑。

假设利润变成 400 万元，即便市盈率从 40 下降到 20，市值也会从 4 000 万元增长到 8 000 万元（市值 =400×20=8 000）。对于 4 000 万元市值买入股票的人来说，收益有一倍。

问题在于：凭什么认为某一家小公司的利润会飞速增长呢？小公司面临的竞争一般来说要更激烈，对政策、技术、环境的变化更加敏感，小公司能成为大公司的比例极低，大部分会在竞争中失败。从创新能力上来说，小公司好像很强，但实际有人统计过，最近十几年，大部分的重要创新出自大公司之手。但是，随着时间的推移，确实有个别小公司会脱颖而出，击败众多竞争对手，成为佼佼者。

比如，创新时代来临之后所成就的那些公司，特别是互联网企业，如腾讯、阿里巴巴、百度、新浪等，它们一开始无不是弱小的，但仅仅几年，市值就几倍、几十倍、几百倍地增长。大部分人喜欢这种故事，希望自己能够买到未来的腾讯、未来的百度，却没有意识到这只不过是幸存者偏差。

Q：什么是幸存者偏差？

A：1941 年，第二次世界大战中，美国哥伦比亚统计学沃德教授应军方要求，利用其在统计方面的专业知识来提供关于《飞机应该如何加强防护，才能降低被炮火击落的几率》的相关建议。沃德教授针对盟军的轰炸机遭受攻击后的数据，进行研究后发现：机翼是最容易被击中的位置，机尾则是最少被击中的位置。沃德教授的结论是"我们应该强化机尾的防护"，而军方指挥官认为"应该加强机翼的防护，因为这是最容易被击中的位置"。而沃德教授坚持认为：首先，统计的样本，只覆盖平安返回的轰炸机。其次，被多次击中机翼的轰炸机，似乎还是能够安全返航。最后，在机尾的位置，很少发现弹孔的原因并非真的不会中弹，而是一旦中弹，其安全返航的概率就微乎其微。军方最终采用了教授的建议，并且后来证实该决策是正确的，那些看不见的弹痕才是最致命的。

上述故事可能是"幸存者偏差"这一认知偏差流传最广的一个故事。所谓幸存者偏差（Survivorship bias），又译为"生存者偏差"，它是一种认知偏差。其逻辑谬误表现为过分关注目前人或物"幸存了之后的某些经历"，而往往忽略了不在视界内或无法在这些事件中幸存的人或物。其谬论形式为：幸存过程 B 的个体 A 有特性 C，因此任何个体幸存过程 B 需要有特性 C；有特性 C 但无法幸存过程 B 的个体被忽略，这里不加以讨论。

是不是对"幸存者偏差"的谬论形式没有看懂？其实简单地用一句俗语来说就是："死了的人不会说话。"当人们仅仅从幸存者的口中获得信息时，由于无法从死者处获得相应的信息来源，由此可能造成所得到的信息往往与实际情况不同，存在偏差。而这种偏差极其容易导致各种错误结论，以致人们做出各类错误的决策。

"幸存者偏差"现象可以说极为普遍。比如人们总是听说周围人炒股赚钱，却没有人亏损，但作为旁观者的人们往往忽略了一个事实：可能他们亏钱的时候并不说。即使是最好的朋友，很多时候对于他们我们也只是知道其赚钱的时刻，并因此让我们可能对股市形成一种极为偏颇的看法，于是大多数投资者认为炒股的获利概率很高，难度不大。进而让很多普通投资者忽略了运气的因素，无法按照概率和基本常识的指引做出正确的投资行为，甚至还可能导致这些投资者热衷于追逐小概率事件，偏偏认为自己就是能够跑赢市场、机构和绝大部分投资者的那一小部分人。

"死人"不发声是说对于有些亏钱的人是统计不到的。因为他们大部分不会主动说出来，另外，当他们被问到时，一部分人会说谎。人是要面子的，特别是在一般关系的朋友和同事面前。相反，赚钱的人容易被统计到。他们大部分会主动说出来，当他们被问到时，几乎全部会说实话，甚至会夸大。还有一部分亏钱的人也会说自己赚了。

如果把时间视角拉长一些看，则会发现在证券市场中，幸存者偏差还具有明显的时间周期。由于股市具有持续波动的特点，所以与熊市相比，牛市时的"股神"和"专家"也会出现得更多。

生活中还有哪些事情属于幸存者偏差？

比如，华语歌曲中很多脍炙人口的歌都是日本人原创的曲子，也就是翻唱。

有段子说："日语歌撑起了华语乐坛半边天。非洲人擅长节奏，欧洲人擅长和声，日本人擅长旋律，中国人擅长填词。"

这是有道理的。如果你要翻唱，肯定是去万里挑一选那些好的旋律来填词，好的旋律已经被证明了，这些好的旋律本来就容易成为脍炙人口的歌曲。人们听到这些日本原唱也会觉得非常好听，而且对于很平庸、很一般的日本歌人们也听不到。

2500多年前的兵法家孙武也发现了幸存者偏差。他研究占卜时发现，那些记载着吉兆的占卜结果往往就意味着战争的胜利，那些记载着凶兆的占卜还真预示了战争的失败。其实史书中大多仅记载那些占卜结果和战争结果对应的情况。最后孙武向吴王建议禁止占卜，不要迷信算卦，要根据实际情况审时度势。

小公司战胜大公司的难度要远比大公司挤倒小公司大得多，它必须有大公司无法撼动的独特的技术优势，必须有非常好的商业模式，并且要求短期快速成长起来，但这都非常难。大公司会盯着竞争对手，它们也不甘落后，会尽可能保持自己的竞争力。

举例来讲。对于腾讯读者一定熟悉。很多人对腾讯的商业行为嗤之以鼻，别人做什么，它就学什么，照着抄一个。但是它为什么这么做呢？这是第一名的最优策略，从博弈的角度看，当已经做到业内第一名，那么它的任务就是保持第一名。

如何保持第一名？就是别让其他竞争对手超过去。如何不让别人超越？两个字：模仿。腾讯的思路是：你做得好，我直接收购，不在乎花钱。如果你不想让我收购，那么我马上组织人力、物力、财力，成立部门做和你类似的东西。再通过强大的社交占领市场，维持第一名的位置。这是最优策略。

帆船比赛就是如此。当你是第一名时，你要做的就是维持住这个优势，一直到终点。如果你后面的第二名突然变道了，那么你的最优策略就是和它一起变道，在你们划船技巧近似的情况下，风向就成了制胜的关键因素。如果第二名变道，你作为第一名不跟着变，万一对手赶上了好的风向，就会很容易地超过你，而你跟着对手变，即便那边的风向反而不如变道之前，你也能维持优势，稳坐第一。

在面对风险和政策，以及环境的巨变时，大公司和小公司都会受影响，只不过大公司是受伤，小公司可能就会死亡。以手游这个产业为例，国家控制版号，控制手游付费和发行，对所有的公司都有巨大的影响。因此游戏公司的股价大幅度地下挫，在这一段时间里，腾讯的股价下跌的幅度超过30%，从470港元下跌到250港元，最大跌幅达到47%。

然而腾讯的现金太多了，其并不害怕这种短期政策对游戏的影响，从长期看这都不是事。但是小公司就非常难了，本来游戏就少，赢利困难，如果没有非常好的游戏产品，又卡着不让新发其他产品，那么处境将非常艰难。往往一个行业的寒冬过后，结果是大公司依旧生存，不仅如此，集中度还增加了，大公司占有了更多的用户，而小公司能挺过来就已经很不容易了。

曾任南方基金管理有限公司投资总监和投委会主席的邱国鹭在《投资中最简单的事》中说到："很多人认为小股票的成长性普遍好于大股票。如果这是事实，那么大多数行业的集中度就会越来越低。但是只要关注一下机械工程、原料药、汽车、家电、啤酒、互联网等众多行业，你就会发现这些行业的集中度在过去几年都是持续提高的。这说明，有许多行业里的大企业增长快于小企业。在这些行业中，低估值、高成长的行业龙头的投资价值就远高于行业内的小股票。"

行业龙头、成熟的大公司的一个重要特征就是喜欢分红。

其实投资于小公司可能会获得更大的回报，我是说可能。但这种可能性比较小，原因除了上述所说的竞争难度大，脱颖而出的毕竟是少数之外，还有一点很重要，就是作为投资者，如果你有100万元，你敢放在哪里呢？小公司的投资难度大，需要一个人有更厉害的眼光，更远的试验，有很强的商业洞察能力，但即便做到如此，这个人也不敢把自己大量的资金投资于单一公司。因为这个风险太高了。

大公司就不一样，它已经有很强的竞争力，抗风险能力很强，人才、技术、资金都不缺。巴菲特、芒格的几笔重要投资都是选择了大公司，一持有就是几十年。虽然这两位没有投资亚马逊、Facebook，买苹果公司也是最近几年的事，但这并不妨碍他们成为大师，成为富豪榜上的人。

千万不要有这种错误的认识："我如果不一夜暴富我就没有机会了。"

踏踏实实选择自己看得懂、容易理解，已经很强的公司，长期就可以获得非常丰厚的收益，没有必要跟着小公司一起冒险。一夜暴富的人有，但是投资者要看到这个过程中倒下多少人，也要看到一夜暴富的人之后的命运是怎样的。

选择成熟的大公司更符合一种投资价值观。越是成熟，越是稳定，越是容易估值，越是能够相对容易地判断在什么情况下买好，在什么情况下卖好。这是很实际的问题。能分红是一种信号，建议投资者多多体会和了解其中的深意。所以本书不对小盘股指数进行估值，原因是太难了。即使我知道从长期看它们的成长性确实有可能很强，但是对于什么价格是合理的，我目前没有有把握的判断方法。如果我找到了方法，那么我可能会再写一本书。

第三节　资产收益和市场收益

市盈率 = 市值 / 盈利。

等式左右两边同时乘以"盈利"，则市值 = 市盈率 × 盈利，仅从这个公式来看，可知，如果投资者要获利，就要期待其所购买的资产的市值上涨，而市值的上涨是由市盈率和盈利共同影响的。

假设某家公司市值 1 000 万元，市盈率是 20，盈利是 50 万元。投资者在这种情况下购买公司股份，当市值增长到 2 000 万元，期间没有分红，投资者手中的股份应该上涨了 100%，但这 100% 是由谁带来的呢？

	市值（万元）	盈利（万元）	市盈率	备注
1	1 000	50	20	初始
2	2 000	50	40	牛市，市场收益
3	2 000	100	20	资产收益
4	2 000	80	25	戴维斯双击

解释：
第 1 行是初始情况。
第 2 行，赢利没有变化，但市赢率从 20 倍增加到 40 倍，这是牛市带来的市场收益；
第 3 行，市赢率没有变化，但赢利从 50 万元增长到 100 万元，这是资产赢利能力增长带来的资产收益；
第 4 行，赢利增长了，市赢率也增长了，这就是所谓的"戴维斯双击"。

Q：什么是戴维斯双击？

A：所谓戴维斯双击，就是盈利和市盈率都上升了，相乘之后的结果有一个倍乘效应。

比如一家公司过去的年盈利能力是 100 亿元，市盈率是 10 倍，市值是 1 000 亿元。现在这家公司的年盈利能力是 200 亿元，市盈率是 20 倍，市值就是 4 000 亿元。从 1 000 亿元上升到 4 000 亿元，涨了 3 倍之多。

市盈率从 10 倍增加到 20 倍，需要人们对公司估值预期的提升，或者干脆需要一个大牛市，让整体市场估值的市盈率水平都抬高；盈利从 100 亿元上升到 200 亿元，正常情况下需要时间。盈利增长需要时间的积累。

如果可以在低估值水平买入，经过长期持有，那么等待高估值水平考虑卖出，而且在这个长期持有的过程中，伴随着盈利的增长。这就会带来戴维斯双击，这样盈利一方面效率高，另一方面相对更加安全。

假设一个指数的盈利是 1 元，市盈率是 7.5，市值是 1 元 ×7.5=7.5 元，如果盈利以年复合增长率 10% 的速度在增长，7 年后约 2 元，同时 7 年后是牛市，整体市盈率水平较高，这个指数的市盈率变成 12 倍，那么市值 =2 元 ×12=24 元。从 7.5 元到 24 元历经 7 年时间，计算下来年复合收益率是 18%。这个收益率就非常不错。

有戴维斯双击，也有戴维斯双杀。

戴维斯双杀是一个相反的过程，公司盈利下滑，且市盈率下降（估值下滑），这种情况下公司市值下降的速度会特别快。股市中很多业绩暴雷的公司都是戴维斯双杀的结果，股价可以在短期内下跌 70% 以上。

在前面的表格中没有写明经过的时间长短。

如果前面表格是一年的时间达到的结果，那么相比于让公司盈利翻番，等一个大牛市让市盈率翻番更容易办到。这也是为什么大部分人想赚市盈率的钱，炒短线，而不愿意等待公司盈利增长或分红。短期内相比于盈利的变化，市盈率的变动速度更快，而且更频繁，幅度也更大，明显更吸引人。

如果把时间延长，达到 3-5 年，那么盈利增长的可能性就越来越大，即便市盈率没有变动，也一样可以获得收益。正是由于时间长，期间遇到市盈率增长的概率也在加大——在未来一年内出现牛市的概率要小于在未来 3-5

年内出现牛市的概率。

长期持有一个好资产的原因有如下两个。

（1）长期持有才能获得资产收益，无论是资产获得盈利，还是资产的盈利能力增长，无一例外都需要时间。

（2）长期持有，遇到牛市的概率会增大，即时间越长，遇到牛市的可能性越大。

总而言之，长期持有好资产的真正好处是：投资者几乎一定会获得资产收益，且投资者有很大的概率同样获得市场收益。我对投资的定义是：以获得资产收益为主要目的的行为是投资。从这个定义出发看，我是站在长期持有资产这一方的。一开始的目的，而且主要目的是获得资产收益，如果在这个过程中，有获得市场收益的绝佳机会，那么投资者也不要错过，但市场收益一定是次要目标，有就有，没有就没有，不可强求。

资产收益是价值创造所得，这种收益更加坚实稳固，不会被轻易夺走，所以才有"长期持有风险低"这样一种说法。其内在逻辑是：长期持有才有可能取得资产收益。相反，认为"短线波段操作风险高"的内在逻辑是：投资时间很短，资产无法积累资产收益，账户金额发生变动，主要是由市场收益带来（市场收益也有可能为负），而市场收益是一种零和博弈下的收益类型，不是财富的创造，而是财富单纯的转移，这种钱很容易被夺走，不稳定。

上述是短线交易经常失败的主要原因，也是长期股市中整体 7 亏 2 平 1 赚的根本原因。

对于这个道理也很容易理解。现在有 A、B 两个因素，其共同决定投资者的盈亏。对于 A 因素，时间长就几乎一定有；对于 B 因素，时间短出现概率低，时间长出现概率高，而且有一定概率产生负面效果。如果投资者不想长期投资，就不能考虑 A，而 B 出现的概率不大，还容易亏钱。理性的做法就是长期持有——投资者几乎会获得 A，且有很大概率遇到 B。

既然大体思路有了，那么是不是买了，然后等着就行？

第四节　好资产，同时要求好价格

投资的好坏全在于这 6 个字、两件事：好资产，好价格。

资产很好，价格很好，长期的回报会非常丰厚；

资产很好，价格一般，长期的回报也会很棒；

资产很好，价格较差，长期也会有回报，只不过少赚一点。

所以买到好资产，长期是多赚还是少赚的问题。

资产很差，价格很好，长期的回报不会很好，最多是少亏点；

资产很差，价格一般，长期会亏钱；

资产很差，价格很差，长期会发生严重亏损。

所以买到差资产，长期是多亏还是少亏的问题。

从长期这个角度看，好资产比好价格更重要。

如果投资时间很短呢？那么结论就反过来了，好价格比好资产更重要。因为时间短，无论什么资产都很难产生资产收益，也因为时间短，有可能遇到各种行情，更低的价格明显对短期投资有利。这也是短线投资者不太关注资产质量的原因，既然短期资产无法获得资产收益，那么关注资产质量又有什么必要呢？所以不如关注题材、热点、趋势，只要能做到低买高卖即可。当然这是美好的愿望。

也有一部分人，确实研究并关注了很多好资产，比如我所了解的很多咨询案例，有些人持股有很多好公司，如格力、美的、招行、双汇、伊利等，但是这些人普遍反映，价值投资在中国不起效。通过了解我才知道，他们做的都是短期投资，以为买了好资产，就等于可以获得收益。

然而在短期内，好资产未必比那些一般的或者较差的资产涨得好，应该说，很差的资产涨幅超过好资产的情况比比皆是，这种情况每天都在发生。这就给人带来一种错觉，看资产质量没有意义，不如去研究价格波动、追逐热点。本质上还是有很多人不想通过长期投资获利，但如果把时间拉长就会看到，好资产下跌下来会涨回去，很多差资产跌下来却很难涨回去。

如果投资者的备选股中有 5 个公认的好公司，拿它们与这个市场中其他上千只股票做对比，投资者一定会非常难受。一年有超过 250 个交易日，投资者绝大部分日子会非常失望。

开始对比不同资产的涨幅，是很多投资决策错误的起点。

对大部分投资者而言，看懂一个指数，比看懂一家公司容易得多。上市公司是否是好资产，这个问题就太复杂了，投资者为了尽可能地避免非系统性风险的发生，不仅要看懂公司的过去和现在，更重要的是还要有分析公司未来的能力。我反对预测，是反对进行短期的预测，反对基于非价值因素的预测；我认为对长期进行预测，且基于资产价值，基于对人性、产品、商业等理解的预测是好预测。

投资股票之所以难，确实是因为投资者需要具备的专业能力太多了，财务分析是最初的门槛，跨过了这道门槛仅仅是一个开始，对商业的理解和研究才是正题。所以我个人认为，投资股票对一般人来说难度较大，绝大部分人有自己的本职工作，工作之余要陪陪家人和朋友，需要放松、娱乐，不可能有大把的时间专门学习相关知识。

投资指数基金之所以简单，是因为投资者只要理解指数的选股逻辑，明白指数的特点就足够了。虽然这也不容易做到，但相比选股来说简单、省事多了。一套选股逻辑决定了指数是否为好资产，选择一个好指数，就做对一半。通过之前章节的学习，读者应该可以看出，我所认为的好指数，几乎都包含了"红利"这个特征。有"红利"这个特征的上市公司是好资产的概率更大，同时经过其他条件的筛选，再加上每年的定期调整，就能打造出一个内部有优胜劣汰机制的指数。

选定了指数，有了好资产，那么如何判断好价格？

第五节　估值的目的

"估值"的字面意思：评估某资产的价值。可以看出，估值是一件很"个人"的事，就像人们对于"美"的看法，虽然大体上确实有共识，但是对于细节之处每一个人或许都有不同的理解。评估某资产的价值，可以是评估现在的价值，也可以是评估未来某个时间的价值。

这是第一步。

第二步是对比当下的价格和估值。将价格和你所评估出来的价值进行比较，并形成投资决策。所谓低估是指当前价格低于你所评估出的公司价值，一般这种情况下，是买入的机会；高估是指当前价格高于你所评估出的公司价值，一般这种情况下，不是买入的机会，如果此时持有这项资产，还很有可能是卖出的机会。

估值的目的是什么？——建立资产的价值感。

人们在平时购物时，对商品的价值往往有比较准确的判断，绝大部分人明白在"双11"购物会更划算——很显然，同样质地的商品，价格越低越划算。但是在投资时，资产价格的下跌却让人恐慌，大部分人想象不到这其实和在"双11"购物一样。

为什么会这样？原因是：投资者对所投资的资产没有价值感，根本不能建立价格和价值之间的连接，没有对比，也压根不考虑便宜和贵，而是想知道要涨还是要跌。

人们花钱买一个吸尘器，主要是买一个功能，当然商品还包含产品设计、售后、体验等元素，人们会基于居家生活的使用场景和它所能够解决的问题，结合自己的经济实力给这个吸尘器定一个合理价格。购物是为了解决真实的生活需求，评估则是购物的必需技能，评估对象是物品的具体各项功能和作用。

对于买基金或股票，用购物那套评估系统根本就对应不上，"这玩意儿怎么用？有什么功能？能吃吗？能拎上街吗？保暖吗？好玩吗？"全没有。没有了参考点，投资者就只关注一件事："我买这个能涨吗？"涨了能赚钱，对此投资者是知道的。

一位"双11"购物高手经过反复对比和计算，面对满减、打折、换购等信息临危不乱，可以做出科学的购买决策，但同一个人，在面对股票和基金时却瞬间思路全无，只会问："买了能涨吗？"看起来就像是两个人——没有参考点多可怕。

估值就是旨在给自己一个参考点。

购物时的参考点是功能、体验和个性化；投资时的参考点是投资对象的"印钱能力"，这里是加引号的——当然不是真的印钱，意思是赢利，是赚钱。

投资者之所以会买某个生产性资产，是因为其手里现金的赢利能力不如它。现金的赢利能力是多少？——短期可对比货币基金。但如果投资者投资于基金，就应该找一个安全可靠的长期投资品种，一般使用长期国债收益率。

十年期国债到期收益率通常被人们看作无风险收益率。

2019-3-26	年化收益率（到期收益率）
余额宝	2.4%
十年期国债	3.06%

（数据来源：中证指数有限公司）

用无风险收益率和什么对比？答案是指数的盈利收益率。

盈利收益率是市盈率的倒数，考虑到指数属于权益类资产，波动较大，周期较长，系统性风险较高，一般要求盈利收益率大幅高于无风险收益率才考虑投资；卖出时一样，也是衡量盈利收益率和无风险收益率，当盈利收益率没有明显优势时，考虑卖出。

适合用这种方法的指数是大盘蓝筹指数，这些指数的成分股盈利相对稳定，适合用盈利收益率进行对比。比如，上证红利指数、中证红利指数、上证50AH、基本面50指数都可以大体用这种方法进行基金定投。这里说的是大体，因为虽然都是大盘蓝筹指数，但还是有区别，对于不同的指数应该做细微的调整。本节主要讲解一种相对估值的方法，用盈利收益率和无风险收益率做对比，形成投资决策。对于具体指数的估值，会在下一章说明。

下一节将讲解指数市盈率的分位点，这是用市盈率估值的另一种方法。

第六节　指数市盈率＋分位点

一种证券每天有4个重要价格，分别是开盘价、收盘价、最低价和最高价。顾名思义，相对应的就是证券市场每天开始时的价格，结束时的价格，一天中的最低价格和最高价格。记录这4个价格，就相当于精华概括了一天的价格，而将这 4 个价格绘制在一起，就形成了蜡烛图，或简称 K 线。如果再简化，4 个价格中只保留最重要的一个，就是收盘价。

（截图来源：新浪股票 上证指数日 K 线图）

在平时的操作中，投资者主要会看到两种线，一种是 K 线（如上图），另一种是最简化的收盘价的连线。

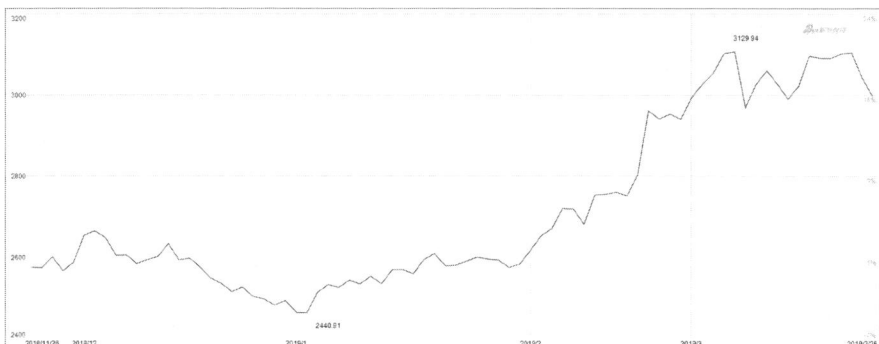

（截图来源：新浪股票 上证指数日收盘线）

这些图最原始的目的就是记录价格，但随着时间的推移、累计数量的增多，慢慢地人们就产生出一个想法：从历史价格的记录中寻找规律或蛛丝马迹，来预测未来可能的价格走势。而基于这种想法产生的分析方法就是现在所说的技术派，即利用技术指标或图形分析等工具来分析未来可能的价格走势。

最早的 K 线图是日本人用来记录大米价格的，后来随着金融市场的发展，有了上市公司，再后来又有了财务分析，才慢慢出现了市盈率和市净率等财务指标。市盈率没有 K 线图，只需记录每天收盘时的市盈率即可。把每天市盈率的数据连起来就形成了市盈率的历史图。

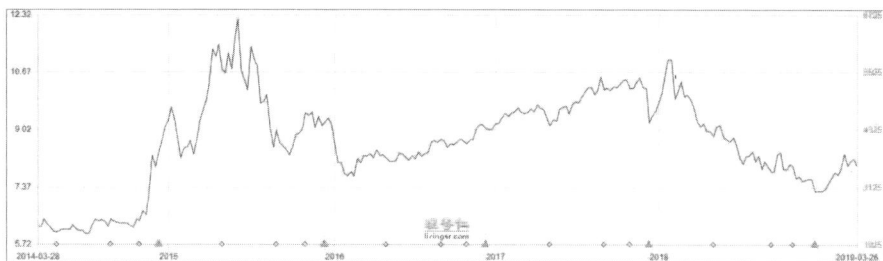

（截图来源：理杏仁 中证红利最近 5 年 PE 图）

与中证指数相比，中证指数市盈率的历史图一定不是长期向上的，它不会无限上升，也不会无限制地下降。这是因为市盈率是市值比盈利，单独看，公司市值和公司盈利理论上都可以上升，而且在正常发展的国家，长期看两者也都是上涨的，但由于市盈率是市值与盈利的比值，虽然分子和分母都在涨，但这个比值并不会持续上涨。

如果把历史市盈率和指数画在一张图中，是这样的：

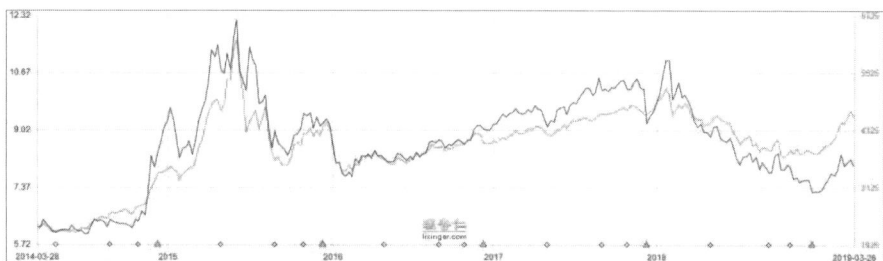

（截图来源：理杏仁 中证红利最近 5 年 PE 和指数图）

既然市盈率不会无休止地上涨，也不会无休止地下跌，那么它自然就会处于一个范围之内。如果投资者可以知道该范围，并通过对该历史数据的观察，是否就可以得出投资决策的依据？在实际操作中，确实有非常多的人采用这种方法，这就涉及市盈率分位点的概念。

分位点是一种数学工具，一听到"数学"，有的读者就想把书合上了。先别急，这 3 个字听着很唬人，其实道理特别简单。

分位点就是一个数值在一段历史时期内所处的位置。下面直接用市盈率举例，假设现在有一个指数，其历史的市盈率每周一记录一次。

20	21	19	17	16	18	15	14
12	11	13					

一共是 11 个数字（记录了 11 周），记住最近的数字是 13，后面会用到。

把上述市盈率从小到大排序：

11	12	13	14	15	16	17	18
19	20	21					

本周最新的数值是 13，那么怎样计算本周市盈率的分位点？

（1）数值 13 排在第几？第三位。

（2）根据公式：分位点 =（排位 −1）/（总数 −1）可知本周市盈率的分位点是（3−1）/（11−1）=20%。

分位点 20% 的意义是：在这段历史中，市盈率 13 比 20% 的时间要高，或：在这段历史中，市盈率比 13 高的时间有 80%。

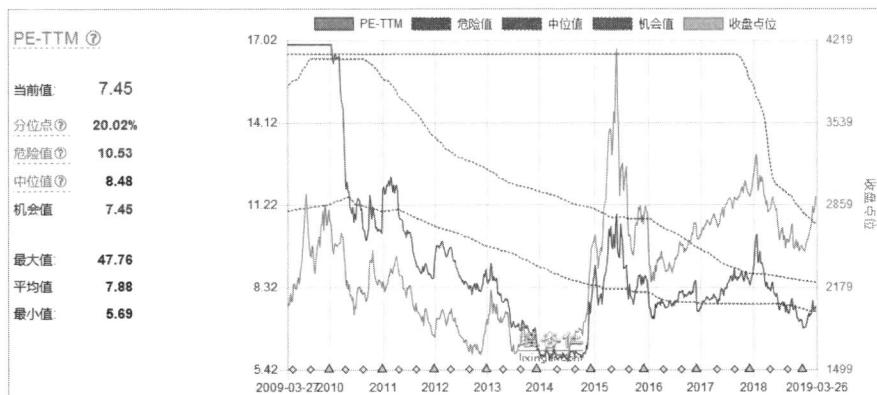

（图片来源：理杏仁 日期：2019-3-26）

上图是上证红利指数，取值是最近十年的滚动市盈率和它的分位点。总的来说，分位点越低，就认为估值越合理，或者越低估，一般 20% 是分界线，低于 20% 就是低估。分位点越高，就认为估值越不合理，越高估，一般 80% 是分界线，高于 80% 就是高估。分位点越低，越值得买入；分位点越高，越不值得买入，甚至要卖出。

图中蓝色线是滚动市盈率的历史数值连线；

黄色线是上证红利指数的历史点位；

横穿黄色线和蓝色线的 3 条线：

红色线是危险值，也就是市盈率分位点 80% 的位置，根据过去十年的数据，这个数字是 10.53，在上图的左侧；

黑色线是中位值，是市盈率分位点 50% 的位置，可以将其看作市盈率估值的中位，根据过去十年的数据，这个数字是 8.48；

绿色线是机会值，是市盈率分位点 20% 的位置，根据过去十年的数据，这个数字是 7.45。

20%、50%、80% 分别对应了机会、中位和危险，这是理杏仁设置的方法，也是大部分使用分位点的人设置的方法。不排除有人使用 10%、50% 和 90%。这没有一定之规，也是个人喜好。

根据理杏仁对上证红利过去十年分位点的统计，对比当下最新市盈率 7.45，正好是分位点 20% 的位置。

分位点是一种很好理解的系统，通俗易懂，容易学习和执行。就是一个百分比，然后比大小，小学数学就够用了。

第五节讲到的方法是用盈利收益率（市盈率的倒数）和无风险收益率（十年国债到期收益率）做对比，评估是否低估和高估。这种方法是用指数市盈率和投资者自己的历史对比，来判断是否低估和高估。

这种方法有一个优势，就是无论市盈率是什么数值，都可以使用这种方法，对那些市盈率很高的指数来说也没有问题。

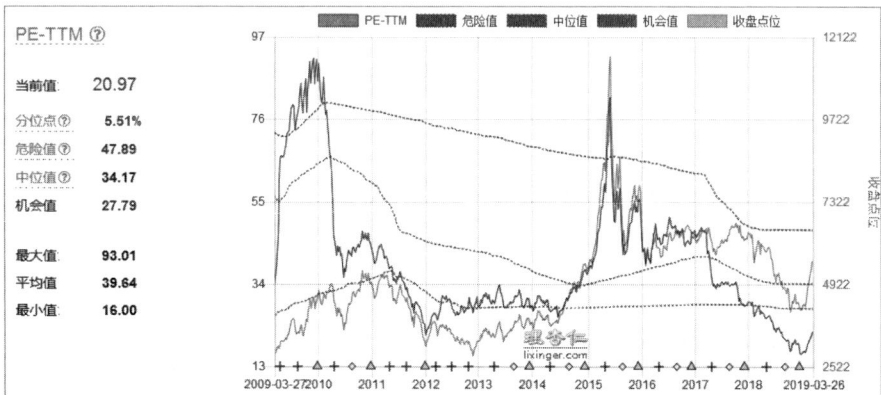

（图片来源：理杏仁 日期：2019-3-26）

中证 500 指数是中盘股指数，盈利不稳定，不能用盈利收益率做估值。其历史的市盈率也很高，但如果利用分位点也一样可以找到危险值和机会值。根据当下市盈率可以看到，目前处于机会区域，分位点远低于 20%，仅有 5.51%。

再详细点说，它具有如下逻辑：

股市的高涨和低落是呈周期出现的，不存在永远涨的股市，也不存在永远跌的股市。所以市盈率的波动特征也会呈现出周期的特点，它会在一定范围内波动，不会持续地越来越大，也不会趋近于 0。投资者如果知道现在的市盈率在历史中处于怎样的位置，就可以据此作为买入或卖出的依据。

就像钟摆，会向两个极端摆动，如果可以知道它速度为 0 的点（或者加速度最大的点），就可以知道它马上要返身回来了。对钟摆来说，速度为 0 时就是它摆到两个最极端的时候，就像分位点可以有一个数字指示给投资者，它快要到顶点了。

现在（2019 年 3 月）很多指数的分位点很低，是个位数，甚至有一些指数的分位点是 0%。

什么情况下分位点可以是 0%？根据分位点的公式：分位点 =（排位 −1）/（总数 −1），要让分子等于 0 才可以，那么排位应该是 1，这样 1−1=0，即当下的市盈率在其历史中是最小的，换句话说从来没有这么低过，市盈率是一个创新低的数值或正好和过去最低的数值一样，只有这个时候，当下的市盈率才能排在第一位。

如果市盈率持续创新低，那么分位点会持续显示 0%，并不会有负数，这可以叫分位点的钝化。

现在你理解分位点了，分位点有什么问题吗？

我对投资的定义是：以获得资产收益为主要目的的行为是投资，如果要达到这个目的，就应该分析资产获得资产收益的能力。而研究分位点，与研究资产的收益能力无关。从分位点的作用原理看，它利用了大数据，但是大数据有一个不可能弥补的缺点，就是数据永远不可能完备，永远不可能有一个包含所有情况的数值集合。

举一个例子。抛 100 次硬币，记录的时候发现，曾经出现过 8 次连续是正面的情况，你记录下来了，但是以后再抛硬币时，你并不能保证连续 9 次，甚至 10 次是正面的情况一定不发生。

再举个例子。如果你来到一个小岛上，记录每天的天气情况，连续记录了 10 天，发现每天都是下雨，那么你能肯定以后的每一天一定会下雨吗？你的数据量再多，也不会穷尽所有情况。

上述例子确实有一些极端，只是用来说明历史数据的局限性。下面讲一下很多指数市盈率分位点很低的问题。

前面在讲分位点的时候，提到一个限定词——过去一段时间内，对时间的取值不同，就会有不同的分位点。

以上证红利指数为例，2019 年 3 月 26 日的数据显示：

取值时间是最近 3 年，分位点是 13.24%；

取值时间是最近 5 年，分位点是 24.51%；

取值时间是最近 10 年，分位点是 20.02%；

你会采用哪一个？数据采用的时间段不同，分位点可能有很大的不同。

再来看中证 500 指数：

取值时间是最近 3 年，分位点是 18.36%；

取值时间是最近 5 年，分位点是 10.98%；

取值时间是最近 10 年，分位点是 5.51%；

（数据来源：理杏仁）

如果投资者选择用短期数据，比如 3-5 年的，那么投资者要面临的问题就是最近 3-5 年历史行情的特殊性。可以想一下，最近 3-5 年，如果行情的特征就是高涨的，市盈率一直是较高的，根本就没有低过，这种取值范围就导致了 20%、50% 和 80% 都是市盈率很高的位置。投资者按照这个 20% 进行买入，其实可能是非常贵的。

相反，如果最近 3-5 年股市整体非常低迷，一直都在很低的位置徘徊，这种取值范围就导致了 20%、50% 和 80% 都是市盈率很低的位置，投资者即使按照 80% 进行买入，其实可能也很划算。

这种情况在历史上是出现过的，如果取值范围是 2010 年到 2015 年，那么市盈率整体都会偏低，这是因为那几年估值是持续下跌的，只有在 2014 年年中才开始上涨。

大数据本身就无法完备，用 3-5 年的数据解决估值问题几乎不可能。

如果投资者选择用长期数据，比如十年的，或者"所有"，那么投资者要面临的问题就是过于久远的历史市盈率的参考意义很小。这是中国股市的历史国情所决定的。

比如，大盘股由于盘子大、题材不多、想象空间小，所以涨的速度较慢，而中 / 小盘股盘子小、题材多、想象空间大，所以涨的速度可以很快。无论是机构，还是散户，想要赚更多快钱，最好的目标就是中 / 小盘股。如果读者是一个这几年刚刚开始投资基金或股票的新手，可能不清楚那段历史，简言之在当时买大盘股是很遭鄙视的（你们可以问问家里炒股的老人）。

最近几年风向转了，很多人开始看业绩了，蓝筹白马唱主角，其代表有白酒、医药、消费等。现在这种状态的形成是一个长期缓慢的过程，是多方面原因共同影响的。其原因列举如下：

（1）一个国家的股市总体上向着理性和健康发展，对题材的炒作会从过去的广泛参与到未来的小众参与。

（2）监管的加强，对控制和惩罚操控股价和内幕交易有打压的效果，会抑制题材股的炒作。

（3）互联网的发达以及信息沟通的高效让好的投资理念逐渐地被很多人听到并接受，当然同时不好的理念也很凶猛，也在广泛地传播，但至少好的理念有传播的条件。

（4）金融市场对外逐步地开放，A 股入摩、入罗（罗素指数），使得对资产的估值逐渐与国际接轨，当然这依旧需要漫长的过程，但这个影响是存在的。

《新教伦理与资本主义精神》的作者马克斯·韦伯有这样一句名言："历史从来不是由单一因素所决定的，历史上所有现象和事物都是多种因素相互作用的结果。"那些历史因素在那个历史时间下相互作用产生了人们看到的一个价格或者指数点位，但现在已经不是过去，影响现在金融市场的因素已经不是或不完全是历史中的那些要素和条件了。

金融市场问题并非简单、线性的问题，而是一个极为复杂的系统问题。

首先，金融市场参与者众多，多到无法精确统计，这些参与者可以自由地进入和退出，并且资金量也在随时变动，不同的参与者可能有不同的目的、不同的观点。其次，金融市场并不孤立，它是一整套互相联动、互相影响的系统，金融系统、实体经济，乃至政治、文化、习惯都互相影响，而且不仅仅是本国，不同地区和国家的金融市场也会相互作用。最后，金融市场在不停地演化和发展，它就像一个复杂的生态系统，那些不适应环境的品种会渐渐消亡，那些适应了环境的品种会生存下来，并且还会产生新的金融产品。

对于这样一个复杂多变的系统，用历史数据归纳总结出规律难免会出现问题。18世纪苏格兰启蒙思想家大卫·休谟说："虽然你必须靠归纳推理，但归纳推理自己却是靠不住的。它的前提是相信未来跟过去相似，但这一点却没有谁能保证。你之所以总是使用归纳推理，那是因为本能，也因为没有更好的办法。"

随着市场越来越正规，监管越来越严格，随着外资的进入，随着参与主体机构占比的增加，随着一部分个人投资者投资意识的觉醒、经验的积累，很多指数的市盈率估值中枢会下滑。直接的结果就是，按照市盈率分位点的20%买入，可能投资者认为是低估的时候，其实在未来是中位，或者甚至是危险的。

过去某个指数的市盈率30倍是20%以下，进入了机会区，但未来再看，可能市盈率30倍已经在50%的位置了。

从根本上来讲，市盈率分位点是基于相关性的研究，是一种归纳法的思路。本书会多次提醒投资者，要警惕归纳推理。

市盈率的分位点一定是不好用的吗？也不是。如果投资者很喜欢使用，我建议用于大盘蓝筹类的指数，用于这些指数不会出现严重问题，尽量别用于中小盘风格的指数。

Q：什么是入摩？

A：入摩就是被纳入MSCI指数。什么是MSCI？这是美国一家著名的指数编制公司，中文名是摩根士丹利资本国际，就像我国的中证指数有限公司一样，区别是摩根士丹利享誉全球，全世界人民都盯着。在MSCI旗下有很多指数，其中有一个MSCI新兴市场指数系列。2017年，A股已经通过了考试，2018 年 6 月就正式被纳入 MSCI 新兴市场指数中，这次涉及 200 多只股票。A 股纳入 MSCI 指数不仅能够加速 A 股国际化进程，还会对投资者结构、交易风格和产品生态产生一系列的影响。

Q：为什么不同指数的市盈率会有很大差别？

A：市盈率高是因为市场认为其成长性高，但成长性高有可能是比较真实的，有客观事实支撑的，也有可能只是基于题材和想象力的炒作，还会有一个国家国情的特殊性，比如我国的 A 股就是长期以来小盘股的估值显著地、大幅度地高于大盘股，而大盘蓝筹股的市盈率相比于小盘股相差得太远了。

指数是不同选股逻辑的产物，以不同选股逻辑选择出的股票集合，往往具备一定的特点，有的特点就会反映出高市盈率或低市盈率的特征。比如创业板指的市盈率一定是远高于银行行业指数的。另外，一些题材指数的市盈率也很高，很多题材每隔一段时间就会被炒作一次，市盈率很难低下来。市场给予不同指数的估值有时候是相对合理的，有时候并不合理，对某一些指数是相对合理的，对另一些指数就不合理。

至于合理与否，大多是个人的看法和观点，只不过不同的人分析的方法、所基于的因素、使用的逻辑不同。

首先，市场先生是善变的。

创业板指的市盈率在 2018 年最高是 45 倍，最低是 28 倍，一年之中就可以相差将近 40%。市场先生在一年不到的时间内就有如此大的变动，转变得太快了，说明情绪起着很大的作用。不仅创业板指，其他指数的变化也不小，不仅是今年，往回看 2017 年、2016 年，年年振幅都很大。

其次，群体不理性的程度往往比一个人还要严重，而且带来的结果是明显被放大的。因为人会有很多种认知非理性，而市场中的人会彼此影响，放大这种情绪。

人很容易会受到激励的作用，所以之前赚钱的方式和投资对象就会让投资者更喜欢，赚钱受到激励就会想追加投入，价格上涨的直接结果就是激励效果大面积起效，而且会传染——赚钱效应出现了，越来越多的人、越来越多的钱进入市场，疯狂的牛市就来了。

人很容易爱上自己所持有的资产，并且忽略它的缺点和危险，甚至扭曲事实，听不进去意见，选择忽略、抵制相反观点，还会对那些曾经让自己亏损的资产产生厌恶和憎恨的情绪，就算它确实是很好的赚钱工具，也很难再尝试和接受。

人讨厌不确定性，不喜欢陷入怀疑和不确定性的状态当中，否则就要马上做出反应，不管这种反应是否合理。摆脱压力是人的本能，所以遇到负面消息，很多人第一反应就是逃离。

人有融入某个群体的需求，寻找认同感，所以会模仿群体做法，"如果别人都买，我就买；如果别人都卖，我就卖"。这么做也非常合理，因为节约能量嘛。

人遇到痛苦，会倾向于否认现实，回避现实；人还会过度自信；人会服从权威，不假思索。

一个人要冷静地看待市场真的太难了。市盈率高是结果，是现象，重要的是原因。

错误的思路是看到市盈率高，然后得出结论：成长性好。直接简单地认为市场给出的市盈率就是对的，就有道理，未经大脑过滤和处理。正确的思路是看出成长性好，然后得出结论：它的市盈率应该高。如果市盈率并不高，那么或许能得出低估的结论，找到投资的机会。

投资者对于这个顺序千万不要搞错了。

指数市盈率比个股市盈率容易理解。指数就是某一类特征的股票的集合，所以指数市盈率就是人们对某一类特征股票的总体期望的反应。在选择指数时，提醒投资者注意高市盈率背后的逻辑是否站得住脚，或者怎样的成长能够支撑高市盈率或配得上高市盈率，这种成长性可以达到的概率高不高。

第七节　无风险收益率和股市热度

在前面提到过无风险收益率，我认为有必要再讲一讲。

有一种收益率基准，它相对稳定，而且是人人都可以得到的，且不需要冒风险。这个基准叫无风险收益率。有了基准就可以进行比较，用这个基准和盈利收益率（1/PE）做对比，会对投资者判断市场的热度有所帮助。投资者的目的是理性地评估目前市场的估值是否合理，是否便宜，是否是良好的投资机会，或者是否贵，是否应该回避，暂时离开市场。

上述在前面已经提到过了。

看到"无风险"投资者可能会觉得困惑，因为严格地说这个世界上不存在无风险的资产，只要是涉及未来的事，就存在不确定性，而金融市场充斥着"未来"。一般来说，在不考虑不可抗力的情况下，无风险收益率是指不需要承担任何风险所获得的最大收益率。但是每个人的能力不同，在不承担任何风险下所获得的最大收益率的能力也就不一样，所以无风险收益率并非对某一个人，而是对整体市场而言。人们在选择无风险收益率时，就只能降低收益的标准，把发生风险的可能性缩小到极低，而在一个正常的国家，国债的违约风险是最低的，因此我建议投资者把长期国债的收益率看作一个国家的无风险收益率。

那么为什么不用余额宝的 7 日年化收益率呢？余额宝确实可以看作一种无风险收益产品，但这个标准并不稳定，其年化收益率的变动还是比较频繁的，而且挺剧烈。比如在 2016 年下半年，余额宝的 7 日年化收益率在 2.5% 以下，到了 2017 年下半年回到 4% 附近，到了 2019 年 3 月，又下滑到 2.5%。

投资者需要的是一个相对稳定的基准，而且这个基准最好是衡量长期投资的，而货币基金受短期资金面情况的影响很大，甚至可以用来衡量短期资金量紧张与否。短期资金面的改变可能只是一个短期的影响，所以不适合作为无风险收益率的标准来使用。

根据中证指数公司的数据，2019 年 3 月 26 日，十年国债指数到期收益率为 3.06%，约为 3.1%。这个 3.1% 的意思就是指现在投资者可以不用承担风险地获得大约每年 3.1% 的收益率。

买国债还是做生意？

现在来做一个对比，我有一些钱，并想让这些钱"滚动"起来，别闲着。这时摆在面前的有如下两个选择。

第一，是把门口的小饭馆盘下来，饭馆去年净利润是 15 万元。

第二，是买十年期国债，预期年化收益率是 3.06%。

在考虑这个问题时，要把问题简化，假设这个饭馆一年净利润 15 万元不变，问题是要花多少钱盘下来？如果价格太高，那么虽然可以获得 15 万元收益，但是可能也不划算。所以关键问题在于盘下饭馆所要付出的成本。

选项（2）就是无风险收益率，而是否选择（1）应该取决于（1）和（2）的对比。

情况 a：当饭馆的售价大于等于 490 万元时（15 万元 /3.06% ≈ 490 万元），那么饭馆的盈利收益率 =15/490=3.06%，这时肯定就不如买国债划算，经营饭馆很辛苦，需要投入很多时间和精力。

情况 b：当饭馆的售价小于 490 万元时，盘下饭馆就是划算的吗？不，绝对不是。盘下饭馆明显要比买国债风险大，还更累，更劳心。如果净利润 15 万元保持不住呢？比如在周边又有新的竞争对手，很可能使得我的饭馆赢利能力变低；外卖 App 的流行也会给我带来更多的竞争，人们可以选择更远地方的饭馆用餐，周边居民选择面变大，等同于增加了更多的竞争对手；开饭馆不同于买国债放着就好，还会有各种各样的麻烦事需要处理，是存在风险的。

情况 c：当饭馆的售价小于 156 万元时，我认为就是可以接受的。冒了风险，就要获得补偿。所以即使饭馆售价小于 484 万元也不能接受。那么要多少才能接受呢？最好是 3 倍于无风险收益率，也就是 3.06%*3=9.18%，换算出饭馆的售价就是 15 万元 /9.18% ≈ 163 万元。

这 163 万元就叫作合理估值，或者换一个角度讲，这就是我给饭馆的定价，它值 163 万元。如果饭馆老板报价是 163 万元左右，就叫合理；如果报价远低于 163 万元，就叫低估；如果报价远高于 163 万元，就叫高估。

换算成市盈率，163 万元对应的市盈率就是 163/15=10.87。

盈利收益率 =1/10.87=9.2%，9.2% 大约是无风险收益率 3.06% 的 3 倍，回算一下是正确的。

并非收益率高于无风险收益率就会被接受，因为当用一个有风险的资产和无风险做对比时，风险是需要补偿的。在上述例子中，我选择的补偿是多一倍的收益，也就是无风险收益率乘以 2，但当面对不同资产时，投资者应该根据资产的风险情况以及未来的前景等，综合考虑多种因素来决定补偿的大小。

那么补偿的多少取决于什么呢？下面罗列出我认为影响较大的几点。

1.资产的风险。债存在不能兑付的风险，所以企业债的收益率要比国债高。这是因为企业债的信用风险更高。

债券指数	十年期国债	中证金融债	中证企业债
到期收益率	3.060%	3.441%	4.634%

（2019 年 3 月 27 日，中证指数官方数据）

从上表数据可以看出，国债的兑付风险最低，金融机构发行的债券兑付风险略高于国债，而企业债是这三者中兑付风险最高的。兑付风险越高，补偿越大，到期收益率就越高。这里列举的是不同的债券种类。如果是股票或者是股票型基金，就应该要求更多的补偿，因为股票的本质是公司，公司存在经营风险，做股东要比做债主面临更多、更大的风险。

不仅如此，股票的价格波动要大于债券，债券往往有固定的利息，每隔一段时间支付，到期也会还本付息，而股东未必会获得股息，而且股价下跌可能会持续很长时间，股票也没有期限，这导致股东所面临的风险更大，要求的补偿也就应该更多。

话虽如此，但由于人们的非理性，导致股市呈现出信心的周期性波动，会出现买债券的潜在收益比股票还要高的极端的情况，但人们还是疯狂地追逐股票，2007 年的 A 股就是典型的例子。

2.资产的流动性。流动性低的资产补偿更大，比如同样是国债，它们有同等的信用风险程度，但是长期国债的收益率一般比短期国债要高。如果投资者曾经关注过银行理财产品，就会注意到这个规律，期限越长的收益率越高，银行定期存款也是如此。另外，封闭式基金在场内交易时一般会折价，也是由于封闭式基金的流动性较低导致的。

国债到期期限	10 年	5 年	1 年
到期收益率	3.06%	2.98%	2.44%

（2019 年 3 月 27 日，中证指数官方数据）

同样是国债，久期为 10 年的国债到期收益率最高，而久期为 1 年的国债到期收益率最低。但有的时候，会出现收益率倒挂的现象。所谓收益率倒挂，是指同种债券短期收益率反而高于长期收益率。这种情况不会维持太久，其主要是由于短期资金面紧张所导致的。

封闭式基金会产生折价，比如兴全合宜。它是 2018 年热门的基金之一，兴全合宜上市之后就发生了一定幅度的折价，这是由于兴全合宜是封闭式基金，流动性较低，场内外就会有明显折价，由于场外无法赎回，导致这个折价也无法通过套利弥补（场内价格低，可以从场内买入，然后转到场外赎回，这样就获得了套利收益），但这种折价会随着封闭期的临近而缩小，等到封闭期结束时，折价就应该消失了。

兴全合宜	场外净值	场内价格	折价率
2019 年 3 月 26 日收盘	0.955 2 元 / 份	0.899 元 / 份	5.89%

同样是可以在场内和场外交易的 LOF 基金，由于不是封闭式，在场外也可以赎回，一旦产生明显的折价或溢价人们就可以通过套利而获利，这就导致了场外净值和场内价格非常近似，几乎不存在大幅度折价和溢价的情况。

南方高增	场外净值	场内价格	溢价率
2018 年 6 月 14 日收盘	0.988 5 元 / 份	1.001 元 / 份	1.26%

3. 资产的成长性。如果资产有很大的成长空间、很强的成长速度，就会要求较少的补偿；如果资产的成长性较低，就会要求更多的补偿。通常来说，创业板指数（小公司）所代表的公司的成长性大于中证 500 指数（中型公司），中证 500 指数所代表的公司的成长性大于沪深 300 指数（超大公司）。这三个指数无论是牛市还是熊市，市盈率都是沪深 300 指数最小，创业板指数最大。

指数	沪深 300 指数	中证 500 指数	创业板指数
市盈率	12.11	20.97	36.42

（数据来源：理杏仁，2019 年 3 月 26 日）

这个话题很难有明确的定论。这是因为未来的成长性很难预估，特别是中盘股和小盘股的成长，短期看它们在有的年份增长速度很高，有的年份很低。长期看小盘股整体的成长性高于整体中盘股，整体中盘股高于整体大盘股，而在短期的单独的某个年份并不一定是这种规律。另外，如果不看整体，看个体，这个规律也不适用。有很多小公司的成长性很差，而有一些大公司的成长性还是非常不错的。

还有一点也非常重要，即使长期看整体的小公司成长性优于大公司，也不意味着市盈率可以高到离谱，中小型上市公司指数的市盈率居高不下的原因是成长性，但这么说并不能解决问题。投资者不能因为公司具备更好的成长性就闭眼接受一个高市盈率，如果是这样就像一种自我说服。即便市盈率高一些，也应该在一个合理的范围内。

（4）参与门槛。如果资产有较大的参与门槛，那么所需的补偿会更大。比如信托产品有根据不同参与金额设立收益的传统，100 万元 -300 万元是一种收益，300 万元 -500 万元是一种收益，500 万元以上又是另一种收益。金额越高，投资者所获得的收益就越高，这也是一种补偿。

金额	100 万元 -300 万元（含）	300 万元 -500 万元（含）	500 万元以上
年收益率	6.5%	6.8%	7.3%

（某信托产品的收益设置）

整体市场的热度

经营饭馆需要面对很多风险，投资于股市，一样也会面临风险。如果可以观察整体股市的盈利收益率，和无风险收益率进行对比，就可以看出当下股市的"热度"。

能够代表 A 股大公司的指数是沪深 300 指数，这个指数的市值占 A 股总市值的 50% 以上，但在数量上只有 300 家上市公司而已。这个指数的市盈率足可以代表我国 A 股大盘股的热度。下表是我建议的参考标准，合理的估值是在 PE12-15 之间，对应的盈利收益率就是 6.7%-8.3%，而当下（2019 年 3 月 26 日）的沪深 300 市盈率为 12.11，盈利收益率为 8.26%，处于合理区间内。说明此时的股市温度适中，是不冷不热的状态。

这也是通过和无风险收益率对比而来的。

估值分布	PE	盈利收益率
极度低估	<9	>11.1%
低估	9-10	10%-11.1%

估值分布	PE	盈利收益率
偏低	10–12	8.3%–10%
合理	12–15	6.7%–8.3%
偏高	15–17	5.9%–6.7%
高估	17–20	5%–5.9%
极度高估	>20	<5%
当前	12.7	7.9%

沪深 300 指数相比上证红利指数、中证红利指数、上证 50AH 优选指数等代表性都要强，因为沪深 300 指数的成分股多，指数市值占总市值的比重更大，所以习惯用沪深 300 指数来当作整体 A 股市场热度的一个指标。而上述的其他指数的成分股数量小，只能代表某一类特征的股票集合，不足以反映整体 A 股的全貌。

沪深 300 指数如此重要的原因不仅仅是市值占比高，它也是我国第一个股指期货标的，其重要性不言而喻。很多媒体在播报股市的消息时都会提一下沪深 300 指数的涨跌情况，而在过去，投资者几乎只关心上证指数和深证成指。这两个指数分别代表了中国的沪市和深市，而沪深 300 指数可以体现两市的整体情况。

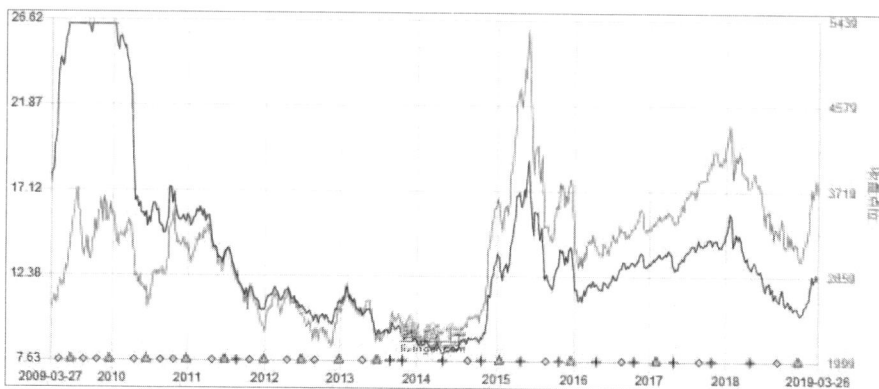

（截图来源：理杏仁）

上图是沪深 300 指数和沪深 300 指数市盈率最近十年的情形。

2009 年，沪深 300 市盈率最高达到 26–30 倍，在之前的 2007 年牛市中更高。之后人们经历了从 2009 年到 2014 年持续 5 年的缓慢的下跌，沪深 300 市盈率在 2013 年年中到 2014 年的大部分时间都处于 10 以下，特别是在 2014 年 4 月，沪深 300 市盈率还不足 9，是极度低估的，当时是中国 A 股历史上为数不多的绝佳投资的时机。

从 2014 年年中开始，一轮快速的牛市来临了，到 2015 年的 4、5 月，沪深 300 市盈率在短短 1 年的时间里，从 8 倍上涨到 17~18 倍，而超过 15 倍就是偏高。随后股市又迅速下跌，到 2018 年 6 月中，沪深 300 市盈率回到了估值合理的位置。

通过回顾历史，可以看到沪深 300 市盈率和无风险收益率的相对关系代表了股市不同的状态。2007 年年底，市盈率最高达到 47 倍，换算成盈利收益率，仅仅是 2.1%，远远低于当时十年期国债收益率（4% 以上）。也就是说，当时还在买股票的人，冒着极大的潜在风险，却只能获得很少的潜在收益。

会发生和什么时候发生

从上述对沪深 300 指数历史情况的概述中读者可能发现，沪深 300 市盈率达到极高估值后，又涨了一倍多，如果在沪深 300 指数达到极高估值时就卖出了，就要错失 100% 的一段涨幅。然后在 2013 年到 2014 年的熊市中，在 10 倍以下的低估区域维持了一年的时间，如果在达到极低估值后买入，那么也会面临 1 年多的浮亏。

如何面对这种情况？

巴菲特有一句非常经典的话："你应该关注什么会发生，而不是什么时候（发生）。"

市场达到低估值后，恢复到正常估值，甚至去到另一个极端高估值，这是会发生的事，但对于什么时候发生，投资者是不可能预知的。同理，当市场达到极高估值，回到正常估值，甚至去到另一个极端低估值，这也是会发生的事，但是对于什么时候发生，投资者也不可能预知。

执着于研究和预测什么时候会发生并没有答案，会使投资者陷于随机漫步当中，偶尔蒙对了以为练就了赚大钱的绝学，其实只不过是一次半次蒙中了而已，就像那坏掉的时钟一天也会有两次正确的时候。常见的技术分析就是要解决这些问题，预测股市的顶和底，而且是大大小小的顶和底。大部分分析方法试图预测"波段"，这些波段或许仅仅是一段 10%-20% 的涨跌幅。然而这些努力是徒劳的，几百年来无数的牛人前赴后继地预测股市行情，但几乎都失败了。"股神"的诞生和消亡伴随着牛市和熊市，而那些偶尔成功的人所总结出的方法，后人也无法使用，方法几乎都已经失效。

这种技术的研究却永远是时下最热的话题，且更多的人倾其一生都在寻找一招制胜的方法，毕竟人很难接受慢慢变富。

如果投资者关注"什么会发生"就容易很多，其他的交给时间就好。所以当市场达到极端高估的状态时，投资者就应该彻底清空手中的股票或基金，即便之后再上涨也和自己无关。话虽如此，在那种情况下要卖出大赚特赚的资产是一件让人难以接受的事。周围的环境热烈非常，很多人在谈论股票，新发的股票型基金遭到抢购，证券公司的佣金收入节节高升，新闻媒体报道股市的美好，人们信心十足，甚至有人辞掉工作要以职业炒股为生，此时投资者要清空股票或基金是需要顶着巨大的压力和诱惑的，因为人总是想卖在最高点，想获得收益的最大化，看着股市上涨而自己手中没有股票类资产，这是一件难熬的事。

当低估来临时，很多投资者在股市中亏了钱，股票型基金难以销售，而债券型、货币型基金遭到追捧，新闻媒体提示股市风险，人们不愿意谈论股票。在这种情况下，投资者要求自己买入股票或者基金同样也需要勇气，往往低估时股市更容易下跌，这种环境下买入更容易短期浮亏。更严重的是，投资者愿意在低估的时候买入，但可能会期盼更低的估值，这会导致投资者想等待继续下跌，可是股市的反弹又会让其害怕就此上涨了，于是犹豫着到底买还是不买？买多还是买少？这源于人总是想买到最低点，看着股市下跌，而自己手中没有闲钱继续买入，这也是一件让人难熬的事。

投资时人们的贪婪有如下两种：当手中有股票和基金时，希望股市继续上涨；当手中没有股票和基金时，希望股市继续下跌。克服这两个欲望是成功投资的关键，这就需要投资哲学和投资原则来帮助投资者形成更加良好的投资心态。

第九章
上证红利指数的回测与思考

　　本章先建立一些简单的规则，用回测的方式观察利用指数市盈率估值在历史中的投资效果。用到的指数基金是跟踪上证红利指数的华泰柏瑞上证红利 ETF，场内代码是 510880。通过观察回测辅助制订投资方案，同时思考什么情况下这种投资方法不适用，甚至失效。当投资者知道它在何种情况下失效时，才能更好地使用它，并且记住回测数据不能直接运用于未来。

　　在第八章讲到，盈利稳定的大盘蓝筹指数可以利用指数的盈利收益率与同期无风险收益率做对比，形成买卖决策，观察在不同历史市盈率（盈利收益率）时买会有什么结果。

　　根据中证指数官网的数据，最近十几年，我国十年期国债到期收益率绝大部分时间在 2.5%-5% 之间浮动，这里先从指数盈利收益率 10% 开始，该盈利收益率显著大于历史同期无风险收益率的 2-3 倍，盈利收益率 10% 对应的指数市盈率是 10 倍。

　　本章市盈率历史数据来源于理杏仁网站，证券价格和分红数据来源于证券软件以及基金公司公开信息，买入、卖出价格均以收盘价计算。

第一节　PE=10

2010 年 9 月 21 日，上证红利指数市盈率是 10.01，假设在这一天买入红利 ETF，观察 2018 年 9 月 21 日的账户情况。

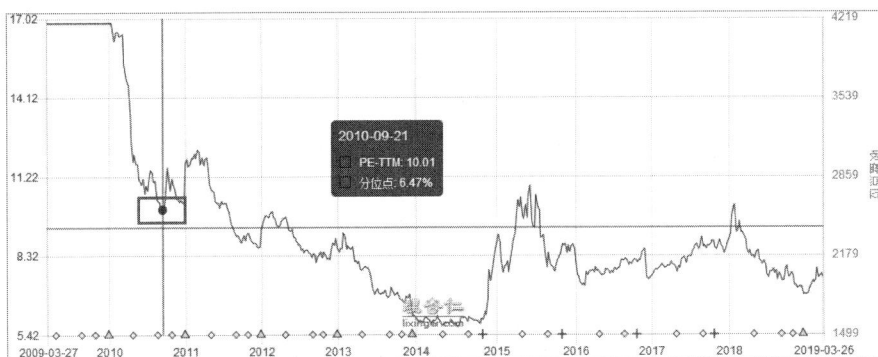

（截图来源：理杏仁）

红利 ETF（510880）	买入	观察
日期	2010-9-21	2018-9-21
场内价格（元）	2.082	2.778
PE-TTM	10.01	7.86

买入时和观察时的情况：持有时间为 8 年，结束时的 PE 明显低于买入时的 PE，一般在资产质量没有恶化，并且暂时不考虑其他投资方向的情况下，投资者如果当初接受 10.01 倍市盈率为买入指数的条件，那么对于 7.86 倍市盈率应更能接受。市盈率越低，盈利收益率越高，意味着市场对资产赢利能力的定价越低，投资者的成本越低，安全边际越高，潜在回报越大。

上表中，"买入"是假设真实的买入行为；"观察"是设置一个时间点，观察账户情况，这里的用词不是"卖出"。

在做这种回测时，我建议假设买入一定份额，这样更贴近真实，有助于投资者理解和体会这种方法。

红利 ETF（510880）	份额（份）	价格（元）	基金市值（元）	分红（元）
买入时	10 000	2.082	20 820	/
观察时	10 000	2.778	27 780	?

在第一节，先来理解这个表格，后面就清楚了。

买入时，假设买入 10 000 份，以当天收盘价成交，10 000 份是 100 手，不计交易费用，成本是 20 820 元。

观察时，还是 10 000 份，这是因为红利 ETF 在期间没有份额的折算或拆分，份额不会变动，分红都是以现金红利的形式发放的，所以在计算观察时的市值时，不仅要考虑 10 000 份红利 ETF 的市值，还需要考虑在这些钱中发放的红利。

为了计算简单，方便理解，暂时不考虑每次发放红利后可能的红利再投资行为。不过在真实的投资过程中，计算一种投资方法的收益情况，应该考虑红利再投资的情况，也就是说，本章的回测结果是偏低的，因为没有考虑分红的钱再投资所产生的收益，复利效果稍有减弱。

分红如何计算？见下表。

权益登记日	每份红利（元）	获得红利（元）
2018-1-22	0.109	1 090
2017-1-20	0.091	910
2016-1-19	0.05	500
2015-1-19	0.08	800
2014-1-20	0.059	590
2012-12-17	0.041	410
2011-10-21	0.035	350
2010-10-21	0.021	210
合计		4 860

这是从 2010 年 9 月 21 日至 2018 年 9 月 21 日，红利 ETF 的历次分红，数据是公开资产，分红是真实存在。如果持有份额是 10 000 份，乘以每份分红额就得到每次的分红金额。

比如2010年10月21日的分红，每份分红0.021元，共持有基金10 000份，得到分红款210元，这笔钱会回到证券账户中。在真实的投资过程中，投资者拿到分红款应该考虑当时不同指数，或者其他资产的预期回报，并且选择一种投资回去。不过这里不考虑再投资问题，假设分红所得现金就一直趴在证券账户中。

上表统计了在持有10 000份情况下，多年分红的结果，得到合计金额4 860元，把这个数字填进去。

红利 ETF（510880）	份额（份）	价格（元）	基金市值（元）	分红（元）
买入时	10 000	2.082	20 820	/
观察时	10 000	2.778	27 780	4 860

现在条件都充足了，可以计算收益、收益率和年复利收益率。

观察时总市值 = 基金市值 + 分红总额 =27 780+4 860=32 640（元）。

收益 = 观察时总市值 – 买入时成本 =32 640–20 820=11 820（元）。

收益率 = 收益 / 买入时成本 =11 820/20 820=56.77%。

年复利收益率的计算公式：$20\,820(1+x)^8=32\,640$。

解得 x=5.78%。

全部计算完成了，下面解释几处重点：

这个持续时间是8年，买入时的PE是10.01，观察点的PE是7.86，这个下滑幅度还是比较大的，达到21.5%。在正常的经济环境下，投资者可以把PE的下滑模糊地归因于市场给自己带来的损失，即市场收益为负。8年持有难道没有遇到牛市吗？8年来难道没有市场收益为正的时候？当然有，比如2015年就出现过PE高于10的情况，这里做回测，选择整数年作为观察点，暂不考虑卖出的情况。

虽然市场收益为负，但总体依旧有56.77%的收益率，依旧获得了年复合收益率5.78%，这是因为资产收益为正，且资产收益大于市场带来的损失。在前面讲过，正常情况下，长期持有的确定性好处是资产收益能积累起来，资产收益会体现在指数盈利增长和分红这两方面。长期投资并不依赖于牛市赢利，只要资产收益积累够多，哪怕是熊市也依旧能够保证账户收益为正。

收益有11 820元，其中分红有4 860元，占比将近50%。长期看分红所占比重还是很明显的。

可以想象，还是上述时间段中，如果观察点的市盈率也是 10 倍，那么大概可以说市场收益是 0，则全部收益来源于资产，而且总收益率会提高，年复合收益率也会提高。在后面的举例中会列出这种情况。

重点：市值上升不依赖于市盈率上升，资产收益会以盈利增长和分红的形式体现。长期投资，即使市场收益为负，资产收益一般也可以将其覆盖。

如果观察点的 PE 一样是 10 呢？ 2018 年 1 月 26 日，上证红利的市盈率曾经达到 10.11，下面看看这期间的回测情况。这段时间大约是 7.3 年。

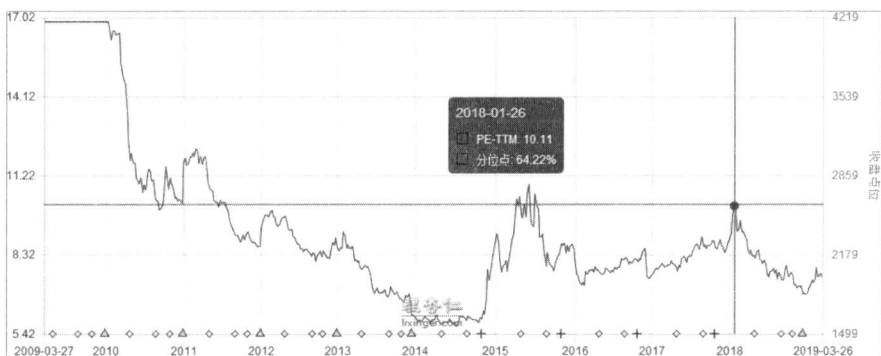

（截图来源：理杏仁）

红利 ETF（510880）	买入	观察
日期	2010-9-21	2018-1-26
场内价格（元）	2.082	3.291
PE-TTM	10.01	10.11

红利 ETF（510880）	份额（份）	价格（元）	基金市值（元）	分红（元）
买入时	10 000	2.082	20 820	/
观察时	10 000	3.029 1	32 910	4860

观察时总市值 = 基金市值 + 分红总额 =32 910+4 860=37 770（元）。

收益 = 观察时总市值 − 买入时成本 =37 770−20 820=16 950（元）。

收益率 = 收益 / 买入时成本 =16 950/20 820=81.41%。

年复利收益率的计算公式：20 820（1+x）$^{7.3}$=37 770。

解得 x=8.50%。

前后 PE 相差无几时，在上述时间段内，年复利收益率显著提高。

第二节　PE=9

2011 年 9 月 2 日，上证红利指数市盈率是 9.03，假设在这一天买入红利 ETF，观察 2018 年 9 月 2 日的账户情况。

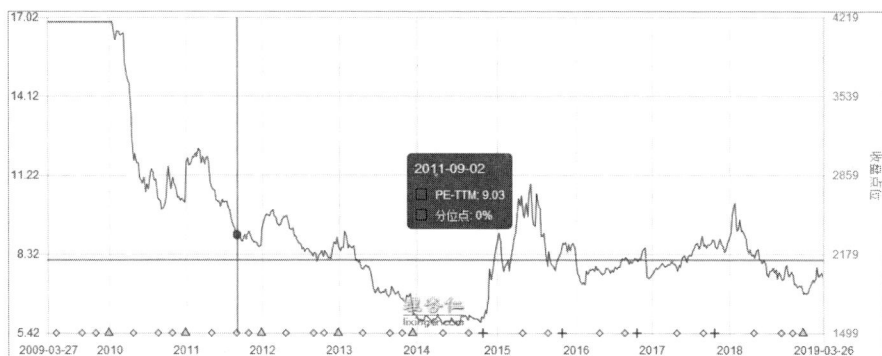

（截图来源：理杏仁）

红利 ETF（510880）	买入	观察
日期	2011-9-2	2018-9-2
场内价格（元）	2.156	2.672
PE-TTM	9.03	约 7.3

买入时和观察时的情况：持有时间为 7 年，结束时的 PE 低于买入时的 PE。一般在资产质量没有恶化，并且暂时不考虑其他投资方向的情况下，投资者如果当初接受 9.03 倍市盈率为买入指数的条件，那么对于 7.3 倍市盈率应更能接受。市盈率越低，盈利收益率越高，意味着市场对资产赢利能力的定价越低，投资者的成本越低，安全边际越高，潜在回报越大。

注意图中有一个分位点，当时显示的是 0%，也就是说，在历史中，当时的市盈率 9.03 已经是最低的情况，但分析上图之后的走势，低于 9.03 的时候还有很多。当然在下跌过程中分位点持续是 0。这说明新数据对于分位点的影响，大数据永远不能包含所有情况。

红利 ETF（510880）	份额（份）	价格（元）	基金市值（元）	分红（元）
买入时	10 000	2.156	21 560	/
观察时	10 000	2.672	26 720	?

分红见下表，与第一节不同，由于是 2011 年 9 月 2 日买入，所以无法参与之前的分红。

权益登记日	每份红利（元）	获得红利（元）
2018-1-22	0.109	1 090
2017-1-20	0.091	910
2016-1-19	0.05	500
2015-1-19	0.08	800
2014-1-20	0.059	590
2012-12-17	0.041	410
2011-10-21	0.035	350
合计		4 650

这是从 2011 年 9 月 2 日至 2018 年 9 月 2 日，红利 ETF 的历次分红。

上表统计了在持有 10 000 份情况下，多年分红的结果，得到合计金额 4 650 元，把这个数字填进去。

红利 ETF（510880）	份额（份）	价格（元）	基金市值（元）	分红（元）
买入时	10 000	2.156	21 560	/
观察时	10 000	2.672	26 720	4 650

现在条件都充足了，可以计算收益、收益率和年复利收益率。

观察时总市值 = 基金市值 + 分红总额 =26 720+4 650=31 370（元）。

收益 = 观察时总市值 − 买入时成本 =31 370−21 560=9 810（元）。

收益率 = 收益 / 买入时成本 =9 810/21 560=45.50%。

年复利收益率的计算公式：$21\,560(1+x)^7=31\,370$。

解得 x=5.50%。

全部计算完成了，下面解释几处重点：

这个持续时间是 7 年，买入时的 PE 是 9.03，观察点的 PE 是 7.3，下滑幅度达到 19.2%。在正常的经济环境下，投资者可以把 PE 的下滑模糊地归因于市场给自己带来的损失，即市场收益为负。

买入时PE变低了，按道理是成本更低了，为什么年复合收益率却下降了？主要原因是观察点的 PE 不一样。上述情况中，观察点的 PE 更低了，而且资产收益每年不一样。如果把观察点设置在 2018 年 9 月 21 日，年复合收益率就会提高。

第三节　PE=8

2013 年 4 月 12 日，上证红利指数市盈率是 8.03，假设在这一天买入红利 ETF，观察 2019 年 3 月 26 日的账户情况。选择观察时间 2019 年 3 月 26 日的原因是，我修订这部分内容的时间就是 2019 年 3 月 26 日，虽然还差几天，但差不多可以算成 6 年时间。

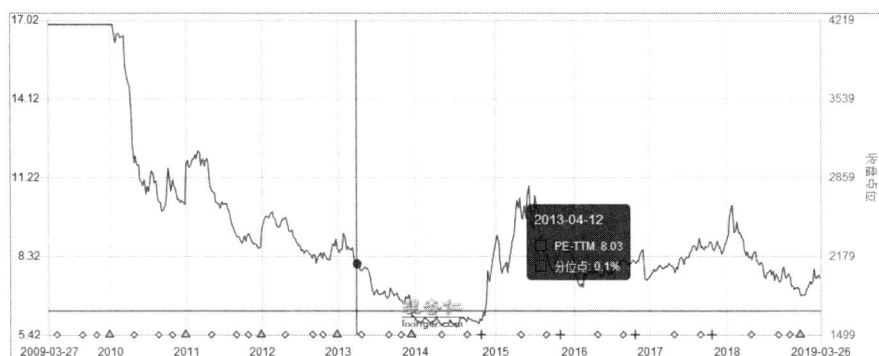

（截图来源：理杏仁）

红利 ETF（510880）	买入	观察
日期	2013-4-12	2019-3-26
场内价格（元）	1.885	2.830
PE-TTM	8.03	7.46

买入时和观察时的情况：持有时间约为 6 年（差几天），结束时的 PE 低于买入时的 PE，一般在资产质量没有恶化，并且暂时不考虑其他投资方向的情况下，投资者如果当初接受 8.03 倍市盈率为买入指数的条件，那么对于 7.46 倍市盈率应更能接受。市盈率越低，盈利收益率越高，意味着市场

对资产赢利能力的定价越低，投资者的成本越低，安全边际越高，潜在回报越大。

注意图中有一个分位点，当时显示的是 0.1%，也就是说，在历史中，当时的市盈率 8.03 已经是最低的情况，但分析上图之后的走势，低于 8.03 的时候还有很多。当然在下跌过程中分位点持续是 0。这说明新数据对于分位点的影响，大数据永远不能包含所有情况。

红利 ETF（510880）	份额（份）	价格（元）	基金市值（元）	分红（元）
买入时	10 000	1.885	18 850	/
观察时	10 000	2.830	28 300	?

分红见下表，与第一节不同，由于是 2013 年 4 月 12 日买入，所以无法参与之前的分红，加上了 2019 年 1 月的分红。

权益登记日	每份红利（元）	获得红利（元）
2019-01-15	0.098	980
2018-01-22	0.109	1 090
2017-1-20	0.091	910
2016-1-19	0.05	500
2015-1-19	0.08	800
2014-1-20	0.059	590
合计		4 870

这是从 2013 年 4 月 12 日至 2019 年 3 月 26 日，红利 ETF 的历次分红。

红利 ETF（510880）	份额（份）	价格（元）	基金市值（元）	分红（元）
买入时	10 000	1.885	18 850	/
观察时	10 000	2.830	28 300	4 870

现在条件都充足了，可以计算收益、收益率和年复利收益率。

观察时总市值 = 基金市值 + 分红总额 =28 300+4 870=33 170（元）。

收益 = 观察时总市值 − 买入时成本 =33 170−18 850=14 320（元）。

收益率 = 收益 / 买入时成本 =14 320/18 850=75.97%。

年复利收益率的计算公式：18 850（1+x）^{6}=33 170。

解得 x=9.88%。

全部计算完成了，下面解释几处重点。

这个持续时间是 6 年，买入时的 PE 是 8.03，观察点的 PE 是 7.46，下滑幅度为 7.10％。在正常的经济环境下，投资者可以把 PE 的下滑模糊地归因于市场给自己带来的损失，即市场收益为负。

本节的回测中，买入时的 PE 和观察点 PE 的差距在缩小，相比第一节和第二节，本节的市场收益为负的情况在减轻，但市场收益依旧为负。可以看到在上述时间内，市场收益为负的情况减轻后，年复利收益率提高了。

如果买入时的 PE 和 2019 年 3 月 26 日一样呢？我们可以找这样一天来看看。2019 年 3 月 26 日的 PE 是 7.46，2013 年 6 月 14 日的 PE 为 7.52，这两个点已经非常近似了，回测一下收益情况。

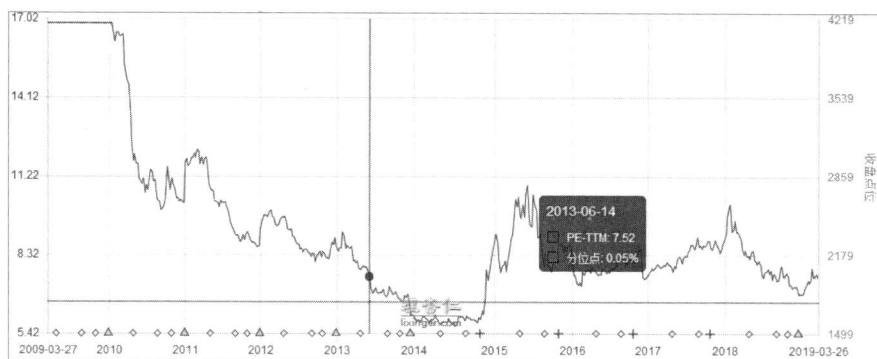

（截图来源：理杏仁）

下图是对应时间的价格和 PE。

红利 ETF（510880）	买入	观察
日期	2013-6-14	2019-3-26
场内价格（元）	1.840	2.830
PE-TTM	7.52	7.46

下图是市值和分红。

红利 ETF（510880）	份额（份）	价格（元）	基金市值（元）	分红（元）
买入时	10 000	1.840	18 400	/
观察时	10 000	2.830	28 300	4 870

观察时总市值 = 基金市值 + 分红总额 =28 300+4 870=33 170（元）。

收益 = 观察时总市值 － 买入时成本 =33 170-18 400=14 770（元）。

收益率 = 收益 / 买入时成本 =14 770/18 400=80.27%。

年复利收益率的计算公式：18 840（1+x）^{6}=33 170。

解得 x=9.89%。

所得结果差别不大，这是因为 2013 年 6 月 14 日到 2019 年 3 月 26 日不是 6 年，而是大约 5.75 年，如果公式中的 6 换成 5.75，18 840（1+x）$^{5.75}$=33 170，可得出年复利收益率是 10.34%。

当前后市盈率相差不大时，所获得的收益几乎全部来自资产。

第四节　PE=7

2013 年 6 月 21 日，上证红利指数市盈率是 7.08，假设在这一天买入红利 ETF，观察 2018 年 6 月 21 日的账户情况。时间是 5 年。

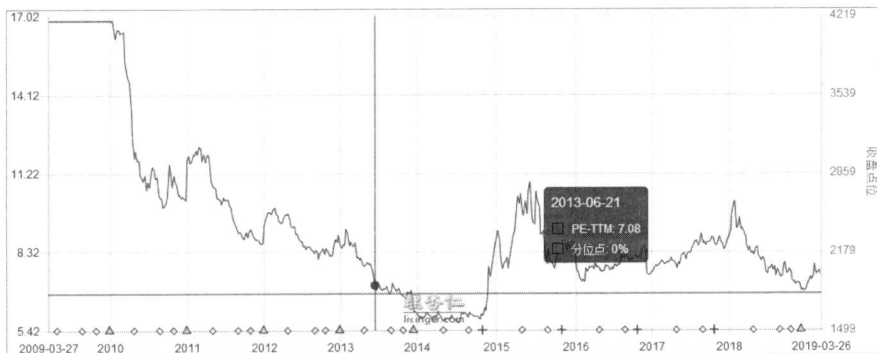

（截图来源：理杏仁）

红利 ETF（510880）	买入	观察
日期	2013-6-21	2018-6-21
场内价格（元）	1.761	2.761
PE-TTM	7.08	7.94

买入时和观察时的情况：持有时间为 5 年，结束时的 PE 略高于买入时的 PE。注意图中分位点，为 0%。

红利ETF（510880）	份额（份）	价格（元）	基金市值（元）	分红（元）
买入时	10 000	1.761	17 610	/
观察时	10 000	2.761	27 610	？

分红见下表。

权益登记日	每份红利（元）	获得红利（元）
2018-1-22	0.109	1 090
2017-1-20	0.091	910
2016-1-19	0.05	500
2015-1-19	0.08	800
2014-1-20	0.059	590
合计		3 890

这是从2013年6月21日至2018年6月21日，红利ETF的历次分红。

红利ETF（510880）	份额（份）	价格（元）	基金市值（元）	分红（元）
买入时	10 000	1.761	17 610	/
观察时	10 000	2.761	27 610	3 890

观察时总市值 = 基金市值 + 分红总额 =27 610+3 890=31 500（元）。

收益 = 观察时总市值 − 买入时成本 =31 500−17 610=13 890（元）。

收益率 = 收益 / 买入时成本 =13 890/17 610=78.88%。

年复利收益率的计算公式：$17\,610(1+x)^5=31\,500$。

解得 x=12.33%。

这是本章首次观察点的PE大于买入时的PE的情况，不过7.94的PE值依然是很便宜的。

第五节　什么是牛市，什么是熊市

这里讲一句题外话，什么是牛市以及什么是熊市。下面讲牛市，熊市是相反的。

对于牛市没有严格的定义，就是一种泛泛的说法。涨了一段时间，涨了一定的幅度，市场就可以叫牛市了。每个人对牛市的感触不一样，这是因为人们观察的时间角度不同。有的人每天都看，如果涨两周对他来说就是牛市了；有的人以月为单位，可能就需要涨半年，在他看来才算是牛市。

所以，人们所说的牛市是指股市已经在上涨，在股市下跌，没有开始涨的时候，没有人说是牛市。牛市还暗含着一层意思：股市还会涨。读者可以体会一下，一个朋友跟你说"现在是牛市"是什么感觉。除了表示最近股市不错之外，大多还有预测短期还会涨的意思。

大部分股民和基民有一个普世的投资哲学：等一个牛市就能赚钱。所以不少人认为长期投资的主要原因就是在等一个牛市，毕竟牛市到来的概率随着时间的延长会增加。但是实际上，长期投资的主要原因是给予企业更多的发展时间。

投资者既然不能预测短期股市，就不要过度地使用牛市、熊市这种词，而且做价值投资，是以获得资产收益为主要目的，并不是非要依赖市场给好天气。之所以选择长期投资，除了等待资产收益的积累之外，还因为投资者至少可以找一个点，不在市场收益为负的时候卖出。

也就是说，投资者不应该奢求赚市场的钱，但至少别在市场中亏钱，所以才选择长期投资。

通常人们对牛市没有严格定义，我想试着定义一下。我认为牛市是指主流指数市盈率的普遍提高。通常来说人们认为，一段时间、一定幅度的市值的提高就是牛市，体现在股票价格上涨上，体现在指数点位上升上。但我是从"市盈率＝市值／盈利"这个公式出发，同时考虑了盈利，然后定义牛市。

市值的上涨表明股市可能是牛市，也可能不是。一般来说，这需要看时间。

如果时间很短，盈利没什么变化，市值上涨就会带动市盈率几乎同比例地上涨，这确实是牛市。我认为牛市是市场对资产赢利能力的定价的明显抬高。

市盈率	市值	盈利
10	200	20
20	400	20

上表中，由于时间很短，盈利不变，市值的升高导致市盈率升高，这是

牛市。但如果时间很长，盈利有显著提升，市值的上涨不一定会带动市盈率提升，有的时候市盈率还会下滑，这就不算是牛市。

市盈率	市值	盈利
10	200	20
10	300	30
7	210	30

市值确实上升了，但盈利同时也上升了，市盈率未必就提高。这不算是牛市。从最下面一行看出，市盈率从 10 到 7，反而下滑了，在我看算是熊市，但市值从 200 上升到 210。对于是牛市还是熊市，我认为其定义的是人们的信心，反映在指数市盈率上。

比如 5 年前某员工的工资是 3 000 元，其今天的工资是 10 000 元。该员工的工资上涨了，但并不能说是牛市到来，因为背后产生的价值不一样。今天的该员工可以应对更多的工作，为公司创造更多的价值，工资的上涨背后是不一样的价值创造。所以虽然工资涨了，也不能说是牛市，毕竟这是该员工应得的。

一个指数 5 年前是 2 000 点，今天是 3 000 点，涨了 1 000 点，涨幅足足有 50%（未考虑分红），那么这段时间是否就是牛市呢？未必。假设 5 年前指数成分股的净利润是 1 000 亿元，而今天指数成分股的净利润是 1 500 亿元，那么这就不算是牛市。因为 2 000 点对应 1 000 亿元的净利润和 3 000 点对应 1 500 亿元的净利润是一样的。

市盈率的定义是人们为了每一块钱盈利愿意付出多少倍的成本。如果去年 PE 为 9 的时候买入了指数基金，今年发现 PE 为 12，那么可以说这段时间是牛市。因为过去人们愿意为一元钱的净利润掏 9 元钱，现在愿意掏 12 元了，说明信心提升了。

那么为什么要这么定义呢？因为这种定义方式考虑了价格和价值的相对关系，看待市场更加客观理性。不是涨了 50% 就快涨到头了，有可能涨了很久但估值却没变，甚至更低。也不是跌了一半就值得投资，有可能价格还是非常昂贵。就像上述例子所言，2 000 点涨到 3 000 点用了 5 年时间，虽然点位上涨了，但是估值应该不会有太大的变化，这是因为公司净利润同样也在增长。

利用指数估值投资指数基金时，会有这样一个问题：如果买入指数基金之后，指数的市盈率好几年都不变，那么还能赚钱吗？答案是能。本章已经有很多回测的例子。根本原因是在长期里，一个指数背后的公司净利润会增长（短期未必），这就会导致即便指数增长，市盈率也有可能没有明显的改变。

好的投资未必一定是长期的。如果短期估值达到不合理的高度，那么建议投资者退出，但好的投资在一开始一定是以"长期投资"作为心理准备，因为投资者很有可能遇到股市下跌，或者平平淡淡的市场环境，但只要时间够长，买入估值合理偏低，就会有两方面的优势站在投资者这一边：第一就是企业长期盈利的增长；第二就是有可能出现一个信心爆棚的牛市，让市场收益大幅提高。

中国股市从 3 000 点到 3 000 点，12 年的时间一夜回到原点，但是如果从估值角度看，上证指数的市盈率前后差距其实很大。

	指数点位	市盈率
2007 年 4 月	3 100	约 42
2019 年 3 月	3 100	约 13

很明显，前后两个 3 100 点的投资价值存在天壤之别。2007 年 4 月该指数非常昂贵。经过 12 年，整体上市公司的盈利已经有了几倍的增长，同样的 3 100 点，估值已经变得合理得多。不是这么多年没涨，而是当年太疯狂。

第六节　好资产，坏价格

本节回测一个失败的投资。一部分人会在股市最疯狂的时候入场，即便买到了很好的资产，即便持有时间很长，也很难有收益。2007 年 8 月 10 日，上证红利指数市盈率是 25.04，假设在这一天买入红利 ETF，观察 2018 年 8 月 10 日的账户情况，时间是 11 年。

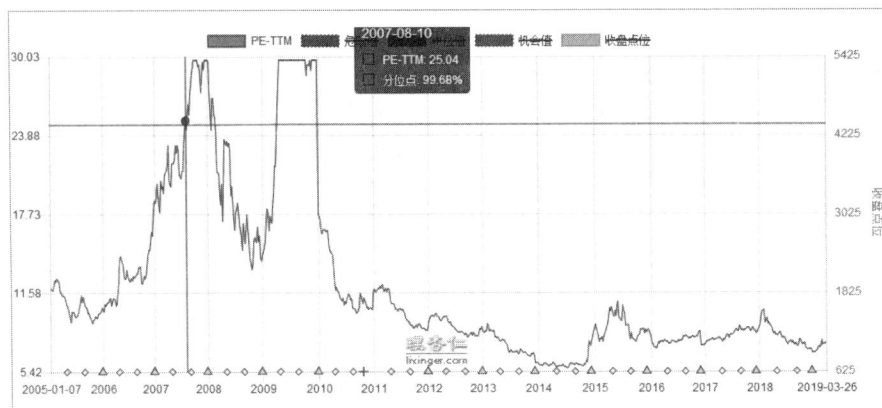

（截图来源：理杏仁）

红利ETF（510880）	买入	观察
日期	2007-8-10	2018-8-10
场内价格（元）	3.975	2.705
PE-TTM	25.04	7.76

买入时和观察时的情况：持有时间为11年，买入时PE极高，分位点几乎到100%。

红利ETF（510880）	份额（份）	价格（元）	基金市值（元）	分红（元）
买入时	10 000	3.975	39 750	/
观察时	10 000	2.705	27 050	?

分红见下表。

权益登记日	每份红利（元）	获得红利（元）
2018-1-22	0.109	1 090
2017-1-20	0.091	910
2016-1-19	0.05	500
2015-1-19	0.08	800
2014-1-20	0.059	590
2012-12-17	0.041	410
2011-10-21	0.035	350
2010-10-21	0.021	210
2010-7-14	0.020	200
2009-10-21	0.023	230

续表

权益登记日	每份红利（元）	获得红利（元）
2009-3-23	0.024	240
合计		5 530

红利 ETF（510880）	份额（份）	价格（元）	基金市值（元）	分红（元）
买入时	10 000	3.975	39 750	/
观察时	10 000	2.705	27 050	5 530

观察时总市值 = 基金市值 + 分红总额 =27 050+5 530=32 580（元）。

收益 = 观察时总市值 − 买入时成本 =32 580−39 750=−717 0（元）。

收益率 = 收益 / 买入时成本 =−717 0/39 750=−18.04%。

年复利收益率的计算公式：$39\,750\,(1+x)^{11}=32\,580$。

解得 $x=-1.79\%$。

即使持有 11 年，积累了很多资产收益，但市场收益为负的情况非常严重，导致 11 年资产收益也不能弥补市场带来的损失，年复利收益率依旧为负。市盈率高达 25 倍，盈利收益率仅 4%，甚至比当时十年期国债收益率还要低。

所以，2007 年年底上证红利指数的价格至少透支了未来十年的增长。

好资产，好价格，真是缺一不可。

第七节　买重要，还是卖重要

在回测历史的时候，我更加注重买的时机，因为我认为买比卖重要。

"会买的是徒弟，会卖的是师傅。"投资者大概听到过这句话。语言会影响思维，思维会反过来影响语言表达和行为，为什么会如此重视卖出，甚至把卖出和买入比作师徒关系？

答案是：大脑受"卖出"行为和结果反馈更多的人，即频繁交易的人，这些人也是喜欢看成本的人。市值和成本的比较显示了当下的盈亏，买入已经成为事实，成本是固定的，不能再改变了，能够影响盈亏的因素就是当下价格。这个价格是在波动的，其决定了与成本的差是正数还是负数，决定了盈亏，同样决定了盈亏的大小。

这时人就会把注意力集中在会变的因素上——自然是"卖价"更重要，不一样的卖出价格会带来不一样的结果，所以"会卖的是师傅"。

比如投资者买一只股票的成本是 10 元 / 股，之后股价波动，假设未来卖出时的价格是 S，那么每一股的收益就是 S−10（不考虑分红配股，短线交易者也很难经历分红配股），10 不会变，那么卖价 S 就是唯一重要的事，当然"会卖的是师傅"。

更重要的是因为短线交易者的大脑历经的卖出反馈很多。在短线交易中，投资者经常要决策买和卖，每一笔交易的盈亏，都是由卖出行为最终坐实，然后频繁地反馈给大脑，卖出本身自然就尤为重要。而"买"很难给投资者带来高兴的感觉，只有卖出才有可能让投资者高兴。对于这种感觉大部分投资者只有在卖出的时候才有机会体验到（看到上涨也会开心是因为投资者在想象卖出盈利，就像人们看到柠檬牙会酸一下），反复的刺激导致"卖出"在人们的大脑中无比重要。要是亏了呢？投资者会感到痛苦，也会让大脑加强"卖出行为"的重要性。

在大部分人的眼中，"买"这个行为不带来获利，也不带来损失。

所以，投资者对于"买入"没有充分地重视，而给予"卖出"不合理的重视权重，因为卖出给人的感觉刺激更多，不管感觉是好的还是坏的。

当"买和卖"这两步是由一个人完成时，那么这个人就会像上述所说，更容易在乎"卖"，把盈亏更多归因于"卖的水平"。但如果卖是由投资者负责，而买是由另一个人负责，那么投资者还会这样想吗？人更容易把功劳归于自己，如果发生损失，就总想甩锅出去。

下面做一个思想实验：我和你是一个团队的两名操盘手，老板给咱们钱让咱俩买卖股票，我负责买，你负责卖，而最近经常发生亏损，这时老板总是批评你，你会老老实实地接受吗？你可能就会有各种理由："谁让他买这个的？要是我就不会买，买这个只能亏啊。他买得太贵了，我怎么盈利啊？"你就会把一部分原因推给我。

这时我说："你是我师傅啊。"这还能说服你吗？

退一万步讲，至少买和卖是同等重要的，而我认为，买比卖更重要。

会买的才是师傅。如果买得好，再不会卖也不会吃大亏。投资大师都是在强调好资产和好价格，这两点都是买时所要确定的，而没有说卖。对大师来说，获得收益的手段并不是卖，而是买。所以巴菲特买股票的时候特别高兴。

做投资，投资者能不能赚钱，很大程度上是在买的时候决定的，而买到卖中间这段时间，只不过是走一个流程，等待收益到账而已。如果投资者先买了，想着"万一能赢利呢？等一个好的卖出时机吧"，这不是赌博吗？如果投资者在买入时不能确保很大概率是赢利的，那就别买了。

如果投资者买的是优质的资产，其价值就会越来越高，而且投资者买这个资产的时候，估值又是偏低的。投资者用一个好价格买入了一个好资产，这本身就保障了未来盈利是大概率，而卖出时候的水平只影响多赚还是少赚而已。但如果投资者在一开始就没有买到好资产，或者买的时候估值很高，那么卖出水平再高，也只能是多亏和少亏的区别。

一个人如果买了还能坚持长期持有，那么这个人就是祖师爷。

如果要问格雷厄姆的价值投资思想中哪一条最重要，那么我认为是安全边际。巴菲特多年后遇到查理·芒格，投资思想上有了巨大的飞跃，从单纯地购买便宜的公司，跨越到买伟大的企业，他也始终践行"安全边际"这四个字。而这四个字，核心就是会"买"的功夫。

下一章开始讲对于投资指数，应该从哪几个方面加强安全边际。

第十章

安全边际

安全边际的目的是提高容错率，先不败，再求胜。

安全边际的表现是保守测算，谨慎估计。

比如一个人看到天气预报说，明天有阵雨，降水概率为20%，虽然概率较低，但他依旧选择带伞出去；

比如某员工上班通勤路上平均需要30分钟，但他每天都要提前1小时出门；

比如领导让属下就一个项目提出两个策划，此人最后提交了4个；

比如一个人为了哄女朋友开心，不仅订了一顿豪华的西餐，还精心准备了礼物；

比如手机满电状态一般当天够用，人们也依然会带着随身充出门；

比如高考当天，大部分考生会选择提前很长时间出门；

比如投资者不敢一次买很多，选择基金定投的行为一点一点买。

安全边际在生活中无处不在，人们为了让事情更稳妥，为了让事情以更大的概率办成，为了避免意想不到的意外影响自己计划，为了让心理压力降低，为了减少焦虑，就会提高安全边际。因此对于投资这么重要的事，也一定要有安全边际。

"以便宜的价格买入一般的公司，以合理的价格买入伟大的公司。"这都是安全边际。因为一般的公司通常是"一般的价格"，伟大的公司价格往往不一般。有的人买到股票可以持有很久，其中很重要的原因可能是他买的成本足够低，有足够的缓冲地带，不会由于价格的波动产生焦虑。

那么，投资指数基金，有哪些方面可以提高安全边际呢？

第一节　追求好资产

好资产是安全边际。

股市中，业绩优异的公司也会在熊市下跌，但是这些公司反弹时力度很大，一般到牛市的上半场价格就会回到之前的高点。好资产是提高安全边际的另一条路，有点儿像"最好的防守是进攻"。

追求好资产往往伴随着投资标的的减少，新手投资通常非常分散，股票买得很多，基金也选择得很多。我认为，投资者这样做的本质原因是其对每一种资产的理解都不深刻，一方面是害怕单一资产过大而造成较大的风险，另一方面是害怕其他资产涨幅更高而错过收益。但是过度的分散几乎必然会导致投资表现得平庸。

大部分人误解"好资产"是别人口中的好资产，别人说它是好资产，或者很多人都推荐。这样确实能够促进投资者购买，但无法让投资者彻底安心，也不能说服自己掏出更多的钱。所以大部分人听别人推荐基金，看别人推荐股票，就像抄作业，即使有收益，也很难有显著收益。

我听到过一句话，印象很深：多数人为了逃避真正的思考，愿意做任何事情。行动上的勤奋，即开始投资的时候动作很快，说买就买了，掩盖了思维上的懒惰。是不是别人推荐的，不是主要问题，投资者没有自己得出"好资产"的结论才是主要问题。所谓投资时心态至关重要，有的投资者认为"我就是心态不好"，其实还谈不上心态好不好，最重要的是投资者对资产都没有基本理解，就不要谈心态的影响了。

心态一样需要安全边际，投资者如何获得投资的安全边际呢？方法只有一条：能自己独立分析出好资产。

之前很多人认为标普红利是非常好的指数，其被称为最佳红利指数，回撤数据一级棒。但极少人能说得出标普红利指数的选股规则，更别提谈一谈哪里好了。当 2018 年股市下跌，红利指数的表现很差时，有很多人都放弃了继续定投，甚至赎回了基金，并产生了抵触情绪。红利机会指数的好坏不是主要问题，重要的是投资者是否能坚持投资，持续定投基本上不依赖于别人，而依赖其心里知道它哪里好。

只有这样，投资者才有可能在遇到不利的市场环境，遇到熊市时，安心地坚持，彻底地放心。我见过非常多的咨询案例，其中很多人都有多年的投资经历，有的是老股民，有的是老基民。在交谈中我发现很多人有一个共性，当他们买了基金之后通常会表现出对价格的高度敏感，股市上涨了他们会特别高兴，觉得自己非常明智，但股市下跌后他们又很焦虑，有上当受骗的感觉。

然后很多人把自己亏钱的原因归结于运气不好，殊不知他们对资产的了解程度极浅，甚至连自己持有哪些基金都说不出来，还需要拿出手机一个一个地查看。投资者对自己投资的东西生疏到这个地步，说实话，还没有资格谈运气对自己的影响。运气真正能够影响到的都是那些高手，绝大部分人达不到这种水平，即需要运气来影响投资业绩。

我对投资的定义是：以获得资产收益为主要目的的行为是投资。投资者为了达到这个目的，必须去理解和分析资产的赢利能力，在这个过程中，自然而然就会对自己所投资的资产有越来越深的认识。反过来说，如果一个人对自己投资的对象不能说出 1234，那么基本上可以判断，他的行为是投机。

投机的行为模式决定了投资者在心态建设上很难有安全边际，价格对心态的影响将达到严重的程度。本节的标题是"追求好资产"，其实讲的是投资者要追求理解好资产。好资产不是别人说的，是投资者自己得出的结论。我讲投资指数基金，也是建议投资者首先熟悉指数选股的逻辑和规则，这是指数最核心的要素。

比如，以市值大小作为加权方式的指数选股模式，只是在一定的范围内选择最大的公司，大公司是好公司吗？好公司是大公司吗？这两者的联系强吗？再比如，以能稳定分红作为选股逻辑的指数选择出来的公司都会有哪些特征？分红的背后代表了什么？如果把分红当作一种信号，那么这个信号在告诉投资者什么信息？想清楚这些问题，才能说投资者发现了属于自己的好指数。

以这种方式买指数，投资者以后遇到市场不利的环境，自然就清楚这种环境是否影响这个指数的永续性。然后投资者才能更倾向于坚持投资，坚持持有。这才是一种心态上的安全边际。

第二节　定投是一种提高安全边际的投资方法

对大部分基金投资者来说，确实更适合选择基金定投这种形式。相比于单笔买入，基金定投更容易按部就班地执行，更容易减少损失，增加收益。不把很多钱一次或有限的几次投资出去，而选择细水长流每次少量投资，就是要增加安全边际，这样投资者在心理上更容易承受。

传统的基金定投有如下 3 个特点：

（1）有频率的投资。比如周定投、月定投，还有日定投。

（2）有规律的金额。比如定额，规定每次投资一样的金额，还有很多不定额的形式，通过一些指标的运算、市场的变化，决定每次投资的金额。通常变化不会特别大。

（3）利用"流量"资金。一个人的钱分为存量和流量。存量就是投资者已经存下来的钱。流量是特指工资收入，当期流入的钱。一般定投是用流量的一部分，比如收入的30%，或者结余的50%。

讲基金定投一般离不开"微笑曲线"，原理是持续定投不怕下跌，因为资金的投入是持续的，下跌中继续投入，会让平均成本下降，股市中没有只涨不跌的行情，也没有只跌不涨的行情，当下跌过去了，上涨就赢利了。相比单笔或几笔投入，基金定投从"产品"的角度讲是非常"友好"的，体验很好。

定投让投资者的心理安全边际大。

很多定投的老手表示，"欢迎下跌，喜欢看到股市下跌"。越是下跌，定投的平均成本越低。下跌越久，低成本投入的机会越多。下跌次数越多，本金越多，当下跌过后，迎来上涨，无论是收益率，还是绝对的收益额都将丰厚。投资者对定投可以理解和执行到这个程度就说明其是一个成功的基金定投投资者。

然而，投资者如果只做基金定投，那么投资的效率很有可能并不高效，但也不得不这样做，因为投资者需要心态上的安全边际——安全感。

一个人总要去找安全感，这里没有，就去别的地方找，那里没有，就通过其他条件代偿。投资者想投资基金，但又不太懂，如何获得安全感？方法是用小钱投资，做基金定投。那些不定投的人通过什么获得安全感？比如那些投资大师，不出手罢了，出手就是大量买入，只要下手就是狠手，不会手软。这不是因为他们不需要安全感，而是因为他们的安全感获得渠道不一样。

一般投资者是通过高度分散、减少投资金额获得安全感。

高手是通过其对资产的深刻理解获得安全感，与普通投资者相反，他们的投资往往并不分散，往往买就买很多。

投资者也可以反过来想，自己的投资模式是怎样的，是通过什么获得安全感的。通过分散、减少投资金额获得安全感是最省事儿的、最容易的、最好办到的，但这样做的代价就是收益的平庸化或者低效。

我不是说做基金定投不好，其对大部分投资者而言绝对已经算得上最好的形式，然而如果真要算一算基金定投这部分资产对整体家庭资产升值的贡献，那么我觉得大部分人应该心里有数——并不是很满意。或许基金定投的基金经过 5 年时间翻番了，收益率有 100%，换算成年复利收益率足足有 15%，但是除了定投的其他资金呢？当考虑那些钱之后，发现整体可投资资产的年复合收益率仅仅是个位数，因为还有很多钱存在银行、理财产品中，这些钱甚至是活期存款。

结论是，投资者想要继续提高整体资金的投资效率，就不要选择获取那些容易获取的安全感，不要通过高度分散和小钱来创造安全边际。

我建议投资者可以以"基金定投＋大量单笔投入"的形式进行指数基金投资，这样既不会失去那部分安全感，同时还能提高投资效率。

第三节　定投的形式

基金定投分为自动和手动两种形式。

最早，"定投"就是一种买入资产的方式，比如买股票也可以定期购买，银行理财也可以定期购买，存款也可以定期存。定投就是形容一种规律性的购买资产的方式，这是广义的定投。

狭义的定投特指那些基金定投的合约以及扣款协议。投资者签署了定投合同和代扣协议，代销系统就会在投资者所决定的时间自动扣款申购某基金。除第一次需要投资者亲自设置之外，以后就不用投资者管了。这种定投仅支持场外基金。场内，无论是股票，还是场内交易的 ETF 等基金都是不能设置自动化定投的，没有这个官方服务。

现在大部分人做基金定投，是在银行、支付宝或者基金公司直销 App 等渠道进行。在谈论基金定投时，主要是指协议的基金定投，即自动化的、狭义的定投。

自动化定投

狭义的定投最早就是基金的"定期定额"投资，固定周期、固定金额、固定基金，而且最早的基金定投都是以"月"为定投周期，周和日是后来才出现的。这种定投方式仍然是现在的主流方法，都定好了之后投资者就不用管了，唯一需要投资者做到的，就是让银行账户里有足额的钱可供扣款。

后来出现了很多种智能定投，比如止盈定投、28 轮动定投、定期不定额等。它们会根据市场行情的变化，采取技术分析和其他手段控制定投金额发生改变，甚至让所定投的基金发生改变，而这一切都是自动化完成的。根据我对投资的了解，这些基金定投，比如 28 轮动，利用的是价格的移动平均线，让投资者定投的基金会在不同风格的股票指数基金和债券之间直接切换。定期不定额一般不会改变所投资的基金，但是它会改变定投金额，达到跌得多时多扣款、涨得多时少扣款的目的。在降低平均成本方面做得更好。止盈定投会让投资者设置收益率，当定投账户达到这个收益率，定投自动终止，甚至会自动地赎回基金。

现在自动化定投的形式多种多样。定投的要素无非就是周期、金额和基金，智能定投所改变的就是这3个要素，以改变金额、改变基金为主，再带上自动赎回等功能。

自动化定投的过程很省事，在没有其他投资方式的情况下，投资者能长期做一个基金定投要比不做强；如果明确要做基金定投，那么在理解智能定投优劣的情况下，采取智能定投大概率要比采取定期定额投资强。

手动定投

手动定投可以达到的效果要更多，毕竟投资者自己控制，可以基于各种原因和理由。而做成一套程序执行的自动化定投不能太复杂，只能是简单的判定方法，让投资者能够相对容易地理解和接受，如果搞得太复杂，光读懂"说明书"可能就需要很大的力气，谁还用这个产品？所以智能定投几乎都只是做了容易理解的简单改变。

本书所讲的基于指数估值的指数基金投资，是用于手动定投的基金投资方法，自动化定投目前无法实现。

大体上，可以把指数估值分成几种情况：极度低估、低估、正常、高估和极度高估。

估值情况	大笔买入	定投	持有	卖出
极度高估				√
高估			√	√
正常			√	
低估		√	√	
极度低估	√	√	√	

（建议思路，非唯一答案）

我强调"买比卖重要"。有非常少的一部分投资者会选择不卖出，即使是在极度高估的时候也不卖。这种投资方式很特殊，很多上市公司股东其实就是这样，无论股价多贵他们都不考虑卖出，对他们来说获得公司分红就足以让自己过上好日子，当然原因还有可能是持股能够稳定其对公司的控制力。巴菲特说"我希望的持股时间是永远"，也在一定程度上表达了这层意思。

好资产，买到就不要撒手，这对投资者的要求更高。

如果永远不卖，那么只获得分红会不会收益很低？不一定很低，有可能还会非常高。当分红率不变时，净利润上升，分红额就会上升，只要公司足够好，分红额长期就会持续地提升，导致仅分红的收益就有非常高的回报。

	市值（元）	年净利润（元）	分红率	分红额（元）
现在	1 000	100	3%	30
十年后	10 000	1 000	30%	300

如上表例子，当下公司市值 1 000 元，分红所得 30 元，分红所得回报占本金的 3%；十年后，分红所得 300 元，分红所得回报占本金的 30%。即使不以 10 000 元市值卖掉股份，每年获得分红也很不错了。

有意思的是，人们在买房的时候更能做到，"买了就放着，租出去可以，但不卖"。确实很多人买房不卖，会买很多房，然后出租，租金就可以满足他们的生活开销。但是，人们在买股票或基金的时候就很难做到这一点，主要原因是现在中国人还没感受过房价大幅下跌，但是股市中的过山车隔几年就会坐一次。所以人们本能上就认为，对于股票和基金不能长期持有，而对于房产可以。

这还是在用价格指导投资行为，是不理性的。因为波动本身不是风险。买房的人都知道房子的位置的重要性，却不知道投资股票时，上市公司赢利能力的重要性，然后亏钱了却怪股市不好，这是不是一种偏误？未来人们如果要经历房价的大幅下跌，其思维方式就会发生改变。

定投是基金非常重要的一种投资方式，有很多问题需要解决。下一节将解答几个主要的疑问。

第四节　关于定投的几个问题

Q：28 轮动是什么意思？

A：2 和 8 是一种中国特色的股市历史规律，28 是指 20% 和 80%。不仅仅是我国，所有国家的股市基本是这样，从上市公司数量来说，20% 左右是大公司，80% 是小公司，或者干脆就按照市值排名，前 20% 就算是大公司。我国股市历史中的波动有如下规律：大公司和小公司不是一起涨的，它们是有差异的，当大公司涨的时候，小公司可能比较平静，或者明显涨得少，极少的情况甚至还会下跌，而当大公司的行情过去了，小公司涨的时候，大公司会比较平衡，相比小公司涨得少，极少的情况甚至还会下跌。

导致这个现象的出现是因为资金的逐利效应。哪里火，很多资金就会跟着去哪里，如果大公司涨得很好，为了追求短期利益，很多资金就会跟着去炒作大公司，这导致 28 轮动的效果。显然，这种分析方法并不是基于价值的，与本书中定义的投资无关，所以方法上是投机的，而且这个 28 轮动的效应是基于对历史的归纳总结而成的比较模糊的规律。

28 轮动会有 3 只基金，通常一只是沪深 300 指数，代表大公司。中证 500 指数代表偏小一些的中型公司，沪深 300 和中证 500 的成分股不重合，除此之外，还会有一只债券型基金。这套方法要达到的效果是，通过沪深 300 指数和中证 500 指数的涨跌幅，来判断目前属于大公司行情还是属于小公司行情。如果是大公司行情，就买沪深 300；如果是小公司行情，就全都转去中证 500；如果大公司、小公司都没有行情，都在下跌，就转到债券型基金里，回避风险。

投资者定投基金时，会有其之前已经获得的基金份额，可以称之为存量，还有投资者每次继续定投的基金份额，称之为增量。在系统转变投资方向的时候，不仅存量都给投资者换到其他基金里，而且增量也会改变。

一般 28 轮动用到的是指数的移动平均线，是一种技术指标，即投资者看到的 K 线图中不同颜色的线，跟着价格走，属于技术分析。

这套方法的优点是，从账户波动来看，相对来说比较"友善"，因为下跌一段时间之后，就会转换到债券型基金里，股市如果继续下跌，就回避了长期下跌的风险。所以，逆回撤不会特别大。比如，股市下跌了 50%，但是如果利用 28 轮动，可能下跌 20% 就转换到债券基金里了，不会全程在里面。它特别适合应对大的单边行情，即使对于持续地涨或者持续地跌，也适用。

没有一种方法是完美的。28 轮动的缺点是害怕震荡，即涨一阵，跌一阵，它就会来回变换基金。手续费成本就会很高，有的时候会来回打脸。下跌了一阵，你是在行情里面的，信号显示现在应该去债券基金了，结果换到了债券基金；过几天，股市上涨了，你不在行情里面，涨了一阵，信号显示现在应该去股票指数基金了，结果换到了股票指数基金里，之前的涨幅投资者是错过的。

28轮动属于趋势判定方法，这种方法的缺点就是信号滞后。它凭什么判断大公司行情来了？是因为大公司已经涨过一阵了，"涨过一阵"是证据，而且涨得比小公司好。它凭什么认定小公司行情来了？是因为小公司涨过一阵了，而且涨得比大公司好。它凭什么认为大公司、小公司都不行了？是因为沪深300指数和中证500指数都跌了一阵了，所以应该转换到债券基金。

它是根据短期表现来直接判断行情特征的。如果这个行情是一个短期现象，就判断错了。如果这个行情就是长期的一部分，就赶上了。所以投资者使用28轮动时要有心理准备，震荡的时候，大部分时间会判断失误，但是一旦来大型的、持续的行情，投资者就会受益。如果持续涨，投资者就赚钱；如果持续跌，投资者不会一直在行情里面。

认可其优缺点，认可它适用和不适用的范围，投资者才能使用这种投资方法，要把可能遇到的情况先想到。

Q：定期不定额是什么意思？

A：定期不定额，顾名思义，即时间周期是固定的，但是金额不固定。也就是说，会改变每一次定投金额的一种投资方式，但通常不会改变基金。和上述28轮动对比一下，可知28轮动是相反的：它通常不会改变金额，但是会改变基金。

为什么要改变定投金额？

这是因为机会不一样。投资者做基金投资，或者投资于股市，是认为股市长期是上涨的，在认可这个前提条件下，如果股市下跌到一定程度，说明有更好的机会，就应该增加定投金额。相反的，如果短期涨得太多了，就应该减少定投金额。从效果上看，下跌后多投入，会加快平均成本下降的速度；上涨后少投入，会减慢平均成本上升的速度。

定期不定额通过什么来实现？通常也是技术分析。比如蚂蚁财富的慧定投就是一种定期不定额，用的是移动平均线（28轮动也用到了）。

首先，投资者要选定一个指数，指数有 3 种选择：沪深 300、中证 500 和创业板指。通常来说，选择和自己的目标基金风格类似的指数是最好的。比如，投资者买的基金主要投资于大盘股，在选择指数的时候就要选择沪深 300；如果投资者买的基金主要投资于中盘股，那么选择中证 500；如果投资者买的基金主要投资于小盘股，那么最好选择创业板指。

指数选好了，比如投资者选择的是沪深 300 指数。然后，投资者还要选择一条均线，180 日均线、250 日均线或 500 日均线。这条均线是要绘制到投资者所选择的沪深 300 指数上的。均线就是平均值的连线。

均线会和投资者所选的指数之间有数值上的差别，这个差别就决定了定投金额的增加或减少。该数值差别太大就证明行情表现得剧烈，可能是短期涨得太多了，也可能是短期跌得太多了（把均线看作平均值，把指数看作当下数值，当下数值和均值之间差值的增加，就意味着短期行情表现得很剧烈）。这个差值的大小会对应一张表格，表格中会写明扣款的多少。比如 150%、80% 等。

投资者定下的基础金额如果是每次定投 1 000 元，投资者就会看到有的时候扣款高于 1 000 元，有的时候会低于 1 000 元。如果投资者对技术分析不是很熟悉也没关系，对于上述内容不需要理解，投资者只要知道，有一种方法可以判定，短期涨得多，就给投资者少投入；短期跌得多，就给投资者多投入。

这种方法的优势是考虑了股市的相对位置，有利于降低成本，在下跌中积累更多本金，长期来说没有问题，但其劣势也是显然的，非常不适合短期投资。如果股市持续上涨，那么定投金额会持续减少，本金就会很低，收益率很高，但收益很低，对投资者整体帮助极小。如果股市持续下跌，会持续地增加定投金额，本金多，那么浮亏的扩大速度也会加快，如果投资者没忍住，中途放弃了，就会前功尽弃。

这不是基于价值的投资方法，而是投机分析方式。短期涨得多其实并不代表失去了投资价值，短期跌得多其实也并不代表就有投资价值。比如一个东西，价值 10 元，现在价格是 1 元，然后突然从 1 元涨到 2 元，涨了 100%，翻番了，但是 2 元就贵吗？即使 2 元再翻番到 4 元，那么 4 元就贵吗？涨得多，不代表贵。再比如，一个东西价值 10 元，现在价格是 100 元，然后突然跌了 50%，折半 50 元，那么跌了 50% 就便宜吗？如果从 50 元，再跌一半，到 25 元，25 元也不便宜吧？跌得多，也不代表便宜。

从长远看，这种方式是没有问题的，只要坚持的时间够久，股市长期向上，投资者遇到一个熊市，挺过去了，就一定会有收益。只不过对于这种决策方式我个人并不认可，它不是基于价值的，而是基于价格的波动规律。如果投资者要使用这种方法，就要理解它的优势和劣势，在这个基础上才能用好。

Q：止盈定投是一种好方法吗？

A：先说结论，不是好方法。止盈定投通常是指投资者自己设定一个账户的收益率，比如收益率为 30%，如果达到了，就自动赎回，或者停止定投。看起来很有道理，但其实也是一种投机的方法。投资者账户的收益率多还是少，并不代表其所投资的资产是否有投资价值，止盈定投把关注点锚定在了账户盈亏上，我认为这是一种不好的思维方式，下一节将具体讲成本的问题。

上述方法特别容易造成一种情况，就是投资者定投了很久，忍了很长时间的熊市，然后牛市初期来了，有了一些收益，就赎回了。接着重新开始定投，整体资金效率很低，看起来收益率是提高的，但那只是可怜的局部，对总体的贡献很小。本来投资者可能获得更多的收益，但是在值得继续持有的时候退出了。还有一种情况，就是投资者一开始定投就遇到一个牛市，股市持续上涨，很容易就会到达其设置的收益率，但是投资者并没有定投多少次，没有积累起本金，虽然确实达到收益率目标，但是实际收益却非常少。

止盈定投是一种看起来很有道理，但实际问题很多的定投方法。根本来讲，投资者在决策的时候没有基于资产价值考虑，在我看就是不合格的。举例来讲，一个东西价值 10 元，现在价格是 5 元，投资者买了之后，涨到 7 元，账户的收益率有 40%，达到了投资者设定的止盈位置，然后就退出了。但实际上，完全可以等待价格回归到 10 元。从账户的盈亏金额是不能直接推理出投资价值的。

Q：周几定投合适？如果是月定投，那么每个月几号定投最好？

A：答案是：无所谓。

不存在一个最合适的周几，也不存在一个最合适的日期。关于几号定投合适，所有那些基于历史形成的结论在未来都不靠谱。

比如有的方法是统计历史中每个月的几号下跌或上涨的概率，或者周几下跌或上涨的概率，然后把定投的日期设定在下跌概率大的一天，希望尽可能让自己的成本更低。投资者如果只是为了找一个理由设定定投日期，推自己一把，那么我觉得可以，没问题。但如果投资者是认真的，觉得就是某一天或者周几定投会让成本更低，那么就要仔细看下面的讲解了。

假设周二是下跌概率最大的一天，这是统计出来的结果，但是至于原因是什么，我敢说找不出考虑的理由，这叫概率统计中的假规律。即使没有任何原因，一周 5 天工作日，也会统计出下跌概率最低和下跌概率最高的两天。每天的下跌概率永远不可能是正好等于 20%，因为大数据是永远不完备的。

如果存在某一天的下跌概率很大，大到足以让投资者利用，回避风险，或者获利的程度，那么这个规律会马上消失。因为马上会有很多人利用这个规律谋利。比如夸张一些，概率显示，每周二股市会暴跌，那么接下来会发生什么？会有很多人在周一卖出股票，因为周二要暴跌，周一就要跑。这样带来的问题是，周一也会开始下跌，就会有人想，看来周一卖出也晚了，上周五就应该卖出了，结果周五有很多人卖出，周五的下跌概率也变大了，最后周四、周三，反而周二不怎么跌了。

周而复始，周几的概率基本差不多。偶尔有点差别，但是不足以用来利用、谋利。

其实绝大部分所谓的好办法，并不是好办法。通过研究相关性、研究历史，通过大数据统计而来的规律，都有这样一个特点：要不然是假规律，要不然就会马上失效。资金是非常贪婪的，哪儿有机会就钻到哪儿，所以投资者不要觉得自己发现了天大的秘密。

关于假规律，举一个非常简单的例子。比如你抛了 10 次硬币，7 次是正面，3 次是反面。这是绝对有可能发生的，在硬币两面的各种物理条件一样的情况下，因为样本数量太小，理论上确实是 50% 对 50%，但那是理论的计算，现实中抛的次数越少，越容易出现概率的严重偏斜。这时，就能认为正面是 70% 的概率吗？或者你在记录抛硬币结果时，惊喜地发现，经常出现这样的规律：正正正反，正正正反，正正正反。那么能不能得出一个结论，即当出现 3 次正面的时候，下一次赌反面就能赢？"正正正"出现后，下一次是正还是反，概率都是 50%。你以为自己找到了规律，其实还是随机的。

这就是假规律，人们在用的时候可能成功了，即使如此也还是假规律，并不会导致这个概率真实提高。

对此解释并不需要那么复杂，像这种事情，不可能出现神秘的规律，认识到这一点就足够了。

Q：定投多久合适？

A：对于这个问题向上没有答案，可以定投一辈子，但是向下有大概率的结论，不要低于 7 年。按照正常的定投水平计算，定投时间太短，主要问题不是赶不上好市场，而是本金没有积累起来，无法形成有效收益。基金定投不是每次投入很大的形式，所以投资者在谈收益之前，先要本金积累比较好，这是一个实际的问题。

当然，现在有的定投方法要求定投金额很大，比如投资者会把自己所有的钱分成 40 份、50 份等，这样去投入。这种情况下完成本金的积累速度明显要快很多。总之，投资者需要根据自己每期定投的金额，考虑自己钱的多少，考虑自己的收入能力，权衡一下成本积累起来的速度，大的原则是，时间不要太短，"不谈成本，直接谈收益率是要流氓的"。

定投时间长，遇到市场好的概率就更大。

有的新手刚开始定投就赶上好的市场——牛市，马上赚钱了，很开心。我不是泼冷水，刚开始定投就遇到牛市，真不算好运气。对定投来说，刚开始就遇到熊市是最好的，跌的速度越快越好，跌得越深越好、越惨越好。投资者当然会浮亏，但是趁着投资者成本还不多，赶紧使劲儿跌，然后投资者在股市低迷的时候更多地投入，股市多低迷几年，再上涨，这样赚钱才舒服。

如果一开始定投就赚钱了，就是收益率高、实际收益低的结果，而且容易发生一件事，就是投资者看到赚钱了，增加定投金额，或者觉得市场挺好的，干脆大笔买入吧，结果站在山顶上，被深度套牢了。新手一开始赚钱的危害比较大，相比一开始亏钱来说，亏钱反而使投资者能认识到在股市赚钱不容易，会多长几个心眼儿。

Q：定投选择什么类型的基金最好？

A：如果投资者的风险偏好非常低，特别保守，很害怕波动，就要选择债券型基金，否则，还是适合选择偏股型基金，股票指数型基金，这种以投资于股市为主要方向的基金类型。

至于原因，上述也有所涉及，投资者要长期定投才能积累成本，再谈收益。既然是长期投资，那么长期投资享受股市收益岂不是更好？所以定投适合用偏股型基金。但如果投资者说："我就是想短期定投"，那就另说了。股市的波动大，如果可以利用某些判定方法，在便宜的时候多投入一些，在贵的时候少投入，甚至出来一些，整体收益情况就会提升很多。

对此也只有长期投资，在很长的时间维度下才能做到。

有人问我，货币基金是否需要定投。我说："不用，货币基金每天都赚钱，你有钱就买好了，不需要定投。"早买一天，早一天拿到收益。对于有波动的品种，需要挑时候；对于没有波动的品种，要尽早。

Q：定投的金额如何确定？

A：投资者可以把自己的钱分成两类：一类是存量，就是投资者已经有的钱，是可投资资产；另一类是增量，就是投资者未来持续的收入。过去讲定投都是用增量的一部分，比如有的是建议增量的30%，即月收入的一部分，有的是建议月结余的50%，所谓月结余就是每个月的收入减去支出，即剩余的钱的一半用于定投。

后来有的定投形式基于一些判断，会增加定投金额，比如有的时候用增量的30%，有的时候用50%，有的时候不定投。设置有时会用到存量定投，极大地增加投入额。

对于金额如何确定，一定要看定投的方法是什么。投资者在理解定投方法的基础上，再结合自己的情况，确定应该定投多少钱。对这个问题没有统一答案，也没有正确答案。

Q：定投的风险是什么？

A：在本章一开始，就讲到定投提供了一种安全边际、一种安全感。大部分选择定投的人，主要原因是没有能力判断适合大笔投入的时间点，所以选择持续的、小额的多次投入。投资者如果赶上下跌是不需要害怕的，持续投入会降低平均成本，总体上实现在中低的位置买入的效果，比不小心在高出大量买入套牢要强。

从这个角度来看，定投的风险确实是很小的。但投资者理解这个原理就会知道，定投的风险是不能坚持，是中途放弃。在最应该买入，甚至在最应该多多买入的时候放弃了。有很多人在熊市停止定投，甚至有的人不仅停止定投，还赎回了亏损状态的基金。

从某种意义上讲，投资者能将基金定投坚持下来就不会亏钱，能亏钱的，几乎都是坚持不下来的。

从更大的视角看，定投最容易出现的风险就是整体收益不足。毕竟，大多数人的定投方式、定投方法都是持续地投入小资金，定投这部分占比不会太大，大部分人的定投部分所占家庭可投资资产的比例不会超过20%。这20%的收益对整体影响很有限。

我认为基金定投可以作为一种辅助的投入手段，但是一定要结合大笔投入的方式，两种形式结合起来，提高整体效率才行。

第五节　增加安全边际的方法

从某种意义上说，提高安全边际就是提高容错率，也是提高投资者对抗不利环境的信心。那么可以通过对哪方面的调整来提高安全边际呢？

等待更低估值

等待更低估值是一种朴实的办法，也是最容易做到的。有一句话说：没有烂生意，只有烂价格。再烂的价格，只要价格足够便宜，就是有利可图的投资，卖破烂也能赚钱。反过来，再好的生意，如果价格贵得离谱，那么也不是好投资。投资者千万不要简单地理解这句话，它更像一种调整方向，而不是投资准则。

投资者千万别买烂生意，这是大原则。这依然有指导意义，即好价格的重要性。价格相对于价值越低，安全边际越大，越容易在未来承受意想不到的坏事发生。投资者的成本足够低，投资者就可以更容易地做到不慌张、不紧张，从容分析，从容决策。但这是最难做到的，因为等待更低的估值需要时间，需要极大的耐心，在等待的时候还会有不小的机会成本，即使如此，也不一定能让投资者等得到。

为什么芒格说，以合理的价格买入伟大的公司，比以便宜的价格买入平庸的公司好？伟大的公司用便宜的价格买，难道不是更好吗？芒格当然知道这个道理，但伟大的公司往往不会给投资者便宜的价格，伟大的公司给一个合理价格就已经不错了。

降低收益预期

降低收益预期是一个投资者容易做到的方法，而且是投资者应该做的。一个人的收益预期很高可能是因为其根本不懂金融市场，不懂投资，看了太多的投机和赌博，并认为那些是经常发生的事，对幸存者偏差不熟悉，或者甚至是其数学基础不好。大部分收益预期比较高的人是看到历史中有较高的收益，所以自然而然就带着这样的期许去投资。

当然未来可能会获得那样的收益，甚至收益还会更高。但在投资之初，投资者应该降低收益预期。这样可以带来安全感，使投资者对一些事情的发生不会感到意外，不会大惊小怪，不会看到风吹草动就草木皆兵。

降低收益预期是投资者对不确定性的尊重。投资时时刻刻面对不确定性，投资者应该尊重它，拥抱它，降低自己收益的预期，才能减少不确定性带来的伤害。投资者不可能回避不确定性，从某种意义上说，投资盈利中的一部分就是投资者承受不确定性所带来的补偿，投资者只能接受，在能力范围内进行分辨，减少它带来的伤害。

降低收益预期不是悲观，而是敬畏。这是两种不同的情绪。

对资产进行保守估计

一部分投资方法会涉及对资产赢利能力的预估，根据公式：市盈率＝市值／盈利，可知如果不依赖于市场给好脸色——市盈率快速上升赚钱，那么可以靠资产赢利能力的增长来赚钱。即使市盈率不变，盈利增长也能让投资者赚钱，这是在前面很多地方提到过的，赚资产的钱，而不是市场的钱。

那么事情就简单了，选择那些盈利增长快的标的不就好了吗？当市盈率不变时，市值的增长速度就是盈利的增长速度。没错，但这容易有两个问题。第一个问题是强行去寻找资产赢利能力增速快的标的，会导致投机和赌博的心态萌芽，会导致依赖历史数据的回测找到高成长的标的，会导致投资者踏入不熟悉的领域，相信新的但不靠谱的事物。

不管是现金流折现法，还是预估未来净利润增速，我认为投资者不仅要做到客观，更重要的是还应该做到保守。如果投资者认为一家公司未来每年的利润增长速度能达到15%，那么也要进行一些下调。估计未来赢利能力是一定会错的，并不是说犯错就一定不好，而是看什么样的错误。比如，投资者预估未来利润时算错了，但投资者是算少了，实际很多，那么这种错误就没关系。但如果投资者算多了，实际很少，就会给投资者带来损失。

巴菲特有一次投资时算错了，最终的结果相差一倍。事实是他估少了，最后实际的盈利比他预计的高了一倍。对资产进行保守估计，说明投资者尊重不确定性，理解商业竞争的残酷性和意外性。

延长投资时间

没错，延长投资时间也是增加安全边际的一种方法。前面在说明长期投资的原因时讲过，之所以要长期投资，第一是因为资产收益明显地积累起来，第二是越是长期投资，投资者遇到牛市的概率就越大。这两条都是在增加安全边际。

资产收益积累属于增量财富的获得，赚这种钱会比较稳定。积累越多，投资者的安全边际越大；遇到牛市的可能性越高，投资者的安全边际越大。这是靠市场给投资者的奖励，但这种收益只能靠运气，不能靠投资者的能力，投资者控制不了市场，左右不了它，股市不是谁家开的。但投资者一样有办法增加运气，增加这个运气的办法很弱智：延长投资时间。

疑罪从有

当投资者怀疑投资有问题的时候，那么它就是有问题。这里针对的是投资目标，而不是对人，对人这样就麻烦大了。投资中投资者会遇到很多感到费解的地方，投资者怀疑它作妖了，或者怀疑它变坏了。如果投资者没有能力看出其中的原因，那么可以选择疑罪从有。

对于使用这种方法我建议，没买的时候多用，买之后少用，而且更多地用在股票投资方面。这是因为股票投资面对的最大风险就是公司经营风险，投资者怀疑它作假，或者怀疑它做了错误的决策，就要躲着走。

持续处于能力圈内投资

这是一条大原则。巴菲特经常提的能力圈内投资，是"只做自己看得懂的，能看明白的"。巴菲特这一辈子投资的公司出彩的很少，而且他长期对高科技、互联网采取回避的态度，这是源于他对自己高度诚实，不懂就是不懂。处于能力圈内投资是提高安全边际最好的方法，但说起来简单，做起来确实非常难。

人有很多心理上的偏误，认为自己懂，觉得懂了，还容易被情绪冲昏头脑。

处于能力圈外投资的最常见现象就是投资者紧张、敏感，会因为很小的事件对投资标的产生不信任，为了避免产生这种疑虑，就会着急卖出，非常焦虑，不卖出就会浑身难受，希望快速回避风险。比如很多新手入市，遇到股市下跌，就会去网上查找各种原因，看看大V言论，和别人交流诉说，情绪互相感染，很难得出理性决策。

其实处于能力圈外投资的人，都会有一个心理保护机制，他知道对于自己做的事自己并不懂，所以就会采取小额、分散的方法应对。小额、分散也是一种提高安全边际的方法，虽然不是好方法。

不举债投资

举债投资，加上杠杆，是高手才有能力应对的。一般人真的别轻易尝试，否则一旦发生意外，市场极端行情出现，可能就会犯下一生的错误。机会总会有的，别让自己永远失去把握机会的能力，着急赚钱的心情可以理解，但很多事情急不得。举债投资失败，少则资产清零，多则家破人亡，可以这么说：只要一个人经常这么做，他就一定会破产，如果还没有破产，就是重复的次数不够多。

不举债投资，是一个大原则。

小额，分散

上述提到，小额、分散投资是一种心理防御机制开启后的结果。很多人明确地知道自己不懂，承认自己不懂，所以就用很少一部分的钱玩一玩，亏了也不心疼，还会很分散。

其实股票指数基金投资利用了这一点，一个指数内成分股的数量有几十只到上百只，这已经非常分散，说指数基金风险低就是因为它提供了这种安全边际。虽然投资者可能就买了 1 － 2 只指数基金，但其实已经很分散了。

赚什么钱，比赚更多钱重要

这其实是投资和投机的区别问题，如果说投机或许能赚很多钱，那么投资者会选择投机吗？很多人回答"会"。我就问过很多人，人家大大方方承认，这没什么不好，是人性。

选择投机是不对的，但确实很赚钱。这是两难问题。

当我的很多学员问我，应不应该换基金时，我都会反问："你认为赚得多重要，还是钱来路正重要？"我这么问其实是在问对方是否已做好准备。我之所以提出一些建议，不是我分析出、判断出、预测出某只基金的涨幅会非常高，它会非常优秀，超越大部分基金，绝对不是，而是因为我看得清楚自己赚什么钱，而赚这种钱让我很安心，它来路正。如果投资者误解了我推荐的就是赚得多的，那么一定会失望。

一个人能主动放弃不属于自己的钱，很难，如果这层心理准备没做好，那么让他换基金也没有用。他想换，是因为他想赚更多钱，而不是他想赚对的钱，如果此时换过去，那么他以后还会问同样的问题，"我应不应该换？"八成，他看到了其他更好的基金。大多数投资失败来源于不节制的对比，一山更望一山高，这样没完没了。

投资者应该自省一下，或者看看周围的人，很多人会后悔自己没买这个，没买那个。无非是和自己的现状做对比。在投资的时候，只要投资者愿意找，总能找到涨幅更大的资产，这没有尽头。当投资者以为找到涨幅最大的那个资产了，他就会满足吗？不会的。他会想："我怎么没加杠杆？应该借钱多投资啊。"永无止境。这就是很多人投资巨亏的原因。

这个世界很正常，如果一个人靠对比更好的业绩就能获得好收益，那成什么了？

第六节　聪明和善良，哪个重要？这背后是安全边际的考量

这一节算是第五节最后一条的展开。看题目，有的读者可能会认为我开始写鸡汤文了。

我以前所认为的很多鸡汤文，后来当我经历多了，再拿来看发现它并不是鸡汤。毕竟一个人只能看到自己已经懂的，或者自己模模糊糊懂却无法表达出来的观点，每个人会对一个观点进行自己的解读，并根据自己的学识、专业、经历去解读。比如著名的《穷查理宝典：查理·芒格的智慧箴言录》，10个做投资的人估计有8个都听说过，这本书被不少人当作鸡汤书，作者查理·芒格基本上没写什么关于投资的内容。我很久之前看过这本书，说实话当时看不进去。过了很多年我再去看，才感觉稍微看懂了一些东西，并且越看越觉得经典。所以建议读者提醒自己，面对一本看不下去的书，要分析是它真的没用，写得很烂，还是自己尚且看不懂？

人们在听歌的时候也会有这种感受。小时候听歌，主要听旋律，模模糊糊懂得歌词的意思，好像被感动了，但又理解不深。长大了，经历多了，再听听过去的歌，就会有一种唱到心坎里的感觉，歌没变，变的是我们，是我们真的听懂了。看书也是同理。

聪明和善良，没办法比，哪个重要？这不是一个维度的事情。聪明和愚蠢，哪个重要？这好回答。善良和邪恶，哪个重要？这也好回答。但是聪明和善良哪个重要？

在生活中，很多事情是信息完备的，做起来十拿九稳的。人们知道早上太阳会升起；去坐地铁，知道地铁会来；去楼下的饭馆，知道它们会开门营业。别看这些事平时做起来容易，不经过大脑，但其实这些事能够如期地运行，需要非常多条件具备才行，是社会精细分工协作的产物。人们打开煤气灶，

会出现火焰，而实现它需要复杂的技术、强大的基础设施，更不用说多少科学道理了。

同样的，人们在做另一些事情的时候，面临极大不确定性，比如创业，比如投资。人们能知道的只有一小部分事情，大部分是在认知范围以外的，甚至是自己想象不到的。哪怕是非常厉害的人，如马云、马化腾、扎克伯格等，他们每天也在面临很多不确定的事，在依据有限的信息做出重要的商业决策。这一切并不简单。

一个人再聪明也无法回避未知和不确定，面对投资的未来，这就是现实。但当需要做出决策，而人们又不确定的时候，除了依据自己的经验、学识、技术，还能依据什么呢？

贝索斯认为："在面对一个不确定性的时候，聪明是不足以让你做出正确决策和选择的，反而是善良这种与认知好像没有关系的特质能帮助你做出正确的决策。"贝索斯的这话是不是鸡汤？以我对投资的理解和我对很多人多年投资的观察，这话不是鸡汤，而是一种非常深层次的洞见。看起来表面不相关，其实关系太大了。特别是投资者需要面对未知时，特别是投资者再怎么聪明也还是觉得不能百分之百肯定时，善良就是一种决策方法。

在关键时刻，目标是获得资产收益还是市场收益？回答这个问题之前，看看康德是怎么谈道德的。康德有如下两个标准：第一，是否具有普遍性；第二，是否具有可持续性。

市场收益是零和博弈下获得的收益，投资者亏的钱到别人兜里了，投资者赚的钱是别人的钱，没有财富的创造，只不过是财富的转移罢了。这件事具有普遍性吗？投资者获得了市场收益，当然是开心的，但别人亏了，他肯定是不乐意的。反过来，如果投资者市场收益为负，在零和博弈中亏了钱，投资者也不会高兴。另外，如果投资者总是获得市场收益，这件事能持续吗？答案是不能。因为另一边没有人愿意永远亏市场收益，如果老亏，就没有人玩了。

所以市场收益不是一个双赢或多赢的局面，这种回报是建立在别人的损失之上的，这种生态比自然界还可怕。

善良是一种层次更高的决策依据。不赚，或者是不以市场收益为主要目的，就是一种金融市场中的善良，主动地追求资产收益，追求增量财富，是一种很强的安全边际。只要投资者这么做了，就会发觉亏钱是一件很难的事，投资者甚至认为自己的运气越来越好了。选择盯住资产收益会带来一系列的习惯，比如去研究资产，研究赢利能力，接受长期投资，等等，这都是踏踏实实投资的表现。

善良看似很傻，其实是一种高度理性的选择，它所带来的好处并不是直接的，但又对结果影响巨大。聪明固然重要，但投资者无法判断自己够不够聪明，聪明没聪明到点儿上，是不是小聪明，有没有人比自己更聪明，这个聪明是不是局部聪明，放到全局看就是很傻。在很多情况下，投资者自己不清楚。

我对投资的定义是：以获得资产收益为主要目的的行为是投资。反过来，以获得市场收益为主要目的的行为是投机。有人问我："如果没有学过这些，没有资产收益、市场收益的概念，没有主要目的，那么算什么？"我认为这种情况也算是投机。

第十一章

红利指数的估值投资

前面铺垫了十章，到第十一章，终于要讲方法了。其实对此在之前的章节已经有所涉及，大体的思路应该已经有了。本章讲解几个红利指数，把逻辑捋顺。

在上一章中，有一个表格：

估值情况	大笔买入	定投	持有	卖出
极度高估				√
高估			√	√
正常			√	
低估		√	√	
极度低估	√	√	√	

（建议思路，非唯一答案）

第一步是，排空大脑中一切现有的对指数的偏见和印象，仅从指数选股逻辑出发，选择自己认为最好的几个指数，不考虑历史业绩，不用与其他指数对比历史涨幅，就是看如何选股。为什么要排空现有对指数的印象？我是希望投资者从原理出发，重新思考和决策。

第二步是确定它们极度高估、高估、正常、低估和极度低估的标准。

第三步是执行。在之前提到过，即便达到极度高估有些人也不卖出，会一直持有，以获得分红为获得回报的主要方式，这样没问题，是个人选择。由于这是"卖"，我更重视"买"，买好了，买对了，至于怎么卖我觉得属于"遵守原则，再谈灵活"的范畴。买是因，有"因"才有其他事情，所以我还是强调投资者在一开始就要想好。

Q：如果一开始就是正常估值，那么应该怎么办？

A：投资者刚开始投资，在一开始没有持有任何基金，当时估值是正常的，那么我建议投资者等。当然这有可能让投资者错过很多好行情，但也有可能让投资者回避大幅下跌。相比于错过好行情，回避大幅下跌更重要，因为等待不会让人贫穷，但是不理性的操作会导致贫穷。投资者可以利用这些时间去多赚钱，积累本金。一个会投资的人的烦恼，不是投资机会太少，而是本金太少，所以别着急。

Q：我之前瞎买了一些，但不是指数基金，怎么办，拿什么估值？

A：这要具体情况具体分析。如果你所买的基金主要是以消费、医疗为主的主题、行业基金，就先不要动。如果你对之前买的基金还是看不懂，我建议可以牺牲手续费换到红利指数基金。

不过在你这么做之前，需要问自己一个问题："赚什么钱重要，还是赚更多钱重要？"

如果你的回答是赚什么钱重要，那么我认为你已经准备好了，可以换基金。

如果你的回答是赚更多钱重要，那么我认为你还没有准备好，继续持有以前的基金吧，我帮不上忙。

投资者在这个问题上一定要对自己诚实。

第一节　上证红利指数和中证红利指数

> 将这两个指数放在一起说是因为它们的选股逻辑是一样的，它们有一些小区别，但不属于选股逻辑方面。

对样本空间的股票，按照过去两年的平均税后现金股息率由高到低进行排名，选取排名在前 ×× 名的股票作为指数样本（属于股息率加权），但市场表现异常并经专家委员会认定不宜作为样本的股票除外。

样本空间区别：上证红利只在上海选股，中证红利是两市选股。

成分股数量区别：上证红利成分股数量是 50 只，中证红利成分股数量是 100 只。

在前面提到过，我认为上证红利的合理估值是市盈率为 10。为什么？

第一，市盈率 = 10，盈利收益率 = 10%，从盈利收益率看远高于无风险收益率（3%-3.5%），目前达到 3 倍左右。

第二，上证红利指数的分红率是 35% 左右，这个数字在第七章第三节中计算过。分红率和股息率及市盈率有本质的不同。

股息率 = 分红额 / 市值；

市盈率 = 市值 / 盈利；

上述两个公式都含有市值，市值是归于市场的，而市场的波动很大，分红额和盈利是归于公司的，这两个数字平时不变动，只有季报出来才变动。

对于指数来说，一般情况下，变动也不会剧烈。在股息率和市盈率的公式中，都有归于市场的因素，所以波动很大，但分红率不是。

分红率＝分红额／净利润。

分子、分母两部分都归于公司，分红多少是公司定的，净利润多少是公司的商业行为的结果。分子、分母都归于商业，归于公司，所以平时变动极小。成熟的、稳定的大盘蓝筹公司倾向于制定一个稳定的分红率，比这个还稳定的就是一个大盘蓝筹的指数的整体分红率。虽然未来的指数分红率会变化，但至少投资者可以找到一个相对来说稳定的因素。

上证红利的分红率是将近 35%，就认为是 35% 好了。记住这个数字。

如果市盈率＝10，那么股息率是多少？

根据公式，股息率＝分红额／市值；分红率＝分红额／盈利。

所以，股息率＝盈利 × 分红率／市值＝分红率／市盈率。

代入数字得到：股息率＝35%／10＝3.5%。

当上证红利市盈率＝10 时，上证红利指数的股息率大约是 3.5%，这个数字大于现在的十年期国债，也就是无风险收益率。具备投资的价值。

这是为什么？因为分红仅仅是净利润的一部分，占 35% 而已，一半还不到，而就是这一部分，就已经超过无风险收益率了，其他 65% 的净利润还在公司手里，增厚了公司净资产，公司可以用这些钱维持现有竞争力，甚至争取更多的盈利，实现盈利增长。这就是原因。至于为什么市盈率是 10，而不是 9.9 或 10.01，就是凑个整数而已。

在把握住大原则的情况下，投资者如果愿意使用 9.9 或者 10.01 那么也是没有问题的，在讲原则的基础上，才有资格谈灵活。

现在确定了 10 以下是低估的，但低估和极度低估的分界是什么？我目前定的数字 7.5，为什么是 7.5？可能有拍脑袋的成分。一方面是 7.5 已经比合理估值低了 25%，另一方面是市盈率 7.5 对应的盈利收益率已经达到 13% 以上，非常有吸引力了。在我的公众号中有一个小的实盘，是很多朋友一起做的，就是在上证红利 7.5 的时候一次买入了对应的指数基金。当时是 2018 年 8 月 15 日，我印象很深。后来 2018 年股市继续下跌了很久，最低的时候，上证红利指数达到 7 以下。在 2014 年上半年的熊市中，上证红利指数的市盈率曾经达到历史最低的 6 以下。

不过对于这么低的市盈率未来是否还能看到，我深表怀疑。这个数字放在这里，投资者有必要知道。即便认为是极度低估了，再向下跌 20%-30% 也是很正常的。所以不要认为极度低估就是底，在用指数估值方法买指数基金时，投资者不能谈"底部"和"顶部"，否则就是投机的。

通过前面的学习，读者应该能看出来，这里主要是以赚资产收益为主，购买的价格可以达到低估就非常不错了，对于是不是底并不考虑。

至于高估和极度高估的界限，我认为可以参考盈利收益率低于无风险收益率的 2 倍，如果还没到 2 倍，就认为补偿不充足。如果无风险收益率是 3%-3.5%，那么 2 倍就是 6%-7%，对应的市盈率是 14-16，取 15。当然投资者可以有自己的高估标准，重点还是在于买。

估值情况	PE－TTM
极度高估	15 以上
高估	10－15
正常	10
低估	7.5－10
极度低估	7.5 以下

（建议思路，非唯一答案）

Q：最近十年上证红利指数市盈率分位点的危险值是 10.49；如果看最近 5 年，这个数字是 8.68；如果看最近 3 年，这个数字是 8.59。我理解上表认为市盈率是 15 才到危险值，为什么和分位点的结论差这么远？

A：在之前的章节我讲过我对分位点的看法。市盈率分位点太依赖于数据取值的时间范围的市场表现，我不参考分位点。我是从价值的角度出发来考虑估值的高低，与历史中它所处于什么位置没有关系。如果投资者使用分位点考虑估值，那么投资者应该知道分位点的缺点，以及分位点不适用的情况，在知道这些的基础之上使用分位点会更有效。

解释：主流的分位点的危险值设定规则是：当下市盈率比所选历史时间段内的 80% 的时间都高。

中证红利指数的选股逻辑与上证红利一样，但对于中证红利来说，上面的表格要稍做修改。考虑到中证红利会在深证市场选股，所以数字要适度上调。

这样考虑是由于中国证券市场的历史造成的，上海市场多为大型、超大型公司，国企、央企占比更大，而深圳市场有很多民营企业，从深圳创立的中小板和创业板就可以看出两市的上市风格有差异，考虑到优秀的民营经济活力更强，潜力稍大，所以我会把标准稍作调整：

估值情况	PE－TTM
极度高估	15 以上
高估	10－15
正常	10
低估	8－10
极度低估	8 以下

（建议思路，非唯一答案）

调整的幅度很小，只是把 7.5 改成了 8，其他没变。

中证红利指数的分红率大约也是 35%，目前和上证红利指数近似。

Q：如果上证红利指数和中证红利指数同时满足在低估范围，那么应该定投哪一只？

A：如果投资者不考虑深证红利、红利机会等其他指数，只在上证红利和中证红利中做选择，我建议定投中证红利就行，它毕竟是两市选股，更全面，上证红利中很多成分股也在中证红利中。

如果投资者习惯在场内进行交易，可以把上证红利指数和深证红利指数作为一对组合，一个是只有上海，一个是只有深圳，就不需要中证红利指数了。正好，中证红利指数在场内也没有基金。

Q：如果市盈率是在低估范围，那么定投应该拿出多少钱？

A：对于日常定投我建议至少拿出月结余的 50% 出来。所谓月结余，就是一个月的收入减去支出后的剩余，大概就可以。用收入的百分比不好控制，因为每个人情况不一样，有的人生活固定成本太高，比如有按揭、房租压力等，收入的很大一部分发下来就直接没了。还是以结余的百分比计算比较合适。

关于买入方法，投资者可以根据自己的理解制定，大的原则有了，至于其他方面可以灵活操作。让自己买着舒服最重要。

Q：如果市盈率达到极低估值，那么应该拿出多少钱大笔买入？定投还继续吗？

A：只能假设达到极低估值以后，维持的时间不会太久，但对于这件事谁也说不好。我有一个大概的建议，就是把你的存量——计划可以投入指数基金里的钱，分成大概 50 份，达到极低估值后，每周买入一份进去。

当然也需要做一些调整，比如市盈率达到 6.5 以下的时候，建议每周买两份。

越是低估，越是需要再加强买入金额。如果有朝一日市盈率达到 6 以下，建议每周买 3 份。

达到了极低估值后，定投继续，这两者不冲突。

第二节　深证红利和标普红利机会

我个人对深证红利指数的评价很高，源于它的选股逻辑。其与上证红利、中证红利的主要区别是深证红利不是股息率加权，用的是流通市值和分红额占比加权。具体可见第七章第六节。分红额占比加权有什么好处？答案是可以有效地避免选择那些短期分红高的公司，就这一点，比上证红利聪明了一级。

同时，深证红利也不是没考虑股息率，而是在之前的初筛中就给出了标准："在最近 3 年里，股息率至少有两年的市场排名进入前 20％。"这其实是先对股息率做了控制，然后才去考虑了分红额占比。

如果投资者习惯在场内交易，那么上证搭配深证是比较合适的。深证红利指数在场外也有指数基金，但场外没有上证红利指数基金，所以上海那部分可以用中证红利来补充。

一直困扰我的是，深证红利的市盈率同期要比上证红利、中证红利高很多，比如在 2019 年 3 月底，深证红利的市盈率已经达到 16 以上，但是上证红利的市盈率在 7.5~8 之间，中证红利在 8~8.5 之间。深证红利的市盈率高了很多。高是因为市场认为给深证红利那些成分股更高的估值，再加上平均来说，深证市场的股票价格波动就比上海要大，所以经历 2019 年第一季度的上涨之后，深证红利的市盈率快速地上升了。

从选股逻辑看是好指数，但如何估值？我想的方法是利用近似原则，横向对比。深证红利的筛选规则："将备选股票按前3年累计分红金额占深市上市公司分红金额的比重和最近半年日均成交金额占深市比重按照1∶1的比例进行加权排名，并考虑经营状况、现金流、公司治理结构，防止大股东恶意高送股变现等综合因素后，选取排名在前40名的股票。"它所筛选出的公司大部分是偏大型的上市公司，与中证红利近似，这两个指数的持股是有交叉的，所以我建议的做法是可以将中证红利的估值用于深证红利，毕竟，投资者需要一个标准。也就是当中证红利进入低估和极低估值的时候，对应的也认为深证红利达到低估和极低估值。2019年年初，中证红利的市盈率达到8以下时，深证红利的市盈率在13以下，另外，其高估一样是参考中证红利指数高估的时间。

直接将中证红利指数的市盈率估值标准套在深证红利身上，不是一个好方法，但综合考虑下，这算是一个不坏的方法。这种方法不能套用于所有指数，比如不要把中证红利指数估值的市盈率套用在中证500或者创业板指上。可以直接套用需要满足如下3个条件：价值近似，规模近似，以及成分股部分重合。起码看起来像一个家庭里的孩子：

（1）选股逻辑确实很好，这是选择指数的出发点。

（2）筛选出的公司规模近似。

（3）有一定的成分股重合。

而中证500、创业板指与中证红利指数太不像了。

标普红利指数要求成分股赢利，且要求盈利增长，而且对每个成分股和单个行业的权重有限制，最后采取的加权方式和上证红利、中证红利一样，股息率加权。这个指数成分股是100个，每年调整两次。关于红利机会指数的具体介绍在第七章第七节。红利机会指数整体来说还是不错的，底子是考虑分红，用股息率加权，缺点是调整频率有点高。

红利机会指数的估值和深证红利指数一样，与中证红利指数对应。当中证红利指数达到低估或高估时，红利机会指数同等达到低估和高估。

Q：4 个红利指数怎样组合？

A：组合的大原则是要兼顾上证红利和深证红利。

从指数看，中证红利和红利机会本身就是两市选股，上证红利只在上海市场选股，深证红利只在深圳市场选股。无论投资者如何配比，兼顾两市即可。在兼顾的基础上，投资者可根据自己对指数的理解，进行偏好上的调整。在满足大原则的情况下，其他就是细节与个性化。仅以我个人不多的经验看，建议把深市分量相对做高一些，最低 5 成，最高不超过 7 成。

第三节　博格公式思考

之所以有市值，是因为资产能赢利。人们对盈利进行定义：市值＝盈利×市盈率。也是因为盈利，所以人们获得一些分红。指数基金鼻祖约翰·博格尔认为，指数的年化增长率与如下 3 部分有关系：

（1）一开始的指数股息率。

（2）指数盈利的年变化率。

（3）指数市盈率的年变化率。

如果指数的年化收益率很高，那么最好确保如下 3 件事：

（1）买入时指数股息率高，意味着买入时估值低。

（2）指数盈利的增长率高，但这无法预测。

（3）指数市盈率的增长率高，需要牛市。

在上述 3 项中，对于（1）投资者可以控制，本章第一节、第二节中在估值时考虑到股息率，当股息率越高，代表投资价值越来越高，用股息率和无风险收益率做对比能指导投资者投资。对于（2）投资者可以等待，但无法预测。经济增长是会发生的事，好的指数的成分股整体盈利增长是会发生的事，但是对于以何种程度，怎样的年化增长速度，投资者无法预测。对于（3）投资者无法控制，但可以通过延长持有时间，增加遇到的概率。

利用博格公式也可以给投资者投资的思路。

可以据此做一些假设情况，以让读者感受收益的来源。不要把它当作真实收益预测。

假设上证红利指数未来盈利的年复利增长率为 7%，且 5 年后市盈率是 6.70 倍。

当下股息率	当下市盈率	5 年后市盈率	指数盈利增长率
4.14%	7.63	6.70	7%

这个假设中，市盈率从 7.63 下降到 6.70，5 年后的市盈率比今天要低一些，计算市盈率的年化变化率：

$7.63(1+x)^5 = 6.70$，解得 $x = -2.57\%$，也就是说市盈率以每年 2.57% 的速度下降了 5 年，降到 6.70。

根据博格公式，指数年复利增长率 = 4.14% + 7% +（-2.57%）= 8.57%。

这个计算还没有完成，这只是在计算指数，如果做成一只指数基金，那么运作是需要成本的，而且会有跟踪误差，假设无跟踪误差，每年的运作费用有 3 部分：管理费，托管费，其他费用和耗损，加起来一共 1%。

则投资上证红利指数基金的年复利增长率 = 8.57% - 1% = 7.57%。

投资者看到这个年复利增长率是比较失望的，才 7.57%，但是别着急，5 年后的市盈率比现在还低，说明当时的市场氛围不如现在。如果经济基本面没有发生巨大的改变，那么 5 年后是不应该卖出的，反而应该买入。市盈率低于 7.5，算是极度低估状态，所以整体收益率低是可以理解的。但即使如此，也有 7.57% 的年复利增长率。

如果换一种情况，5 年之后市盈率是 10，回到了合理状态。

当下股息率	当下市盈率	5 年后市盈率	指数盈利增长率
4.14%	7.63	10	7%

这个假设中，市盈率从 7.63 上升到 10，计算市盈率的年化变化率：

$7.63（1+x）^5 = 10$，解得 $x = 5.56\%$，也就是说市盈率以每年 5.56% 的速度上升了 5 年，达到 10。

根据博格公式，指数年复利增长率 = 4.14% + 7% + 5.56% = 16.7%。

减去每年 1% 的基金的运作成本，投资上证红利指数基金的年复利增长率 = 16.7% - 1% = 15.7%。

当市盈率回到正常水平，投资指数基金的年复合增长率大幅提升了。

当然可以继续做调整，进行保守估计，考虑两个情况：一个是没有那么高的盈利增长率（调整到 6%），另一个是 7 年才能等来市盈率 10。

当下股息率	当下市盈率	7 年后市盈率	指数盈利增长率
4.14%	7.63	10	6%

这个假设中，市盈率从 7.63 上升到 10，计算市盈率的年化变化率：

$7.63（1 + x）^7 = 10$，解得 $x = 3.94\%$，也就是说，市盈率以每年 3.94% 的速度上升了 7 年，达到 10。

根据博格公式，指数年复利增长率 = 4.14% + 7% + 3.94% = 15.08%。

减去每年 1% 的基金的运作成本，投资上证红利指数基金的年复利增长率 = 15.08% − 1% = 14.08%。

降低了盈利预期，延长了投资时间，等到估值回到合理水平，理论上的年复利增长率也很不错。从上述计算也可以看出，股息率非常重要，它相比其他因素要更加稳定。

博格公式也可以用于指数的毛估，思路是计算预期未来的年化收益率，但免不了要做两个假设：一个是未来某一年的市盈率，另一个是指数盈利增长率。在假设的时候要保守、谨慎，尽量提高安全边际，方法是：延长投资时间，降低指数盈利增长率，降低未来市盈率。

第四节　关于指数估值投资的问答

Q：关于市盈率、股息率等数据可在哪里查看？

A：我的公众号"隔壁财神马喵喵"和"NOWIFI"。目前每天只更新几个红利指数的市盈率。对于其他指数的市盈率可以到理杏仁、集思录查看。其中理杏仁需要付费，优点是可以查看历史，而且可以查看指数的其他信息，很全面。集思录用于免费查看当下市盈率，但对太久远之前的查不到。利用万得也可以查到，其也是付费的，就是非常贵，不适合大众。

Q：指数调整会影响指数的盈利吗？

A：会的。成分股换了一部分，那么指数盈利肯定会换一部分。所以如果是那种更换频繁或者每次更换都换了特别多的，就会导致指数盈利发生比较大的波动。投资者对这种指数要留心，经常发生大幅度的波动就会影响指数估值的稳定性。

Q：指数基金分红会降低指数市盈率吗？

A：不会。这个影响逻辑如下：成分股分红会降低成分股市值——降低指数市值——降低指数市盈率，但指数成分股那么多，成分股分红分散在每年的不同月份的不同日期里，这导致某一天有成分股分红时，看不出指数市盈率因此而受的影响，相比于当天股市波动带来的市盈率波动，成分股分红对它的影响太小了，但是如果看一年的总体影响就会比较大。

指数市盈率由于成分股分红有影响，是在成分股分红时就影响完了。而指数基金分红与否，与指数市盈率没有关系。在理解指数估值投资时，一定要清楚，投资者是对指数估值，而不是对指数基金估值。指数基金只不过是指数化投资的工具，投资者如果觉得一个指数值得投资，就去找这个指数的指数基金。指数估值的变化，会影响投资者投资对应指数基金的决策，但指数基金的变化，一般不会影响指数。

第十二章

辅读知识

公募和公募基金

通常情况下，人们嘴里所说的基金，是公募证券投资基金的简称。公募基金在我国是指那些在国家监管下成立的面向大众发售的投资理财产品，它是面向非特定人群，参与起点低，以证券投资为主的一种契约式资金管理服务。

基金的种类很多，比如公益基金、社保基金、公募基金、私募基金、风险投资基金等。一般人们所说的基金就是公募证券投资基金，也可以简称为公募基金，再简称就是基金。

所谓公募，就是公开募集发行，向不特定人群，意思就是谁都能买，没有门槛，投资者有身份证就行。不需要投资者是所谓的"合格投资者"，不需要投资者提供收入证明，不需要提供投资者的资产证明（私募基金就需要）。所以可以购买到这种基金的地方就非常多，如银行、证券公司、支付宝、微信，还有很多第三方机构。

证券投资是指这种基金的投资方向，我国的公募基金目前是证券投资基金，也就是说，它的投资标的必须是标准化的证券，而不能投资于那些非标的，或者尚未上市交易的品种。比如一些私募基金会去投资于未上市的公司，甚至一个 Idea，对于这种事公募基金就不能做。从投资方向上看，绝大部分公募基金的投资标的是股票和债券，还有一些货币工具，有少量的公募基金可以投资于交易所的黄金，或者投资于其他基金（FOF）。

公募基金监管更加严格，开立公募基金管理公司的难度大、要求高，信息披露比私募基金要详尽和完善，制度风险相对较低。在我国，公募基金是一种大众理财产品，已经逐渐成为家庭投资理财的主流配置。

基金管理人

基金管理人是指管基金的机构。我国公募基金的管理人就是基金名称的前几个字。耳熟能详的比如有华夏基金、嘉实基金、广发基金、易方达基金、博时、汇添富、工银瑞信、天弘以及华安基金公司等。

对于我国如此大的一个国家来说，公募基金公司仅有 100 多家，这个数量真的不多。成立公募基金公司的要求很严格，比如要求有上亿元的实缴注册资本；主要股东必须是从事证券经营、咨询类的公司，对这些大股东的注册资本也有相应要求；对取得基金从业资格的员工人数也有相应要求。各种资料凑齐了后向证监会提出申请，最早半年才有结果。

具体可在中国证券监督管理委员会官方网站查询到"行政许可事项服务指南"公募基金管理公司设立、公募基金管理人资格审批的要求和流程。

基金管理人的任务就是"打理我们的钱"，投向特定的资产，比如**股票**、**债券**以及**货币市场**等。管理人有管理权，但是他们并没有保管权，投资者的钱并非在公募基金的公司账户中，而是在**托管人**的专有基金账户中。"管理"和"保管"的分离保证了资金的安全。

2017 年年底，公募基金管理总规模最大的几家是：天弘、易方达、工银瑞信、建信、博时基金等，天弘是因为有余额宝，所以总规模稳坐第一，但如果剔除**货币基金**，那么规模最大的几家是易方达、华夏、嘉实、中银和博时基金。

截至 2017 年年末，具有公募资格的公募基金公司和资管公司的合计规模达到 11.59 万亿元，年度基金规模历史上首次突破 11 万亿元大关，其中**货币基金**规模为 6.75 万亿元，占比为 58.16%，是基金分类中规模最大的。

基金管理人的选择很重要。建议投资者考察一家基金公司的管理规模是否较大（最好是剔除货币基金后的规模），成立时间是否较长，这是基金公司实力证明的一个重要因素。长期看，一家老牌基金规模的大小，是投资者用"钱"投票的结果，确实具备一定的参考意义，但规模并不意味着最终的管理能力，有些基金公司由于大股东是银行，所以其销售渠道有很大的优势，导致规模很容易上涨。最特殊的就是天弘基金公司，由于余额宝在支付宝上销售，直接导致该基金公司总规模蹿升并稳居第一位，但这家基金公司非货币基金管理总量却不高。

我的建议是尽量选择成立时间在十年以上，并且管理总规模在500亿元以上的基金公司，但如果目标是**指数基金**，不怎么依赖于基金管理团队的水平，那么可以放宽这些要求。

特别不建议投资者选择刚成立的或规模较小的基金公司，新的基金公司并不意味着其管理水平就差，只不过这种基金公司还不稳定。当然，也需要考虑一家基金公司最近几年是否有违规的情况，比如老鼠仓等问题的出现在一定程度上确实暴露出某些基金公司内部管理有问题。

基金托管人

基金托管人又叫基金保管人，顾名思义就是保管基金资产的人。他们主要承担资产保管、交易监督、信息披露、资金清算和会计核算等职责。基金托管人是基金持有人——投资者的权益代表，是基金份额的名义持有者，通常由有实力的商业银行、证券公司或信托投资公司担任。托管基金是有偿的，会有**托管费**。

对于可以担任基金托管人也有很严格的要求。如必须设有专门的基金托管部；实收资本不少于80亿元；取得基金从业资格的专职人员要达到一定数目，等等。我国的公募基金托管人大部分是商业银行，小部分是证券公司。另外，中国登记结算有限公司和中国证券金融股份有限公司也具备基金托管资格。

基金管理人负责管理基金资产，托管人负责保管基金资产，是按照资产管理和保管分开的原则进行运作的，防止基金财产被挪为他用，保障资金的安全，所以投资者在投资公募基金时，可以说不存在恶劣的信用风险。同时，托管人还会监督基金管理人日常投资行为是否符合规范，是否按照基金合同和招募说明书所规定的投资方向和比例进行投资，是否存在违规和不当的行为，并有权向监督部管理部门报告。另外，托管人负责基金投资于证券的清算交割，核算资金等义务。

查看基金公司官网某一只基金的简介，可以很容易地找到基金托管人这一项。注意同一家基金公司旗下的不同基金会有不同的托管人，但一只基金只有唯一的一个托管人。比如天弘余额宝货币基金的托管人是中信银行，天弘沪深 300 的托管人是招商证券，天弘中证 500 的托管人是国泰君安证券。

托管费

基金托管人保管基金资产，监督管理人交易，进行信息披露、资金清算等是有偿的，所以可以查到基金有一种运作费用叫作基金托管费，其收取方式和基金**管理费**是一样的，每天会以一定的比例计提，按月支付给基金托管人。

基金托管费的公式为：每日应计提的基金托管费 = 前一日的基金资产净值 × 年托管费率 / 当年天数。

例如，余额宝的托管费率为 0.08%/ 年，2017 年第四季度末季报显示基金资产规模为 15798.32 亿元，基金托管人是中信银行。大致计算余额宝一天的托管费为：

每日应计提的基金托管费

= 前一日的基金资产净值 × 年托管费率 / 当年天数

=15798.32 亿元 ×0.08%/365

=346.3 万元

所以，目前中信银行托管余额宝这只基金每天的收入大致是 346 万元。

托管费的费率与基金类型有一定的关系，与基金管理费一样，运作难度较大的基金托管费率可能会较高，比如主动管理的股票型基金，托管费率会有 0.15%-0.25%，股票指数基金的托管费率一般会降低；管理相对容易的货币型基金托管费率相对较低，比如有 0.08%-0.1%。对于某只基金的管理费可以到官方网站查询。

基金季报

基金季报就是基金公司以季度的频率公开发布的有关基金运作本身的报告，到基金公司官方网站中，都可以在基金"定期报告"中找到每一只基金的季报。投资者看季报的目的就是了解一只基金的情况，但只能了解粗糙、大概的情况。

其披露时间一般是在自每个季度结束之日起的 15 个工作日内，算上休息日等，大概就是一个季度过后的 20 多天会披露上一个季度的季报。所以季报披露一定不是及时的，投资者看到的在季报中所展示的情况已经是 20 多天前的状态，比如第一季度的季报是在 4 月 20 日之后几天发布。季报就像照相机拍照的结果，它大部分展示一只基金在一个季度最后一个工作日收盘后的情况，可以将其看作一只基金对上一个季度的总结。

季报不需要通篇阅读，大部分信息没什么作用。投资者应该主要关注哪些信息呢？

（1）**基金经理**。可以看到基金经理是否有变更、增减。如果这是一只**主动管理**的基金，那么基金经理的变化对基金的影响可能会很大，投资者就要特别留意，而对于**被动管理**的**指数基金**就不太需要关注这方面信息。

（2）投资组合部分。重点看报告期末基金资产组合情况中的**股票**和**债券**的占比，确认当前股票占比是否符合投资者的风险承受能力，有的人买基金时并不清楚这只基金的投资方向，看看股票和债券占比会更清楚一些。

（3）报告期末的前十大重仓股。对于这部分主要观察持股集中度，前十大重仓股的占比达到 50% 就说明持股集中度较高，而持股集中度并不直接代表基金管理水平，集中与否与基金的业绩表现相关性并不十分明显，但是投资者应该有自己的偏好，即是喜欢持股集中的方式，还是喜欢分散。

（4）对于**基金份额**变动也需要关注，观察**基金总量**的变化是否巨大。一些业绩不错的基金会在接下来的几个季度持续新增**申购**买入，会导致基金总量膨胀，如果导致基金过大或许会影响基金运作。如果基金份额急剧减少则需要投资者观察基金总量大小，如果基金过小，如低于 5000 万元，则可能会有被**清盘**的可能性。

对于不同类型的基金，观察的侧重点可能也不一样。刚才说到，对于主动管理的基金观察基金经理是不是换了更重要，对于被动基金就不需要太关注，但需要关注的是**跟踪误差**。对于非常大的基金，比如大几十亿的基金，基金份额的变动就不需要太关注，但如果投资者选择的是一只几亿元的小基金，就应该多看看。对于被动管理的指数基金，由于其成分股一般较多，所以看十大重仓股是没有意义的，必然很分散，但对于主动管理的基金就有必

要关注一下。建议投资者根据自己所选择的基金种类、基金特征，有目的性
地浏览基金季报。

特别建议正在持有某一只基金的投资者，到基金公司官网下载一份基金
季报看一看，毕竟，投资者掏了钱，应该关心一下的。

指数基金的跟踪误差

指数基金的唯一任务就是跟踪对标指数的涨跌。最好就像指数的影子一
样，你走到哪儿我就走到哪儿，但这是不可能的。指数的涨跌是纯数字计算
而来，是非常精确的一个程序，而指数基金的涨跌是一个很现实的投资结果，
这两个结果几乎不可能一模一样，产生误差是必然。

误差产生的原因主要有如下几种。

现金拖累（ETF 很小影响）：基金都会有现金，特别是**场外交易**的**开放
式基金**，要求**现金部分不得低于 5%**，以应付日常赎回。所以持股仓位不可能
是 100%，自然就会产生误差。毕竟指数的计算中没有现金，完全都是**股票**，
而实际的指数基金肯定有现金，相比指数波动，**指数基金**的理论波动应该小
一点点，就因为那点现金。ETF 基金的现金拖累现象很小，因为 ETF 的申购
和赎回是用一篮子股票，并不是用现金，所以 ETF 基金不用考虑给赎回者现
金的问题，那么它持有现金就可以很少，甚至在 1% 以内。

申购和赎回（ETF 不受影响）：其实申购和赎回影响的就是指数基金现
金部分的存量，净申购情况下，指数基金会突然多出一部分现金，导致指数
基金的波动幅度更会低于指数波动，特别是当发生很大额度的申购和赎回时。

赎回费（ETF 不受影响）：赎回的基金会产生赎回费，赎回费的一部分
或者全部回到指数基金总资产中，这也会对指数基金的涨跌产生或大或小的
影响。曾经出现过很多只基金一夜之间上涨 50%-100%，甚至更高的情况，
就是由于赎回费造成的。

基金应对赎回的操作（ETF 不受影响）：投资者赎回指数基金按照 **T 日
净值**成交，如果净赎回的量极大，那么指数基金必须卖出所持有的股票以应
对赎回，并且补充 5% 的现金部分。卖出股票并不是在 T 日，而应该是在
T+1 日，但是在 T+1 日卖出股票以什么样的价格就要看当时股市的情况。如

果第二个工作日涨了，那么自然对指数基金波动有利；如果第二个工作日继续下跌，那么自然对指数基金不利，这也会对指数基金的跟踪产生影响。

建仓期：在指数基金**建仓期**，指数基金并非瞬间达到指数配置的要求，按指数成分股及其权重配置好股票需要一段时间，而这段时间有跟踪误差是很正常的，往往这个误差可能还很大，因为建仓期有一段时间必然持有大量现金。无论指数是涨还是跌，都不可能跟踪。

其他原因：指数成分股**停牌**，发生**估值调整**的影响；**成分股分红**，指数**基金分红**的影响；指数成分股权重改变，基金调整滞后的影响；**指数重新编制**后，基金调整滞后的影响。当然，还有基金经理的经验和水平也会对跟踪指数造成影响。

这么看，导致跟踪误差的原因太多了，跟踪误差是客观存在的，而且看起来很多原因难以根本消除。不过还好一般指数基金的跟踪误差较小，特别是 ETF 基金。几个比较大的主要因素对 ETF 基金造成的影响很小，这也是我建议投资者对于投资指数基金选择 ETF 的原因。

基金总量小可能会清盘

一只公募基金如果太小就可以被清盘。那么具体什么情况下会触发清盘？答案如下：

（1）连续 60 个工作日投资者人数不足 100 人。

（2）连续 60 个工作日**基金资产净值**不足 5000 万元。

满足上述中的一条就可以清盘了。

基金清盘会把基金所投资的资产都变现，然后分给持有人，清盘具体的时间和流程按基金合同中的规定执行。清盘相当于强制赎回，会按照清盘时净值把钱退给投资者，这件事本身并不会给投资者带来损失，钱到账后，投资者可以继续选择理财产品，但是确实会造成一定的麻烦，产生再投资问题，而且在清盘期间会有机会成本。一家基金公司旗下的基金因为太小而清盘，并不意味着这家基金公司出现问题或实力下降。

如果即将面临清盘，那么基金公司会有如下 3 种选择。

（1）清盘。

（2）转型。

（3）寻找"帮忙的资金"保住自己。

从基金的运营成本来看：转型和寻找"帮忙的资金"的成本很高，清盘是相对最好的选择。目前有近千只基金规模低于 2 亿元，被称为迷你基金，200 只以上的基金低于 5 000 万元，触及了清盘警戒线。未来会有越来越多的基金清盘，这将成为常态，但投资者没有必要因此而恐慌。投资者在选择基金时一定要注意基金资产净值，尽量不要选择低于 5 亿元的。对于最近的基金总规模建议投资者去基金公司官方网站查看最新的**季报**。

规模小的基金未必就代表业绩不佳，投资者回避这种基金主要是为了避免清盘的麻烦。一只基金被清盘也并不代表整体基金公司有什么问题。再大的基金公司也有个体很小的基金。

基金规模

对于基金规模投资者可到最近的**基金季报**中查询，可以去基金公司官网，找到具体基金，然后在公告中找到定期报告。下载并打开季报，找到"主要财务指标"这一部分：

§3 主要财务指标和基金净值表现

3.1 主要财务指标

单位：人民币元

主要财务指标	报告期 (2017 年 10 月 1 日-2017 年 12 月 31 日)
1.本期已实现收益	-16,111,468.69
2.本期利润	1,306,391,012.57
3.加权平均基金份额本期利润	0.2693
4.期末基金资产净值	13,308,301,779.75
5.期末基金份额净值	2.331

在"4.期末基金资产净值"这部分可以看到，这只基金的规模是133.08 亿元。

基金规模对基金的影响可大可小，与类别也有关系：

（1）对债券型基金和货币型基金而言，基金规模的影响就不很大，只要不特别小就行，以免遭遇**清盘**。

（2）对**股票指数基金**而言，基金规模的影响不大，只要不特别小就行。

（3）对主动管理的股票型基金而言，太小不好，太大则会影响运作灵活性，但灵活性是否会使基金业绩变好，并没有呈现出明显的相关性。

招募说明书

基金的招募说明书就是关于一只基金的基本信息的详细介绍。不能理解成人们家里电视、空调、冰箱的使用说明书。招募说明书只能让投资者知道这只基金的基本情况，但无法告诉投资者应该如何投资基金。

投资者在投资基金时分为如下两步：投资分析和投资执行。投资分析涉及如何选择基金，怎么判断基金优劣，什么时候买，买多少等问题；投资执行涉及在哪里开户，怎么下单等问题。当投资者看到"如何买"的时候，一部分投资者认为说的是执行层面的，一部分投资者认为说的是分析层面的。其实两者应该都包含在内。

招募说明书能告诉投资者什么？对于上述两个层面的信息招募说明书都无法给出。招募说明书只能提供最基本的信息，有关这只基金的基本情况，就像一个人的身高、体重等。对于招募说明书投资者可以到基金公司官网查询，可能其属于公告中的"法律文件"或"发行文件"，而且基本上每年还会有更新版。

招募说明书的内容要比**基金季报**多，150页是正常的，大部分内容是投资者没必要看的，只需要找重点看即可。

如果投资者很关心**基金管理人**、**基金经理**的情况，那么在"基金管理人"这部分可以找到详细资料。如果想知道基金**托管人**是哪家机构，可以在"基金托管人"这部分得到答案。关于基金的**申购**、**赎回**和转换都是大同小异的，主要是费率的区别。重点在于"基金的投资"这一章：包含了投资目标、范围、理念、策略，以及业绩比较基准、风险收益特征、投资决策依据、决策流程和投资限制等内容。

整个招募说明书中，我认为最重要的就是"基金的投资"这一章，如果是**被动管理**的**指数基金**，那么对于这部分内容投资者也没必要看了，但是对于**主动管理**的基金投资者就有必要了解一下这只基金是以怎样的思路和策略进行投资的。虽然在具体执行中，投资者不清楚是不是那样做的，也不清楚换一个基金经理会有哪些变动，但有一个大概的印象总会有帮助。

主板市场和二板市场（创业板）

中小创是一个简称，它是指中小板和创业板。一般在形容某一个投资组合时，会说持有大量的中小创股票，意思就是这个投资组合以投资**中、小盘股**为主，具体就是指中小板和创业板的上市公司。

中小板

2004 年 5 月，经国务院批准，中国证监会批复同意深圳证券交易所在主板市场内设立中小企业板块，股票代码是 002 开头的。相对主板而言，有一些企业达不到主板市场的要求，可以在要求稍低一些的中小板上市。

通常讲，中小板上市的公司大多处于企业生命周期的成长期，有较高的成长性，同时企业的经营风险也较大，比如科大讯飞、分众传媒、苏宁云商、海康威视、洋河股份、比亚迪等都是中小板上市公司。

创业板

2009 年 3 月 31 日，中国证监会正式发布《首次公开发行股票并在创业板上市管理暂行办法》，该办法自 2009 年 5 月 1 日起实施。7 月 1 日，证监会正式发布实施《创业板市场投资者适当性管理暂行规定》，投资者可自 7 月 15 日起办理创业板投资资格。9 月 13 日，中国证监会宣布，于 9 月 17 日召开首次创业板发审会，首批 7 家企业上会。10 月 30 日，中国创业板正式上市。

创业板也是在深圳证券交易所成立，股票代码是 300 开头的。创业板上市的公司大多是从事高新技术业务的小公司，虽然当下规模小，但它们具备更高的成长性，同时经营风险更大。在创业板上市的要求比在中小板还要低一些，在上市门槛、监管制度、信息披露、交易者条件、投资风险等方面和主板市场有较大区别，比如乐视网、机器人、三聚环保、东方财富、碧水源等都是创业板上市公司。由于创业板上市公司风险较大，所以在券商开户时，创业板交易是要特别单独办理的，默认并不开通。一般要拿着身份证，本人去营业厅开通创业板交易权限，而不能在家里自行开通。如果投资者开通过创业板交易权限，那么在使用其他券商时就不需要再去柜台开通，直接在系统中进行创业板转签即可。

所谓创业板转签，就是指将创业板业务从一家券商转至另一家券商，通过转签开通投资者的创业板权限，这样两边的创业板都可以使用。

主板和二板市场

主板市场，也叫一板市场，就是传统意义上的证券市场，是一个国家或地区证券发行、上市及交易的主要场所。我国的主板市场就是深交所和上交所。二板市场就是创业板市场，是针对中小企业的资本市场。与主板市场相比，在二板市场上市的企业标准和上市条件相对较低。三板市场也叫代办股份转让系统，为非上市股份公司提供股份转让服务，也即常说的股权交易市场。

投资者理解一板市场和二板市场就足够了，其中一板市场就是主板股票市场（包含中小板），二板市场就是创业板。中小板可以看作介于主板和创业板之间。在主板上市的公司，大部分市场占有率较高，规模较大，基础好，盈利稳定，多是大型企业。创业板与主板的差异最大，是新经济的代表，多是有高成长性，处于成长期，还未到成熟期，且经营风险较大的小企业。中小板的定位介于两者之间，不是特别大的公司，但也不是小公司。中小板的建立就是创业板的过渡性安排。

蓝筹、白马和题材股

蓝筹股、白马股和概念股没有严谨的定义，它们都模糊地代表了某一类特征的上市公司。

"蓝筹"一词源于西方赌场。在西方赌场中，有3种颜色的筹码，其中蓝色筹码最为值钱，红色筹码次之，白色筹码最差。蓝筹股是指稳定的现金股利政策，对公司现金流管理有较高的要求。通常将那些经营业绩较好，具有稳定且较高的现金股利支付的公司股票称为蓝筹股。

白马给人一种速度快且又稳定的感觉，所以白马股通常代表那些长期绩优、增长率高且有较高投资价值的股票。比如 2017 年的大部分行情就是白马股行情。

概念股是指一些具备某种特殊内涵的股票，这种内涵与现在的业绩无关，也就是说，目前公司的业绩可以很差，但一定要有想象空间，或者有一个好听的故事，这个故事就是一种概念。往往概念股容易被炒作，大部分概念股是小盘股。有时并没有概念，是因为某些小盘股被大的资金控盘后，为了拉升股票进而出货获利，而人为制造的某些故事或想象空间，被称为概念股。

投资于蓝筹股、白马股往往风险较低，但获利速度并不一定快。概念股由于大多是小盘股，所以涨跌剧烈，一般散户喜欢买这种股票，感觉上更容易一夜暴富，但这背后的风险是巨大的。一些散户不考虑大盘股的原因，是"没意思"。但需要提醒投资者的是，"有意思"和"能赚钱"并不是对等的。

题材股或许有如下几个问题：

（1）具备的题材不一定是公司主营业务，很多都是副业。

（2）题材可能只是一个公告或管理层的想法，还未形成事实。

（3）很多题材还未给公司带来效益，却已经花费了不少资金。

（4）很多题材的竞争者众多，虽然有需求，但缺乏定价权。

（5）很多题材变化很大，容易被科技进步颠覆。

（6）假设题材确实不错，但往往也意味着大家都看得到，价格很可能已经很高，透支了很多年的成长。

（7）题材不等于公司可以获利，公司因题材获利不等于该公司有好的投资机会。题材不等于投资机会。

管理费

公募基金和私募基金（证券投资类）的一个很大的区别就是：公募基金不与投资者分享收益，仅收取一定比例的管理费；私募基金通常会和投资者进行收益分成，比如对于运作到某一业绩之上的部分会提取 20%。也就是说，私募基金的生存方式是两种，即管理费和收益提成，而公募基金只有管理费。

这个管理费目前几乎是"旱涝保收"的——无论基金是盈利还是亏损，都会持续以一定比例每天提取管理费并且按月支付给基金管理人。这种管理费制度受到了不少人的诟病，很多人认为如果某一个年度基金亏损，那么管理费就不应该收取（改为浮动制），这样有利于激励基金管理人更好地管理基金资产，但另一方面，也有人觉得不赢利就不收管理费可能会导致基金公司过度激进地运作，产生更大风险。

之前已有基金公司开始尝试改变管理费的收取模式，但只是个别情况。

基金管理费是**基金管理人**的主要收入来源，有些基金公司的一只基金规模巨大，每天都会给基金公司带来大量的管理费收入。

基金管理费的计算公式为：

每日应计提的基金管理费 = 前一日的基金资产净值 × 年管理费率 / 当年天数

例如，**余额宝**的管理费率为 0.3% / 年，2017 年第四季度末季报显示基金资产规模为 15798.32 亿元。大致计算余额宝一天的管理费为：

每日应计提的基金管理费

= 前一日的基金资产净值 × 年管理费率 / 当年天数

=15798.32 亿元 ×0.3%/365

=1298.5 万元

所以，目前余额宝每天的管理费收入大约是 1300 万元。

除了管理费、**托管费、销售服务费**，还有极个别指数基金的**标的指数使用许可费**，都属于**非一次性费用**。它们的收取方式都一样：每天提计。投资者可以看到的**基金净值**或者货币基金的**万份基金收益**，都已经是每天扣除之后的数字了，不需要投资者单独再交。

一只基金的管理费高低主要和基金类型有关，便于管理的货币基金管理费率是较低的（0.3%–0.33% / 年），难于管理的主动**股票基金**或者投资于境外的 QDII 类型股票基金的管理费率是较高的（1.5%–2% / 年），**债券型基金**处于中等。对于某只基金的管理费投资者可以到官方网站查询。同种类型的基金，被动管理模式的基金管理费率要低于主动管理，这是因为被动管理不需要消耗公司太多资源，运作成本本身就很低。管理费虽然每年并不多，但是时间长了就是一笔不小的支出。

汇率波动的影响

如果选择 QDII 类型基金就不得不考虑汇率对基金的影响。我认为两国汇率是难以预测的，比如人民币兑美元，这个汇率不仅仅取决于我国，还取决于美国，研究和预测汇率，不仅要了解一个国家，还需要了解另一个国家，因为这个数字是一个相对的概念。

从 2014 年年初开始到 2016 年年底的人民币贬值，幅度让几乎所有的分析师和经济学家始料未及。3 年时间里，人民币兑美元贬值超过 15%，这个速度非常快。在 2016 年很多经济学家预测，汇率将在短期突破 1 美元兑 7 元人民币，甚至突破 8-9 元。但同样让大部分经济学家跌破眼镜的是，从 2017 年开始，人民币兑美元又开始升值，半年多的时间里，从 6.96 元升值到 6.44 元附近，幅度达到 7% 以上。

任何短期预测都难以准确，真实的行情往往会让人吃惊。所以这里讨论的是汇率对投资者投资的影响，而非预测短期汇率。

假设，如果在 2015 年 6 月，美元兑人民币汇率 6.2 的时候买入 QDII 债券型基金，持有一年，由于从 2015 年年中到 2016 年年中，美元兑人民币是升值的，那么该基金不仅仅获得了债券投资的收益，还获得了汇率的升值收益。以 6.2 元的价格买入美元，并投资于 QDII 基金，一年后美元兑人民币的价格是 6.6 元，除了基金净值上升外，如果赎回要换回人民币到账，那么会获得另外 6% 以上的汇率收益。如果这只基金一年债券投资的收益是 4%，加上汇率变动的 6%，那么获得的全部收益将达到 10% 以上。

这就是汇率对 QDII 基金的影响，但如果美元兑人民币贬值，则会让 QDII 基金的收益缩水。如果贬值幅度很大，基金收益又低，则会导致亏损。整个 2017 年，人民币兑美元快速升值，这种情况下，如果 QDII 基金持有大量以美元计价的债券，那么汇率损失就会较大。

开放式基金的非一次性费用

所谓非一次性费用就是终身收取的费用，主要有 3 种：**管理费**、**托管费** 和**销售服务费**。其中，管理费和托管费是肯定有的。管理费是基金管理人——基金公司的主要收入来源；托管费是给托管人——银行或证券公司的托管报酬。销售服务费不一定有，只有那些原本没有**申购费**的基金才会有销售服务费。

这 3 种费用都是从基金总资产中直接扣除，每天计算，每天计提，按月支付的。基金净值或者货币基金的万份基金收益，都是在扣除上述 3 种费用后计算而来，所以投资者看到的基金净值或收益、损失已经是扣除上述费用后的数字。

对于这种费用投资者知道即可，几乎没有办法减少。

有一些基金公司的**货币基金有 A 类和 B 类**，其中 B 类就是针对 500 万元以上的持有者给予的低销售服务费版本。比如，某些 A 类货币基金的销售服务费率是 0.25％，而 B 类货币基金的销售服务费率是 0.01％。

还有第四种非一次性费用，就是**标的指数使用许可费**，一部分指数基金会有这种费用，这个费率一般很低。

与非一次性费用对应的是**一次性费用**。

一次性费用

一次性费用，也可以叫作交易性费用。交易性费用都与交易有关，那么开放式基金会涉及什么交易呢？比如，**认购、申购、赎回、转换**等。这些都属于一次性事件，按交易单次收取，而且其收取的方式是以投资者申请金额的一定比例收取的。

认购费、申购费，是以净申购额的一定比例收取；

赎回费，是以赎回额的一定比例收取；

转换费，可能会涉及赎回额和净申购额，它是赎回和申购的组合。

对比**非一次性费用**（也可以叫管理性费用或运作性费用），与交易本身无关，是日常费用：管理人每天在管理基金，所以每天都得收取管理费；托管人每天在保管基金资产，所以每天都得收取托管费。这些费用并不是和投资者的某一笔交易有关，而是涉及整个基金账户，所以每天从基金总资产中计提，按月支付。

对于一次性费用投资者要努力主动减少。认、申购费依靠好的渠道打折而减少；赎回费依赖于持有时间增加而减少；转换费主要与销售渠道的费用减免政策有关，也可以减少一些交易费用。

对于非一次性费用投资者知道就好，在选择时注意一下就行，毕竟这部分是几乎没有办法减少的。

销售服务费

基金的销售服务费可以看作**申购费**的另一种收取模式，之所以这么说是因为申购费和销售服务费不会同时出现在一只公募基金身上，它们不会被同时收取。销售服务费和申购费一样，都是用于基金的开发、宣传，维护销售渠道等环节。

没有申购费的基金有如下两种情况：

（1）这只基金原本没有申购费，比如**货币基金、理财型基金**，特别是一些基金的 **B 或 C 类收费模式**。其原始申购费标注就是 0。这种情况下，基金就会有销售服务费。

（2）这只基金有申购费，但是销售渠道为了吸引客户，通过打折、优惠等手段使申购费变成了 0。这种情况下，基金就不会有销售服务费。

所以，投资者看到基金没有申购费，不用太开心，该收的总会收，而且并不会少收。销售服务费是一种非一次性费用，被持续地收取，每天都会计提，虽然短期看起来没有多少，但是时间一旦很长，就会是一笔不小的支出。

基金销售服务费的计算公式为：

每日应计提的基金销售服务费 = 前一日的基金资产净值 × 年销售服务费率 / 当年天数

例如，**余额宝**的销售服务费率为 0.25%/ 年，2017 年第四季度末季报显示基金资产规模为 15798.32 亿元。大致计算余额宝一天的销售服务费为：

每日应计提的基金销售服务费

= 前一日的基金资产净值 × 年销售服务费率 / 当年天数

=15798.32 亿元 ×0.25%/365

=1082.1 万元

所以目前余额宝每天的销售服务费收入大约是 1082 万元。

申购费和销售服务费的区别在于：申购费是一次性缴纳，而销售服务费不是一次性的，是拆散到每天收取。虽然申购费一次性会拿走一些钱，但是以后再不会有这种费用了；虽然销售服务费每天从基金总资产中扣除，无须投资者单独缴纳，但是当持有时间很长之后，这个费用会远高于申购费，而且会越来越高，差距越来越大。**辅读：申购费和销售服务费的差异计算**

所以，选择缴纳销售服务费，而不是申购费应该基于如下两种原因：

（1）没有申购费，只能缴销售服务费。比如货币基金、理财型基金就是这种。

（2）短期投资。当投资者的投资时间很短的时候，一次性缴申购费确实不划算，可以选择无申购费，但是缴销售服务费的 **B 或 C 类收费模式**会更好。

申购和申购费率

申购是**场外基金**交易时买入的叫法。申购费是指基金在成立后再存续期内，并且处于正常开放状态时，投资者购买基金份额时所支付的手续费。有前端申购费和后端申购费两种收取模式，其中**后端申购费**不一定有。

申购费通常来说是用于支付基金在各个阶段的销售成本。对于这个手续费基金公司拿不到多少，甚至完全拿不到。一般来说，其部分或完全支付给代销渠道，甚至不仅如此，有的时候基金公司还需要单独、另外给代销渠道一些好处，特别是在认购期，认购期时收取的费用就叫**认购费**。

基金的申购费都会有一个原始费率。一般**偏股型**基金的申购费率是 1.5%，QDII 有一些的是 1.8%，**债券型**基金偏低，或许为 1.2%，**货币基金**的一般是 0。由于目前大部分渠道打 1 折，所以申购费率就是 0.15%、0.12% 等。打折力度大，是不同代销渠道为了竞争而做出的让步。

很久之前，其他代销渠道（银行、券商为主）买基金普遍还是不打折或打 8 折、6 折时，基金公司直销渠道就早已推出 4 折买基金的优惠幅度了。后来基金公司为了吸引客户，干脆不收申购费，所以很多基金公司通过一些简单的步骤就可以把申购费降低到 0。

之后随着代销渠道的发展和竞争，1 折前端申购费率的优惠已经成为标配，而可以做到申购费为 0 的，目前应该只有部分基金公司的**直销渠道**。有一些 C 类收费的基金申购费是 0，并不属于这种情况。

认购和认购费，与申购费的区别和联系

申购费是基金在成立后在存续期内，并且处于正常开放状态时，投资者购买基金份额时所支付的手续费。而认购费是基金在还没有成立时，投资者购买基金份额所支付的手续费。这个时期，基金合同并未成立，只有**招募说明书**，这段时间属于**募集期**，或者叫作**认购期**，也就是日常人们所说的买"新基金"。

认购和申购其实都是买，只不过是在基金生命周期的不同阶段的不同叫法而已。度过认购期，基金合同成立，进入存续期内，在正常开放状态时的购买就叫作申购了。

认购费和申购费一样，有前端认购费和后端认购费两种收取模式，其中后端认购费不一定有。原始的认购费率一般会比原始的申购费率低，比如一只偏股型基金原始申购费率是 1.5%，它之前的原始认购费率一般是 1.2%。在很久之前不打折的古老年代，新基金的认购费率明显比申购费率低一些是有优势的，但是现在打折力度都很大，这种便宜的效果就不明显了。认购费的计算和申购费一样。

货币市场

金融资产可以是有期限的，也可以是无期限的。其中有期限的，比如债券，债券绝大部分会有一个期限，比如 1 年期、3 年期的国债，有期限的大部分都是债权债务关系，借钱要有资金的使用时间限制。我借给你钱，你给我利息，同时还要约定一个还本时间，一般情况下你不能永远使用我的钱。无限期的债券并不多见。

没有明确期限的，比如股票。上市公司募集钱，并给股东股份，这是所有人关系。股东持有公司股份享受公司经营收益，虽然上市公司可能会回购股份，但是这种行为也不能叫"还钱"。

货币市场是指期限在一年以内的金融资产交易的市场，该市场的主要功能是保持金融资产的**流动性**，也就是说，这些资产兑换成现金的速度很快，随时可以转换成可以流通使用的货币。该市场满足了借款者的短期资金需求，也为暂时闲置的资金找到了临时出路，想短期借钱和想把自己的钱短期借出去获得利息收益的双方是货币市场的两种主要参与主体，人们选择**货币市场基金**也会基于暂时闲置资金的临时存放的需求，这是一脉相承的。

货币市场可以通俗理解为短期借钱的市场。通过**商业票据**、**承兑汇票**、可转让的**大额定期存单**、**债券回购**等短期信用工具实现，这些工具的期限在一年以内，以上部分正是货币市场基金的参与对象。货币市场主要有如下特点：低风险、低收益、期限短、流动性高等。

万份基金收益

货币基金每天收益很少。在这种情况下，让投资者看每一份基金资产净值变动是不可能的，看每一份基金资产当天增长率也是不可能的。为了方便投资者观察就把每一份基金资产的变动放大为每 10 000 份基金资产的变动，就好像用一个放大镜观察收益。

万份基金收益可以说是货币基金收益显示的一个特征。结合货币基金净值恒为 1 的特点，算起来会很容易。比如，投资者有 10 000 份，某日万份基金收益是 1.050 0 元，那么这一天收益就是 1.05 元。如果投资者有 20 000 份，就将上述收益乘以 2，当天收益是 2.1 元。如果是 5000 份，那么当天收益是 0.525 元。投资者知道自己大概有多少个万份，直接乘以万份基金收益就可以估算出当天收益是多少钱，也不需要太精确。

1.050 0 × 1=1.05 元

1.050 0 × 2=2.1 元

1.050 0 × 0.5=0.525 元

比如，投资者有某只货币基金 30 450 份，大概就是 3 万份，当天万份基金收益是 1.1 元，那么这一天货币基金收益大约就是 3×1.1=3.3 元。人们所看到的货币基金的昨日收益，就是这样计算得出的。

万份基金收益是真实收益水平，但 **7 日年化收益率** 就不是真实收益水平了，它更像是一种预测。

7 日年化收益率

7 日年化收益率是一种年化收益率的计算方法，是用最近 7 天的收益来计算一年的水平，是指 "如果保持最近 7 天的万份基金收益，那么这样下去一年将会是怎样呢？" 所以 7 日年化收益率不是真实收益率，是一种预测收益率，是用已经过去的最近 7 天预测未来一年。

具体计算是很繁杂的，其主要原因是，**货币基金**是每天分红（**红利再投资**），导致了计算时要用**复利**计算。例如**余额宝**，每天分红再投资，其他货币基金频率最低的也是一个月分红一次，所以在计算时必须考虑复利收益。

计算：2017 年 9 月 7 日晚，余额宝的最近 7 天万份基金收益如下：

日期	万份基金收益（元）	7 日年化收益率
2017.9.7	1.080 7	4.0440%
2017.9.6	1.082 3	/
2017.9.5	1.084 2	/
2017.9.4	1.084 3	/
2017.9.3	1.086 2	/
2017.9.2	1.084 3	/
2017.9.1	1.098 9	/

7 日年化收益率 =((第 7 日万份基金收益 /10 000+1)×(第 6 日 /10 000+1)×(第 5 日 /10 000+1)×(第 4 日 /10 000+1)×(第 3 日 /10 000+1)×(第 2 日 /10 000+1)×(第 1 日 /10 000+1)^(365/7)−1)×100%

代入之后看起来有一些乱：

7 日年化收益率 =((1.080 7/10 000+1)×(1.082 3/10 000+1)×(1.084 2/10 000+1)×(1.084 3/10 000+1)×(1.0 862/10 000+1)×(1.084 3/10 000+1)×(1.098 9/10 000+1)^(365/7)−1)×100%

最后的计算结果就是 4.0440%。由于 7 日年化收益率并非真实收益率，所以投资者对这个数字不用太当真，心里有数就行了。因为用最近 7 天计算未来一年是不科学的，非常有可能最近 7 天有某一天**万份基金收益**特别高，这样整个 7 日年化收益率就会被拉高，但这个数字是没有意义的。因为万份基金收益的极高值不可能持续，而那个很高的 7 日年化收益率属于精确的错误，而且这种错误往往和现实差距很大。

总结：7 日年化收益率只与最近 7 天的万份基金收益有关，与其他无关。这个数字是一个预测收益率，不可以当作未来一年的真实收益水平。细心的读者可能发现了，上述余额宝的收益在周末也有，货币基金在周末和节假日都是有收益的，会公布万份基金收益和 7 日年化收益率。一些货币基金节假日的收益会选择在放假后的第一个工作日公布出来。

货币基金的净值为什么恒为 1

货币基金有**场外交易**和**场内交易**两种，其最大的区别就在于基金净值。投资者接触最多的就是场外申赎的货币基金。买过**余额宝**的人都清楚，平时看不到净值，这也是他们没有想到余额宝其实是基金的一个重要原因——基金都有净值。

其实，余额宝是有净值的，而这个净值是 1.0000 元／份，且不变。货币基金不需要公布和更新净值，这不代表它没有。为什么货币基金的净值永远是 1 而且不变呢？原因包括但不限于如下几点：

（1）每天的收益很少，难以用基金净值的变动很好地体现。比如，货币基金单日**万份基金收益**是 1.0555 元。如果一万份一天赢利 1.0555 元，那么一份一天赚 0.0001055 元，这个数量级是难以用 1 后面 4 位小数点来体现的。想想看，货币基金的 **7 日年化收益率**是 4%，这是一年的水平，平摊到每一天极少。所以干脆净值不要变了，用万份基金收益体现。

（2）净值规定为 1.0000 元／份，净值不会波动，给人的感觉就是不会亏损。也就是每天本金不会损失，都会有收益，这个规定在吸引保守型投资者时很关键。

（3）方便计算。在计算时非常方便，由于净值恒为 1，所以买多少钱，

就是多少份，越简单、越容易理解的产品，越容易吸引投资者。货币基金的
分红频繁，一般以月或每天进行红利再投资，净值恒为 1 也方便了计算份额，
给人一种清晰、明白的感觉。

投资者以 10000 元申购货币基金，货币基金的净值是 1.0000 元 / 份，
且无申购费，所以**净申购额** = 申购额（本金），所得**份额** = 净申购额 / 基金
净值 =10000/1=10000 份。实际投资者看到的那个数字是"份额"，而并非
"金额"，只是由于货币基金的净值恒为 1，所以从数字上讲，金额 = 份额。
这是很多地方直接显示为金额的原因。

在**红利再投资**时，当天万份基金收益是 1.0500 元，那么当天分红所
得份额 =1.05 元 /1 元 / 份 =1.05 份，所以第二天投资者看到的总份额就是
10000+1.05=10001.05 份。计算起来非常简单。投资者看到余额宝每天增长
的数字，就是每天都在进行红利再投资、份额增加的结果。

货币基金的流动性

货币基金的一大优势就是流动性极高，所谓流动性就是变现的速度、方
便程度以及是否存在惩罚措施。基金的**申购**和**赎回**都很方便，无论是在网页
上还是在手机 App 中，操作非常简单。货币基金没有赎回费，不存在赎回
惩罚。

货币基金可以不赎回直接使用。**余额宝**就是典型的例子，对于人们出门
消费，很多地方都支持支付宝付款，在支付宝中有一个付款选项，可优先使
用余额宝，这样消费时就从余额宝中直接扣款。不用赎回，也可以直接使用，
流动性和现金是一样的。

即使使用的是蚂蚁花呗，在每个月还款的时候，也可以自动从余额宝中
扣款还款。还有很多平台都支持这个功能，京东等也有类似设置。

另外，货币基金的赎回到账速度要比其他类型基金快。一般的基金类型，
如混合型、股票型、指数型、债券型等基金赎回到账时间需要 1-3 个工作日。
而货币基金的"普通赎回方式"赎回到账速度是 1 个工作日后到账，也就是
T+1 到账。

货币基金在基金公司的**直销渠道**还有一种赎回模式，叫作"快速赎回"。

如果选择这种模式赎回，那么到账速度是实时，经过我多次使用感受，这个实时是几秒钟到账。对于这个服务其他基金类型没有，只有特定的货币基金有。余额宝赎回到银行卡的速度一般是 5-10 分钟。这方面对比看，基金公司的直销渠道是最快的。基金公司直销渠道会有一只或几只特定的货币基金支持实时到账的快速赎回服务。比如易方达的 e 钱包、汇添富的现金宝、广发基金的钱袋子等，它们都取了一个特殊的名字方便投资者记忆。

普通赎回模式下，赎回 T 日是有收益的，而快速赎回，赎回 T 日没有收益。

普通赎回并无赎回金额和赎回次数限制，而快速赎回一般会有一个限制。不同的基金公司对此限制是不同的，比如要求每日快速赎回的次数不得超过 3 次，总金额不得超过 50 万元，等等。一般情况下，已经足够满足日常使用了。

货币基金收益可以作为无风险收益的另一种参照

货币基金的投资方向决定了在不考虑通胀的情况下，投资者可以认为它是一种无风险的产品，而且其操作简单，容易上手，可以说不需要任何基础，有一台智能手机就搞定了。

它是大众投资者可以接触到的类无风险产品中收益高，且流动性具备明显优势的。有的人用货币基金与 P2P 相比，P2P 的收益率明显会比货币基金高，但 P2P 的风险有目共睹，且 P2P 的**流动性**不如货币基金；有的人用银行理财产品与货币基金比，但银行理财产品的流动性很低，而且短期银行理财产品的收益率持平，甚至低于同期货币基金收益。

所以结合多种综合素质，货币基金可以作为一般投资者的无风险收益率标准。那么这个标准有什么用呢？答案如下：

（1）投资者在参与其他产品中时，可以简单、粗略地衡量自己所承担的风险。如一种理财产品的预期收益率是 8%，高于近期货币基金的年化收益率，另外 4% 就可以看作风险溢价或流动性溢价，或由于其他特殊原因导致自身可以获得高收益。

（2）可作为指数估值投资方法的衡量标准。可用当时的货币基金的年化收益水平与**净利润收益率**做对比，进而做出投资决策。对于这部分内容可参考指数基金估值投资部分。

传统上，一个国家的无风险收益率也可以是如下几种：一年期**银行定期存款**利率、长期**国债**收益率等。到底投资者用哪一个更加合适，要结合自身情况以及对投资理财的理解，选择自己认可的无风险收益标准。

影响货币基金收益的主要因素

货币基金虽然可认为是无风险收益的产品，但其收益每天不同。在**余额宝**刚刚诞生的 2013 年后半年，**7 日年化收益率**曾经稳定在 5% 甚至更高，而之后的几年内，余额宝的收益率稳步下滑，最低曾经稳定在 3% 以下，在 2018 年恢复到 4% 上下，然后到 2019 年下滑到 2.5%。

那么有哪些因素会导致余额宝的收益率发生改变？

1. 排除单日货币基金万份基金收益蹿升

有的货币基金万份基金收益会突然蹿升。比如平时单日万份基金收益是 1 元左右，突然在某一天达到 2 或者 3 元，甚至 5-6 元。这是由于货币基金持有的大量**债券**集中到期所致。这种情况出现在个体货币基金上，并非整体货币基金都会同时出现。

2. 整体货币基金收益稳定抬高或降低

货币基金投资于**货币市场**，所以收益就受到货币市场的影响。这是根本的影响因素。基准利息率肯定对货币基金的收益有明显影响。短期货币市场资金面是否紧张，资金充裕则利率下降，资金短缺则利率上升。同时，短期资金面的供求关系也会影响流动性高的短期高信用债的价格，也会影响国债**逆回购**市场的价格。

总之一句话就是，最近大家兜里的钱都很紧张，所以你管我借钱，就要付出更高的利息。当短期资金面紧张时，货币基金的收益就会提高。投资者可以把货币基金当作一个大的债主。相反，大家兜里钱多时，借钱的人就会减少，供求关系发生改变，短期利息就会下降，货币基金的收益就会下降。有人将货币基金的收益率当作短期资金面情况的指标是有其道理的。

3. 优惠期已过？无稽之谈

余额宝刚刚推出的时候，由于当时的资金面持续紧张，所以整体货币基金收益都很高，不仅仅是余额宝。投资者觉得非常划算。之后几年内，由于资金面紧张的情况得到了缓解，导致货币市场短期利率下降，所以余额宝的收益率自然会下滑。

一些不了解原因的人会说，余额宝的优惠期已过，收益不再高了，甚至认为基金经理能力变差，钱多了就不好好管了。都是无稽之谈。如果整体货币基金收益都高，那么并非是因为基金经理的能力好；如果整体货币基金收益都很低，那么也不是因为基金经理的能力差。因为资金面的情况就是如此。

无缝收益：在货币基金与银行理财间抉择

银行的理财产品和**货币基金**收益差不多，投资者到底应该选择哪一个？对于这个问题应该从如下内容来思考：

（1）银行理财产品的真实收益率，货币基金的真实收益率。

（2）流动性。

（3）其他难以量化的成本。

1. 真实收益率

投资者看到的**收益率**未必是真实收益率。特别是银行理财产品，因为其具有周期性，且大部分并非是自动滚存的，所以真实收益率要下降。

比如一款约定**年化收益率**为 4% 的 3 个月非保本浮动收益产品，并非买入之后就马上计算收益，一般要提前几天购买，少说也需要等待平均 1-3 天才正式开始。此外，在产品最后结束时，退出资金也需要时间，同时退出后一般回到活期存款账户，如果投资者不能马上选择另一款产品，活期存款利息几乎为 0，那么这笔钱实际是要耽误的。

当银行理财产品的周期越短，这个效应越明显。对于一款 4% 年化收益率的产品考虑前后耽误的时间再计算，真实收益率要下降到 3.8%，如果中途无法顺利衔接，比如投资者忘了，或者暂时没有合适的产品可选择，那么真实收益率还会下降。而货币基金不存在这个问题，它是无缝连接的，买入后 T+1 日开始计算收益，且不存在再选择的问题。

2. 流动性

流动性低，收益应该提高，但银行理财产品的收益未必就一定比货币基金高，考虑到货币基金的流动性极高，而银行理财产品的流动性很低，如果要选择银行理财产品，就要求银行理财产品的收益明显高于货币基金才行，否则并不划算。流动性高是一个巨大的优势，不得不纳入考虑因素。

3. 其他难以计量的成本

购买银行理财产品还会有一些无法计量的成本，比如精神负担：投资者需要记住自己买了什么，什么时候买的，什么时候到期，到期后，要记住马上选择下一款。有些投资者会记住，但大部分投资者其实并不想记这些东西，觉得很麻烦。一般退休后的人群记得很清楚。

另外，投资者经常接触银行网银或去柜台，比较容易接触并购买自己并不想买的产品。如果投资者有熟悉的银行理财经理，那么还有面子问题；如果对方推荐了其他产品，当自己并不想买的时候，还需要拒绝，那么这也是一个负担。

投资者还是要分辨银行理财产品的不同。银行理财产品具体细分还是很多的，既然和货币基金对比，那么起码不要出现浮亏或损失的可能性。毕竟从投资方向来看，货币基金要比绝大部分银行理财产品更加安全保守。

所以总体来说，银行理财的收益需要明显高于货币基金才有选择的必要。至于高多少合适，我建议年化收益率至少高出 0.5%。

货币基金历史上的亏损

严谨地说，**货币基金**并非无风险。

2006 年 6 月 8 日晚间，泰达荷银货币基金当日**每万份基金净收益**为 -0.256 6 元，**7 日年化收益率**降至 1.626 0%，成为年内第一只当日收益出现负值的基金。

净值日期	每万份收益	7日年化收益率（%）
2006-06-12	1.7549	1.9340%
2006-06-11*	0.6817	1.8790%
2006-06-09	0.9088	1.9100%
2006-06-08	-0.2566	1.6260%
2006-06-07	0.3778	1.9060%
2006-06-06	0.2433	1.9060%
2006-06-05	1.6485	1.9300%
2006-06-04*	0.7420	1.9650%
2006-06-02	0.3629	1.9470%
2006-06-01	0.2801	1.9420%

（来源：天天基金网）

同年 6 月 9 日，易方达货币基金的日收益也出现负值。当日，易方达货币基金的每万份收益为 -0.0409 元，7 日年化收益率为 2.2280%。而泰达荷银货币基金的每万份收益在 9 日则恢复了正值，当日每万份收益回到 0.9088 元。

净值日期	每万份收益	7日年化收益率（%）
2006-06-12	0.9888	1.8240%
2006-06-11*	0.5432	2.1740%
2006-06-09	-0.0409	2.2280%
2006-06-08	1.1984	2.3290%
2006-06-07	0.2106	1.8390%
2006-06-06	0.5984	1.8000%
2006-06-05	1.6602	1.8400%
2006-06-04*	0.6463	1.7870%
2006-06-02	0.1522	1.8290%
2006-06-01	0.2597	1.8420%

（来源：天天基金网）

纵观货币基金历史，发生亏损有如下几个特征：

（1）发生次数极少，美国的货币基金历史中也有过亏损。

（2）发生时并非大面积情况，是个别基金。

（3）发生时，亏损幅度并不大，再过一天就会被弥补。

（4）很难连续发生，所以 7 日年化收益率没有出现过负值，仅仅是单日万份基金收益是负值。

货币基金为什么会发生这种亏损情况呢？可能的原因是投资失误或者是由于主动操作导致的。如果突然面临**大额赎回**的情况，那么本来可以持有到期的债券品种只能在当时的情况下大量抛售，而当时的情况如果是这些债券价格下跌，就会出现单日亏损。这些债券如果可以到期兑付就不会发生这种情况，也有可能是货币基金过度追求短期收益，而配置了过多久期较长的债券所致，而这些债券受市场波动影响较大。

无论如何，货币基金不是保本产品，历史中也发生过亏损，但情况很轻微，可以近似把它当成一种无风险品种。如果在**场内**买卖货币基金产生了亏损，那么最大的可能是交易手续费大于当日收益。在场外交易就不存在这个问题，申购费和赎回费都是 0。但场内交易是有**券商佣金**的，至于这个佣金到底收取多少，还需要咨询投资者所用的券商。

货币基金节假日也有收益

与其他类型基金不同，**货币基金**在节假日也有收益。也就是说，一年 365 天（闰年 366 天），天天是有收益的，而其他类型基金，在股市不开盘的日子里**净值**是不会变动的。所以货币基金的**7 日年化收益率**确实是用最近 7 个自然日的**万份基金收益**计算而来，而不是最近 7 个工作日。

货币基金节假日的收益一般在节假日过后的第一个工作日统一公布，也有一些是每天公布。

净值日期	每万份收益	7日年化收益率（%）
2017-09-05	0.7823	3.6530%
2017-09-04	0.7246	3.7500%
2017-09-03*	2.5229	3.8910%
2017-09-01	0.7670	3.7550%
2017-08-31	0.9868	3.7530%
2017-08-30	1.0978	3.6520%
2017-08-29	0.9621	3.5710%
2017-08-28	0.9853	3.4730%
2017-08-27*	2.2699	3.3410%
2017-08-25	0.7636	3.4590%
2017-08-24	0.8013	3.5540%

（某基金周末收益显示）

2017 年 9 月 3 日是周日，当天公布的万份基金收益高达 2.5229 元，而 2017 年 9 月 2 日并未公布。实际上，9 月 3 日公布的是 2 日和 3 日的总和，也就是说，周六和周日的收益都放在周日一天公布了。看得出来，货币基金周末也是有收益的，但周末两天的收益可能放在一天的数据中。

货币基金的红利再投资和未付收益

基金分红一般有两种形式：**现金分红和红利再投资**。大部分基金可以自己指定分红方式。有的基金只有现金分红，比如**场内**的 ETF **基金**，而**货币基金**相反，只有红利再投资的方式，无法修改。

货币基金的红利再投资有两种模式：月结与日结。

余额宝就是日结，每天将当天的收益做一个红利再投资，让投资者的**基金份额**每天都增加。大部分货币基金是月结，每个月固定的一天，把上个月的所有"未付收益"做红利再投资，让基金份额增加。余额宝不存在未付收益，因为每天都以份额的形式付给投资者了。而大部分基金并不是每天结转收益，所以那些没有付给投资者的收益叫作"未付收益"。

如果投资者赎回了货币基金，但存在未付收益，那么会有如下两种情况：

（1）部分赎回，未付收益保留在账户里。

（2）全部赎回，未付收益一并跟着赎回了。

所以投资者不必担心未付收益不给你，最后都是会给你的。

理财型基金

我把理财型基金归在**货币基金**里，实际上理财型基金就是货币基金的另一个版本。这个版本的最重要特征是：**流动性**明显降低，收益性并未明显高于货币基金。

理财型基金就是货币基金的短周期滚动运作版。传统的货币基金是每天都可以**赎回**的，没有周期，有的货币基金还能直接消费，但理财型基金有周期。比如易方达月月理财债券，从名称可以看出，这个理财型基金的周期是"一个月"。如果投资者想赎回，那么必须等到一个月后才可以。

很多**代销渠道**并不支持这种基金的购买，投资者可以到基金公司的官网中选购（**直销渠道**）。

传统周期类理财产品有产品周期，这个周期是所有投资者都要遵守的，投资者使用共同的周期，比如大部分银行理财产品，写明了自几月几日开始，所有的投资者都是在那一天开始计息。

理财型基金有属于投资者自己的周期。投资者可以随时**申购**，周期的起始日是以投资者交易 T 日计算。以月周期的基金为例，买入后，开始计算属于投资者自己的一个月周期，系统会计算出投资者下一个"可**赎回日期**"，日期没到是不可以赎回的。一般情况下，这种基金可以设置预约赎回，达到了那一天就会自动赎回。如果投资者忘记赎回，那么理财型基金会自动滚动存入——之前的本金加上收益存入新的一个周期。

理财型基金的投资方向和货币基金可以说几乎一样，并没有太大差别，投资方向决定了很难有更高的收益。将产品**流动性**降低，做成周期类产品，可以一定程度地缓解理财型基金的日常赎回压力，把赎回压力分摊到不同日期，所以理财型基金在配置方面可以延长**债券**类资产的**久期**，这样会获得更高一点的收益（可以这样理解：一年**定期存款**的利率高于 3 个月定期存款的）。理论上说，理财型基金的收益应该高于货币基金，但实际中并不一定持续比货币基金收益高。

理财型基金的周期种类较多，如 7 天、14 天、21 天、30 天、60 天以及 90 天。理论上投资者选择越长周期的理财型基金，所获得的预期收益就会越高，但是实际中并不明显。

货币基金的费用特征

场外交易的**货币基金**无申购费，无赎回费；**场内交易**的货币基金需要考虑**券商佣金**。货币基金有**管理费**、**托管费**和**销售服务费**。

本基金不收申购、赎回费。
管理费、托管费和销售服务费如下：

管理费	0.33%
托管费	0.10%
销售服务费	0.25%

（某货币基金的费率）

这 3 种**非一次性的运作费用**费率一年约有 0.68%，绝大部分货币基金是这样的。在投资者选购货币基金之前，一定要确认这些费用。

不正常的万份基金收益

一些**货币基金**会出现短期**万份基金收益**极高值。

净值日期	每万份收益	7日年化收益率（%）
2017-09-08	4.7158	5.8180%
2017-09-07	0.9790	3.8040%
2017-09-06	1.0347	3.8190%
2017-09-05	1.0289	3.8080%
2017-09-04	1.0273	3.7960%
2017-09-03*	2.0607	3.7680%
2017-09-01	1.0302	3.7030%
2017-08-31	1.0064	3.6710%
2017-08-30	1.0149	3.6620%

（短期极高值）

2017 年 9 月 8 日是周五，这一天公布的赎回并非是某一个节假日的，单独一天万份基金收益比平时高了 3-4 倍，**7 日年化收益率**也随之提高。

1. 产生原因

货币基金为了保持**流动性**充沛，会把买入的债权资产和协议存款的期限尽可能地错配开，让到期时间平均分布，这样即使平时有人**赎回**基金，也可以保证有足够多的现金应付。越是庞大的货币基金，由于钱非常多，越容易做到这一点。而小的货币基金总量不大，期限错配做不到非常平均，就容易产生占比较大的债权类资产集中到期或卖出的情况。

当市场利率波动较大的时候，比如突然降息、降准等，导致该货币基金持有的债券的市场价格上升，基金经理可以卖出债券实现赢利，然后当天万份收益就会飙高，同时拉高 7 日年化收益率，但是不可能通过持续的这种操作将收益率维持在一个较高的水平。当投资者看到某只货币基金近 7 日年化收益率飙高，说明已经释放过了盈利。

小的货币基金容易做到这一点，因为总量小，易于操作。为了吸引投资者的关注，也会倾向于采取这种短期做出高收益的方式。

2. 收益会更高吗

并不一定。其实不同的货币基金的收益率相差不大，建议投资者买入时更多地考虑对方提供的增值服务，比如**快速赎回**的限额、赎回到账时效、收益率是否走势稳定，然后长期持有就好。

单独一天高收益无法持续，一般第二天就会回落。7日年化收益率由于是用最近7天的万份基金收益计算而来，所以这个数字会持续几天较高，但并不代表一年会有如此的收益水平。在前面做过解释：这个数字是一个预测值，用最近7天的数字预测未来一年表现。

上图虽然7日年化收益率达到了5%以上，但其他日子几乎都是4%以下，平均看来，基本是在4%上下浮动，与**余额宝**区别并不大。对投资者来说，不要看到一个单日蹿升就认为一直会蹿升，当你看到，这件事就已经过去了。

3. 节假日后公布数字高

周末收益，一天公布的是两天的；长假后，一些基金一天可能公布的是一周的，自然数字很高，但其并非是单日万份基金收益，而是整个假日天数的万份基金收益。这是正常的。

净值日期	每万份收益	7日年化收益率（%）
2017-09-05	0.7823	3.6530%
2017-09-04	0.7246	3.7500%
2017-09-03*	2.5229	3.8910%
2017-09-01	0.7670	3.7550%
2017-08-31	0.9868	3.7530%
2017-08-30	1.0978	3.6520%
2017-08-29	0.9621	3.5710%
2017-08-28	0.9853	3.4730%
2017-08-27*	2.2699	3.3410%
2017-08-25	0.7636	3.4590%
2017-08-24	0.8013	3.5540%

货币基金的选择

选择**货币基金**的初衷并不是为了升值。所以追求哪只货币基金的收益率高不是主要任务。主流大牌基金公司的货币基金的收益水平相差不大，投资者选择货币基金主要还是关注增值服务，比如快速赎回的限额、赎回到账时效、支付功能、其他用途等。

关于货币基金有如下几个事实：

（1）货币基金可近似认为是无风险产品。

（2）货币基金的收益水平高于 1 年期定期存款利率。

（3）大牌基金公司的不同货币基金的收益长期看差异并不大，但它们提供的增值服务不同。

（4）货币基金主要提供高**流动性**便利性，在此基础之上无风险地收益，如果要求资金明显升值那么还是要选择其他类型基金或投资标的。

（5）货币基金短期单日突然蹿高的收益率并不意味着基金经理管理能力强，长期看差异并不大。

（6）通过某种分析方法在不同货币基金之间切换以获得更高收益的做法的效果尚不明确。我认为，性价比较低，不如把时间用于更重要的地方。货币基金并不是产生明显增值的产品。

货币基金的后缀字母

有的**货币基金会**有后缀字母，最常见的有 A 类和 B 类基金。

A 类和 B 类的差别一般是**销售服务费**的差别。

A 类基金是默认购买的基金，当投资者购买的货币基金的规模达到 500 万元（或一百万元）以上时，会自动成为 B 类。B 类份额的销售服务费非常低，可以忽略不计。同一只基金，B 类的收费比 A 类低，所以 B 类的收益自然高于 A 类。

	项目	费率
年费	服务费率	0.200%
年费	托管费率	0.040%
年费	管理费率	0.150%

（某货币基金 A 类）

	项目	费率
年费	服务费率	0.010%
年费	托管费率	0.040%
年费	管理费率	0.150%

（某货币基金 B 类）

D、E 和 F 等后缀一般指这类份额在指定机构销售，这种机构通常是互联网平台或**场内交易**。有可能是交易型货币基金，也有可能是仅通过基金公司官网交易系统申赎等。

不同的后缀有如下两点不同：

（1）费用不同。通过查看基金费率表格就可以看到。

（2）申赎或交易平台不同。其实投资者对于这方面不用太操心，因为当投资者选择某一个平台时，自然就只能参与可以交易的类型了。

平衡型基金

混合型基金就是既投资**股票**也投资**债券**的基金，而平衡型基金是在股和债之间取了一个平衡。一般股票和债券的占比大致相当，如股票占比为40%-60%，其余为债券，这就算是平衡型基金。有一些第三方基金投顾，做了基金组合的服务，可以达到真的平衡状态。选取两只基金，一只股票型，一只债券型，分别买入 10 000 元，这样比例就是股债的 50%/50%。过了一个月，由于市场的涨跌可能导致比例变化了，比如股票型基金上涨，市值是 12 000 元，债券型基金没有太多变化，市值是 10 050 元，比例就不是 50%/50%，这时候通过赎回股票型基金、买入债券型基金让比例重新达到 50%/50%。基金投顾是用两只基金达到这种效果，通过投资者**赎回**再**申购**调整比例，而不是用一只基金这样运作的。

这种基金难于鉴别，平衡可能只是一只混合型基金临时的一种平衡状态，或者叫作持股比例较低的混合型基金，介于混合债基与**偏股型基金**之间。这种分类在最近几年很少提到，因为生存空间太小。

希望低风险的投资者会选择债基，而喜欢高风险的投资者直接选择偏股型基金。对平衡型基金来说，左右不讨好。所以很久之前以"平衡"作为定位的基金到现在也很少提到了，混迹在混合型基金中。平衡往往更多是一种感觉。

喜欢平衡的投资者往往会选择自己搭配一只股票型基金和一只债券型基金。一些做基金组合服务的第三方就会有这种组合服务。

黄金基金

本书讲的**黄金**基金是主要投资于黄金的一种**公募基金**。这种类型的基金大体可分为如下两类。

（1）直接投资于商品：比如国泰黄金 ETF、华安黄金易 ETF 以及博时黄金 ETF，它们可以直接投资于在上海黄金交易所挂盘交易的黄金现货合约，基金的目标是紧密跟踪黄金资产的价格变化，业绩比较基准是上海黄金交易所挂盘交易的 Au99.99 合约。所以这就是一只类**指数型基金**，该基金的涨跌尽可能跟踪黄金价格的涨跌。

这些基金可以直接投资于贵金属。我国的公募基金是可以直接投资于商品市场的，法律上没有限制，但真正通过审批的只有黄金这种贵金属。预计以后会出现投资方向更广泛的商品基金。

报告期末基金资产组合情况：

序号	项目	金额（元）	占基金总资产的比例（%）
1	权益投资	-	-
	其中：股票	-	-
2	固定收益投资	-	-
	其中：债券	-	-
	资产支持证券	-	-
3	贵金属投资	5,442,219,367.00	99.22
4	金融衍生品投资	-	-
5	买入返售金融资产	-	-
	其中：买断式回购的买入返售金融资产	-	-
6	银行存款和结算备付金合计	24,572,635.25	0.45
7	其他各项资产	18,356,101.53	0.33
8	合计	5,485,148,103.78	100.00

（来源：华安基金公司官网）

上图是华安基金公司官方公布的华安黄金易 ETF 的季报数据，可以看出它将几乎所有的资产都配置在贵金属（黄金）上。

（2）QDII 的 FOF：诺安全球黄金、汇添富黄金和易方达黄金都属于这种类型。它们是 QDII 类型基金（合格的境内机构投资者），可以直接投资于境外的证券资产。同时它们又是 FOF 基金（投资于其他基金的基金），方式是通过投资于境外的黄金基金间接达到投资于黄金的目的。

5.9 报告期末按公允价值占基金资产净值比例大小排序的前十名基金投资明细

序号	基金名称	基金类型	运作方式	管理人	公允价值（人民币元）	占基金资产净值比例(%)
1	UBS ETF CH-GOLD USA-I	ETF 基金	契约型开放式	UBS Fund Management Switzerland	121,230,586.92	17.71
2	JB-PHY GOLD-A$	ETF 基金	契约型开放式	Swiss & Global Asset Management AG	118,176,024.19	17.27
3	ISHARES GOLD TRU	ETF 基金	契约型开放式	BlackRock Fund Advisor	110,647,411.81	16.17
4	SPDR GOLD TRUST	ETF 基金	契约型开放式	World Gold Trust Services LLC	107,832,944.51	15.76

（来源：基金公司官网）

这张图是某黄金 QDII 基金的季报，可以看出其所投资的都是境外的 ETF 基金，而且这些 ETF 基金都与黄金有直接关系。值得注意的是，FOF 基金与一般基金不同，它可以持有单一资产超过基金资产的 10%。这些基金有的是类指数型基金，要严格跟踪黄金价格走势。有的是主动管理的，不用刻意跟踪黄金价格，可以有基金管理人自己对黄金的判断。

首先，黄金是不能抗**通胀**的。

其次，黄金基金的涨跌与两种因素有关：第一是黄金价格的表现，第二是**基金管理人**的判断。对于完全跟踪黄金价格的类指数基金来说，与管理人水平关系不大。而黄金的价格受到多种国际因素影响，其价格变动甚至比股市还难以预测。

原油基金

本书所讲的**原油**基金，是主要投资于原油的一种**公募基金**。

南方、原油、易方达和工银瑞信的原油基金都属于 QDII 的 FOF 基金。它们是 QDII 类型基金（合格的境内机构投资者），可以直接投资于境外的证券资产。同时它们又是 FOF 基金（投资于其他基金的基金），方式是通过投资于境外的原油基金间接达到投资于原油的目的。

1.1 报告期末基金资产组合情况

序号	项目	金额（人民币元）	占基金总资产
1	权益投资	—	—
	其中：普通股	—	—
	优先股	—	—
	存托凭证	—	—
	房地产信托凭证	—	—
2	基金投资	803,817,255.27	89.45
3	固定收益投资	—	—
	其中：债券	—	—
	资产支持证券	—	—
4	金融衍生品投资	—	—
	其中：远期	—	—
	期货	—	—
	期权	—	—
	权证	—	—
5	买入返售金融资产	—	—
	其中：买断式回购的买入返售金融资产	—	—
6	货币市场工具	—	—
7	银行存款和结算备付金合计	71,144,222.08	7.92
8	其他资产	23,705,010.10	2.64
9	合计	898,666,487.45	100.00

1.8 报告期末按公允价值占基金资产净值比例大小排序的前十名基金投资明细

序号	基金名称	基金类型	运作方式	管理人	公允价值（人民币元）	占基金资产净值比例（%）
1	UNITED STATES OIL FUND LP(美国石油基金有限合伙企业)	ETF基金	开放式	United States Commodity Funds（美国商品基金）	145,832,508.80	16.87
2	POWERSHARES DB OIL FUND(Power Shares 德银石油基金)	ETF基金	开放式	Invesco Powershares Capital Mgmt. LLC.（景顺 Powershares 资本管理有限责任公司）	137,493,561.12	15.91
3	ETFS WTI CRUDE OIL(ETFS WTI 原油)	ETF基金	开放式	ETFs Commodity Securities Limited（ETFs 商品证券有限公司）	134,641,200.00	15.58
4	IPATH S&P GSCI CRUDE OIL TOTAL RETURN INDEX ETN(iPath 标普 GSCI 原油总回报指数 ETN)	ETF基金	开放式	Barclays Capital（巴克莱资本）	131,694,336.00	15.24
5	UNITED STATES 12 MONTH OIL FUND LP(美国 12 月期石油基金有限合伙)	ETF基金	开放式	United States Commodity Funds（美国商品基金）	74,634,242.24	8.63

（来源：南方基金公司官网公告）

上图是南方原油 2017 年 Q2 **季报**，可以看出其所投资的都是境外的 ETF 基金，而且这些 ETF 基金都与原油有直接关系。值得注意的是，FOF 基金与一般基金不同，它可以持有单一资产超过基金资产的 10%。

这种类型的基金与原油价格息息相关，而原油价格受多种国际因素影响，其价格变动甚至比股市还难以预测，短期投资于这种基金的风险是很大的。

主动管理

所有基金都是由人来管理的，现在人工智能还不能代替人来操作，但主动又是从何谈起呢？

我曾经看过一篇很火的文章，叫作《**基金经理**的一天》：

早上 6 点多就醒来，脑子里开始罗列一天的计划；7 点肯定要起床了，在吃早饭期间还要看看前一天的外盘情况、国际重大事件，以及那些睡觉时间错过的事；8 点就要到公司，继续浏览国内外重大财经新闻，需要看各大主要财经网站、报刊、杂志，为晨会做准备；8 点半晨会开始，讨论当天宏观政策和重大事件；到了 9 点半股市开盘，要思考投资组合，看研究报告；10 点半可能会有上市公司的研究推荐会；11 点半收盘，和一些研究员或其他基金经理一起吃饭，交流一下近期的市场情况。

下午也是闲不住。13 点回到办公室，继续看盘或者看报告；14 点上市公司调研，有些人就直接出差了，或者到一些本地的分公司调研；15 点收盘，要准备开各种研讨会；到 17 点半，是公司规定的下班时间，但几乎从没按时下过班；18 点到了吃饭时间，可能会和同行、圈内人一起吃饭交流，也有可能是边吃边看一些重要的研究报告，这个时间不会有人打扰，比较清静。

20 点可以回家就不错了。到家后，一半会上网看上市公司公告，尤其是重点关注的行业和公司。睡觉时间一般在 0 点左右。如果是外出调研，那么压力会更大，更累。一名基金经理要时刻关注自己的排名，这个排名是让基金经理最头疼的因素。

这篇文章或许有夸大之处，但它体现了一名基金经理的以脑力劳动为主，同时体力劳动为辅的压力巨大的工作。这位基金经理是主动管理的基金经理。可以发现，其大量的工作内容是在决定自己所管理的基金配置方案，需要研究行业和具体上市公司。

可以得出一个结论：主动管理的基金非常依赖于基金经理，这个人对整个基金的影响是巨大的，选择什么样的行业投资，行业内选择哪些上市公司，整体基金股票仓位配置比例多大合适，对宏观经济有怎样的认识，等等，都要靠基金经理决定。如果该基金经理离职，换了其他人上来，那么对这只基金的影响会很大。

所以我有这种观点：一只主动管理的基金一旦更换了基金经理，做基金排名的机构就应该把这只基金当作一只崭新的基金来对待，而不应该再考虑之前的历史业绩。但我所见的基金评级机构都会沿用评级，这是显而易见不合理的。

假设基金经理不换呢？即使一个再有能力的管理人，也无法保证每年都让自己的基金排名靠前。因为一种投资理念无论多么正确，都无法保证每一轮不同行情都能踩准，其中有巨大的运气成分。一名合格的管理人应该保证在长期内基金业绩优异，而非过度在意短期。但由于目前基金评级的压力，让不少基金管理人放弃初衷，进而去追逐短期利益。

不同的人其管理风格会有显著差异，而市场的行情特征是客观存在的。所以每年总会出现这样一种情况：市场行情出现了某种特征，比如某个行业或主题有明显的涨幅，众多基金中也总会有一些投资方向是那一个行业或主题的，导致了这些基金在这段时间内涨幅明显高于其他基金，排名靠前。

就像抛硬币一样，每一次抛出硬币，正面和反面的概率是一样的。2016年，A基金的配置方向与整体市场匹配而排名靠前，这个结果并不会导致A基金在2017年业绩表现优异的概率提高，相反，甚至预示着A基金在2017年的排名大概率会下滑，根本原因是一只基金连续两年买到涨幅最好的那些行业或主题的概率是非常低的，而一年却很容易，只要坚持一种策略，总会有一年排名靠前。

这也解释了为什么WIND数据显示，2012年至2016年，排名前20名的基金在第二年100%跌出前20名，90%左右进入排名的后50%。可想而知，一只基金每年都可以排名靠前是一件多么小概率的事件。如果投资者因为喜欢一名基金管理人而买入一只基金，应该长期坚持给予更久的时间让其发挥管理能力，短期内很难判断一个人的能力，当然前提是这位管理人没有离职。

警惕排名靠前：

现在的基金数量太多了，将来会更多。想象一下，一只基金排名前几需要做到哪些事，而这背后是一种什么样的风险？根据上述所说，要让自己管理的基金排名靠前，必须对这一轮行情的特征判断正确，哪一个行业涨幅会较大，或者哪一个主题会是今年的热点。同时，还要买入行业或主题中那些涨幅最大的个股，而且需要买得尽可能多，尽可能重仓某些股票。

主动管理的基金排名靠前有两个启示：这位基金管理人非常有见地，可以坚持自己的想法并且严格地执行；这位基金管理人有赌徒心态，重仓了某个行业和某一些个股。再多想一步，那些排名靠后的基金很可能也是这样的，只不过他们赌错了而已，否则判断失误会导致业绩不佳，但不至于排名垫底。所以在一定范围内，那些短期排名靠前的基金，其管理人和那些排名靠后的基金管理人并没有太大差异，唯一的差异可能只是运气。

这里更多的是提供思考方法，我承认确实有非常有能力的基金管理人，但基于基金业绩波动，以及排名的不稳定性的现实，让我得出这样的结论。

被动管理

与主动管理差异很大，被动管理的基金并不需要基金管理人费脑子，更多的是"闭眼执行"。

被动管理的基金在基金成立之初会有一个现成的选股策略（常见的是指数），甚至每一只股票的占比都已经规定好了，这样一来，选择股票这件事就不需要基金管理人来做，其唯一要做的就是按照已经选好的股票去严格配置，可以说就是一个体力劳动。相对来说，在所有基金中，被动管理的基金是几乎不需要动脑的，当然，为了达到跟踪无误差需要耗费一些精力。

因为几乎不需要动脑，所以被动管理的基金**管理费**通常较低。被动管理型的基金最多的就是**指数型基金**，一个指数的成分股和权重都是已知信息，指数型基金的任务是尽可能**无误差跟踪**指数的涨跌，为了达到这个目的，就要尽可能地复制指数成分股及其权重。

被动管理的基金，特别是指数基金，有一个特征是其他基金无法比拟的，就是具体投资方向清晰。投资者不需要看季报也知道这只基金都持有哪些股票，因为指数是已知的，成分股就已知了。而对于其他基金投资者只能在**季报**中看到十大重仓股，其他则看不到，而且看到季报的时间已经距离上个季度末有 20 多天，之后这只基金对十大重仓股是否会卖出或更换，投资者无从得知。

指数基金有一个巨大的优势就是可以**估值**。可估值的条件是一个投资组合要相对稳定，不会轻易大幅地改变，允许小范围的微调，但不能改变太大。指数基金就符合这个特点。而非被动管理的基金由于所持有的股票可能会，也确实经常会大幅度地变动，所以没有稳定的状态，就无法对其进行估值。关于指数基金估值投资，是本书的一个重要内容，在其他章节有详细说明。

指数收益，排名变动大。

指数基金所获得的收益就是指数收益，因为指数基金的任务是跟踪指数，所以它和基金管理人的好坏没有什么关系，甚至有人认为，指数型基金不需要基金经理，需要一个资深的交易员即可。我对这个观点还算认可。

在理解上其与**主动管理**的基金一样，投资者可以把不同的指数基金当成有不同投资理念的基金经理，行情的不同特征总会正好对应某一个指数特征，让这个指数基金表现良好，并且排名靠前。但不同的是，主动管理的基金可以变更自己的风格以迎合可能到来的下一轮行情，但是指数基金不可以，它只能继续跟踪这个指数。这导致了当行情特征改变时，一个排名靠前的指数基金的排名会必然下滑。

好的指数长期确实会比其他一些指数强，主要是因为一些指数的编制背后蕴藏着科学的投资理念，而一些指数只是简单地组合了一些具备共同特征的股票而已，并不考虑这些股票背后的公司真正的实力。

流动性

流动性有两个主要含义：一个是宏观经济层面的整体货币投放量，比如投资者可能听到的流动性过剩，就是指货币投放量过大，钱太多了就可能导致**通货膨胀**；另一个是一种资产兑换成现金的方便程度。

个人投资中谈到流动性，通常就是后一种情况：一种资产兑换成现金的方便程度。流动性最快的就是现金（活期存款），投资者随时可以用；**货币基金**的流动性也极快，消费时可以当作现金直接使用，如果将货币基金**赎回**，那么到账时间也非常快（最快可以实时到账）；**股票**的流动性也很高，**卖出**也方便，但有可能发生亏损；整体基金的流动性要比股票低一点；银行的固定期限的理财产品流动性就低很多，这是产品固有周期决定的；房产的流动性也不高，通常要卖出拿到钱最快也得 3 个月。

流动性的高低，不仅仅是指产品卖出是否便利，到账是否快速，还有惩罚。比如有一些产品可以取回，但是需要交一定的手续费，或者损失收益。银行定期存款的流动性就不高，如果投资者着急用钱是可以取出来的，但是会损失取出部分之前的定期利息。一些基金是固定期限的，比如标明了 3 年或者 1.5 年，中途也可以赎回，但是赎回要交很高的赎回费，高达 2% 左右，如果到期之后再赎回，就不会产生这个费用。这种虽然可以取出钱，但是有惩罚的情况也是流动性较低的表现。

上述的惩罚属于"罚款"，还有另一种惩罚就是亏钱。比如买入股票，由于股票的波动很大，买入之后短期就卖出很可能导致亏钱。这也是一种流动性低的表现。所以流动性高的资产，通常是指卖出成交迅速，资金到账快，而且没有罚款，也不会轻易亏钱。符合这些条件的，几乎都集中在**货币市场**中。

流动性的知识中凯恩斯的流动性偏好很重要，它又叫灵活偏好，指人们愿意以货币形式或存款形式（高流动性资产）保持某一部分财富，而不愿以实物资本形式保持财富，并准备在投机市场上获得高额利润的一种心理动机。人为什么会有保留现金的偏好呢？原因大致有如下 3 种：

（1）为了花着方便，总得消费吧。

（2）为了防止突发事件，如生病、丢手机等。

（3）为了能够及时抓住机会，获得更高收益。

关于凯恩斯，投资者还应该了解他的**选美理论**。

如果仅仅是谈基金的流动性，则是投资者赎回基金后什么时候能到账，以及这个过程会不会有损失。**场内交易**的基金具有与股票一样的规矩，所以这里不讨论。这里只谈**场外交易**。

申购后，基金份额是 T+2 日可用。赎回后一般 T+1 日到 T+7 日到账，根据基金类型而不同。从这一点看，场外基金交易的流动性肯定比场内低。赎回到账速度最慢的是 QDII 类型基金（一般是 7 个工作日）。

周一上午申购一只混合型基金，这申购的 T 日是周一，T+2 日是周三份额才可用状态，下午 3 点前申请赎回，这赎回的 T 日是周三，T+3 日是下周一（部分渠道支持 T+1 日到账）。所以一般情况下，申购一只基金到赎回到账需要4-7 天。

这几年随着渠道的竞争激烈，出于提供更优质服务和人性化考虑，使得这几年基金赎回的流动性极大地提高了。比如基金公司的**直销渠道**，**货币基金有赎回实时到账**的服务，那么可以把其他**基金转换**到货币基金里，然后用实时到账节约 1-2 天时间。

我绝对不建议买基金这么快赎回，除非投资者真的急用钱。从流动性和费用考虑，基金的场外交易是不适合快进快出的。这需要说明，现在一些基金公司推出了 **C 类收费**——没有**申购费**，且**赎回费**也很低，但是有**销售服务费**，虽然快进快出的费用降低，但是频繁地快进快出这种行为长期看极大概率会招致投资的失败。

人们炒基金，有快进快出的需求，就像炒股。基金公司为了吸引客户，就发明了 C 类收费，降低短期持有的费用（长期持有费用反而更高）以吸引这部分人。

要注意：

（1）新基金刚刚认购后是无法赎回的，需要度过**建仓期**，一般是 1-3个月。

（2）一些基金规定了**定期开放**，就是买入之后只在某一些特定时间才可以赎回，如 3 个月一次，1 年一次，甚至有更长的 1.5 年等。

（3）如果遇上**大额赎回**情况，那么一次无法完全赎回，可能**顺延赎回**，也可能**放弃赎回**。

（4）一些基金没有到期之前也可以赎回，但是投资者要交很高的赎回费，比如**保本型基金**未到期之前可以赎回，但赎回费率高达 1.5%-2%。

QDII 基金

对于合格的境内投资者（Qualified Domestic Institutional Investor，QDII），不太熟悉的人会难以理解这个名称，合格的境内投资者为什么反而会投向于境外呢？

这是因为人民币资本项下不可兑换、资本市场未开放的条件下，资金是不允许随意地、大量地投资到境外市场的，个人每年换汇也有额度限制，从这方面也可以感受到。但国家为了进一步逐步地开放资本市场，创造更多外汇需求，让人民币更加平衡、市场化，等等，会让一部分国内的投资者直接参与国外市场，这部分相当于国家特别批准的资金，而获得这个权利的机构就可以称为合格的境内投资者，目的是投资于境外。

公募基金的 QDII 产品分为如下三大类：

（1）**股票基金**。主要投资于境外的**股票**市场，比较多地投资于美股和港股等欧美、亚太市场。比如一些对标纳斯达克、标普等指数基金，一些专门投资于港股的 QDII，这种类型波动较大。

（2）**债券基金**。这部分基金是投资于境外的**债券**，以获得稳定的收益，对这种基金来说，**汇率的影响**就是较大的。因为债券型基金本身收益特征并不高，汇率的波动就成为这类基金主要的影响因素。在之前人民币快速贬值的阶段，QDII 债券基金曾经获得了不错的业绩。一方面可以获得境外债券的利息，另一方面也可以通过外币对本币的升值获得额外的收益。

（3）**商品类基金**。比如**黄金基金**和**原油基金**。

QDII 类型的基金和普通的投资于境内市场的基金有如下主要区别：

（1）投资市场不同。

（2）费率一般会高一点。

（3）赎回到账时间通常会长一些。

（4）都会受到**汇率波动的影响**。

投资 QDII 类型基金一定要清楚它所投资的具体去向，到底是股票，还是债券或者是商品。很多人认为发达国家的资本市场更加成熟，上市公司作假情况更少，这没错，但并不意味着那些股市不会有泡沫，任何一个国家的股市都会有高估和低估的情况发生，这是不可避免的。再好的东西，当以明显高估的价格买入，也一样会有很大的风险。

商业票据

商业票据可以笼统地看作借款合同、欠条。个人和个人之间发生欠钱关系可以写一张借条，公司和公司之间如果发生了欠钱关系，就可以开出商业票据。商业票据一般是金融公司或者一些信用较高的企业开出的无担保短期票据，即期限比较短的借条，这些欠条通常时间在一年以下。即使金融公司和企业信用再高，和银行存款比起来也还是有一定的风险，所以利率会比银行存款利息高。商业票据的可靠度要看发行企业的信用程度。

投资者要想更多地理解商业票据，可以看**承兑汇票**的内容。

承兑汇票

承兑汇票是商业票据的一类，按照承兑人不同，可以分为商业承兑汇票和银行承兑汇票两种。

两家公司有业务往来，为了解决款项结算问题，可能就存在商业汇票。商业汇票是一种银行结算方式。比如，木材公司向家具公司供货，家具公司需要付款给木材公司 20 万元，这时候家具公司开一张商业汇票给木材公司，在 60 天后（写明具体日期）木材公司凭这张票据结算这笔款项。可以直接理解为：家具公司欠了木材公司一笔钱，写了一张借据。

（1）如果是商业承兑汇票，那么到期时家具公司的开户银行会通知家具公司赶紧付款。这种情况下，承兑人是家具公司，决定能否承兑是家具公司的商业信用，银行负责通知。

（2）如果是银行承兑汇票，那么到期时家具公司的银行会直接从家具公司的账户中把钱转走，这时承兑人是银行，决定能否承兑的是银行信用。

这样看来，银行承兑汇票更加稳妥，可以开出银行承兑汇票的公司，都具备较高的信用，条件比较严格。银行承兑汇票的信用等级更高，**流动性**也更高。

中间有什么流程和规则不需要详细理解，重点是木材公司拿到汇票和承兑之间有一段时间，这笔钱无法马上拿到手。木材公司如果手头很紧，急缺资金周转，希望马上拿到款项，那么可以向银行提出请求，请银行把 20 万元垫上（需扣除费用），然后到期银行再找家具公司要钱。这个业务就是商业汇票的**贴现**。相当于木材公司把商业汇票当下卖给了银行，银行根据贴现利息扣除一些费用，把剩余的部分直接给木材公司，木材公司损失了一些费用，但可以当下就获得款项。这个时候，银行就成为商业汇票的持票人。

银行成为持票人后，在这张汇票到期之前，还可以进行贴现。如果这家银行找其他银行贴现，就叫作转贴现；如果这家银行找中国人民银行贴现，就叫作再贴现。其实就是商业汇款的交易过程，持票人付出一定的成本，换来的是不用等待，当下就可以拿到钱。

举一个例子。你借给同事小张 10000 元，约定 6 个月之后归还，不需要利息。小张给你写了一张借条交到你手里，这就是商业汇票。过了几天，你突然要用钱，手头很紧，你找到同事小李贴现。小李愿意接受这张借条，条件是需要扣除 50 元，你答应了。之后你把借条给了小李，小李给了你 9950 元，现在小李拿着借条等着约定的时间找小张要钱。又过了一阵，小李也着急用钱，他找到同事小刘。小刘愿意接手这张借条，条件是要扣除 40 元，小李答应了。之后，小李把借条给了小刘，小刘给了小李 9960 元。

贴现和贴现率

狭义的贴现是票据贴现，是指持票人为了马上获得现金，贴付一定的利息将票据转让给银行的一种行为。存在贴现利息的本质是因为货币有时间价值。

贴现前后是如下关系：贴现前，持票人持有商业票据，原本应该等票据到期后承兑，但是由于种种原因，持票人希望当下获得现金，就将手中的商业票据转让给银行，代价是需要付出一定的贴现利息，这个利息的多少与贴现日距离到期日的时间长短有关，与贴现利息率的大小有关。贴现后，银行获得了贴现利息和票据，票据到期后可以承兑或转贴现、再贴现都行。

贴现率在人民银行现行的再贴现利率的基础上进行上浮，贴现的利率是市场价格，由双方协商确定，但最高不能超过现行的贷款利率。

用公式表示为：

贴现利息 = 贴现金额 × 贴现天数 × 日贴现率

日贴现率 = 月贴现率 ÷ 30 或者 年贴现率 ÷ 360

实际付款金额 = 票面金额 − 贴现利息

举例来讲，假设年贴现率是 5%，则日贴现率 =5%/360=0.0139%，一张银行承兑汇票剩余期限是 60 天，金额为 10 万元，则贴现利息 =100000×60×0.0139%=834 元，实际付款金额 =100000−834=99166 元。贴现后，银行获得承兑汇票和 834 元，原持票人获得 99166 元。

换一种说法，如果持票人愿意继续持有 60 天到期，那么他将获得 10 万元，但如果持票人不想等，想当下要钱，就只能给他 99166 元。其本质是因为货币有时间价值。

大额存单

大额存单又叫大额可转让定期存单，它是银行发行的一种定期的存款凭证，大额存单金额较大，且为整数，标明了存款日期和到期日以及利息，到期后可以获得本金和利息。大额存单可以转让，自由买卖。大额存单会比同档次定期存款利率略高。

与一般的存款比，大额存单的特征有 3 个：以整数金额发行，可以转让，利息较高。其本质就是银行存款。

银行存款

银行存款是非常古老的一种理财方式，现在有些家庭的老人还是只信任银行存款，仍没有升级为银行理财。人们接触到最多的银行存款就是活期和定期，活期的利息几乎可以忽略不计，定期存款就是约定存款时间，到期后再去取本金和利息，或者继续办理其他业务。

定期存款的重要劣势在于结合**流动性**考虑，收益性太低。如果要存一年定期，那么这钱中途最好不要取出来，因为惩罚很大，即使已经存了 11 个月，那么只要没到期，取出的部分就只能按照活期存款利息计算。在这种低流动性的状态下，一年定期存款的利率目前不到 2%，与**余额宝**相当，而且安全程度几乎没有差异。

定期存款还有一个重大劣势，即定期存款是**单利**计息，而不是**复利**。如果存 5 年定期，利息是 3.2%，存 10000 元，那么每年获得的利息就是 320 元。利息不能自动滚存。5 年后，单利的结果是 11600 元。如果是 3.2% 复利收益率，那么最后的结果是 11705.73 元。或者可以这样说，如果一种理财，期初存入 10000 元，5 年后取出 11600 元，那么**年复利收益率**仅为 3.01%。

单利

单利是在收益率给定的情况下，无论投资多少个周期，收益的计算永远以最初的本金为基础，每一期的收益并不滚动到下一期。期初本金为 M0，投资 n 个周期，每个周期的收益率为 $x\%$，则 n 个周期后的期末值 Mn 是多少。

用公式表达：Mn=M0*x%*n+M0=M0（1+n*x%）

比如，银行定期存款就是单利计算的，已知 5 年期定存的利息是 3.2%，期初存入 50000 元，期末一共多少钱？ M5=50000（1+5*3.2%）=58000 元。在这个例子中，周期是 5 年，每个周期的收益都是用最初的本金计算的，之前的收益并不会累计到下一个周期作为新的期初值。

单利对应的是**复利**，建议放在一起理解。

复利

复利是指每一期的收益都会累计起来成为下一期的期初数值，也就是俗称的利滚利。期初本金为 M0，投资 n 个周期，每个周期的收益率为 $x\%$，则 n 个周期后的期末值 Mn 是多少。

用公式表达：Mn=M0（1+$x\%$）^n

比如一个固定收益的理财产品，给定年收益率是 3.2%，标明是复利收益，一共 5 年，期初存入 50000 元，期末一共多少钱？ M5=50000（1+3.2%）^5=58528.65 元。在这个例子中，周期是 5 年，第一年的收益是 1600 元，这 1600 元和本金 50000 元加起来作为第二年期初的本金，也就是 51600 元，第二年的是在 51600 元的基础上获得 3.2% 的收益，而不是在 50000 元的基础上。

比如，一个人投资基金，第一年年初投入 20000 元，第一年收益率为 10%，第二年收益率为 7%，第三年收益率为 3%，第四年收益率为 9%，第五年收益率为 8%，计算期末值。在这种情况下，每一年的收益率都不同，并非是固定收益，而是浮动收益，但计算的原理依旧是复利的。

M5=20000（1+10%）（1+7%）（1+3%）（1+9%）（1+8%），20000 元是第一年的期初值

=22000（1+7%）（1+3%）（1+9%）（1+8%），22000 元就是第二年的期初值

=23540（1+3%）（1+9%）（1+8%），23540 元就是第三年的期初值

=24246.2（1+9%）（1+8%），24246.2 元就是第四年的期初值

=26428.36（1+8%），26428.36 元就是第五年的期初值

=28542.63（元）

复利增长是恐怖的，它是一种指数增长模式，可以看作一个正反馈系统，或者叫作自增强系统：投资者赚的钱会导致总资产提升，而总资产的提升又会导致其赚更多的钱。

牛市、熊市与金融市场波动的 3 种形式

上涨、下跌和震荡是金融市场价格波动的 3 种形式。

其中，上涨和下跌都属于单边行情，所谓"单边"就是几乎都朝着一个方向运动。如果投资者发现股市最近几个月都在涨，就可以说，最近几个月的股市是单边上涨的；如果投资者发现股市最近几周明显下跌，就可以说，最近几周的股市是单边下跌。

它们都属于描述历史的词汇，而不能代表未来。所以投资者在用这种词汇时，一定要加上"时间"，比如最近一周，最近一个月，最近一年等。同样，牛市和熊市也是描述历史的词汇，也最好加上"时间"这个限定。

所谓牛市，并没有严格定义涨了多久算牛市，或者严格定义涨了多少幅度（％）算牛市，这个词汇一般作为一种模糊性描述，不可深究。

甲说："最近股市是牛市，收益还不错。"

乙说："最近股市并不是牛市啊，没怎么涨。"

原因主要在于不同的人所关注的时间不一样，甲可能关注的是最近 1 个月，而乙看的周期更长，可能是 2-3 年。在乙的眼中，最近 1 个月的上涨，拉到 2-3 年的尺度观察显得微不足道，所以乙并不把最近的上涨看作牛市。对于熊市也是同理，一样没有严格的标准定义它。所以我建议投资者能不用这种词就不用，如果非要用，那么最好在前面加上所观察的时间周期。

甲说："从最近一个月看，股市是牛市，收益还不错。"

乙说："确实最近都在上涨，但如果看得更久一些，现在的上涨并不明显。"

债券回购，正回购和逆回购

债券回购分为正回购和逆回购。

可以这样理解：你花钱买了一些国债，期待到期还本付息。国债是国家发行的债券，相当于国家管你借钱，给你利息，到期还你本金。国债通常

是一个国家的最高信用级别券种。在还未到期的时候，你想用钱，但是国债没到期又无法兑付给你本金，这时你可以把国债抵押给我，我给你本金，咱们约定一段时间之后，你再把钱还给我，另外给我一些利息，我把国债再还给你。

这个过程中，你是正回购方，我是逆回购方。正回购方是抵押债券，借入资金，获得了这笔资金一定时间的使用权；逆回购方是主动借出资金，放弃了这笔钱一定时间的使用权，获得了那些债券的抵押权。约定时间一到，正回购方拿回债券，还回资金，付出一定的利息；逆回购方还回债券，获得资金和利息。

如果投资者是在**场内购买 ETF 基金**，或者投资股票，那么一定要学会**国债逆回购**。

资本市场

资本市场和**货币市场**都是金融市场的重要组成部分，货币市场是与资本市场相对应的概念，资本市场又可以叫长期资金的市场，货币市场是短期资金市场。通常资本市场是指期限在 1 年以上的各种金融活动市场。金融活动有一个特点，往往时间一长，不确定性就高，风险就相对较大，但是长期可能获得的回报又高。

资本市场有如下几个特点：

（1）风险可能较大，收益或许很高，价格变动的幅度较大。

（2）期限较长，大于 1 年，有一些是几十年，甚至没有所谓的到期日，比如大部分基金、股票具有这个特征，没有明确的到期时间，理论上存在永远持续的可能性。

（3）**流动性**差。有一些是中途无法赎回的，有一些是由于亏损风险或有赎回惩罚，部分基金短期**赎回**的**赎回费**极高，另外，偏股型的产品、**股票**等波动很大，短期进出会有很高的亏损风险。这都属于流动性差。

理解资本市场要结合货币市场。

债券和剩余期限

债就是借钱欠钱那些事，券就是证明、凭证。债券通俗来讲就是借据。借据规范化，标准高一点，要求严格一些，再受监管，要求信息披露，就叫债券。所以人们说的债券，一般就是政府、企业或者金融机构为了**筹集资金**干大事，或者为了调控金融市场，走了严格的法律程序，并且向债权人承诺利息和归还本金时间的一种有价证券。

债权人，就是借出钱的人；债务人，就是借入钱的人。比如国债，是国家向社会**募集**资金，国家就是债务人，如果投资者买了国债，那么投资者就是债权人。通常国债是一个国家或地区信用等级最高的券种，所谓信用等级高是指还钱的可能性高。有专门的机构对发债的主体进行信用评级，评估其还钱的可能性，一般 AAA 级就是最高信用级别。

信用级别越高，通常债券的收益就越低，债的收益也就是通常所说的利息。还钱的概率越高，利息就越低；当还钱的概率降低，投资者就要掂量掂量其中的风险，把钱借出去，万一对方还不起钱了怎么办？为了补偿这种风险，债务人就会提高利息，吸引投资者。有一种说法：收益就是风险的补偿。对债券来说，收益就是信用风险的补偿。

债券通常是有期限的，就像债权人借钱给别人，要约定一个偿还时间。一年、两年，还是五年、十年？债券也有不同期限的品种，一张债券从当下到约定年限的时间是剩余期限。比如一种债券是 5 年期的，过了一年之后，这种债券的剩余期限就是 4 年。正常情况下，在同一个时期发行的类似债券，期限越长的，利息会越高，这是因为还款期限越远，不确定性就越高。

大部分债券是可以交易的，债权人不需要非得持有到期，等待债务人还本付息，债权人还可以把自己手中的债券转让给别人，让他给债权人本金以及应该补偿给债权人的利息（因为毕竟债权人持有过一段时间）。他拿着债券持有到期，或者他也可能转让给其他人。剩余期限越短的债券——特别是剩余期限在一年以内的债券，在交易市场中的波动就越小，这是因为确定性高。

既然债券可以在公开市场交易，就存在价格波动。通过债券获得收益的方式有两种：第一种是利息，第二种就是价格波动的差。所以债券也是有风险的，这种风险不是指债务人违约、还不起钱的信用风险，而是在债券的买卖过程中，在价格发生不利波动后，主动或被动地卖出债券所造成的损失，这种损失更多是由于市场原因造成的。

中央银行票据

中央银行票据实际就是中央银行发行的短期债券，也有利息，期限一般较短，但是和其他发债主体发债的目的不同，中央银行发债并不是因为中央银行缺钱，而主要是作为公开市场操作的一种工具。所谓公开市场操作，就是中央银行直接参与进来，通过对一些基础货币吞吐操作，进行**流动性**调节。

基金净值

基金净值是每一份基金资产的真实价值，它的单位是"元 / 份"，这个数字通常会精确到小数点后的第四位，比如 1.3556 元 / 份。这个数字是精确地计算而来，而非供求关系形成的价格。

公式：基金净值 = 基金净资产 / 基金总份额。每个工作日股市收盘后，基金所投资的那些股票、债券等资产价格就停止波动了，这个时候计算基金总的净资产，然后除以这只基金当天发行在外的总**份额**，就得到当天的基金净值。所以基金净值都是在晚上公布，白天投资者可以看到的基金净值是上一个工作日的。**场外交易**的**开放式基金**每个工作日只有唯一一个基金净值，所以投资者观察基金净值时，应注意同时看日期。

有一些基金不公布更新的净值，比如**货币基金**和**理财型基金**，不是因为这些基金类型没有基金净值，而是因为这些基金的基金净值不变（**场外交易**），恒为 1.0000 元 / 份。由于这些基金每天的收益很小，用基金净值难以精确地体现，其收益的体现方式是**万份基金收益**和 **7 日年化收益率**。

基金投资者在工作日的 15 点之前申购或赎回，都使用当天这一个基金净值，无人例外，这是 **T 日交易规则**。比如在周一 8 点、12 点和 14 点申购 3 笔基金，最终的成交净值都是周一当天净值，净值公布时间是在晚上。也就是说，在场外基金交易的申购赎回时，还并不知道成交净值，这是场外基金交易的**未知价交易原则**。

基金净值和投资者在场内交易时看到的那个价格并不一样。比如在场内交易 ETF 基金时，看到的净值严格说应该叫作**基金价格**，而非基金净值。因为基金净值是计算得出的结果，而场内交易的价格则是变动的价格，是供求关系形成的，这两个数字的形成机制不同。

股票

股票，是公司所有权的一部分。买股票，就是买公司。

股票是一种有价证券，它证明投资者入股了一家公司，是公司的股东。投资者持有股票，就是拥有了公司的一部分，成为公司的所有者之一，投资者可以据此领取股息和分享公司成长的经营红利。比如你和朋友一起合伙开了一家饭馆，你和他各占 50% 的股份，你和你的朋友都是股东，各拥有公司一半的资产，同时在公司分红时，你们享有同样的分红权益。

股票是一种所有权关系，代表公司的一部分是投资者的。这区别于债券——一种债权债务关系。投资者持有债券，只能按照债券所标明的还本付息的时间以及约定好的利息获得收益，而如果公司经营得非常好，也和投资者无关，投资者只能获得一些利息而已，但是如果公司经营不善，公司也应该优先偿还债务。从这个角度看，股东所获得的潜在收益更大，但冒了更大风险，债权人所获得的潜在收益较为固定，而不会太多，但冒的风险不如股东大。

你的同事张三缺钱，向你借了 10000 元，你们约好一年后还钱，他还会给你 10% 的利息。张三很靠谱，可以还钱，他将最终给你 10100 元，你的收益就是 10%。换一种方式，你的同事张三缺钱，他想向你借 10000 元，希望一年后归还，并且给你 10% 的利息，而你觉得他工作稳定，人也实在，你可以说："我给你 10000 元，不用还给我了，你月收入的 1% 给我就行。"如果这件事能实现，那么你就是他这个人的股东了，他不需要还给你 10000 元，这 10000 元相当于入股费用。

在很久以前，人们入股一家公司的目的就是获得公司的分红和经营红利，但随着交易所的发展和兴起，随着电子化交易的快速发展，股票的原本含义已经逐渐被人们忽视，人们更多地把股票定义为一种投机的工具，因为股票是可以转让的，而发达的电子化交易让转让变得非常容易。庞大的参与人群反复报价，交易股票，使得一家公司的股票价格大幅度地波动，渐渐地，获取价格波动的差价就成为人们主流的想法。

人们从关注所拥有公司的基本情况到密切注意公司股票价格的变动；从关注公司经营成果到预测大众偏好和口味；从一种基于公司内在情况的**投资**逻辑，转变为基于公司外在价格变化的**投机**逻辑。对股票的定义至关重要，因为可以明确定义的事物才会引起人们的关注，而不能准确定义或错误地定义的事物会误导人们走向歧路。

股票就是一家公司所有权的一部分，买股票是买一家公司，持有股票代表投资者是一家公司的股东。作为公司的股东，投资者应该更加在意公司经营的方方面面。

开户

如何开立一个属于自己的证券账户？

现在开户比以前简单多了，过去还需要人们带着身份证去证券公司的营业厅办理，而且必须在工作日 15 点之前办理。如果是上班族，那么开户还需要请假。

现在不需要了，有身份证，有一部手机，就可以在家里开户。步骤和注意事项如下：

（1）首先选择一家证券公司。对于证券公司的选择主要注意：最好找一家大的券商，然后调查好佣金是多少，看能否进一步降低，有没有佣金降低的优惠活动。现在通常开户后的佣金比例是万分之二点五到万分之三，过去很多人开户后，佣金比例非常高。如果你不主动要求降低，对方是不会给你降低的，需要你打客服电话提出来。

有的人会说："我自己就是小散户，没多少钱，对方也会给我降低佣金吗？因为好像有说法是只给大客户降低佣金。"并不是。只要投资者提出来就会降低到上述提到的比例。因为现在证券公司竞争非常激烈，如果连佣金都不能达到一般水平，那么换一家好了。

有的时候部分券商的某些营业部会做活动，佣金仅有万分之一点五或一点六，这就非常低了。另外，一定要注意打听好每笔最低的手续费。佣金比例是一回事，但每笔最低的手续费又是另一回事。如果投资者每次交易的金额都很小，比如几千元，每笔最低收取 5 元的手续费，那么实际的佣金比例远高于万分之几。对于这一点投资者一定要注意。

另外，每笔最低的手续费分为股票交易和场内基金交易，这两者可能政策不一样，投资者都需要咨询好。

（2）选择好证券公司后，建议投资者去证券公司的官方网站，去找下载 App 的二维码，或者到正规的 App 商店下载。注意：证券公司的 App 并非是证券公司的名称，它们会单独起一些名字，比如华泰证券是涨乐财富通，招商证券是招商一户通，国金证券是佣金宝，等等。听起来好像是理财 App，其实是证券公司的交易软件。

（3）找一个安静的地方用手机开户。开户的时候需要填写一些个人信息，要给自己的身份证正反面拍照，记住一定要清晰，灯光充足。另外，还需要投资者对着手机镜头自拍，说话，甚至要有一段录音。有部分券商还会有专门的客服确认是投资者本人，来和投资者一对一地进行视频。这个过程需要投资者绑定一张银行卡，股票投资或场内基金投资都需要从这张银行卡转账到投资者的证券资金账户中。

在开户过程中，一般会涉及两个密码，一个是交易密码，另一个是资金账户密码。交易密码是投资者登录 App 用的，资金账户密码是在进行资金的转账时用的——把钱从银行账户转账到证券账户，或者把证券账户里的钱转回到银行账户。这两个密码一般可以设置为同一个，但为了安全起见，建议不同。

（4）开户之后，隔一个工作日就可以使用。

庄家

庄家泛指那些在一定程度上能够影响证券市场行情走势的大户投资者。在股票市场中，庄家首先是股东，其次他们持有大量的流通股，甚至持有的流通股占全部流通股的比重高达 30% 以上，而且很可能有大量的现金以备不时之需。

庄家控制股票价格走势并非是持续的，也并不是无所不能，所谓一定程度的影响，是指时间和幅度。大部分庄家只能在短期影响，或者只能影响到一定的涨跌程度，当价格过度上涨或下跌，就容易脱离自己的控制。股票价格的变动是供求关系形成的，这与人数的多少关系不大，和买与卖的力量对比有关。当更多的资金想要买入，且卖出的力量小，买方会持续吃掉卖方的报价和股票。

当卖方看到买方持续买入后，作为卖的一方，自然会提高价格，这样显然对自己有利。当你想要卖出东西时，你希望价格越高越好，特别是在你看到买方很积极时，你更倾向于提高卖价。如果买方认可卖方的报价，那么该股票的价格就会提高。

如果庄家想拉高股价，那么需要第一手中有大量股票，第二手中有大量现金。对投资者来说都是好事。投资者有大量股票的时候，这些股票是否要卖出是投资者来决定的，如果投资者希望拉升股价，那么当然不会卖出手中的股票，否则不是自己和自己作对吗？另外，当投资者有大量股票的时候，拉升股价会直接让自己账面赢利。所以一般庄家决定拉升股票价格时，通常已经持有大量股票了，当然必须有大量现金才可能通过持续地买入让股票价格上升。

如果庄家想让股价下跌，手中有大量股票是必需的，通过大量地卖出让股票价格下降。买方看到抛售股票的量很大，如果还想买，那么自然希望压低价格，以更低的成本买入股票。所以买方会报更低的价格，如果投资者希望股票价格下跌，就要接受买方更低的报价，把股票卖给他们，这样股票价格就会下跌。

有钱，有股票，在一定程度上就可以控制短期价格走势，但并非什么时候都能控制。当价格过高时，一方面其他股东会倾向于抛售股票，因为价格上涨较大，现在抛售有利可图；另一方面，价格上涨了，自己账面的盈利并不是真实的盈利，需要卖出股票才能实现真正的盈利。也就是说，庄家拉升股票不是目的，目的是拉升后自己能卖出，如果卖不出去就白费力气。

当股票价格在高位时，投资者卖出股票可以兑现收益，但如果卖得过快过多，股票价格就会下滑，其他股东看到有高位下跌的趋势，也会跟着卖出，散户见状也会逃跑，这样会导致股票下跌速度加快。所以庄家不仅要考虑如何将股票价格拉高，还必须思考拉高后自己如何退出，最好不要给别人做嫁衣。

所有庄家都会这么做吗？不是。很多庄家持有上市公司大量的流通股，但通常并不卖出，他们的目标主要是获得公司的分红或进入公司董事会影响公司的运营。

牛市和熊市

牛市和熊市用来形容已经发生的一段行情的特征。一定是已经发生的，这是在形容历史，给历史的证券市场整体走势下一个定义，而不是形容未来。

牛市和熊市没有标准。到底涨了多久算是牛市，跌了多久算是熊市？没有标准。到底涨了多少算是牛市，跌了多少算是熊市？也没有标准。时间和空间的标准只是个人喜好，或者是一种感觉。如果投资者就看最近1个月的股市表现，股市是上涨的，那么投资者可以说是牛市，但如果投资者是看最近1年的股市，则未必就是牛市，而其他投资者的视野或许更广，看3年、5年，则可能只是熊市的一个反弹而已。

每个投资者的视角不同，观察的时间不同，所得出的牛市和熊市的结论就不一样，但相同的是：这两个词都用来形容历史，而非将来。说牛市，是指之前一段时间涨了，而并不意味着之后也会涨。牛市可能是目前的事实，但明天是否为牛市的结束，或者熊市的开始，就不得而知了。说熊市，也是如此，前一段时间股市下跌了，可以说是熊市，但明天、下周是否会上涨也不得而知。

牛市和熊市是趋势思维，喜欢用这两个词的投资者一般习惯用趋势分析，认为：牛市出现，牛市就会延续；熊市出现，熊市就会延续。

追涨杀跌

追涨杀跌是指一种交易方法：涨了就追着买入；跌了就卖出。

追涨杀跌普遍存在，一般散户多使用这种方式。由于某一只股票价格上涨，引发了关注，一些投资者就喜欢追着买入，但往往此时价格已经很高，背后的潜在风险很大。当投资者持有的股票下跌时，投资者由于害怕继续下跌，就卖掉手中的股票，往往此时是亏损的。

整体市场的追涨杀跌造成了股票市场的两个极端：非理性的上涨与下跌。越是涨，越是吸引更多投资者来购买，因为大部分投资者普遍喜欢追涨，期待继续涨；越是跌，持有这只股票的投资者就越是要卖出，害怕继续下跌。

巴菲特说："最愚蠢的买入理由就是股价上涨。"

赚钱效应

由于周围很多人赚钱了，所以吸引了更多人参与。这就是赚钱效应。

赚钱效应通常出现在股票市场高涨的时候。在一段时间内，整体股票市场上涨，绝大部分股票会上涨，在这种行情中，大部分人会赚钱，这是由于市场环境本身决定的。当普遍上涨持续一段时间后，很多人就开始赚钱了，而且赚钱的人喜欢和别人说，炫耀自己的成绩。

持续地上涨会让很多新手也赚到钱，而导致一部分投资者盲目自大。赚钱的效应一方面会让很多人拿出更多的本金，另一方面会让很多不炒股的人参与股市中。在股市高涨的时候，一般新增开户数会大幅度增加，股票型基金的销售变得容易，投资股票的其他产品也会变得很好卖。人们谈论的话题中涉及股票的概率增加，不炒股都不好意思跟人打招呼。在这种情况下，很多之前恐惧股市的人渐渐放松了警惕，加入炒股的队伍中。

这也可以解释为什么大部分新手一开始是赚钱的，因为他们只有在整体环境还不错的情况下，加入炒股的行列中，而不会在股市低迷的时候进入。当股市低迷的时候，很少有人会赚钱，而且会抵制谈论股票，人们会觉得股市是一个风险很大的地方，毕竟周围人都亏钱了。

新手赚钱是一件比较恐怖的事情，往往他们会将赚钱的原因归于自己的能力，而非运气。当股市反转，新手就很容易亏损。整体市场有赚钱效应，个体股票也有赚钱效应，当一只个股连续涨停，更多的人就会关注进来，追逐买入。

不仅是在股票市场，在其他市场也是如此，比如基金、黄金、比特币等，都会因为持续地上涨导致很多人赢利，而促使更多人冲进来。

零和游戏

零和游戏又称为零和博弈，是博弈论中的一个概念，是指参与博弈的各方在激烈的竞争下，一方的收益必然意味着另一方的损失，博弈各方的收益和损失相加总和永远为"零"，双方不存在合作的可能。如果意识到这些，那么在这种竞争下的各方必然会尽可能地损害他人利益。一方面，只有这样才能让自己获得收益；另一方面，只有这样才能让自己不受到损失。

投资者赚的钱是别人亏的，这意味着投资者的幸福是建立在他人的痛苦之上的，整体利益并未被创造，也并没有损失。股市就可以是一种零和游戏。严格地说，如果考虑佣金和交易成本，那么短期股市也并非是零和游戏，而是"负和博弈"——不仅自己受益意味着别人的损失，整体利益还受到了损害，博弈各方的收益和损失相加总和为负数。

股市中的零和博弈有如下特征：

（1）在零和博弈中，大部分获利者并非依赖于能力，而是运气。

（2）会造成少数人赚多数人利益的状况。

（3）获益者难以永远持续获益，在下一轮零和博弈中没准就会亏损。

股市是否为零和游戏取决于投资者的动机，而不是投资时间的长短。当动机是获取**市场收益**时，就是在参与零和博弈，哪怕投资时间很长；当动机是获取**资产收益**时，就是参与正和博弈，哪怕投资时间较短。

内在价值

我认为内在价值有广义和狭义两种定义。

狭义的内在价值定义为一家企业在其余下的寿命之中可以产生的现金的**折现值**。这是企业估值的一个重要概念，其为评估一家企业的价值提供了非常好的视角。

余下的寿命，是指这家企业从现在到消亡的这段时间，但是，现在如何得知企业什么时候会消亡呢？肯定无法得知，毕竟企业的存亡是一个复杂的系统问题，此时一般会根据评估者能够预估的时间做个性化的设定。一家企业未来可以产生的现金也是需要预测的，对企业和商业研究得越深，越有可能接近真实情况，但预测未来一家企业的盈利是一件非常困难的事，一个因素改变可能就会导致结果差之千里。所以在对一家企业进行盈利预估时，一般要求评估者根据自身理解，进行保守的估计。

狭义的内在价值更接近一种企业估值方法——现金流折现法。

广义的内在价值是指一家企业赢利能力的强弱，以及稳定性与持续性。

公募基金和私募基金的差别

公募基金是相对于私募基金而言的。其主要区别包含但不限于以下：

（1）公募基金参与起点低，以前是 1000 元，现在对于很多基金来说1 元就可以申购。私募基金一般是 100 万元起步，甚至还会有 300 万元可投资资产或 50 万元年收入等要求。

（2）公募基金投资方向窄，货币市场和公开发行的股票、债券、股指期货等，都是一些流动性强、标准化强的成熟资产。而私募基金非常广泛，比如投资非上市公司股权投资、风险投资，可以参与商品期货市场等。私募是一个非常广泛且不好定义的词，私下里募集钱，开个账户等都可以叫私募。

（3）公募基金在托管和监管方面更加严格和成熟。当然，正规的私募基金（阳光私募）做得也很好，但毕竟私募产品鱼龙混杂，还存在一些信用风险。

（4）我国可以作为公募基金管理人的机构有 130 家左右，而私募基金数不胜数。

（5）公募基金不与投资者分享收益，仅收取一定比例的管理费，而私募基金通常会和投资者进行收益分成，比如运作到某一业绩之上的部分会提取 20% 等。

（6）一只公募基金要求最少有 200 人，否则无法成立，而私募基金规定不得多于 200 人。

（7）公募基金一般管理资产量较大，低于 5000 万元就无法成立，或会有被清算的可能，大的公募基金管理资产甚至有几百亿元，而私募基金一般较小，5000 万元就算中等规模。

（8）公募基金的投资要求和限制较多，比如买入单一资产不能超过总资产的 10% 等，而私募基金比较灵活。

（9）公募基金的流动性比私募基金高很多，一般情况下可以随时申购赎回，但私募基金通常会规定一个锁定期，比如 6 个月，甚至 1 年等。

（10）公募基金的信息披露会非常严格，每个季度都要详细披露持仓等信息，而私募基金要求较低，有较强的保密性。

（11）公募基金公司通常实力雄厚，投研团队人数很多，有严格的投资流程和风控制度，而私募基金产品规模小，人员也相对较少。但公募基金的基金经理普遍比私募基金年轻，私募基金的基金经理从业时间通常更长，很多私募基金经理就是公募基金经理跳槽过去的。

（12）在风险特征上并没有明显高低差异，因为私募基金投资方向很广，不太好比较。不能说私募基金一定就比公募基金收益高、风险高，还要看产品类型特征。

（13）公募基金的"公"是公开募集，向不特定人群销售的意思，而私募基金要求私下募集，向特定人群销售。但"特定"一词是非常模糊的，加个微信好友，算不算特定呢？打个电话给对方也算特定吗？

基金分红

基金分红是指一只基金将收益的一部分发给基金投资人，而这部分原来就是基金单位净值的一部分。基金分红的条件一般有如下 3 个：

（1）当年获得的收益要先弥补往年亏损才能分红。

（2）分红后的净值不能低于面值（一般基金面值为 1 元）。

（3）当年亏损不能分红。

总结起来就一句话：基金得有收益才能分红，但基金有收益不等于投资者有收益。

比如一只基金成立时基金净值是 1 元，后来基金净值上涨为 1.5 元，然后投资者在 1.5 元买入该基金。之后基金下跌到 1.3 元。这种情况下，基金是赚钱的，浮盈 30%，而投资者是亏的，浮亏 13.3%。

一般情况下，默认分红方式是现金分红（货币基金等类型除外），如果投资者需要红利再投资，那么还需要做一下变更，但并不是所有基金或基金类型都可以修改分红方式。场内交易的 ETF 基金，如华泰柏瑞上证红利 ETF，据观察其每年都会有一次分红，只能是现金红利，无法修改为红利再投资。而货币基金和理财型基金，只有红利再投资，无法修改为现金分红。LOF 基金是可以上市交易的开放式基金，在场内交易不可修改，在场外交易就可以修改分红方式。

基金分红本身并不会给投资者带来收益，分红前后的市值是相等的。

做多和做空；看多和看空

做多和做空是专用词汇，人们容易理解的是做多，做多也是人们日常做得最多的交易形式。

做多和看多

买入一种资产，等待价格上升后卖出赢利，就叫做多。投资者的位置是

"多方"，并且掏了真金白银去支持这项资产的价格上升。投资者日常买基金、买股票、买房子都是在做多，投资者的买入参与整体市场的供求关系中，当供不应求时，价格会上升。如果投资者只是存在一个看法或者判断，那么只能叫作看多，而非做多。但如果价格没有上升，反而下跌，此时卖出就会亏本。

做空和看空

对于做空人们难以理解，但做过期货、现货投资的人会容易理解做空行为。做空的意思是投资者用实际行动去支持一项资产价格的下跌，投资者需要卖出一项资产，参与整体市场的供求关系中，当卖出的人很多，或量很大时，供大于求，会导致价格下跌。如果投资者只是存在一个看法或者判断，那么只能叫作看空，而非做空。那么如何通过做空赚钱呢？

答案是 4 个字：先借后还。

投资者先借入这项资产，马上卖出，然后等未来资产价格下跌，以低价买入回来，把一模一样的资产还给当初借给自己的人，差价就是投资者的。这个过程中，投资者需要支付一定的手续费。比如，你预计 A 股票的价格今年会下跌，有一个机构提供服务，他们借给你 A 股票 10000 股，当时的股价是 5 元，你马上卖出了，获得了 50000 元。过了一段时间，果然 A 股票下跌了，每股价格是 4 元。你马上买入 10000 股，总价是 40000 元，把这 10000 股还给当初借给你的机构，完成这笔交易。当然其中要付出一定的手续费，包含交易股票的券商佣金，以及服务机构提供借出的服务费。一卖一买的差价 10000 元扣除各项费用后的余额就是你这笔交易的收益。

如果你的判断错误，价格不跌反涨，那么你一样要还给别人同等数量的资产，就要花更高的价格买回来，这就亏损了。

凯恩斯选美理论

约翰·梅纳德·凯恩斯，英国经济学家，现代经济学最有影响的经济学家之一。他著有《就业、利息和货币通论》和《概率论》等，创立了宏观经济学，被称为宏观经济学之父。他的"选美理论"是对大众心理预测的形象比喻。

选美理论是在凯恩斯研究不确定性时提出的，以形象的比喻描述了一个投资理论，即金融投资如同选美。在有众多美女参加的选美比赛中，如果猜中了谁能够获得冠军，就可以得到大奖。那么你应该怎么猜？凯恩斯先生告诉你，别猜你认为最漂亮的美女能够拿冠军，而应该猜大家会选哪个美女做冠军。即使那个女孩丑，只要大家都投她的票，你就应该选她而不能选那个长得像你梦中情人的美女。这个诀窍就是要猜准大家的选美倾向和投票行为。

美国普林斯顿经济学教授，《漫步华尔街》的作者马尔基尔把凯恩斯的这一看法归纳为最大笨蛋理论：你之所以完全不管某个东西的真实价值，即使它一文不值，你也愿意花高价买下，是因为你预期有一个更大的笨蛋，会花更高的价格，从你那儿把它买走。投机行为的关键是判断有无比自己更大的笨蛋，只要自己不是最大的笨蛋就是赢多赢少的问题。如果再也找不到愿出更高价格的更大笨蛋把它从你那儿买走，那么你就是最大的笨蛋。

选美理论可以解释很多金融资产价格的波动，一些缺乏价值，甚至毫无价值的资产可以在短时间内暴涨好几倍。人们蜂拥而至的原因并非是他们真实地理解这种资产的优点和好处，而是基于一个根本信念：还会有更多的人来买，越早下手价格越低，获利越多。这与马尔基尔所说的最大笨蛋理论一致。但是人们又很难承认自己不懂价值，会采取编造和欺骗自己的方法以让自己的想法和行为一致。

多级影响

如果你想让一个人痴迷赌博，那么让他先赢几把就可以了。当人们做一件事情时很开心，下次继续做也会开心，甚至在还没有做之前，只是想起来就会很开心。比如很多人喜欢吃甜食，在马上吃但还没有吃的时候，他们已经表现出兴奋。对人来说，开心的情绪有助于繁衍后代，人们会持续去做让自己开心的事，抵制那些让自己不开心的事。如果一个人赌博或者投机赚到了一些钱，那么他就会持续地投机，直到亏钱。

通过赌博和投机赚钱，仅仅是当下发生的事，但之后的影响令人难以想象。一个人靠赌博赚了大钱，很难克制自己不继续赌博；一个偷过东西但没有被发现的人，总会继续偷窃；一个靠小道消息炒股并且赚到钱的人，下次大概还会选择这么做。

在股市整体上涨的时间段里，可以说大部分分析方法是适用的，无论投资者怎么分析，只要买，就大概率赢利。而投资者对于这种赢利的二级影响，甚至三级影响暂时却看不到。新手在牛市中途入场（由于赚钱效应＋羊群效应，往往如此），在这种市场环境下，投资者即使闭着眼睛买股票也很容易赢利，这种行为受到了激励、奖赏，二级影响就是投资者下次还会继续这么做。然而缺乏专业知识而且没有建立投资哲学的人，很难持续赚钱，容易站在山顶上，被收割（韭菜）。

投机和赌博，对于赚钱来说都是一个不稳定循环。赚钱总会发生，然而不亏钱太难。这不是一个自我加强的系统。对于赚钱来说，最好形成一种自强化、自增强系统。也就是说，投资者这次盈利给自己带来的奖励是正向的，这必须要求投资者的投资动机要正。

偏股型基金和偏债型基金

偏股型基金属于混合型基金，偏就是偏重于，这种叫法比混合型基金更加精确。混合是指股票和债券都有，但到底股票和债券各自占比是多少呢？偏股型基金意味着股票占比大，而债券占比小——偏重于股票投资。

偏股型基金未必就一定会投资于债券，也可能持有较多的现金。偏股型对应的是偏债型，即债券投资的比例大于股票投资的比例，偏重于债券的投资。同样，偏债型基金也未必就一定会持有股票，一般将偏债型基金叫作一般债基，这种债基规定股票占比不超过 20%，一般在 10% 左右。

偏股型基金和偏债型基金比纯股票型基金和纯债券型基金更加灵活。

混合型基金

从字面上理解，混合型基金就是有股票也有债券，它不是一种资产占全部配置比例的基金类型，但实际上人们所说的混合型基金，更多讲的是偏股型。也就是股票占大部分，而债券占小部分；对比混合债基（偏债型），是债券占大部分，而股票占小部分。

混合型基金的投资比例可能是如下描述：股票资产占 65%-85%，债券资产占 10%-30%，现金资产不低于 5%，或稍有区别，大抵如此。从配置要求看，股票占大部分，而债券一定会有，但一定是小部分。

由于债券占比低，且债券市场本身波动不大，所以债券对这只基金的影响很小。混合型基金一般被认为是中高风险类型到高风险类型。由于这种风险特征，投资者对于混合型基金不宜短期持有，其是比较适合定投的基金品类。

混合型基金由于在规则上可以配置一定比例的债券，实际上是给予基金管理人空间，在股市风险较高的时候降低股票仓位，以回避风险。而纯股票型基金往往规定的持股下限也很高，无论什么情况下，都要持有高比例的股票。所以混合型基金要更加灵活，当然这也对基金管理人提出了更高的要求，因为可以灵活不等于在恰当的时机作出恰当的灵活。

完全被动管理的基金是一般的指数型基金，指数型基金往往会将全部资产买入单一资产，比如股票指数基金会全部买股票，债券指数基金会全部买债券。

股票型基金

偏股型基金会配置 10%-30% 的债券，而股票型基金则完全或几乎没有债券。股票型基金往往在招募说明书的投资策略部分就规定了持股的限制，比如占比为 85%-95% 的股票，无论任何时候，这种基金持股比例都会很高。

短期看，股票型基金就是跟踪整体股票市场的涨跌而涨跌，没有"独立行情"，但长期看，好的股票型基金会超越市场平均收益。

股票指数型基金就是股票型基金。为了跟踪股票指数，基金必须尽可能把更多的钱按照权重配置到成分股中，这样才尽可能达到跟踪指数涨跌的目的。所以理论上，股票指数型基金的持股比例是最高的，通常为90%-95%，ETF基金的持股比例经常高于95%。有些说法认为指数型基金是中等风险类型，我认为欠妥。通常基金风险分类是按照持股比例来确定的，因此股票指数型基金应该属于高风险基金。

偏被动管理的基金可能有指数增强型基金或者量化策略的基金。这些基金大部分会按照指数或者一套策略进行选股，但会有少量管理人的独立想法在其中进行优化。这种类型的股票型基金持股比例也很高，属于高风险基金。

完全的主动管理基金也有一席之地。这种基金非常依赖于基金管理人的能力水平，所以其对基金经理的要求更高。基金经理的调仓、离职会对这只基金产生很大的影响。

基金经理

基金经理是一些金融相关专业的高材生，每一只基金都由一个或者几个基金经理负责决定基金的组合和投资策略。投资组合受基金说明书的投资目标限制规定，在限制下，基金经理去决定具体的投资策略。

基金经理并非能决定所有事情。一方面基金公司董事会下有投资审查委员会和风险控制委员会，在经营管理层，也有独立于每一只基金的投资决策委员会和风险管理委员会；另一方面，每一只基金的招募说明书各不相同，投资方向和比例、投资思路也可能会有区别，基金经理还需要根据招募说明书中所述去制定投资策略。

基金从管理的局限性上有两个极限。一个是完全主动管理的基金，这种基金对投资思路几乎不做限制，投资范围一般就是股票和债券，比例也没有限制。这种基金的基金经理灵活度就非常大，灵活度越大的基金，其业绩就越依赖于基金经理。另一个是完全被动管理的基金——指数基金，这种基金以跟踪指数为己任，只能投资指数成分股，且不同成分股的权重也是现成的，基金经理几乎没有发挥空间，评判其管理水平的标准就是跟踪误差是否尽可能小。所以这种基金以基金增长水平来评估基金经理是不对的。

我国公募基金的基金经理流动性较大，一名基金经理负责管理一只基金的任职时间很难超过 3 年。这就对主动管理基金的业绩造成很大的影响。基金经理离开后可能有如下几种情况：向上进入管理层，比如投资总监级别；进军私募基金领域，甚至成为独立的投资机构合伙人；平行可以跳到其他投资公司进行投资管理。

优秀的基金经理，特别是优秀权益类投资的基金经理更容易跳槽和离职，这也符合科斯定律。

运气

关于运气，这里不做概率那样的老生常谈。我想聊聊我对运气的个人看法，这部分观点属于我投资哲学中的一部分。

我对好运气的定义是：那些会发生的，然而暂时不能被人们理解，且确实对人们有利的情况。我认为事物之间是普遍联系的，一件事的发生必然有其因果，只不过对个人而言，对于大部分事情不可能知道全部缘由，即便知道，也未必能推导出后果。一部分是由于人缺乏必要的学识而无法理解，另一部分是由于人本身的限制而无法理解。

如果是因为人缺乏必要的学识而不能理解事情发生的原因，那么可以通过学习和思考去提升。大多数人会有这种体会：在高中学的很多知识，当时不能理解的，到了大学学了更多知识，思考更多问题之后，慢慢就懂了。一个人在年轻时对人际关系的处理难免显得生疏，有一些话和行为甚至会导致一些后果，当时对此却无法很好地理解，但是随着社会经验的积累，慢慢就会理解了。

如果一个人在之前选择对了，事物的发展对他有利，那么他可以说："我运气好。"之后，当他有了学识和经验，做出了选择，事物的发展对他有利，那么他可以说："我有这个能力。"这就是我对好运气的定义。如果他对一件事能理解了，在他看就不是运气，而是能力。同一件事，别人不能理解他为何那样选择，当事物朝着对他有利的方向发展时，别人可能会说："这小子运气不错。"

所以人们看高人真的可能不理解，别人有那个能力，而人们有时候只是当作他运气好。能力越高的人，依赖于运气的成分就越小，能力越匮乏的人，依赖运气的成分就越大。所以新手进入股市，或者买基金，往往都是短期赚钱，长期亏损。有一句话：在疯狂的牛市中新手可以乱拳打死老师傅。新手因为不理解，所以胆子特别大，有一种初生牛犊不怕虎的精神。如果股市暴涨，那么他自然收益很高。有经验的老师傅相对保守，收益就不会那么高。短期看确实新手占优势，但是长期大概率会是老师傅生存下来。

我认为，期待更好的运气，不如换一种角度想：减少运气对自己的影响。这应该是一个高手对自己的要求。减少运气因素影响自己，不管是好运气，还是坏运气。所以确定性对我来说更加重要，我需要知道我在做什么，我投资了什么，为什么投资，可能会发生什么情况，我将如何面对损失和盈利。理解得越多，理解得越深，运气对自己的影响就会越小。

当投资者有足够的投资能力时，运气对其影响就会降低，投资者对投资的理解就会更深，对一项资产的理解就会更深，往往会有更好的投资绩效，因为只有理解的深入，一个人才有可能投入更多的本金（占可投资资产的比重），才有可能坚持更久，才有可能持续做出正确的决策，才有可能长期获得更高的回报。

运气会回归均值，而能力会让投资者的资产上升。

运气属于扰动。

巴菲特说："与其关心什么时候发生，不如关心什么会发生。"对于什么会发生就要靠能力来理解，而对于什么时候发生，谁也说不准，这是运气问题，不是投资者应该关注的领域。斯多葛哲学学派有这样一个经典的处事方法：控制能控制的，无法控制的就要放手。这是基于理性的选择。

如果投资者遇到坏运气，那么我建议将其看作自己学艺不精，对那些事情自己暂时不能理解而已。但人毕竟是人，终归对很多事无法理解。无论是遇到好运气，还是坏运气，都应该做到能够区分自己的盈利或损失是因为运气，还是因为能力。最起码，在赚钱时不要把运气所得当作能力所得，在亏钱时不要把能力缺乏当作运气损失。赚了就说自己强，亏了就骂运气差的人，很难有好的投资表现。

简述技术分析

技术分析是以市场行为作为研究对象，对金融价格的趋势或周期性进行判断的所有决策方式的统称。由于本书并非讲解技术分析，所以这里只做简单的描述，捡重点讲解。通俗地说，技术分析就是观察、研究和预测大众行为的分析方法。在我的分类里，这属于**投机**的分析方法。

技术分析承认 3 个前提假设：价格包含一切信息，趋势一旦形成就会延续以及历史会重演。这 3 个重要的前提假设互相配合，组成了一套投资哲学：只有价格包含了一切信息，研究价格才有意义；既然价格包含了一切信息，那么研究价格以外的事物就意义不大，专心研究价格就好；只有历史会重演，研究历史价格走势的变动模式和规律才有意义，将那些结论运用到现实才成为可能；趋势形成就会延续，才有判断和交易的意义，一切技术分析无非就是判断趋势的开始、进行与终结的学问。

再重复一下技术分析的 3 个重要前提假设：价格包含一切信息，趋势一旦形成就会延续以及历史会重演。为什么说是前提假设呢？因为价格不可能包含一切信息；因为趋势形成总会终结；因为历史会重演，但绝非严格的重复。无论运用何种分析方法，都会有一些假设的前提条件。

大部分技术指标与历史价格有关，是历史价格的各种参数经过计算而成。下面简单地介绍几种技术分析指标。

主图指标

主图指标是指绘制在 **K 线图**中的指标。其种类很多，这里介绍一种最常见的：移动平均线，英文简称 MA，它一般是收盘价的平均值的连线。

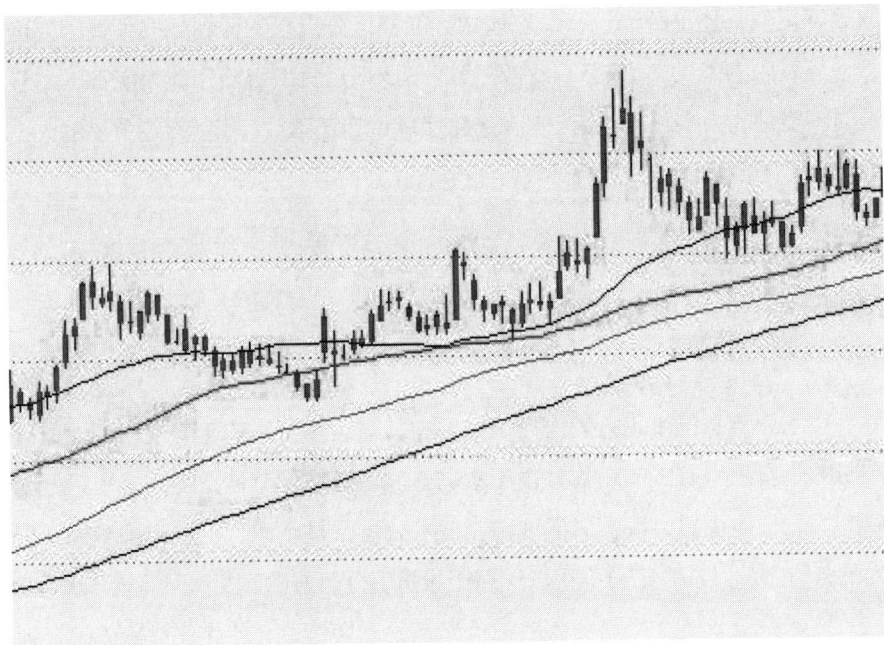

如图，这是某一只股票的**日线图**，一根 K 线代表一天。移动平均线有一个参数，其大小代表取值的周期，比如最上面的线的参数是 30，意味着蓝色线是 30 日的移动平均线，它每一个点数字都是过去 30 天的平均值。这样每过一天，就会有一个新的数字，剔除一个旧的数字。移动平均线一般被当作趋势指标，比如价格在均线上，代表处于上涨趋势中，并且认为，移动平均线对价格有支撑作用，参数越大的移动平均线代表的趋势越是长期趋势，而参数较小的均线代表短期趋势。

在基金定投方法中，有一种是**定期不定额**，在这类方式中，控制扣款金额的大小，很多都是用了一条长期移动平均线来控制。绘制很多条移动平均线，观察不同周期的均线排列位置也是一种对趋势的判断，比如上图中，4 条均线分别为 30、60、90 和 120 日移动平均线，它们的排列是长期均线在最下，短期均线在最上，称为多头排列，意味着处于很强的涨势中。

　　在上图中，价格下跌，移动平均线也会跟随下跌，因为均线的数字就是参考了收盘价做平均值计算而来的。当下跌后，动作最快的均线是周期最短的，因为最短周期均线考虑的天数少。所以，每一个新的数字对整体均值的影响就大。当短期下跌时，上图的 30 日均线会更加敏感。一种使用方法是，当短期均线下穿长期均线时，代表上涨趋势终结。那么这是否意味着下跌趋势的开始呢？未必。还有一种看法是，短期均线遇到长期均线也有阻力作用。

　　均线的用法很多，这里不再列举。总之，上述谈到的内容都是有关价格和价格通过计算而来的其他数字，与上述价格走势背后是什么没有关系，它可能是黄金，也可能是白银，或者是一只股票的走势。

　　主图指标的特点就是和 K 线画在一起了，其种类很多，任意一个证券软件中主图指标就有几十种，仅均线就有不同算法的几种。

附图指标

　　附图指标绘制在 K 线图下方的单独的一片区域里，种类有上百种。这里仅介绍一种：RSI，中文名称叫作相对强弱指标。

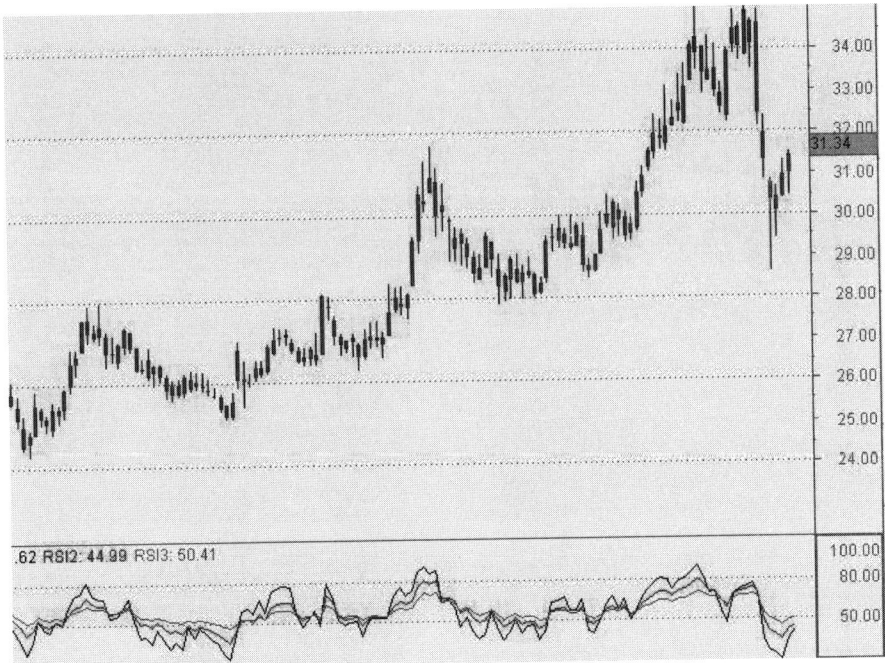

RSI 是一种震荡指标，它无法指示趋势，但可以指示震荡。一般的用法是，当 RSI 处于 80 以上时，就算达到了超买区。超买通俗地说就是短期上涨过多，有可能遇到阻力，或者转头下跌。当 RSI 处于 20 以下时，就算达到了超卖区。超卖通俗地说就是短期下跌过多，有可能遇到支撑，或者转头向上。

附图指标由于是绘制在单独的区域，所以种类特别多，而且变幻莫测。

图形分析

图形分析是指投资者用画线工具在K线图中画出辅助线预测行情可能的发展。

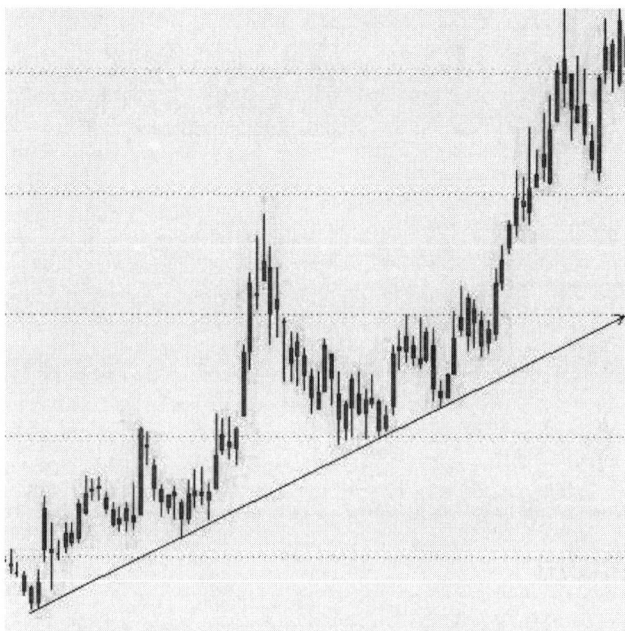

多个上升低点的连线，叫作上升趋势线，这条线被认为有阻力作用，支撑后为买点。

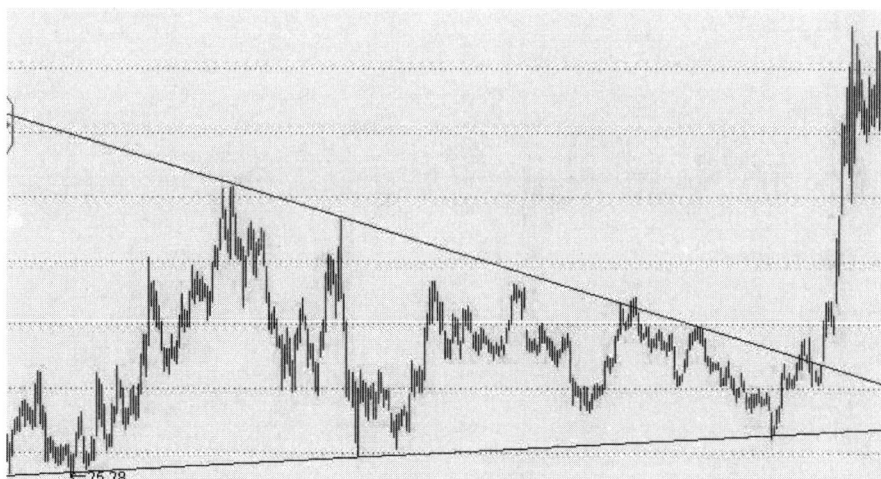

三角形整理，突破后会选择方向。

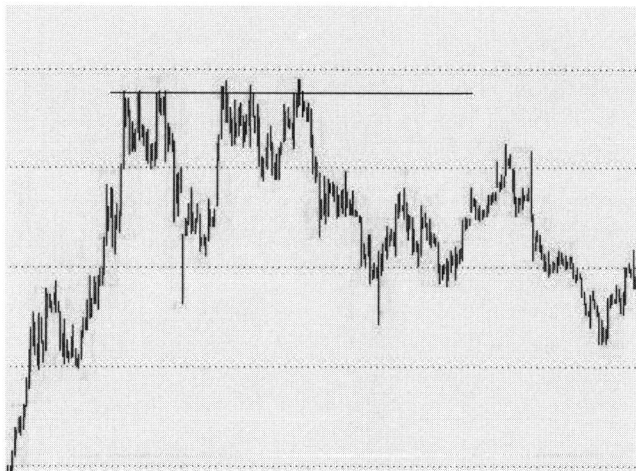

多次触及但未能突破，高点在同一价格区域，可以被看作阻力位。一些整数价格位也被认为是阻力位或者支撑位，比如 10 元、20 元或者 50 元、100 元等。

指标的组合使用

投资者在使用技术指标时，一般会结合几种指标一起使用，毕竟不同的指标有不一样的优势。根据趋势指标看趋势，根据震荡指标观察震荡。

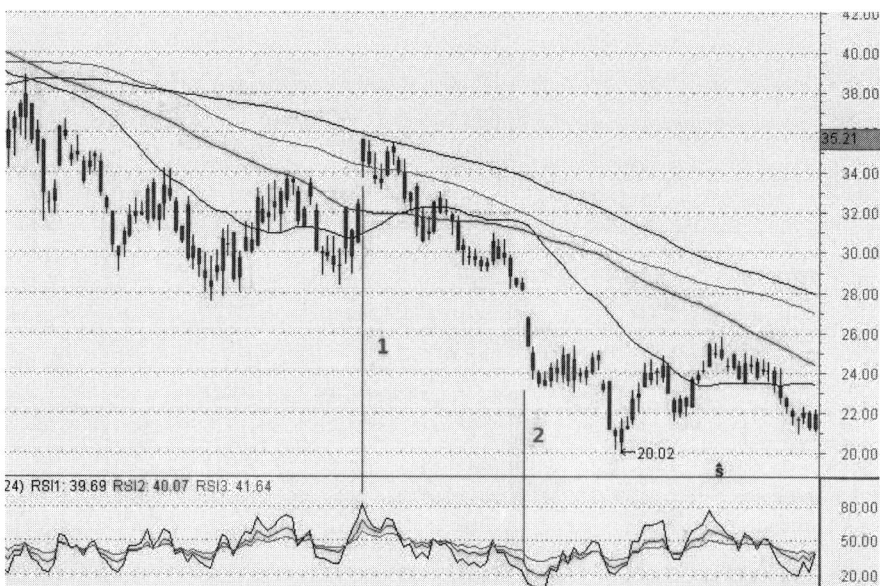

上图就是一个简单的组合：趋势指标的均线和震荡指标 RSI。通过均线观察趋势，通过震荡寻找买卖点。上图的均线是一个空头排列，短期均线在下，长期均线在上。在空头排列中，认为趋势是下跌的，在下跌趋势中，1 的位置 RSI 超过了 80，代表下跌趋势中的上涨达到了超卖，就可以认为是一个卖出的机会。

逻辑如下：在下跌趋势中，找到一个反弹（上涨）后的位置卖出，趋势由均线系统指示，而反弹到位用震荡指标指示。但是看位置 2，RSI 达到超卖，短期下跌过多，是否适合买入呢？一般情况下不建议买入，因为整体趋势还是下跌的，这个超卖的点并不算是好的买点。

技术分析系统

一个系统要分析几个要素：买点，买多少；卖点，卖多少；信号很多，需要有过滤器，过滤掉可能无效的信号；减少交易次数；止盈，止损以及突发情况的应对措施等。一个交易系统要有大量的统计计算，要有一个历史的正确率。对一套独特的交易系统而言，也会有独特的止盈和止损的设置方案。

技术分析是用概率赚钱。看起来好学，门槛很低，但其实在实际使用中难度很大。我个人不建议投资者使用，但是了解其原理还是有必要的。

基金拆分

可以直接把基金拆分看作强行红利再投资。

红利再投资就是将基金分红直接变为份额，比如一只基金分红前净值是 3 元，每一份基金资产分红 2 元，不考虑分红日当天的净值波动，那么分红后净值就是 3-2=1 元。如果投资者持有该基金 10000 份，价值 30000 元，所得分红是 10000×2=20000 元，分红后净值是 1 元，则红利再投资的份额是 20000/1=20000 份。分红后总份额就是 10000+20000=30000 份，分红后市值为 30000×1=30000 元，前后无变动。这就是分红并不产生额外收益的计算原理。

基金拆分是保持基金投资人资产总值不变的前提下，改变基金份额净值和基金总份额的对应关系，重新计算基金资产的一种方式。基金拆分后，原来的投资组合不变，基金份额增加，而单位份额的净值减少。

这不就是强制的红利再投资吗？即便投资者选择现金分红，拆分也会让投资者的份额增加，因为拆分并不是分红，所以钱不会回到银行账户中。

比如一只基金拆分前净值是3元，宣布拆分到1元，拆分后基金资产总值不变，那么份额会增加，基金净值会下降。如果投资者之前持有该基金10000份，价值是30000元，那么拆分后净值是1元，份额就是30000/1=30000份。份额增加，净值下降，资产总值不变。

拆分后净值下降了，但原来的投资组合并没有变化。基金拆分之前投资了什么，基金拆分之后就还是什么，并不会因为基金拆分就变得更有投资价值，或者失去投资价值。拆分只是做低了净值，吸引更多投资者购买，但低净值基金并不代表投资者占了便宜，或者更容易获得收益。这部分是基金净值误区的内容。通过理解拆分行为，理解拆分前后基金投资组合不变，也可以理解基金净值是1元和净值是3元并无区别。

定增基金

定增基金是主要参与股票一级市场定向增发项目的基金。定向增发类基金通常有流动性限制，比如一年半，甚至两年不能申购和赎回，属于一种定期开放式基金。这是因为定向增发来的股票同样具备流动性问题，虽然以较低的打折的价格买到股票，但不能马上在二级市场卖出，要求需要持有至少一年甚至更久的时间后才可以交易。基金所持有的资产流动性特征决定了这只基金的流动性特征，这部分股票流动性低，意味着定增类基金的流动性通常也会低，否则当投资者想赎回，但基金资产是那些不能卖出的股票，基金公司拿什么钱给投资者呢？

另外，是为了保护原持有者利益。投资者在基金募集期认购定增基金，后定增基金马上参与股票定增的项目，正常运作期后，如果可以有其他投资者继续申购该基金，那么可能会对原有投资者造成损害——利益会被摊薄。

定增类基金的投资风险相对较低，低于一般的混合型基金。原因是整体持股比例可能并不高。另外，定增来的股票也有一定的安全边际，但这种基金流动性较低，投资者在投资之前一定要安排好资金。

定增虽然是打折买股，具备一定的安全边际，但这并不意味着基金最终一定会赢利，还取决于这期间股市的表现。如果股市并未发生大幅度下跌且发行定增的上市公司没有出现经营方面的重大问题，一般来说定增类基金会有正收益，但是如果在股市本来很疯狂的阶段买入定增基金，一旦估值随后大幅度调整，整体市场下跌，定增类基金就很容易亏损。对于这一点投资者一定要注意。

定期开放式基金

公募基金的开放式基金一大特征就是流动性强，在日常的运作期可以申购和赎回，但这明显有缺点：

（1）对基金管理人来说，一只基金开始定下的投资策略一定会因为日常申购和赎回所产生的净申购和净赎回而受到一定程度的影响。净申购就是当日基金申购量大于赎回量，使得基金多了一些钱出来，基金管理人可能就需要用这些钱购买其他资产，如果净申购的量较大，则会使得整体基金现金部分增加，在某些时候会耽误基金的运作效率；净赎回就是当日基金赎回量大于申购量，会让开放式基金现金部分减少，一只开放式基金规定留有不低于5%的现金，如果这部分现金少于5%，基金管理人就需要考虑变卖基金资产换成现金，应付可能到来的其他赎回。上述两种情况都会对基金的管理造成扰动。

（2）对基金投资者来说，高流动性意味着投资者可以根据心情进行不正确的申购和赎回决策。投资者容易在股市高涨的时候继续申购，加大投入；投资者容易在股市低迷的时候选择赎回，进行割肉。从长期看，无论是直接投资于股票，还是投资于基金，对权益类产品来说，普通散户投资者都有这个问题。

考虑到上述因素，市面上就存在定期开放式基金。这类基金的投资策略往往在一开始就有明显的周期性，在投资者于基金募集期认购了基金份额之后，一直到基金结束，期间该基金不可以申购和赎回，这就锁定了流动性。一方面，基金经过募集期，有多少钱就是多少钱，不会再变动；另一方面，无论市场发生什么情况，投资者都不得赎回基金。

这种基金可能涉及如下 3 种：

（1）债券型基金。比如汇添富年年利定期开放债券、易方达恒久添利 1 年定期开放债券等。

（2）特殊投向基金。比如定增类基金，由于定向增发本身具有流动性特征，定增的股票要求不得在短期卖出，所以这类基金很有可能是定期开放类型，如广发鑫盛 18 个月定期开放混合等。

（3）其他一些混合型基金。

有一些基金虽然规定了运作期，比如 1 年、1.5 年或者 2 年，但在期间可以赎回，甚至有的基金还可以申购。这种基金并非严格的定期开放类基金，比如保本基金就是这样，理财型基金虽然有周期性，但是可以随时申购，也不属于定期开放类。投资者投资这类基金时一定要做好资金安全，由于流动性较低，在中途是不能赎回的。

对冲套利基金

对冲套利型的基金是在股指期货推出并稳定运行后诞生的一种新型基金，这种基金的投资范围中明确写明包含股指期货。其名称中一般会有两种描述：一种是"对冲套利"；另一种可能是"绝对收益"。投资者所看到的基金名称中有上述词组，其大多就是可以参与股指期货的基金。

多头和空头的比例

对冲套利类型的基金采用追求绝对收益的市场中性策略，与股票市场表现的相关性较低。本基金实际的收益和风险主要取决于基金投资策略的有效性，因此收益不一定能超越业绩比较基准。

上述是广发对冲套利的风险收益特征，其业绩比较基准是 1 年期银行定期存款税后收益率。如果该基金连这个基准都无法超越，就有点儿说不过去。需要特别说明的是，该基金的投资比例很有意思：本基金权益类空头头寸的价值占本基金权益类多头头寸的价值的比例范围在 90%—110% 之间。也就是说，做空的股指期货部分与做多的股票部分的价值大致相当，但肯定会有小幅度差异。

在股指期货套期保值那部分讲过，如果空头部分和多头部分的价值完全相等，那么无论市场如何波动，理论上账户并不会有明显的波动。因为无论如何波动，空头和多头都有一方亏损，一方赢利，加起来近似为 0。但如果产生了一些差异呢？

比如空头头寸的价值占权益类多头头寸的价值的比例是 90%，这意味着多头头寸要稍微多一些，空头头寸稍微少一点。随着市场波动，账户就会产生波动。由于多头比空头多，所以市场上涨时，多头盈利就会比空头亏损多，这样账户就会整体赢利，但当市场下跌时，由于空头价值少于多头，保护不足，就会导致整体账户下跌。

举例来讲，比如投资者持有沪深 300 指数基金 10 万元，持有沪深 300 股指期货空头头寸 9 万元。如果沪深 300 指数上涨 10%，那么沪深 300 指数基金会赚 1 万元，而股指期货的空头部分会亏 9000 元。这样就赢利了 1000 元。但如果相反，沪深 300 指数下跌，那么整体账户就要亏钱。

如果空头头寸的价值占权益类多头头寸的价值的比例是 110%，这意味着多头头寸要稍微少一些，空头头寸稍微多一点。在这种情况下，市场下跌对整体账户有利。与上述例子是相反的过程。

争取绝对收益

那么如何理解绝对收益呢？通俗地讲，绝对收益就是把握并且获得市场上那些显而易见的、极大概率可以争取到的低风险收益机会。

简单地说，可能有如下两种情况。如果经过基金管理人的各种计算模型、量化分析，发现目前的市场上涨的概率明显大于下跌的概率，就让多头部分比空头部分多一些。这样，当市场上涨后，就可以赢利。如果经过基金管理人的各种计算模型、量化分析，发现目前的市场下跌的概率明显大于上涨的概率，就让空头部分比多头部分多一些。这样，当市场下跌后，就可以赢利。

如果看不清楚呢？大部分时间，短期市场可以看作毫无规律可循，就让多头和空头的价值相等，无论市场如何波动，都要锁住账户成本，等待下一次"显而易见"的机会。在具体运作中，肯定要比这里讲解的复杂得多，但总体原理差异不大。追求绝对收益，就是追求那些显而易见的低风险机会，拿到收益后，马上锁住账户，让这个收益成为"绝对"的。

所以可以看出：首先，这种基金风险较低。其次，这种基金应该很难产生高收益。

国家的管控

在 2015 年股市下跌之前，国家并没有管控股指期货，基金公司按照正常的策略执行各种对冲策略，结果还是非常不错的，即使有 2015 年的大幅下跌，广发对冲套利这只基金也有非常不错的收益率。但是，股市暴跌过后，国家开始管控股指期货做空。公募基金的这种靠股指期货为生的基金就难以施展拳脚了。

所以对于这种基金，投资者还是要关注国家对于股指期货政策的变化。同时这种类型基金会非常依赖于基金管理团队的量化策略，因为基金收益的主要来源就取决于发觉并获取绝对收益的能力。

股指期货

股指期货在我国首次推出是在 2010 年，距离现在不过是 9 年的时间，不算太久。股指期货的全称是股票价格指数期货，也可以简称为期指。是以股指期货为标的物的标准化期货合约，双方约定在未来的某个特定日期，按照事先确定的指数大小进行买卖，到期后通过现金结算差价来进行交割。第一个股指期货的标的是沪深300指数，由中国金融期货交易所推出。

通俗地说，就是你认为沪深300指数要涨，你可以买入看涨合约，涨了之后平仓获利了结；如果你认为沪深300指数会跌，你可以做空，买入看空合约，跌了之后平仓获利了结。如果方向判断错误，就会亏损。

这部分讲股指期货为方便理解，可能缺乏严谨性，内容不可能完整充实，目的是帮助投资者理解那些可以投资于股指期货的基金类型。本篇文章不能作为投资股指期货的学习资料。

重大意义

股指期货最重要的意义就是可以做空。在过去，人们只能通过做多获利，买入股票，等待上涨，即使自己判断股市会跌，也只能通过不持有股票来回避风险，而不能通过这个判断来产生盈利。有了股指期货，人们就可以通过对指数的涨跌判断来获得赢利。这有利于整体市场的平稳。

因为市场中时刻充满了两方面的意见：一方面是看多，认为会涨；另一方面是看空，认为会跌。在过去，看多的人会做多，用真金白银买入股票或者股票基金，上涨而赢利，但在股市整体太高，泡沫严重的情况下，看空的人可以通过做空来与做多的人抗衡，这是有利于市场定价的。双方都有手段赢利，促使了市场平稳，定价合理。

然而真实情况可能远没有这么简单，因为股指期货的表现往往会带着股市走，甚至绑架整体股市。通过做多股指期货，带动股市现货上涨，同时买入股票，又反过来促进了股指期货进一步上涨，使得市场反而更加疯狂。本来是防止投机的工具，难免沦为投机的工具。但我的看法是，股指期货仅仅是一种工具，它到底是投机用，还是避险用，在于什么人如何使用它。

保证金与金融杠杆

人们在进行期货交易时，必须按照买卖的合约价格的一定比例缴纳资金，这个资金是作为履行期货合约的财力保证，然后才能进行合约的买卖。这笔资金就叫作保证金——保证投资者有这个财力进行交易的钱。沪深300股指期货合约规定保证金为 12%，有保证金交易的存在，就有了金融杠杆这样一个重大发明。

也就是，投资者投资于期货不需要进行全额的投入，只需要缴纳一定比例的钱即可。这种以小博大的投资方式就称为金融杠杆。首先，用少量的钱就可以参与大额交易，节约了资金，提高了整体资金的使用效率。其次，帮助投资者放大收益，但同时也放大了风险。所以在期货市场中，普遍存在赌徒，他们期盼着一夜暴富，但大概率会倾家荡产。

股指期货的杠杆率就是保证金率的倒数，但期货公司会在交易所规定的 12% 的保证金的基础上有所上浮，而且交易所可能会根据市场风险情况随时进行保证金比率的调整，整体杠杆比例是 7 倍左右。

假设目前沪深 300 指数是 3000 点，合约乘数为每点 300 元，那么每张合约的价值就是 3000×300=900000 元，由于保证金比率是 12%，所以每张合约的保证金是 900000×12%=108000 元。这相当于投资者用了 10 万元在做一笔 90 万元的生意，如果投资者是做多，且两天后沪深 300 指数果然上涨到 3100 点，那么合约价值就是 3100×300=930000 元，投资者的盈利是 30000 元，当然还要计算手续费，这里暂且不计。也就是说，投资者实际运用了 10 万元的资金，在短期内获得了 30000 元的收益。

上述是一个非常简化的例子。可以想象，如果投资者判断错误，那么将面临同样巨大的损失。如果市场波动很大，那么投资者的保证金将会无法承受浮亏，这时需要投资者补充更多保证金以确保其有财力继续坚持。如果没能补充保证金，那么将会遭到强制平仓。投资者能够亏的最大金额就是其所缴纳的保证金。

在上述例子中，一张合约价值 90 万元，指数下跌 10%，合约价值就变成 2700×300=810000 元，每张合约浮亏达到 9 万元。而投资者这笔保证金一开始只有 10 万元，理论上，指数下跌 10%，基本就血本无归了，但实际中交易所会提前提醒投资者补充保证金，即使强行平仓，也不会让投资者彻底归 0。

套期保值与回避风险

套期保值是期货交易中很复杂的一项内容，再次重申，讲解这部分内容是为了让投资者更好地理解基金，而非指导投资者进行股指期货投资。

假设投资者手中有大量的沪深 300 指数基金，经过一轮上涨之后，投资者认为短期市场很有可能会回调一段时间，而又不想赎回基金，否则成本会很高，而且根据投资者的判断市场并非会持续下跌，只是短期会有一定的回调风险。此时，投资者可以建立空头的沪深 300 股指期货合约，也就是做空，合约的价值与投资者所持有的沪深 300 指数基金大致相同。

这样，如果沪深 300 指数真的下跌了，那么投资者持有的基金（现货）会跟着下跌，但投资者在股指期货部分会产生盈利，一亏一赚，套住了整体账户的市值。如果沪深 300 指数没有下跌，反而继续上涨，那么投资者持有的基金会跟着上涨，但投资者在股指期货部分会产生亏损，一赚一亏，总体账户也没有产生太大变化。

如果行情逐渐明朗，那么投资者可以完全或者部分平仓股指期货部分，让自己所持有的基金继续带来赢利。这就是一个简单的套期保值，股指期货的作用是锁定了投资者现货部分的市值。

主题基金

一个主题可能有很多行业的公司，一个行业也可能包含很多个主题。它们是不同的归类方法。比如，把蔬菜比作行业，顾客吃一顿蔬菜大餐不会有肉，但如果说吃一顿"健康主题"的饭，其中可能就包含一部分肉类。

富国产业升级混合

该基金的目标是投资于产业升级主题相关的股票，股票投资占基金资产的比例为 60%-95%，其中投资于产业升级主题相关的股票不低于非现金基金资产的 80%。仔细想想，好像没有什么产业不升级的，一个产业不升级也不好听，人们总能找到一个产业在升级的证据。

所以主题型基金往往偏主动一些，其主动管理的成分会占大头，主题本身就是一个比较模糊和宽泛的概念。

华安新丝路主题股票

该基金的目标是重点投资于与新丝路主题相关的子行业或企业，股票资产投资比例为基金资产的 80%-95%，其中投资于新丝路主题相关的证券资产的比例不低于非现金基金资产的 80%。

关于新丝路的界定，有如下描述：本基金所指的"新丝路"是指以"丝绸之路经济带"和"21 世纪海上丝绸之路"这"一带一路"为纽带的国家经济战略的简称。"一带一路"贯穿欧亚大陆，东边连接亚太经济圈，西边进入欧洲经济圈。

华安新丝路主题股票型证券投资基金更新的招募说明书摘要相关的行业包括：交通运输、工程机械、工程基建、建筑建材、旅游、金融、沿线区域等。长期来看，消费和高端制造相关的行业将是一带一路概念的最大受益者。

所以，一个主题包含的行业往往会非常多，不沾边的行业或公司都可以强行扯上关系。这也是本人更愿意把主题型基金看作偏主动管理的原因。

行业基金

行业基金可以分为两种管理模式：一种是行业指数基金，即被动管理的基金；另一种是非被动管理的行业基金，没有指数，但必须主要投资于某一行业。一般的行业基金有可能是单一型的，也有可能是混合型。

这种行业基金的运作中，基金管理人起到主要作用。

汇添富医疗保健混合

关于该基金的投资范围有如下描述：本基金的投资组合比例为股票资产占基金资产的 60%—95%；债券资产、货币市场工具、权证、资产支持证券以及法律法规或中国证监会允许基金投资的其他证券品种占基金资产的 5%—

40%，本基金以医药保健行业上市公司为股票主要投资对象，投资于医药保健行业上市公司股票的资产占股票资产的比例不低于80%。

重要的是后一句，投资于医药保健行业上市公司股票的资产占股票资产的比例不低于80%。在这个行业内，如何选择具体上市公司的股票投资，是基金管理人的主要任务。

易方达消费行业股票

关于该基金的投资范围有如下描述：不低于80%、不高于95%的基金资产投资于股票，其中投资于中证指数公司界定的"主要消费行业"和"可选消费行业"的股票比例合计不低于基金股票资产的95%。

首先，股票型基金的持股下限往往较高，比如这只基金规定不得低于80%。其次，要求在股票资产中不低于95%的部分都要以消费行业为主，说明这是一只严格的消费行业的行业股票型基金。

易方达国防军工混合

关于该基金的投资范围有如下描述：本基金股票资产占基金资产的比例为60%~95%。本基金非现金资产中不低于80%的资产将投资于国防军工行业证券。可以看出，这是一只混合型基金，其持股下限可以低到60%。

量化策略基金

要理解量化基金，其实就是要理解量化。"量化"是指通过数理统计分析或者某种数字分析方法，选择那些在未来可能会获得更高回报、超越基准的证券投资。量化策略多种多样，而且会有越来越多的新量化策略陆续诞生。对于量化策略，一般投资者并不太熟悉。

举一个例子，比如顾客要去饭馆用餐，他会很在意菜品的价格、别人的评价，评价的内容包括饭馆的环境、菜品的口味以及服务的好坏等。

顾客可以参考大众点评，也可以让去过的亲朋好友打分，之后就会定下一个规则——只去服务 4 分以上，口味 4 分以上，环境 5 分以及价格 5 分的饭馆吃饭。这就是一种"量化"的思路，通过不同属性数字化的定量分析，帮助自己决策。

量化基金投资也是如此，只不过基金公司所使用的量化策略会非常复杂，投资者不需要具体去理解内部原理。

量化基金主要是偏被动管理或者半被动管理。由于量化策略的不同，被动部分占比也会不同。有一些量化策略会建立一个股票池，符合该量化策略的所有股票被放在一起，基金管理人需要动脑去决策选择哪些股票，但只能在这个股票池中选择；有一些量化策略可能会做得更多，让人做得更少。但无论如何，现在的量化基金很难是完全被动型的。

量化基金有如下两个主要特征：

（1）一套量化策略不会在任何时候都管用，市场行情特征不会与量化策略总是相匹配。

（2）一套量化策略有可能会失效，但未来有可能会再次起效。

据我所知，美国华尔街的算法和算法之间，会存在一个像军备竞赛一样的问题。如果一套量化算法非常好用，就会有模仿者模仿该策略，模仿的人或模仿的资金量一旦变大，这套量化算法就会逐渐地变弱，就会慢慢不好使了。所以华尔街总是在诞生新的量化算法，每个明显成功的算法的有效期都不会太长。

在我国会不会存在这个问题，对此我还没有准确的结论，我们在量化算法上的层次肯定不如美国那样发达。还有一个问题，一个量化基金在某一段时间表现很差，到底是因为模仿这套量化算法的人多了而不好使了，还是仅仅因为市场行情的特征暂时与算法结果并不匹配导致业绩不好呢？我更多倾向于后者。

比如长信量化先锋基金就是一个非常好的例子。由于它在 2017 年持有大量小盘股，而 2017 年是大盘蓝筹白马股行情，导致它的业绩很差。对于这种结果，我认为量化方法的结果与行情不匹配的可能性更大一些。毕竟，任何一种量化方法，任何一个人的投资策略，都不可能满足所有行情。关于长信量化先锋有专门的文章解释。

量化策略基金往往在名称中就有"量化"两个字，但有一些在名称中看不出来。毕竟现在的投资行为中肯定多少会用到数量化的分析方法，这是无法回避的。只不过可能某些基金的数量化分析方法并未形成成熟的套路，或者在进行决策时占比较低。

指数增强型

指数增强型基金是标准的偏被动管理的基金——大部分被动，小部分主动。这种基金需要管理人动脑子，但也不会太费脑力。

人们投资指数增强型基金的目的都是一样的，即能够提高收益水平，尽可能超越标的指数，而一般的指数基金的目标就是跟踪指数，并非超越。但如何超越指数收益呢？对于如何"增强"，方法很多，有的是用量化方法，有的是用人脑思考。

可以允许与指数有差异化的部分是小部分，比如规定只有 20% 的部分可以稍有不同，但大部分必须与指数相同。

举例来讲。某个沪深 300 指数增强型基金，在其招募说明书中写道："指数化投资为主，主动性投资为辅。"这就是偏被动管理。

本基金主要策略为复制目标指数，投资组合将以成份股在目标指数中的基准权重为基础，利用定量投资模型在有限范围内进行超配或低配选择。一方面将严格控制组合跟踪误差，避免大幅偏离目标指数；另一方面在指数跟踪的同时力求超越指数。

这是什么意思呢？沪深 300 指数有 300 个成分股，对于基金公司来说，这 300 个成分股总会有一些能够明确看出好坏，这时可以突破沪深 300 成分股权重的限制，多配置一些好的股票，少配置一些不太好的股票。这样长期就很有可能超越指数收益。这样解释很简单，但决策过程可能很复杂。

比如，招募说明书中介绍了几种策略模型：多因子 alpha 模型、有风险估测模型、交易成本模型和投资组合优化模型。投资者不用理解这些模型到底是什么，需要知道的是，它们在利用某些方法力求在跟踪指数标的的基础上超越指数。

　　每一只指数增强型基金都可能有自己独特的方式来处理主动部分，这确实需要结合基金管理人的智慧。指数增强型基金有时也被归为量化投资产品的范畴，但这其实并不一定正确，因为实现"增强"不一定利用了量化投资的方法。